三国君主与权臣的博弈

孙晟 著

天津出版传媒集团
天津人民出版社

图书在版编目（CIP）数据

三国君主与权臣的博弈 / 孙晟著 . —天津：天津人民出版社，2024.3

ISBN 978-7-201-20025-5

Ⅰ . ①三… Ⅱ . ①孙… Ⅲ . ①中国历史—三国时代—通俗读物 Ⅳ . ① K236.09

中国国家版本馆 CIP 数据核字（2024）第 034829 号

三国君主与权臣的博弈

SANGUO JUNZHU YU QUANCHEN DE BOYI

孙晟 著

出　　版　天津人民出版社
出 版 人　刘锦泉
地　　址　天津市和平区西康路 35 号康岳大厦
邮政编码　300051
邮购电话　（022）23332469
电子信箱　reader@tjrmcbs.com

责任编辑　郭晓雪
特约编辑　石胜利
装帧设计　MM末末美书 QQ:3218619296

制版印刷　三河市兴达印务有限公司
经　　销　新华书店
开　　本　710 毫米 ×1000 毫米　1/16
印　　张　21
字　　数　285 千字
版次印次　2024 年 3 月第 1 版　2024 年 3 月第 1 次印刷
定　　价　59.80 元

引　子

皇帝、门阀与军阀谁为“执刀人”？

第一个问题，何为执刀人？执刀人可以被看作掌权人、当权派或者手握权柄的人。按照这个定义，中国几千年历史上的“执刀人”无疑是皇帝。

皇帝之所以成为“执刀人”，理论上是因为董仲舒改造的儒学给皇权加上的一层神圣外衣。可惜到了魏晋南北朝皇帝的权威一下子跌到了谷底，这一时期的所有末代皇帝甚至变成了待宰羔羊。

开始这种转变是在三国时代，因为三国时代的皇帝基本都不是执刀人。魏国曹丕、曹叡之后，大权旁落，最后被司马懿的子孙取代。吴国甚至在孙权时代权力就开始被士族蚕食，内部反复绞杀争夺。最有意思的是蜀国刘备亲手把刀交给了诸葛亮，诸葛亮为此鞠躬尽瘁、死而后已，又把刀还给了刘禅。然而刘禅不要刀，反而把刀给了蒋琬、费祎、陈祇、姜维等人，仿佛政权这把刀是一个烫手的山芋。

这样看来三国执刀人就代表了三种典型范例：一种是权臣干掉君主成功上位——魏国执刀人司马氏是后世弑君篡位、唯我独尊现实主义者的典范；另一种是权臣和君主两败俱伤——吴国执刀人之间相互屠杀就是短视主义者的典范；最后一种是权臣为君主鞠躬尽瘁、死而后已——蜀国执刀人诸葛亮、姜维等则成为救世济民理想主义者的典范。

要搞清楚这三类执刀人却需要从东汉说起。

东汉刘秀借助豪门士族之财力，幽燕军阀之战力，凭借自己大汉皇族的血统，15 年之内一举取得天下。但东汉的天下到底谁当家，谁为执掌天下权柄的“执刀人”，却是一个很难回答的问题。

与起自草莽的汉高祖刘邦不同，光武帝刘秀出自豪门。他手下的“云台二十八将”也大多出自南阳豪族。用现代的管理模式来看东汉的权力架构，董事长（皇帝）看似位于权力金字塔的顶端，但是这个董事长持股比例不够，需要很多大股东（开国功臣、地方豪强）的支持。比如，开国皇帝刘秀为了获得问鼎中原的军事力量，就必须抛弃心目中的女神阴丽华，去娶有 10 万铁骑作为嫁妆的郭圣通。于是董事长（皇帝）通过联姻，把大股东中的一个变为自己的同盟者——外戚。到了后来，董事长为了限制这个大股东（外戚）的权力，开始启用没有资格进入董事会的代理人（宦官），打压大股东（外戚）。可惜的是，一个大股东被打压下去，另一个大股东又站了起来。于是东汉就在这样的不断折腾中陷入外戚与宦官交替掌权的状态。

当然，导致这个问题的一个重要原因很可能是东汉王朝的皇帝保健工作是历代大一统王朝之中做得最差的。除了开国皇帝刘秀享年 62 岁之外，汉明帝刘庄 48 岁，算是相对正常，紧接着汉章帝刘炟 32 岁，汉和帝刘肇 27 岁，虽然都是英年早逝，但是在位时间也都有 10 多年，不算太差。

第五任皇帝汉殇帝刘隆创下一个纪录——大一统王朝中唯一没有过周岁生日的皇帝（百日夭折），甚至连自己的坟都没有——由于活的时间太短，他被直接和老爹葬在了一起。

汉安帝刘祜虽然在位时间不短，但也只有 30 岁。汉冲帝刘炳虽然混了个自己的独立坟头，可惜 3 岁就死了。汉质帝刘缵就干了一年，骂了当权外戚大将军梁冀一句“跋扈将军”就被毒死了，时年 8 岁。

紧接着就是诸葛亮《出师表》里叹息的“桓、灵二帝”。其实这两个皇帝相比较而言还算长寿，其中汉桓帝刘志活了36岁，汉灵帝刘宏活了33岁。汉少帝刘辩在位时间太短，甚至算不算东汉皇帝都存在争议，他也仅仅活了14岁。最具讽刺的是一生颠沛流离的亡国之君汉献帝刘协倒是活了54岁，竟然成了寿命第二长的东汉皇帝。顺带说一句，很多人可能都不知道，刘协这位马伯庸笔下的“潜龙”和真正的“卧龙”诸葛亮是同年出生，同年去世。

很明显，在东汉王朝存续的近200年里，除了前四任皇帝外，后面的皇帝在很长一段时间内是无法真正执掌皇权的。于是就有了代理皇权的外戚和宦官。

最早出场的是外戚。他们凭借皇帝舅舅的身份，代理皇权，成为王朝的实际执刀人。能当东汉皇帝的舅舅，自然不太可能出自平头百姓家。他们大都来自东汉的门阀士族。比如，前面提到的“跋扈将军”梁冀，就出自安定梁氏。梁氏一门五侯，两位大将军，是冲帝、质帝和桓帝前期真正的东汉执刀人。出自门阀的外戚实际上在一段时间内成为门阀势力的领袖。比如出自扶风窦氏的窦武，他本人就是名士领袖。本身就是知识精英中的一分子。作为门阀领袖的外戚当政之后自然与门阀沆瀣一气，勾搭在一起，成为一股可以左右天下的强大力量。

可是，皇帝成年后希望从舅舅手里夺回政权。他不可能依靠舅舅们自己的觉悟，也不可能依靠和舅舅们关系良好的官员，只能靠自己身边的宦官。但凡愿意当宦官的，家势基本都比不上豪门望族，他们属于寒门庶族，也有像曹操这样破落贵族的后代。这些人在出身上就和豪门望族有区别，另一方面又没有像士族“诗书传家”建立文化根基的需求，在士族眼中属于政治上的暴发户。暴发户和知识精英自然是谈不到一起的，相互之间的鄙视也是深入骨髓。于是原本借用皇帝权柄成为新执刀人的外戚集团和宦官集团相互砍杀，就构成了东汉中央政治斗争的主要形式。

不过需要说明一下的是，外戚和宦官除了夺权的一刹那，也没有斗得那么

你死我活，更多的时候还是相互给面子，外戚可以独揽朝政，宦官则去贪污纳贿，两派共同享受荣华富贵。因为两个派系实际上是皇权的衍生品，本质上是皇权这柄刀的两面，无论刀柄握在哪一方的手里，最后都会回到皇帝手中。

东汉皇权真正的威胁来自门阀士族。这里的门阀士族不是一两家成为外戚的顶级豪门，而是作为一个阶层整体，对皇帝的权威构成了威胁。从根本上说，这是由于东汉帝国过于庞大，皇帝管事的时间又太短所造成的。帝国各个郡县的基层政权被各地的门阀士族把持。门阀士族成了帝国基层政务的主要操持者。“察举制”取代先秦的“世官制”和秦朝的“军功爵制”，用人的权力逐渐从皇帝手中转移到了门阀士族手里。到了东汉，官员的最主要来源完全被门阀士族垄断。“察举制”兴起于汉武帝时代，由地方的“贤良方正”向朝廷举荐人才。举荐内容原本有很多科目，比如现代人熟知的孝廉、茂才等。而到了东汉，“举孝廉”逐渐成为士人最为推崇的入仕做官的途径。

于是，东汉后期的皇帝们逐渐发现了一个问题：察举选官的权力，特别是“举孝廉”的权力已经不在自己手里，而在某些风评家和世家大族手里。这些门阀士族自西汉以来就开始在乡里形成势力，并通过选拔官吏的“察举制”逐渐垄断了仕途。

当然，起初门阀士族和寒门的区别绝对没有那么泾渭分明。这些门阀贵族也并非一开始就出身高贵，大体需要连续几代的高官积累。比如，东汉末年的顶级名门汝南袁氏兴起于袁安。袁安本来仅是汝南郡汝阴县的一个功曹，“举孝廉”踏入官场后，一路直升到三公之一的司徒。《后汉书》记载，他曾公开批评皇帝，弹劾外戚窦氏家族多达数十次，为袁氏家族的崛起捞到了舆论上的“第一桶金”。袁安之后，袁家接连几代都坐到了三公高位。到了东汉末年，“四世三公”的汝南袁氏，“门生故吏遍天下”，已经迥然成为士族领袖。出自汝南袁氏的袁绍和袁术一度也是争夺天下的主要势力，甚至后人熟知的曹操和孙坚最早都只是袁绍、袁术手下的跟班和小弟。

这些门阀士族之间相互举荐，彼此之间开始结党对抗皇权，于是出现了著名的“党锢之祸”。表面上看，“党锢之祸”的起因是这样的：东汉延熹十年（167）汉桓帝决定搞一次改元大赦，他身边的几个宦官得知消息后，就让家人在大赦之前随意侵吞百姓田产。这引起了门阀士族和百姓的普遍不满：“你这不遵守游戏规则，怎么行？”于是李膺等年轻官吏顶着违背赦令会被砍头的风险杀了宦官的亲戚！这是在赤裸裸地打皇帝的脸。汉桓帝虽是著名的昏君，但是杀伐决断却毫不犹豫。继位之初，他就干掉了著名的“跋扈将军”梁冀，既然敢杀梁冀，此时面对敢藐视自己赦令的几个愣头青更没问题。他当即把这些官员抓了起来。谁知这下捅了马蜂窝。

门阀士族的代表陈蕃、外戚窦武联合起来为被捕的官员们求情，汉桓帝自然不干，双方先是打嘴仗。宦官集团指责李膺等名士“更相驱驰，共为部党，诽讪朝廷，疑乱风俗”，还是要把他们革职赶回家。李膺等人也联名上书，要求桓帝信任陈蕃等人，诛杀身边宦官，最后发展到要干掉所有宦官。

传统史书喜欢将这类斗争归咎于双方道德水准的差异，采取一种褒扬门阀士族、贬斥宦官的评判方式。《后汉书》甚至直接评价陈蕃为首的门阀士族：“汉世乱而不亡，百余年间，数公之力也。”虽然这种说法有道理，但一定程度上掩盖了这场权力斗争的真相。

“党锢之祸”从根本上说就是门阀士族藐视皇权，试图用所谓“社会舆论”和“精英阶层”取代或者限制皇权。在他们看来，皇权越小越好，最好就是当个傀儡，听任门阀士族的摆布，更不要随意干涉他们家族之间的利益分配。由于门阀士族的势力经过 100 多年的膨胀，原本依赖皇权的外戚集团想坐稳最高权力宝座，反而必须和他们搞好关系。于是出身外戚的窦武开始和陈蕃为首的门阀士族联合起来，共同对抗宦官集团。

宦官集团本质上无法和门阀士族完全达成妥协，因为他们的出身天然地被门阀士族鄙视。这种鄙视一方面根植于门阀士族的优越感，另一方面也反映出门阀士族对皇帝的鄙视。因为宦官无论如何都是代表皇帝传达旨意的，李膺等人公然蔑视皇帝的赦令，按照自己的道德标准去主持正义，站在汉桓帝的角度看，李膺等人当然是混蛋。但是由于外戚和门阀势力相结合，皇帝的旨令得不到执行。以窦武、陈蕃为首的全体大臣上书反对，陈蕃甚至公然拒绝执行皇帝逮捕党人的命令。最后，汉桓帝的逮捕名单不是想抓人抓不到，而是大家争先恐后地想被列入“党锢”名单——时下当官的人都以被列为“党锢”为荣，一个叫皇甫规的将军，甚至以自己不能被列入“党锢”为耻辱。当皇帝当成这样，真的很失败。

眼见外戚、门阀士族联合起来，汉桓帝和宦官们都害怕了。皇帝虽然敢杀梁冀，但是不可能把所有党人都杀光。于是双方妥协，结束了第一次“党锢之祸”。

永康元年（167）12月，桓帝病死。因汉桓帝死时无子，11岁的宗室汉灵帝刘宏继位。汉桓帝的皇后窦氏和汉灵帝没有血缘关系，皇权实际由外戚窦武和门阀代表陈蕃掌握，他们决定利用这个机会除掉宦官。原本这是很简单的事，因为身为外戚的窦武军权在握，已经成为太傅的陈蕃又是舆论领袖，他们联手如果只想杀掉几个罪大恶极的宦官，估计宦官集团自己都会争着当帮手。坏就坏在他们想杀了所有宦官，这和后来何进、袁绍的密谋如出一辙。更蠢的是，窦武竟然把要消灭宦官的奏章交给宦官，让他们呈给皇帝！要知道11岁的刘宏根本不能主事。窦武明明自己就可以说了算，却非要玩文字游戏。

结果传来传去这份奏章就传到了宦官王甫、曹节手里。没什么可说的，既然要玩命，那就干吧！宦官集团立即假传圣旨，当晚就杀掉了窦武、陈蕃，并且大肆捕杀党人，先前仅是禁锢取消做官资格，现在直接砍了。一时间李膺、范滂等一大批知名士族领袖被杀，宦官彻底掌握皇权。史称第二次“党锢之祸”。这两次“党锢之祸”充分暴露了门阀士族在面对危难时的犹豫不决和优柔寡断。之后的历史中，这一场景将不断重演。

建宁四年（171），汉灵帝加冠，正式执政。此后，对门阀士族有了阴影的汉灵帝在宦官集团的帮助下娶了出身寒门的何皇后，重用外戚何进，进一步打压门阀士族。但几年后就出事了——光和七年（184），东汉帝国的底层民众在张角三兄弟组织下，揭竿而起，发动了一场规模宏大的黄巾军农民起义——面对各地风起云涌的农民军，汉灵帝和宦官集团被迫取消党锢，任用门阀士族，同时派出何进统率的中央军精锐攻击黄巾军，黄巾军的主力被迅速消灭了。在扑灭黄巾军的过程中，门阀士族的势力逐渐抬头，原本出身寒门的何进也自诩为士族领袖，“四世三公”的袁绍成了他最为倚重的心腹。这可能是因为袁绍是名门庶出，出身也有些瑕疵，刚开始不太受正统的门阀士族待见。他和何进有共同话题，谈着谈着就成了好朋友。

中平六年（189）四月，汉灵帝驾崩后，何进就和袁绍沆瀣一气，立何皇后之子刘辩为帝，史称汉少帝。紧接着两人出手杀了汉灵帝的亲信宦官蹇硕，彻底控制了朝政。于是这两人又和当年的窦武、陈蕃一样想联手杀光宦官，但是又怕这事不好摆平何太后，于是决定找人进京壮胆。找谁呢？袁绍向何进推荐了出身寒门的西北军阀董卓。

两汉长时间对外用兵，军功出仕是寒门走上仕途的重要门道。这次镇压黄巾军起义又一批寒门崛起，这里面就有东汉末年建立魏、蜀、吴国的三位领袖曹操、刘备、孙坚，当然也包括董卓。黄巾起义成了他们登上历史舞台的契机，后来，他们逐渐成了“军阀”。这就是东汉末年的第三股势力。

但是，董卓还没到洛阳，宦官集团就再次抢先动手杀了何进。这时袁绍爆发出了极强的求生欲。他没有像陈蕃那样恪守规矩，反而借口宦官诛杀大将军何进，率军打进皇宫！这就等于造反。结果汉少帝被宦官张让等人劫持出逃，其余大部分宦官被杀。袁绍如此一闹的结果是皇权严重发生动摇，因为原本铁杆保皇的宦官集团彻底覆没。

紧接着，外戚集团也被根除。董卓迎回少帝，进入洛阳。之后，董卓用计

用钱收买了吕布，杀掉了丁原，夺了洛阳军权，又废杀汉少帝刘辩和何皇后，改立汉献帝刘协，吓跑了门阀士族新领袖袁绍，掌握了东汉王朝的中央政权。

门阀士族和外戚宦官及其背后的皇权斗了这么多年，结果胜利果实被董卓这个“少好侠”的乡里恶霸拿走，他轻而易举地成了东汉王朝的执刀人。门阀士族哪里会甘心。于是袁绍挑头，关东各地的门阀士族有人出人、有力出力组成联军，共同讨伐门阀公敌董卓。

初平元年（190），乱世大幕拉开。

目 录

曹魏篇

蜀汉篇（一）——诸葛亮

蜀汉篇（二）——姜维

东吴篇

曹魏篇

CAO WEI PIAN

曹操的遗产

初平元年（190）春正月，关东联军组成。史书上明确记载的这些门阀士族是：盟主渤海太守袁绍，其他还有后将军袁术、冀州牧韩馥、豫州刺史孔伷、兖州刺史刘岱、河内太守王匡、陈留太守张邈、东郡太守桥瑁、山阳太守袁遗、济北相鲍信等。这些都是食禄两千石以上的高官，放到今天可以算省部级干部。

那么，曹操、孙坚、刘备在哪里呢？说起来，这三位当时都不是主角，甚至连配角都不算。

曹操的正式官职是典军校尉，东汉时代也算“比两千石”（东汉官秩），只算准将军，和前面这些人相比官位不够高。更不用说他的这个职位已经被撤了，仅是个逃犯。于是袁绍以盟主的身份安排这个从小一起偷新娘子的朋友当了“行奋武将军”。

孙坚也是军功出身，先破黄巾军，后平边章、韩遂，再斩区星，才得以拜长沙太守，封乌程侯。但是他不太自信，主动投靠到袁术麾下效力，被袁术表为“行破虏将军、豫州刺史”。

相比之下，刘备的官位最低，他此时应该是高唐县令，后来又成为幽州牧刘虞手下公孙瓒的别部司马，等到数年后才升为平原相，算是跻身军阀行列。

由此我们发现，军阀也是有门槛的，不是谁都能干的。若没有干过两千石级别的高官，都不配叫军阀，只能算个“贼寇”。

其实现在回过头来看，这些联合起来讨伐董卓的关东诸侯很有意思。他们至少有两个特点：首先并不是全天下十三州都反了，而是集中在冀州、豫州和兖州这三个距离洛阳较近的州和司隶校尉辖区的一部分。并州、凉州实际是董卓的地盘，青州被黄巾军占据。徐州陶谦、幽州刘虞、益州牧刘焉都没有参与反董卓联盟。荆州刺史王叡刚刚被孙坚所破自杀，新到任的刘表一上任又和孙坚、袁术对着干，更不可能参与。扬州牧刘繇惧怕袁术，还没有到任，地方处于半无政府状态。也就是说，这场战争是握有冀州、兖州、豫州的袁绍和掌控并州、凉州和司隶校尉辖区的董卓之间的较量。

其次，这些门阀士族都没有什么战斗力。作为军阀的董卓就评价这些门阀士族：“皆畏孤，无能为也。”说白了这些人，啥也不是。果然这帮人除了曹操、孙坚，全都怕和董卓打仗。所谓讨伐董卓只不过是大家割地自雄的借口而已。所以大家摆摆样子，就各自回家展开厮杀。其中首要矛盾是割据豫州的袁术和占据冀州的袁绍兄弟两人，而孙坚和曹操分别在两人手下当马仔。所以这次门阀士族是彻底不想要大汉王朝这块招牌，准备开始单干了。只不过很可惜，他们能力太差，都没干过曹操。

曹操的身份很特别。他的父亲曹嵩干过太尉，这是三公一级的高官，是成为门阀士族的必要条件之一。他小时候又和袁绍这样的门阀士族精英一起玩耍。所以曹操可以向门阀士族方向发展，至少有这个趋势。曹嵩的养父曹腾是宦官，还是高级宦官中常侍。曹操当官之后屡次惹祸，其实都是靠他爹和爷爷的面子摆平的。所以曹操也可以向宦官集团方向发展，至少有这个人脉。曹操第一次出现在《资治通鉴》中，是官拜骑都尉，参加攻灭黄巾军的重要战役颍川之战。这说明他是以军官身份登上历史舞台的。曹操在《让县自明本志令》中也说自己的人生目标是成为“征西将军”。这么看来，曹操还有做军阀的潜力，至少有这个愿望。

于是我们就可以理解许邵对曹操的那句千古流传的评语：“治世之能臣，乱世之奸雄。”——家族有成为门阀士族的趋势，还有宦官集团的人脉，在治世可不就是一个能臣吗？曹操又有成为军阀的欲望和能力，在乱世可不就是一个奸雄吗？许邵对他的评价十分精准！

结果曹操干得也漂亮。自初平元年（190）起兵讨董卓以来，至建安二十五年（220）这30年间，曹操艰难前行：平黄巾、定兖州，败陶谦、屠徐州，灭张邈、迎天子，迁许都、战宛城，破袁术、降吕布；与刘玄德青梅煮酒纵论英雄、败袁本初官渡乌巢方寸之地，遂北收四州、南征刘表；后败刘备于当阳，遇周瑜于赤壁，天下势成鼎足；而后晋爵魏王，设立宗庙，自成一国，天下九州得其六。陈寿称曹操乃“非常之人，超世之杰”！这已经远远超过了当年许邵的评价。

有意思的是奠定了三国基础的曹操却始终是汉臣，是东汉王朝的执刀人。所以我们今天讲三国执刀人，就没有曹操的故事，但是故事又必须从曹操说起，因为他虽然不是三国的人，却奠定了三国的魂，也因为曹操为曹丕留下了丰厚的遗产。

曹操最重要的遗产是世袭的相权。很多人都知道，中国历史上君权和相权是有矛盾的，也都知道历史上许多皇帝都试图拆分相权，最终在朱元璋时代彻底废除了丞相。但是很多人都不知道，曹操一直在强化相权甚至做好了用相权取代君权的打算。

建安十三年（208），曹操废了东汉开国以来由司空、太尉、司徒三公分掌相权的体制，改回西汉丞相、御史大夫制，由丞相府实际负责全国的行政、人事、财政、军事。曹操这个丞相当得非常霸气，其中最重要的一个手段就是把原来属于门阀士族的选官察举权完全作废。任何士人想要当官，必须先被丞相府征辟，在丞相府任职，由曹操亲自考察之后才能够做到两千石以上的高官。

证据就在《三国志》里——曹操、曹丕时代的几乎所有官员，文官都有

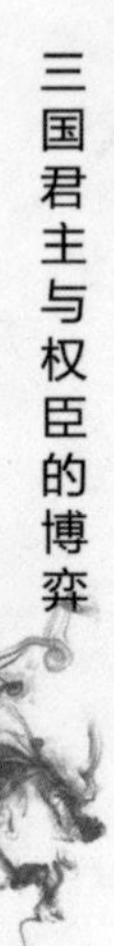

“辟为丞相掾属”的经历，司马懿入相府为西曹掾，杨修入相府为主簿，这些都有明确记载。武将则大部分都有在曹操亲自指挥下作战的经历，乐进“以胆烈从太祖，为帐下吏”，于禁“拜军司马”，张辽、张郃“拜中郎将”，徐晃“拜偏将军”。这意味着曹操直接掌握了所有人走向高官的命门。也就是说曹操看谁顺眼，谁就能当大官，否则说破天也没用。那么，曹操最看重什么呢？

曹操选人是和东汉察举制一样看重道德、品行吗？似乎不是。曹操当丞相后多次下达《求贤令》。他让各地推荐贤才时特意多次引用陈平的例子，并且强调：“唯才是举，吾得而用之。”许多人据此认为，曹操用人看重才华，不看重德行。其实，就曹操使用的这些人看来，却没有多少真正有道德缺陷的，绝大部分都是德才兼备的人才。头号谋士荀彧自不必说，即使是被人认为私德有亏的郭嘉，也只是被陈群评价为“不治行检”，并没有做出什么太过头的事。至于曹魏的开国三公钟繇、华歆、王朗这三位，更是被《三国志》评价为：“钟繇开达理干，华歆清纯德素，王朗文博富赡，诚皆为一时之俊伟也。”

既然实际选拔人才的过程中既要才，又要德，那么，曹操提出“唯才是举”，目的是什么呢？其实这就涉及一个选才的标准问题。如果以德为标准，那么选官的权力就掌握在门阀士族手中。这是因为“德”只能通过日常行为体现出来。而考察一个人的“德”需要很长时间，只有负责察举官吏的地方州牧、郡守才可以真正考察一个人的德行，为“孝廉”的“德”负责。这些门阀士族经过东汉 100 多年的发展已经通过掌握舆论导向完全控制了两千石这一级别官员任免的实际权力。

如果以“才”为标准，那么选官的权力就掌握在曹操本人手里。因为“才”是可以通过短时间考察出结果的。以曹操的精明，你有没有才，可能他看一眼就能看出个大概。再加上进入相府之后一段时间的考察，这样一个人能放在什么位置，曹操心里就有谱了。

由此看来，所谓“唯才是举”应该改为“唯我是举”才对。也就是说，曹

操通过“唯才是举”将东汉门阀士族本已经拿到手的选官权彻底抢了过来。丞相这个执刀人的权力甚至比东汉皇帝还要大得多！这还了得。所以曹魏政权不稳，就是因为曹操手下的这些门阀士族对于他夺走自己手中的“刀”耿耿于怀。

但是，站在曹操的角度来看，丞相的权力就是他最大的政治资本：“想当官，先来我这里当狗！”士族对曹操很有看法，比如在曹操帐下听用时刻有可能被打板子。这既是肉体上的痛苦，又是精神上的侮辱。有的士族子弟甚至准备了毒药，一旦受辱就要自杀。

夺下官员任免权后，曹操并没有停下自己攀登权力金字塔的脚步。他想将自己的权力固化，让自己的家族可以进行权力传承。这是以前所有拥有相权的执刀人都没有想过的问题。为此，曹操让自己晋爵魏公，后来又升格为魏王。曹操让自己的家族在爵位上有了可以凌驾于所有人之上的崇高地位，并且这种爵位可以世袭。而且，在曹操的解释中，王爵的世袭就等于相权的世袭。也就是说，曹操在皇帝之外另行搞了一套权力世袭模式。这是之前所有丞相都没有想过的一种抗衡君权的处理方法。

正如曹操在《让县自明本志令》中所说：“是以不得慕虚名而处实祸。”曹操的这一系列操作，让东汉帝国的皇帝彻底变成废物，连橡皮图章都不如。影响帝国的门阀士族也变成了他的手下甚至奴隶。

但是，曹操让相权世袭的做法遭到了荀彧的明确反对。荀彧背后代表的无疑是颍川荀氏这样的顶级豪门以及许多门阀士族。有很多人因此认为，荀彧是忠于大汉王朝的，这一点毋庸置疑。但是，如果把荀彧的忠诚具象化一些，就会发现，荀彧效忠的是大汉王朝带给门阀士族的特权。曹操称公称王背后的潜台词是将决策、选官的权力世袭化，这将直接剥夺门阀士族的特权。那门阀士族还有什么盼头？所以荀彧宁死不从。荀彧死后，董昭、陈群等士族代表不断忽悠曹操更进一步，代汉称帝，改朝换代，曹操就是不干。为什么？这不是一句“吾为周文王”就可以解释清楚的。因为一旦曹操走出这一步，成为皇帝，

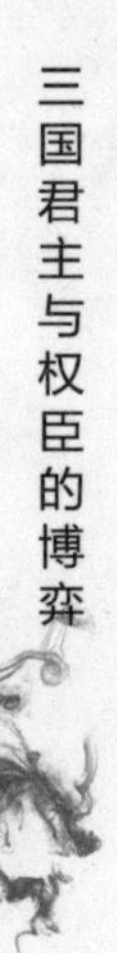

他虽然拥有君权，但是必须让出相权，哪有现在这样身兼君（魏王）相（汉丞相）来得爽？他才不会让那帮他打心底看不起的门阀士族如意！

作为马上得天下的军阀，曹操留给了曹丕一支数量庞大、战斗力强悍的军队，而且这支军队没有任何外人可以染指，全部被纳入曹氏家族（曹仁、曹洪、曹真、曹休）以及夏侯氏（夏侯惇、夏侯渊、夏侯尚）的指挥之下。至于其他像五子良将这样被曹操从底层提拔起来的将领更是对曹操忠诚无比。

综合来看，掌握所有行政权力的东汉王朝的丞相、东汉王朝所有官员的君主（除极少数人如夏侯惇等以外，所有汉朝官员都有魏国官职）曹魏王国主君以及整个帝国北方地区所有的精锐部队，包括土地、人口、赋税这些都是曹丕得到的遗产。

如果曹丕继续坚守这份遗产，那么他将身兼君相、董事长兼任CEO，大权独揽，门阀士族将没有翻身之日。中国历史上或许会像日本幕府一样出现一个傀儡东汉帝国政府和一个实权曹魏王国政府。

但是曹丕不愿意，因为他要让自己成为魏文帝而不是魏文王。

曹丕的背离

真正揭开三国大幕的人是曹丕。

曹丕是曹操和卞夫人生的第一个儿子。他出生的时候有“云气青色而圜如车盖当其上”，也就是人君之气。

这在谶纬流行的东汉并不稀奇，应该算是后人附会的鬼话，但是曹丕有才是事实。史载曹丕8岁就“能属文”。8岁孩童就可以写文章，这是天才级的天赋。要知道，大诗人李白15岁才能写诗，写下《滕王阁序》的王勃也是6

岁能写文章。曹丕书读得非常好，号称“博贯古今经传诸子百家之书”。他在《典论·论文》中的“盖文章，经国之大业，不朽之盛事”一句更是成为千古名言。

而且，曹丕才兼文武，“善骑射、好击剑”，真是万里挑一的能人。可是，很不幸，他还不是曹操身边最出色的儿子。曹操的大儿子曹昂早年跟随曹操征张绣，战死宛城。他为救曹操而死，应该算是曹操最孝顺的儿子。曹操还有个小儿子曹冲。《三国志·魏书》里明确记载了曹冲五六岁时称象的故事，他应该算是曹操最聪明的儿子。不过，他在曹操成为魏王之前就已经死了。真正对曹丕的地位造成威胁的是他同母同父的兄弟曹植。

论天赋，曹植和曹丕不相上下，10 岁左右就能写诗作赋。曹操特别喜欢他，史称他对曹植“特见宠爱”“几为太子者数矣”。曹植才华，举世无双。南朝诗人谢灵运曾说：“天下之才一石，曹子建独占八斗。”可谓对曹植推崇备至。而且，曹操爱才，所以他是发自本心地希望立曹植为太子，让他继承自己的事业。

于是夺嫡开始，曹丕和曹植身边的人在各自下注。曹丕身边的曹真、陈群、司马懿、吴质号称“四友”。其中，曹真是曹操养子，算是族内兄弟。陈群是荀彧的女婿，算是一流门阀士族。司马懿的爹司马防官至京兆尹，司马家族世代都是郡守这一级别的官，算是二流门阀士族。早年曾推荐曹操出任洛阳北部尉，是曹操故旧。吴质虽然是曹丕的亲信，但是出身寒门。曹植身边最有名的是杨修、丁仪。杨修的爹杨彪当过三公一级的高官，祖上杨震号称“关西孔子”，已经到了圣人级别，属于顶级门阀士族。丁仪在《三国志》里没有传，他爹丁冲是曹操的发小，家里没出过什么高官，属于寒门。

综上所述，双方阵营的家庭背景差不多。

但是，双方斗起来水平却差了很多。曹植这边杨修等人搞点儿“教条主义”，帮曹植考试作弊，博取曹操欢心。曹丕这边却“御之以术，矫情自饰，宫

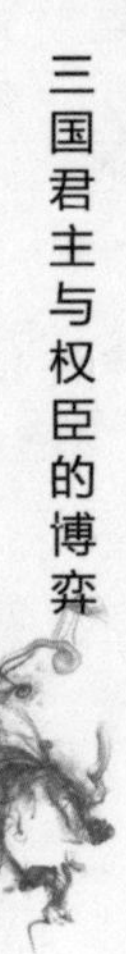

人左右，并为之说”。也就是说曹丕也在作弊，却没有在学术上作弊，而是在人际关系上作弊。

按道理说，以曹操的水平，这两种作弊，他应该都能够看得出来。问题是曹植的作弊次数有限，后来倒霉，还被曹操发觉了，连带着把杨修废了。曹丕的作弊却属于“随风潜入夜，润物细无声”的搞法，一次两次没啥感觉，时间长了却可以改变一个人的潜意识。曹操的本心可能是想立曹植，但是，最终立了曹丕，难道就是因为这种潜意识?

当然，不可能这么玄幻。

曹操正式立储是在建安二十二年（217），在此之前曹操逼死了荀彧（212），杀掉了崔琰（216）。这两个人都是顶级门阀士族，曹操敢对他们下手就是对门阀士族宣战。表面上看，曹操为的是能够称公封王，让相权世袭，甚至让下一步夺取君权成为可能。本质上说，很可能曹操已经想明白了，即使他登基称帝，士族也将成为曹魏帝国的最大隐患。

曹操不称帝，牢牢把握相权，就是最大限度地杜绝了这种隐患。但是，曹操也会死，这种体制能不能继续，未来如何发展，曹操没有把握。曹操认为，面对这样一种新的体制，曹植比曹丕靠谱，因为这种新体制需要创造性思维。曹植这样的浪漫主义诗人，无疑比曹丕这样的现实主义文人要更具有创造力，也就更有可能想出办法来解决曹魏帝国面临的问题，突破汉朝察举制的限制，解决门阀士族垄断仕途的状况。

至少曹植对外姓士族有着充分的防范心理。曹植晚年曾经上疏侄子曹叡，提出：“权之所在，虽疏必重；势之所去，虽亲必轻，盖取齐者田族，非吕宗也。分晋者赵、魏，非姬姓也。唯陛下察之。苟吉专其位，凶离其患者，异姓之臣也。”（《三国志·陈思王植传》）曹植已经预言了曹魏皇权将会被外姓取代。可见，曹植远比与门阀士族走得很近的曹丕、曹叡父子想得更加深远和透彻。

但是，曹操选择继承人面临的问题，远远比单纯地防范门阀士族要更复杂。

首先，曹魏政权的外敌十分强大。一旦把已经投靠自己的门阀士族推向刘备、孙权那边，曹魏立即就会祸起萧墙。曹操晚年的魏讽谋反案就是证明。

其次，门阀士族已经繁衍数百年。他们凭借垄断知识（因为当时书籍都是竹简书写，价格昂贵，普通老百姓根本买不起书，也看不到书，知识传承全凭借所谓“诗书传家”），完全霸占了仕途。在当时的情况下，曹操没有办法把这些人彻底扫出政府。

最后，曹植看得穿，并不一定做得到。曹植的诗人气质让他在面对政敌时往往显得过于简单，容易被人看透，甚至被人左右。杨修的小聪明就是证明。至少以曹丕的狡猾，他应该能更好地控制这些门阀士族。于是，为了家族延续，曹操最终还是选择了曹丕。

建安二十五年（220），曹丕从曹操手中继承了所有遗产，但他却准备放弃其中最重要的世袭相权，决定再进一步，代汉称帝。

曹丕的这个想法，他手下的人都想到了。门阀士族都很开心，他们甚至还鼓励曹丕这样干。但是，他们有一个条件：我们拥护你称帝，你要给我们好处。这个好处，学名叫作“九品官人法”。提出这个选官办法的人是陈群。

陈群是顶级门阀士族。他的祖父陈寔是东汉末年儒学宗师式的人物，他死的时候给他送葬的有三万人之多。陈群的父亲陈纪、叔父陈谌也都是天下名士，三人合称“三君”。所以陈群刚刚成年就被刘备聘为别驾。但是，陈群很聪明，他并没有把自己和刘备绑定，反而入了曹操幕府，成为司空府西曹掾属。紧接着，荀彧召他做了女婿，曹丕把他看作好朋友。但是，终曹操一世，陈群都没有得到重用。

由于陈家的门第够高，荀彧死后，陈群迥然成为下一代颍川郡门阀士族的领袖。在这个关键当口，他抛出这个“九品官人法”无疑是代表门阀士族和曹丕进行谈判。

很奇怪的是，“九品官人法”这个后世看起来很重要的制度被以唐长孺为代表的老一辈历史学家反复研究讨论，但是在曹丕的本纪中却没有记载。甚至在《三国志·陈群传》中的说法也很轻描淡写，连具体实行的时间都没有。

为什么会有这种反差？其实，陈群的要求可以简单地看作是对东汉末年以来门阀士族品评人物的民间活动收归政府，实现制度化。有学者甚至认为，陈群希望代表门阀士族和曹丕讲条件：“把察举制改成我们想要的‘九品官人法’，我们就支持你代汉称帝。”

这个说法比较武断，让人质疑。严格来说，“九品官人法”不光是对东汉时期品评人物的制度化，也是对曹操“唯才是举”的制度化。因为最初的“九品官人法”要考核“家世”和“行状”。所谓“家世”就是出身门第，这是门阀士族想要的。所谓“行状”包括品德和才能两个方面，这是曹操“唯才是举”想要的。“九品官人法”就是在综合考虑门阀士族和曹魏政权两个方面的需求后，通过综合“品评”来给士人定品。也就是说，这个制度创立之初并没有太多人感觉到有什么太多的不妥，只是对过去旧有制度的规范和梳理。这样一来，“九品官人法”没有留下过多记载，也就可以理解了。

因为“九品官人法”和东汉“察举制”要求郡守、刺史向中央推荐人才的要求没有太多差别，只不过“九品官人法”设立了一个新的官职叫作“中正”，最早的时候设立在郡一级。“中正”这个官名取自《易经》“豫卦”。“豫卦”总体的卦辞是“利建侯行师”，即有利于建国、封侯、行军和作战。其中六二爻的爻辞是：“介于石，不终日，贞吉。”所谓“介于石”，指的内心如巨石般坚定（“介”是大的意思）；所谓“不终日”，即是中正之意。总的来说，中正这个官名非常符合设立这个官职的目的——以公平正直之心，选拔有利于国家的人才。当然，近代以来有人取名“中正”“介石”，却实不至，名不归。

这一下，人才评定之权就不再只靠郡守，而是被攥在了中正手里。相较于中央政府把持的郡守职位，这个专职评定人才的中正无疑是更容易把握在地方士族的手里。“九品官人法”品评人才的考核指标中，所谓“行状”没有衡量的硬指标和考核方式，全凭中正一张嘴。相反，“家世”却很容易分出上下。于是，家世便成了评品选拔人才的最重要标准。随着中正这个职位逐渐被门阀士族所控制，直接导致了魏晋南北朝时期“下品无豪门，上品无庶族”的局面。当然郡守的察举之权还没有被完全剥夺，可以算作一个过渡，但是被曹操、刘备、孙坚这些军阀打乱的历史大方向已经再次被门阀士族牢牢地把握在手里。

由此可见，“九品官人法”实际上是一个由士人上升为官员的资格考核。也就是说，曹操遗产中准备世袭的相权划给了中正。之前，曹操可以按照自己的喜好征辟郭嘉这样的人当官，现在若想获得官位，必须获得中正的认可。

曹丕让出了世袭相权，得到了什么？他拿回了官吏自己招募僚属的权力，从而解决了地方割据的问题。东汉末年各个州牧、郡守都可以各自任用自己的僚属，各地门阀士族也通过控制这些僚属逐渐形成自己的小圈子，控制一片广大的区域。一旦地方官员不符合这个小圈子的利益，他们就会谋反。曹操担任兖州牧时，就因为杀了名士边让搞得全州尽反。故而曹操时代特别担心各个地方的忠诚度，负责防守后方的曹丕也一直在应对各个地方的谋反，九品官人法也是他解决这个问题的一种尝试。

所以，“九品官人法”也满足了曹丕的需求。因为一方面，曹丕虽然由于代汉称帝失去了世袭相权，但是他手下所有人也同时都失去了自己征辟属下的权力。这样一来门阀士族的选官也必须通过中正来确认。曹丕认为，他将来可以控制这些中正官的最终决定。也就是说西汉以来，原本不那么清晰的官和吏的区别，从这个时候开始有了明确的区别。像汉武帝那样凭借自己喜好提拔卫青、张汤这样的奴隶、小吏成为高官的机会，自魏晋以后越来越少。到了宋以后，官和吏成为完全不同的两个群体，被彻底割裂开来。为吏的不能为官，甚至不能参加科举考试。

另一方面，曹丕施行“九品官人法”的目的是进一步强化中央机构和中央

集权。虽然官吏的选拔权都到了中正手上，但是曹丕却把最终审核权收回到皇帝手中。为了达到这个目的，曹魏帝国一方面把尚书省移出宫外，使其变为正式国家机构，原本皇帝的私人秘书尚书变成了中央政府的重要官职，后又设立中书省取代了尚书省的位置，后来隋唐的“三省六部”制在此时已经有了雏形。中央权力得到强化。地方权力部分被收回中央，正是在曹魏之后，原本具有自选属吏职权的郡守、州牧都丧失了自己选择下属的机会，也就很难形成东汉末年地方官完全控制州郡的情况。这样一来地方官就没有了自己的班底，成为军阀的道路也就被彻底斩断了。魏晋南北朝至隋唐再也没有出现东汉末年那样郡守、州牧就能割据一方的情况。之后，“开府”逐渐成为一个很重要的职衔，魏晋南北朝时期重要官员都要加授“开府”或“开府仪同三司”这样的职衔才能自己选择幕僚，建立班底。

但是，“九品官人法”导致了曹魏地方政权出现真空，由于中央权力过于膨胀，导致权臣一旦控制中央政权，则君权很容易丧失。加上此时少数民族大举南迁，到了西晋，原本在两汉时代以一个郡都能抵挡的外族，发展到五胡十六国的混乱局面。而且地方权力真空实际上被盘踞地方的门阀士族所填补。正如曹植所说曹魏帝国最大的危险“苟吉专其位，凶离其患者，异姓之臣也”。当然，结局大家都清楚，司马懿和他的子孙最后替代了曹魏政权。

回到曹丕上位之初，他赞同陈群的“九品官人法”，交出世袭相权，升级为皇帝时，并不担心。因为他拥有了可以世袭的皇权，还拥有绝对的军权，他相信自己的帝国将会一统天下，然后传至万世。

为此，曹丕答应了孙权称藩投降，并且十分开心地在刘备进攻孙权的时候采取“卞庄刺虎”战术，坐山观虎斗。可等到孙权打败刘备之后，曹丕突然发现，孙权压根儿就没有想投降，原来自己被愚弄了！

于是刚刚称帝的曹丕决定报复，曹魏帝国历史上第一次南征开始。

南征

黄初三年（222），刚刚于闰三月在夷陵打败刘备的孙权，十月又要面对曹魏帝国倾国之兵的挑战。

这是曹丕执刀人生涯中第一次亲自指挥军事行动。为此，他对曹操去世时的曹魏军事战略布局做了调整：和曹操四次攻击巢湖不同，曹丕决定开辟东西两个战场。

西线战场攻击长江中游。因为蜀汉自汉中、襄樊、夷陵连续三战后损耗巨大，不可能向关中发起攻击，原本部署在关中的部队由武关南下，在曹魏帝国西线总指挥“镇西将军，假节都督雍、凉诸军事”曹真统帅下，会合曹魏帝国南线总指挥“征南将军，领荆州刺史，假节都督南方诸军事”夏侯尚，一同攻击东吴刚刚夺到手的荆州重镇江陵。

东线战场由接替夏侯惇升任大将军的曹仁，统领原来防守襄阳的本部精锐部队攻击东吴重要军事据点濡须坞。东线另一支部队总指挥“征东大将军，假黄钺，督张辽等及诸州郡二十余军”曹休，麾下的曹魏东线主力部队（包括张辽等名将），准备跨江攻击东吴的核心区域丹阳、吴郡。

这两个战线总共有 30 多万人马，比起刘备西征的区区 5 万之兵，规模大了 6 倍。

孙权刚刚经历夷陵之战，又遭遇曹魏大军来攻，他害怕刘备卷土重来，不敢轻易调动夷陵一带的陆逊等部，而是以朱然率精锐守住江陵，以吕范统领水军精锐防范曹休大军，以朱桓据守濡须坞防备曹仁，全线抵抗曹魏攻击。

这样的布阵对双方而言都将面临一场消耗战。

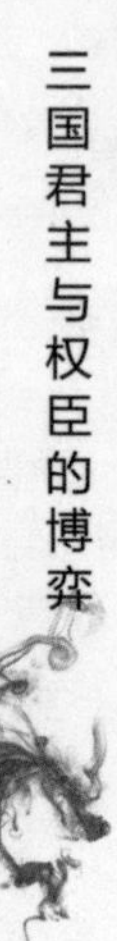

为了更好地指挥作战，曹丕留下司马懿、陈群在后方主管后勤、朝政事务，自己亲自统率曹魏最精锐的中军由洛阳前往许昌，后又进至宛城。由于襄樊之战后襄阳防御工事几乎全部毁坏，人口损失较多，曹魏南部战线的根据地由襄阳撤到宛城。这样一来就给西路军攻击江陵造成了麻烦——无形间补给线拉长了数百里。

东吴江陵的守将是朱然。原本按照东吴大都督都由前任推荐的惯例，朱然就是吕蒙推荐的继任者。此时，他刚刚帮助陆逊击败刘备，所部 4 千多名精锐据守江陵要塞，抵御曹魏大军的攻击。曹魏那边汉中之战的张郃部、襄樊之战的徐晃部全压了过来。朱然原本派在长江中江心洲上据守的 1 万多人，被张郃的 3 万西凉铁骑利用冬季枯水时节，架设浮桥，轻易击败。这样一来整个江陵“内外断绝”。另一方面曹真率军在江陵城外“起土山，凿地道，立楼橹临城，弓矢雨注”狂攻了 6 个月之久，一度还找出内应开城，全被朱然统领着 5000 名精锐部曲击退。

城外，孙权派出潘璋、诸葛瑾率军多次骚扰曹魏西路军，为江陵解围。战至黄初四年（223）四月，眼见春水回涨，曹丕采纳董昭的建议，命已经冲过长江的夏侯尚、张郃率部紧急撤退。江陵城下曹真也领教了这座刘备、关羽花费 10 年时间精心构筑的要塞的厉害。曹真眼见吴军利用水军优势恢复了江陵城的补给，而他试图和周瑜一样切断江陵补给，迫使敌人投降的战法彻底失败。与此同时，由于襄阳要塞的废弃，东吴水军强大，随时有可能通过封锁汉水切断曹魏大军的补给线。再加上曹真的雍凉军团久在此地，水土不服，最终曹真决定班师撤退。

曹魏西路军在江陵城下碰得头破血流，被迫撤退的时候，曹仁、曹休的东路军也没有多走运。

曹仁是曹魏第一猛将，和关羽、张飞一样号称“神鬼之勇”。他的目标是夺取东吴东线江北最重要的据点——濡须坞。久经沙场的曹仁绝对不是一个有勇

无谋的莽夫。相反，他一开始就设计了一个声东击西的好计划：声称要攻击羡溪，引诱东吴分兵救援。

此时，东吴濡须坞守将刚刚由周泰换成了朱桓。朱桓出自吴郡朱家，属于江东士族。由于第一次和曹魏军队进行正面作战，经验不足的朱桓上了曹仁的当，但此人并非没有能力。朱桓反而将计就计，以 5 千人马迎战曹仁大军。此时，曹仁估计身体已经有病，不能亲临战阵，而是派儿子曹泰率军进攻。结果曹泰水平太差，被朱桓“偃旗鼓，外示虚弱”引诱对手来攻，然后以水军配合陆军夹攻。曹泰大败，“临阵斩溺，死者数千”，曹仁被迫撤回合淝（今合肥），不久病死。

唯一获胜的是曹休。这位被曹操称为“千里驹”的曹氏宗族第二代名将，试图利用长江枯水期统率张辽、臧霸等人一举渡过长江，攻占芜湖。其先头部队渡江成功。东吴名将吕范率领水师抵抗，结果被曹休击败。但是，曹休虽然有雄心壮志，却因为曹仁无法攻下濡须坞，导致侧翼无法保障，也不敢继续进攻，先头部队也只能从江南退回。不过，因为曹休的出色表现，此战后他接替曹仁成为曹魏东线对抗东吴的主将。

于是，曹魏帝国首次对东吴的全面进攻宣告失败，曹魏各军退回原驻地，曹丕由宛城回到洛阳。

曹魏黄初四年（223），孙权连续击退刘备、曹丕的进攻，终于称帝，改国号为吴，史称“东吴”，改年号“黄龙”。三国时代在经历了东汉末 30 多年的军阀混战洗礼后，姗姗来迟。

曹丕这次南征与曹操时代疯狂强攻巢湖一线不同，而是改为两路攻击。从兵力配置和曹丕亲自驾临宛城后方来看，曹丕的战略重心应该是江陵一线。他对攻下江陵的战略很有信心。为此，曹丕不惜调来了雍凉精锐，更是投入了中央精锐部队和整个荆州战线的部队。

但是，他的整个战场选择有问题，因为江陵以西是陆逊统领的东吴精锐

部队，江陵以东是孙权刚刚迁都的武昌，两点都可以通过长江联通。一旦魏军无法在冬季攻克江陵，东吴就可以迅速利用春季长江涨水，封锁长江、汉水，轻松地攻击曹魏大军的后勤补给线，并保障江陵的相关补给。因为襄阳被废弃，导致曹魏从宛城至江陵的补给线难以保障，所以曹真只能退兵。

由此可见，如果想要攻击江陵，就必须恢复襄阳补给线的中转作用。但是，曹丕太急功近利，没有忍住一时之气，导致这一仗劳而无功。

除了战场选择糟糕之外，曹魏内部还面临着一系列问题。主要是常年征战导致中原地区人口凋零，而相对的江东、蜀汉战乱时间都不长，人口和经济状况相对较好。其实，曹魏属地面积和基础远远比吴、蜀两国强大，但需要时间来把这种基础和潜力完全发挥出来。不过，曹丕经历这次失败之后并没有丧失信心，反而更加专注于对东吴用兵。

可是，曹丕忽视了一个重要问题：曹操生前的最后两战——汉中之战和襄樊之战——损失相当惨重。汉中之战，双方激战了一年多，曹魏方面主帅夏侯渊阵亡，双方僵持不下。最终由于补给困难，曹操不得不放弃汉中。回军路上，估计曹操心情不好，他不再像赤壁之战后那样大笑了事，反而用“鸡肋”的罪名杀了杨修，用“贱价买驴”的罪名杀了另一个谋士路粹。这是曹操一生当中少见的惨败。紧接着的襄樊之战，曹操被关羽打得出动了曹魏方面的所有精锐部队和名将，结果于禁被俘，庞德被杀，七支军队3万多人全军覆没，大半被俘虏。曹操因此不得不放弃东线防御，调动夏侯惇、张辽、徐晃等名将尽全军之力，借着东吴偷袭关羽后方的机会才得以打退关羽。

由此可见，这一时期曹魏军队的战斗力很值得怀疑。曹丕认为，导致军队战斗力下降的一个重要原因是将领们都上了年纪，而年轻将领还没有上位。于是，曹丕上位后立即将一些老一辈将领撤换下来，比如他一直都很讨厌的曹洪，又改用曹真接替曹彰执掌雍凉军权。曹休则在曹仁去世后，立即掌控了曹魏东线军权。张辽等将都在他麾下，重点防御合淝一线。另外曹仁东调之后，他的

位子由曹丕的好兄弟夏侯尚接任。夏侯尚统领的荆州军团，驻地由过去曹仁驻防的襄阳移到宛城。

此外，曹丕还在原来东汉帝国最后的首都许都和袁术的老巢寿春设立二线防御基地。为此他专门将亲信司马懿调到许都负责后勤事宜，积极准备再次南征。同时，任命曹休为扬州牧，正式驻屯寿春，寿春因此成为曹魏东方战线的总司令部。但是曹魏帝国南线都督荆、豫诸军事的职权还没有给司马懿。曹丕对军权很是敏感。他虽然用“九品官人法”向士族部分让渡了人事权，但是军权却不肯轻易给人。

最终战后，曹丕在曹操的基础上将曹魏地方军整合为四大军区。

西部军区：都督雍凉诸军事，首任长官为夏侯渊。他战死之后，曹彰有一段时间负责长安方面的军事，但曹丕上任后，立即召回曹彰，改派曹真这个一起打猎的好友负责。这个军区不只负责对蜀汉的军事行动，曹真还抽出空打通了河西走廊，可谓非常负责。

北部军区：都督河北诸军事。这个军区基本没有对抗强敌的任务，主要负责防御北方少数民族，镇压内部叛乱。长官是帮助曹丕出主意搬运丝绸入府，坑杨修的铁杆死党吴质。由于进入三国时代后这个区域战事相对较少，所以兵力不强。其主要任务是保护邺城为核心的曹魏“龙兴之地”。

东部军区：都督扬州诸军事。这是赤壁之战后曹魏主力兵团驻扎之地，首任长官先是曹操军中头号大将夏侯惇，之后又由曹仁接任。东部军区正式成立时曹休主管军事。这个军区兵力强大，设置了两道防线：一线在巢湖以北的合淝，二线在淮南重镇寿春，向西可以得到许昌的支援，向北可以获得徐州、兖州的支援。这里河川纵横，利于水军行动，将是曹魏和东吴各自施展技能，进行角力的主战场。

南部军区：都督荆、豫诸军事。这个军区的重点任务是与江陵的东吴军队对峙，同时监视新城郡孟达，防御蜀军顺汉水而下和吴军配合作战。该军区原

本以襄阳为核心，但襄樊之战后撤至宛城，以襄阳、江夏北部为一线，宛城为二线组织防御。向东可以得到许昌的支援，向西可以从武关进入关中支援西部战区。

这四个战区同时都可以得到洛阳的曹魏中军支援，“四方之都”也是曹魏重臣。这四个位子在曹魏帝国建立之初不会轻易给外姓人，尤其是西部和东部战区。就连司马懿黄初元年的督军之职，于黄初二年就罢免了。军区长官的职位，曹丕在的时候，司马懿想都不敢想——他曾多次向曹丕请辞军职。所以曹魏帝国的刀开始的时候牢牢地握在曹丕手中。

黄初六年（225），曹丕准备再次南征。就在这个当口上，夏侯尚因为美女妾室被曹丕敕死而伤心过度，突然发病死了。南线主将突然没了，这一下曹丕只能将进攻重心移回东线战场，亲自乘坐战舰驶向战场，准备亲临战场进行指挥。

曹休在曹丕驾临之前即发兵猛攻东吴吕范。吕范是孙策亲信。孙权将整个长江下游的精锐水军全部放在他的麾下，如果吕范被击破，就意味着曹休掌握了长江下游的制江权。

曹丕很开心。他决定亲自率领舰队渡过长江，去占领全中国。黄初六年（225）八月，曹丕率舰队自老家谯郡出发，经过涡河进入淮河。而后，曹丕走陆路到达徐州，舰队则从淮河入海。双方于十月在广陵汇合，曹丕举行了规模宏大的阅舰式。面对虽然被削弱但依然存在的东吴水军，特别是上游陆逊等人统领的精锐，曹丕也不敢将曹魏精锐孤注一掷地投入渡江作战。

他和父亲曹操一样，在江边赋诗一首。虽然他的诗以“观兵临江水，水流何汤汤”开头，曹丕还是只敢“量宜运权略，六军咸安康”——舰队再强大，只是一场检阅。堪称中国五言诗鼻祖的曹丕，他的这首诗虽然比曹操的《短歌行》每句多了一个字，但气势却差了很多。

不服气的曹丕虽然不得不撤军，但是他并不觉得这就是结束。他还想再次

南征。可惜，曹丕的寿命不够。黄初七年（226），魏文帝曹丕在洛阳驾崩，帝位传给了他的大儿子曹叡，是为魏明帝。他又能解决祖父、父亲遗留给他的问题吗？

曹叡的辅臣

曹叡的母亲是当时著名的美人甄氏。甄氏不仅是美人，更是智慧过人。从遗传学角度来看，曹叡长得很漂亮，“天资秀出，立发垂地”，而且智商不低。这样的小孩应该是被所有人喜欢的。可惜甄氏在嫁给曹丕之前是袁熙的夫人。建安九年（204）曹军攻破邺城之后，曹丕娶她为妻。于是曹叡到底是谁的儿子，这似乎是一个谜。

据陈寿的《三国志》记载，曹叡死于景初三年（239），时年36岁。照此计算年龄，曹叡应该出生在建安九年（204）。可是，这一年八月，曹军才占领邺城，即使曹丕当天成亲，曹叡也不可能出生在这一年。这就意味着曹叡的血统可能有问题。包括裴松之在内，后世许多人认为，陈寿关于曹叡年纪的记载有问题。有些人甚至直接否认曹叡出生在建安九年（204）的记载。但是，这些都没有直接证据，经不起推敲。反而是卢弼的《三国志集解》中通过对《常林传》的考证，间接证明了曹叡生于建安九年（204）的事实。

这样基本可以肯定，曹丕娶甄氏前，甄氏就怀了曹叡，至少是三到五个月了。这样在204年年底出生的曹叡，虚岁才可能有36岁。曹叡的父亲是谁，曹操完全无所谓，他特别喜欢曹叡。而且，此时曹操还没有确定曹丕是继承人，也就对曹丕迎娶甄氏没有太多意见。

矛盾尽管暂时被隐藏下了，但是最终还是爆发了。曹丕继位的第二年，也就是黄初二年（221），曹丕突然翻脸，把当年自己求着娶回家的绝世美女赐死。受母亲和身世的波及，曹叡在一开始就失去了曹魏帝国帝位的继承权。

但是，有些事人算不如天算。本来曹丕才30多岁正当盛年，他以为自己以后有的是时间生养儿子，可惜历史只给了他6年时间。他没有来得及再培养一个儿子，自己就要去找老爹曹操了。

由于死得太快，曹丕临终前不可能选择年纪幼小的儿子继位，否则可能政权不稳。所有皇子中，此时只有曹叡成年，曹丕只能立他为太子，继承大统。

但是，要说曹丕和曹叡关系不好，也很勉强。父子二人曾经一起打猎。曹丕射杀了母鹿，让曹叡射杀小鹿。曹叡却哭着说："陛下已杀其母，臣不忍复杀其子。"这话说得太贴切了，曹丕已经杀了甄氏，还能再杀甄氏的儿子曹叡吗？不管他是不是自己的儿子，他的母亲却是自己的妻子！估计曹丕又想起了十几岁时第一次见到甄氏那绝世美貌的岁月。至少这个时候，他的杀心算是彻底没有了。加上曹丕临终前无人可选，只能把希望寄托在这个自己养了一辈子的儿子身上。

曹叡确实是适合当皇帝的料儿。

曹叡因为他的身份，登基之前几乎没有见过朝臣。《资治通鉴·魏纪二》里记录了刘晔对曹叡的评价："秦始皇、汉孝武之俦，才具微不及耳。"意思是说就比秦皇汉武那个级别略差一点儿，那当然很厉害了。

曹丕对曹叡也不完全放心，他为曹叡留下了四位辅臣曹真、曹休、司马懿、陈群。其中，曹丕临死之前把和自己最亲近的三个人曹真、司马懿、陈群召到崇华殿南堂，给刚刚当上太子的曹叡下诏："有间此三公者，慎勿疑之。"

曹叡应该是听进去了，他刚登基就立即对四位辅政大臣做了加封：曹真晋封邵陵侯，进位大将军。加上曹丕时代他就获得了"都督中外诸军事，假节钺"的职权，如今他已经成为曹魏帝国最高统帅。曹休被升为大司马，都督扬州。原来他就被封为长平侯，现在增邑400户。司马懿晋封舞阳侯，进位骠骑将军，

仍有给事中、录尚书事的职权。陈群晋封颍阴侯，进位司空，录尚书事。同时，这四位辅政大臣全部开府治事，可以自己选拔官吏。

这一系列安排透露出曹叡的智慧。

原本曹休的地位应该在曹真之上，因为他是从夏侯惇、曹仁这边接过的军权，东部军区属于曹魏规模最大的一个战略集团。曹丕死的时候，曹休要防范东吴，没有回到首都洛阳奔丧。这样一来曹休虽然在名义上依然是曹魏帝国最高军事长官大司马，高于曹真的大将军，但是，曹休的这个大司马虽然加了“都督诸军事”，但仅仅限于东部军区诸军，比曹真“都督中外诸军事”要差了不少。加上他长期不在朝廷内部，驻地寿春距离洛阳较远，控制不了朝廷，实际影响力不如曹真。此外，曹休这个大司马不能够录尚书事，曹真这个大将军虽然加了给事中的职衔，但毕竟和尚书省离得还远，这就导致这两位辅臣实际上不可能军事政治一把抓，成为真正意义上的曹魏帝国执刀人。

“录尚书事”这个职衔，仅仅从字面意义理解，是指可以把尚书报告的文件摘抄记录下来，也就是今天所说的有资格看最高绝密文件。看机密文件而已，有什么用？这么理解就比较幼稚了。历史上，拥有这个职衔是成为执刀人的标配：有了看机密文件的权力，有了对行政发表意见的权力。任何时代都是信息时代，掌握更多信息的人才能掌握朝廷。你不在中枢，啥都不知道，你还咋执刀？连刀在哪里，都搞不清楚。

这么一说，只有司马懿是真的才兼文武，一方面是骠骑将军，另一方面又能录尚书事。但是，曹叡并没有让他在中央待太久，而是借助司马懿督军击退东吴在江夏的挑衅。加之夏侯尚死后都督荆、豫诸军事已经长时间没人干，于是司马懿这个作战经验并不丰富的骠骑将军出镇宛城，都督荆、豫诸军事就顺理成章。与此同时，他的录尚书事也就成了摆设。你都不在首都，录什么啊？

这样一来，曹叡就把四大辅臣中的三个成功地踢出了中央。虽然三人都担任了一方之都，兵权在握，但是曹叡并不着急，毕竟他还年轻，四位辅政大臣年纪可不小了。

当然，曹叡这个小帅哥也没有干等。在他父亲曹丕当政的时候，首先将尚书省搬出内廷成为尚书台，由此设立了我们熟悉的六部：吏部、民部（后世为避讳李世民改称户部）、礼部、兵部、刑部、工部。各部尚书也由皇帝的秘书升格为各部的部长。级别虽然提了，重要性却下降了。原来的尚书省设在宫廷之内，离皇帝很近，实际上在皇帝的亲自指挥下干活，朝堂上的三公九卿不过是给尚书省打工的执行人。现在尚书省成了尚书台，却离皇帝太远，实际上和三公九卿一样从决策层变成了执行层。而尚书省原来的位置被一个原本属于尚书省的新机构——中书省取代。

中书省的创立是曹丕的主意。

黄初年间，曹丕将中书从尚书省中剥离出来，成为独立的中书省，并命令刘放为中书监，孙资为中书令。这两个人都出身寒门，是曹操时代招纳的人才。由此可见，曹丕绝不甘心把自己的世袭相权完全交给门阀士族，而是用将尚书省权力移交中书省的办法，利用职位、权力都不高的中书省取代尚书省。寒门士子掌握中书，门阀士族陈群、司马懿的录尚书事就成了摆设。

曹叡明显领悟了老爹的这一做法，上任之后立即把刘放、孙资二人视为心腹，史称“三祖诏命有所诏谕，多放所为”。也就是说，这个中书省成了曹魏帝国的最高权力机构，重要性不言而喻。日后，荀彧同族的荀勖先担任中书监，后改任尚书令。当他改任的时候，同僚们都来祝贺他，他却说了一句：“夺我凤凰池，诸君贺我邪？”可见，在曹魏帝国中尚书令地位已经不如中书监。这是因为中书靠近皇帝的缘故。所谓“凤凰池”本是宫廷内部的一个池塘，这意味着中书掌握了一切机要，成为朝廷中最重要的职位。

唐朝由于李世民担任过尚书令，因此他之后整个唐朝再也没有人敢干这个职位。中书令和后来出现的门下省长官逐渐成为真丞相，也称“群相”。到了宋朝丞相的正式名称被改为“中书门下平章事”。当然这是后话。

回过头看，刚刚继位的曹叡下了两步举重若轻的好棋：将三位辅政大臣外放，以中书取代尚书，简简单单地搞定了曹魏帝国的基本政治构架。他也因此坐上了曹魏帝国第二任执刀人的宝座。

曹叡的志愿和曹丕的志愿不同，但是母亲甄姬死后隐忍了多年的曹叡比曹丕更有耐心。比如，曹叡明明非常痛恨自己的后妈郭太后，但登基之后却没有对郭太后有任何动作。反而对郭太后的家人非常好：将郭太后从兄郭表封为侯爵。直到青龙三年（235），曹魏帝国在曹叡的统领下连续多年击退西边诸葛亮、东边孙权的夹攻，完全自己掌控帝国的时候才对郭太后下手。根据《魏略》记载，曹叡“追痛甄后之薨，故太后以忧暴崩”。郭太后被曹叡一次次地追问母亲甄后死因，最终郭太后因恐惧而死。郭太后害怕，是因为甄太后死得冤枉。《三国志》的作者陈寿认为甄氏死于“愈失意，有怨言”，这话不太说得通。因为甄氏作为一个女性俘虏，地位是很低的。她很清楚自己的地位，也很贤明，对待自己的婆婆曹操的妻子卞夫人很好。所以，如果简简单单的几句怨言就把人杀了，曹丕妈卞夫人这边就过不去。

更有可能的情况是曹叡的血缘遭到了怀疑。

理由前面已经说过了，真实的情况曹丕应该非常清楚，所以这个时候郭太后的态度就很重要了。《资治通鉴》中记录，郭太后对曹丕进言非常有意思。大致说来是，她并不怀疑曹叡的血缘，她只是担心曹叡的血缘被别人怀疑，从而以此为口实拒绝向曹丕效忠。

这一下就踩在了曹丕的痛脚上，相当于告诉他，所有人都觉得他被戴了绿帽子。愤怒之下的曹丕为了证明自己没戴绿帽子，一横心一跺脚就下令甄姬自杀，一代洛神香消玉殒。这样一来，郭太后就成了曹叡的杀母仇人，也就可以解释曹叡的这一系列行动。为了报仇，曹叡忍了 10 多年。这不是一般人可以办到的，尤其是当他掌握最高权力的时候。

这样一个能忍的君主，为了让曹魏帝国彻底消灭西蜀、东吴，开始积极积蓄力量。曹叡将自己祖父、父亲战略进攻的方针改为战略防御。这一点得到了所有门阀士族的支持——折腾了快30年了，赶紧歇歇吧！

但是，在这些年的战略防御中，一个门阀士族梦寐以求的代理人，袁绍理想的继承人逐渐从幕后走到台前，最终成为曹魏帝国的执刀人和掘墓人，他就是司马懿。

司马懿出山

袁绍是有继承人的，他的继承人就是司马懿。这句话是近代历史学大家陈寅恪先生说的。只有慢慢了解了门阀士族的概念，才能理解这句话的意思。但就这句话本身而言，袁绍应该是不会认同的，司马懿也大概率也会表示不赞成。

袁绍不认同的理由很简单，他肯定看不起司马懿的出身。司马家族是河内世家大族，其祖先可以追溯到楚汉战争时期受封殷王的司马卯。司马卯在楚汉相争时只是打酱油的角色。时间一晃400年过去了，到了东汉末年，司马家族一直在标榜儒学，诗书传家，但官职一直都做不大。和袁家“四世三公”这样的顶级门阀相比，司马懿的爹司马防也就是个京兆尹。京兆尹与“三公”的级别差距很大，更不要说连续“四世”了。因此眼高于顶的袁绍不太可能看得起司马懿。

但史书非常支持陈寅恪先生的观点，对两人的评价袁绍是“外宽内忌”，司马懿则是“内忌而外宽”，一模二样，没有区别。袁绍“多谋少决”，司马懿“猜忌多权变”，也差不了太多。由此可见，这两个人很像。

除此之外，司马懿和袁绍还有一个共同点，那就是看不起曹操。袁绍一开始就想让曹操当他的手下，后来干着干着发现自己的这个手下想挟天子以令自

己，于是二人翻脸，才有了官渡之战。司马懿的爹对曹操有举荐之恩，曹操人生的第一个官职洛阳北部尉就是京兆尹司马防推荐的。曹操犯事，杀了权宦蹇硕的叔叔，作为顶头上司司马防应该也是出力维护过曹操，让他免于处罚。两家有这么深的关系，曹操多次征辟司马懿到自己府上任职，司马懿竟然敢不去！这就太不给面子了。曹操的脾气也不好，但他当时全部精力都在于准备和袁绍的大决战，自然也顾不上这个小子。等到官渡之战胜利后，曹操再次征辟司马懿，并且明确地向他表示：你如果不接受我的征辟，那么，就要接受牢狱的洗礼！司马懿只能接受，相较于诸葛亮受到刘备“三顾臣于草庐之中”的礼遇，可谓天差地别。

可能正是因为自己受到了胁迫，刚刚到曹操身边的司马懿并没有展现出什么特别才能，大有泯然众人的感觉。唯一了解司马懿能力的是曹操手下主管人事的崔琰。他曾经当着司马懿的老哥司马朗的面称其不如弟弟：“子之弟，聪哲明允，刚断英跱，殆非子之所及也。”这个评价很高了，而且当面打脸司马朗，可见崔琰十分看好司马懿。

那么，什么可以证明司马懿的才能呢？似乎又没有。可以看作证据的是崔琰出身东汉顶级门阀士族清河崔氏，是河北百年望族。他看得起司马懿，只可能是因为司马懿和他们是一类人。大家都是传统的门阀士族，价值观相同。

这一点倒是有证据。据《晋书·宣帝纪》记载，司马懿曾经给曹操做过战略谋划：“昔箕子陈谋，以食为首。今天下不耕者盖二十余万，非经国远筹也。虽戎甲未卷，自宜且耕且守。”这就是儒家经典，也可以被理解为正统的儒学思想。这是东汉末年门阀士族认可的价值观。也就是说，这些豪门望族向往的时代，就是这种能于此中守住自己家的一亩三分地，继续自己快乐的贵族生活。

当然，史书也认为，曹操联络孙权夹击关羽的计谋是司马懿策划的。但是，这个谋略应该说是孙权、吕蒙的主意，也是这两个人主动实施的。司马懿最多在曹操身边起了一个解释说明的作用。由此可见，作为战略家或者曹操幕下的行军司马，司马懿的谋划能力是可疑的。至少和曹操认可的荀攸、郭嘉不是一个档次。

这就是儒学被门阀士族腐儒化后的结果。儒学渐渐背离了自己入世的状态，开始一味强调“等、靠、要”。所谓“等”就是等圣君、名主来任用自己，或者直白一点说，让大家都别动，等待一个玄而又玄的“时机”。所谓“靠”就是靠儒学道德来解释自己的行为，重要的是解释权完全掌握在自己手里。这意味着门阀士族可以随心所欲。最后是“要”，简单说，就是要别人来背负责任，解决问题，搞定一切，而门阀士族坐而论道，拒绝“俗务”。从这里就可以看到魏晋玄学的影子。

这种志向和诸葛亮“恢复汉室，还于旧都”相去甚远，甚至都赶不上曹操的“周公吐脯，天下归心”。但是，这种现实主义的光环更接门阀士族的地气，恢复汉室也好，天下归心也罢，于门阀士族这个群体而言，又有何意义？反倒不如且耕且守，恢复生产，那奢侈糜烂的生活才有盼头，否则天天打仗，哪里来的钱财和时间消费啊。

崔琰和司马懿的理想世界是一致的。为此他们一起支持门阀士族眼中的明君候选人——曹丕。理由是，这符合儒家“立嫡立长”的宗法制原则。所以曹操建立魏国，要立太子时，身为曹植岳父的崔琰不但不帮着自己的女婿说话，反而公开表明态度：“春秋之义，立子以长，加五官将（曹丕时任五官中郎将）仁孝聪明，宜承正统。”

曹操很不爽，但是也没办法公开与其翻脸。不过，曹操毕竟是曹操，最终还是找机会杀了崔琰。因为曹操就是看不惯东汉末年假道学先生们的假仁假义。为了这个原因，曹操还杀了孔融、许攸、娄圭等名士，甚至他还是兖州牧的时候，就宰了跟他不对付的名士边让。

曹操一开始就明白，他和这些标榜名士的门阀士族不是一路人。日后的历史也证明了门阀士族的发展，确实不利于帝国大一统的统治。但是，当时曹操

拿这些门阀士族没有办法。很多时候，他还是不得不依靠这些人来帮他打江山。

曹丕也不是不知道这个道理，因为父亲曹操就专门告诫过自己，要提防司马懿："司马懿非人臣也，必预汝家事。"（《晋书·宣帝纪》）这里的"预汝家事"，就是干涉曹丕选继承人的意思，仅此而已。需要说明的是，曹操不可能预见到司马懿会在日后窃取他的胜利果实，司马懿在当时应该也没有这个想法。但是，曹丕没有把父亲的告诫当回事，否则也不可能让司马懿在他死后当辅政大臣。

曹操、曹丕死后，司马懿终于掌握军权走上了前线，建功立业。他要面对的第一个对手是孟达。

原本就是蜀将的孟达在曹丕时代投入曹魏阵营，获得极高的礼遇。而且，负责南方战线的夏侯尚和孟达关系很好。但是，到了曹叡时代，夏侯尚已经死了，接替夏侯尚的司马懿和孟达没有关系。而且，孟达自诩有才，认为他可以接替夏侯尚，这下被司马懿抢了先，于是，孟达决定再次谋反。

司马懿也没有闲着。他一面写信稳住孟达，让孟达得出司马懿一个月后才能来到新城的判断；另一面"倍道兼行，八日到其城下"，杀了孟达一个措手不及。司马懿借口孟达的外甥邓贤叛变，斩杀孟达，将新城人口迁往宛城。

这个战役是司马懿生平指挥的第一仗。对于一个第一次试水的军事将领来说，从战役过程和结果来看，应该可以打 85 分以上，但从战略角度来看，可能不及格。因为从战略上说，司马懿让曹魏南线的主力部队完全陷入新城地区的山地，导致诸葛亮第一次兵出祁山的时候，曹魏南部战区完全丧失了支援关中的时间和兵力。所以司马懿的这次军事行动在战略上是失败的。

虽然最后曹魏帝国凭借张郃的超水平发挥，在街亭击败马谡，最终赢得了胜利，但是司马懿的部队没有能够及时配合作战，也是导致曹魏帝国在前线兵力不足的重要原因之一。

太和四年（231），曹魏帝国统帅曹真决定率领雍凉大军攻打蜀国，目标直

指汉中。曹真要求南方战线统军的司马懿向汉中出击，配合自己对蜀国的攻击。为此司马懿得以升任曹魏帝国大将军，并加大都督衔，拥有了假黄钺的权力。

这里有必要提一下这几种权力：假节、持节、使持节。这是汉朝使用最多的三种皇权代理形式。所谓“假节”意味着持有者可以代表皇帝诛杀犯罪之人。所谓“持节”比“假节”的权力高一级，可以代表皇帝，杀掉任何没有官职的人，无论是否犯罪。所谓“使持节”，表示可以斩杀俸禄二千石以上的官员。这里的“节”象征了皇权的权威。西汉苏武持节牧羊，就被看作是忠诚的代表。东汉末年马日磾丢失符节，含恨而死。直到现在我们都经常用“失节”一词来形容丧失立场。

严格来说，这三种权力都是代理皇权。三者之间的区别也没有那么大，至少在东汉时期区别并不大。到了曹魏时代，曹丕创造出了更高一级的皇权代理方式——“假节钺”，这是有典故的。钺就是斧头，“假节钺”从字面上说，就是拿着皇帝的斧头代替皇帝出征的意思。武王伐纣的时候就是“左仗黄钺，右持白旄”。这里“白旄”就是符节的原型。现在以魏代汉，曹丕决定升一级，君权的象征物由符节变成黄钺。“假节钺”的权力比“使持节”大，可以斩杀除皇帝以外的所有人，哪怕是也有符节。到了唐朝，这种持节都督一方的高级将领被称为“节度使”。

这种权力一般只授予皇帝最信任的将领。曹丕时代给了曹真、曹休以及满宠。司马懿不是第一个被授予“假节钺”权力的非曹氏宗族将领。不过，司马懿有了这个权力后，曹真一死，司马懿接掌雍凉军区也就名正言顺了。同时，曹叡也将东部军区交给了满宠。就是说，此时曹魏帝国最重要的两个军区都从宗室手中交给了外姓将领。所不同的是，司马懿出身门阀士族，而满宠则出身寒门酷吏。

曹叡为什么要把军权主动交给外姓？一个最重要的原因就是曹姓和夏侯姓的后辈在曹真、曹休、夏侯尚之后，真的没有人才了。打仗不是开玩笑，能够

打得赢才是硬道理。曹叡也是一代明君，这个道理他不可能不懂。

另外一个原因是，曹叡还留着一手控制四方将领的重要手段。那就是在一定时机时，他可以将两方面军将领升任“三公”，调回中央。这其实就是中央权力在稳定后的巨大影响力。曹叡还在两大方面军中安插了自己的亲信。比如，司马懿的雍凉军团中，夏侯渊的四个儿子都在军中，其中掌握精锐部队的夏侯霸更是曹叡的铁杆。这样既可以通过实战锻炼他们的才能，又能让司马懿不敢随便乱来。同样，针对满宠出身寒门，曹叡特别把出身太原王氏的王凌任命为扬州刺史。这个王凌天天闹着想取代满宠。这样一来，满宠、王凌双方互相监督，自然都不可能造反了。

这就是曹叡的政治智慧，史书上称他“沉毅断识，任心而行”，确实没错。之后，司马懿在雍凉任上堵住了诸葛亮的后两次北伐，满宠也坚决地顶住了孙权对合淝的多次猛攻——“西拒诸葛，东破孙权”——曹叡巧妙用人，顶住了父辈、祖辈为他留下的强大对手的联合攻击。从这个角度来说，曹叡确实不凡。就连东吴帝国执刀人陆逊都夸奖曹叡：“选用忠良，宽刑罚，布恩惠，薄赋省役，以悦民心，其患更深于操时。”

曹叡还干过一件容易让人忘记的事——他没有忘记祖父曹操打压门阀士族的祖训，颁布了“浮华令”。这个诏令是曹魏帝国对门阀士族权威的再次挑战。

浮华令

曹叡时代虽然东西两线战斗不停，但是其核心区河北诸州以及中原大地都没有发生大规模的战乱，于是门阀士族又开始活跃起来。加上“九品官人法”和中正官的推广，曹魏帝国境内又开始像东汉末年那样，流行给各类门阀士族中的优秀人物搞排行榜。

其中最著名的是“四聪八达”。所谓“四聪”中知名的有夏侯玄和邓飏，“八达”中最有名的是诸葛诞。此外，朝中重臣中书监刘放的儿子刘熙，中书令孙资的儿子孙密，吏部尚书卫臻的儿子卫烈三个喜欢跟着名士们跑路的小弟被称为“三预”，意思是现在还不算名士，但是因为爹厉害，暂时做个预备名士。

有没有想起东汉末年的“八俊”？

门阀士族控制的舆论一旦有了机会就立即故态萌发。和当年汉桓帝、汉灵帝时代一样，他们开始以这种手段直接影响曹魏的官员任免。作为汉桓帝这样的昏君都不可能忍，像曹叡这样的明君自然更不能忍。于是他给自己的亲信吏部尚书卢毓下诏：“选举莫取有名，名如画地作饼，不可啖也。”成语画饼充饥，就来自于此。曹叡对这些虚名十分反感的本质是不想让门阀士族通过控制舆论达到控制官员任免权的目的。

曹叡甚至意识到了需要对选拔人才进行考试。早在他刚刚登基的时候就下诏：“尊儒贵学，王教之本也。自顷儒官或非其人，将何以宣明圣道？”意思就是说，这些门阀士族出身的官员根本不懂儒学经典，不配做官。那么，这些人怎么上位的呢？自然是靠着自己家族的运作和特权。

那么，曹叡就不能搞个科举制来考核官员吗？

不能，首先技术上做不到。那个时代书籍都写在竹简或者绢帛上，这些东西特别贵，一般人买不起。所以有所谓“诗书传家”，这既是一种精神传承，更是一种物质传承。要知道在纸张和印刷术普及之前，若想找到一本书可是很难的。没有书，识字的人都不多，更谈不上知识普及。会写字的人都没有，能考谁？只有这些有书的家族才可能出现熟知儒学经典的人物。

正是因为这个原因，门阀士族才可以垄断官职。

而且站在曹叡的角度来看这个问题，门阀士族是否垄断官位，他其实无所谓，关键是这些人能干事。如果尽是一些会说不会做的废物，自己要来何用？

曹叡算是明白了祖父曹操三下求贤令的初衷。

为此，曹叡把这些所谓“四聪八达”为首的官员全部禁锢，包括自己家族中的人：夏侯尚的儿子夏侯玄、曹操的养子何晏。这两个人可不是一般人。夏侯玄是魏晋玄学的创始人之一，甚至玄学就可能是用他的名字来命名的。何晏是魏晋名士的缩影。他身上有着男人女性化、吸食五石散等魏晋名士所崇尚的各种怪异行为。当然，曹叡自己也有点儿异装癖，喜欢穿女装。这些人身上透露出来的问题，恰恰是魏晋南北朝时期中国精英知识分子的病态：他们对自己的国家漠不关心，一门心思去研究“玄学”，崇拜何晏之类男人女性化的病态美，毫无动手能力。这样一直发展到最后南梁“侯景之乱”时，门阀士族被屠戮殆尽。

一个民族的精英如果不再有使命感，那么，他们就会被时代所抛弃。魏晋南北朝时期原本作为国家元气的士人享受到了春秋战国以来最大的自由，却也给整个国家和民族带来了最大的灾难。

曹叡虽然不一定能够想到这么多，但是，他确实把这种浮华风气看成了自己的敌人，多次下令试图延续祖父曹操的事业，既解决人才问题，也顺便把一系列的高官子弟好好收拾一下，这些高官子弟中也包括司马懿的大儿子司马师。

曹叡要面对的最大隐患来自自己的身世。陈寿在《三国志》中已经明示，曹叡不是曹丕的儿子。前面也说过，这一点很有可能是真的。所以，曹叡决定干一件前无古人，后无来者的大事——给自己上一个谥号：烈祖。

这就有点儿黑色幽默的意思：本来谥号是给死人的，从来没听说谁活着时给自己搞谥号。曹叡却不觉得这么干不吉利，因为他没有成年的儿子，只好立出身同样不明不白的宗室曹芳为后嗣。曹叡特别害怕死后被曹芳扔出太庙，改供生父（可能是任城王曹楷）。所以他决心趁自己活着时，把自己的谥号定为“烈祖”。这样他就和祖父“太祖”曹操，老爹（至少是养父）“世祖”曹丕一样可以永远待在太庙里。

需要说明一下谥号和庙号的区别。汉以来几乎所有皇帝都有谥号，但是隋唐以前不是所有皇帝都有庙号。庙号标志着这位皇帝将被永远留在宗庙里，对国家有大功劳，值得后代子孙永世祭祀。西汉王朝有庙号的皇帝只有：太祖高皇帝刘邦、太宗文皇帝刘恒、世宗武皇帝刘彻、中宗宣皇帝刘询（刘病已）这几个，他们个个都是后代膜拜的顶级皇帝。可见当时的皇帝也都要脸面。

到了隋唐之后，皇帝们的谥号逐渐变得又臭又长。比如李世民，他的谥号就是“文武大圣大广孝皇帝”。赵光义的谥号增加到 18 个字：“至仁应道神功圣德文武睿烈大明广孝皇帝”，朱棣的谥号加长到 19 个字：“启天弘道高明肇运圣武神功纯仁至孝文皇帝”。更绝的是到了清代努尔哈赤的谥号进一步增长到 27 个字：“承天广运圣德神功肇纪立极仁孝睿武端毅钦安弘文定业高皇帝”！

同一时间段皇帝们的庙号却始终保持一个字。因为有庙号本身就是一个非常有面子的事情。看看后来的明世宗朱厚熜如何可以与汉世宗刘彻相比？唐中宗李显这样的懦弱皇帝也不配和汉中宗刘询从囚徒到天子的传奇经历相提并论？因此，隋唐以后的庙号也就一直按照惯例是一个字。现在也基本上是以谥号称呼隋唐之前的皇帝，以庙号称呼隋唐之后的皇帝。

另外，“祖”和“宗”的待遇也有点儿区别。“祖”的牌位是只要王朝或者帝国存在就从来都不会拿出去，而“宗”的牌位则会在七代之后被请出祖庙，也就是说“祖”比“宗”更牛气。这也是后世“宗”多“祖”少的原因。

这样一来就可以理解曹叡为什么要给自己上庙号“烈祖”了！这可是事关死后冷猪肉、冷牛肉、冷羊肉分量的大事！这个决定也恰恰是曹叡不是曹丕儿子的证明，也是曹芳不是曹叡儿子的证明。他要在自己活着的时候，就把所有问题都解决。

麻烦的事还不止这一个。原本随着诸葛亮病逝五丈原，蜀国内部开始调整北伐策略，曹魏帝国西部军区的压力顿时减轻了不少。可东吴这边孙权却不消停，竟然派舰队出海联络远在辽东的公孙渊，邀请他一起夹击曹魏帝国。

公孙渊这支势力本来与世无争地待在辽东这个当时没有什么人的地方。玩但是这个家族却有些来头，公孙渊的先祖公孙度是辽东郡的一个小吏，他和董卓手下的中郎将徐荣（就是在荥阳打败曹操的那位）是好朋友。于是初平元年（190），董卓当政的东汉王朝任命公孙度为辽东太守。

起初，辽东太守公孙度干得还不错。他先是对内部进行清洗，杀了郡内田氏一族，算是坐稳了位子，然后又对外东击高句丽，西攻乌丸，算是打开了局面。公孙度一面自己加封为平州牧，一面率军跨过大海，占领了东莱一带。后来公孙度死了，儿子公孙康继位。

面对攻灭袁氏的曹操，公孙康还是要认怂。他在曹操灭亡袁氏家族的时候露过一次脸，干的最大的一件事就是宰了袁绍二儿子袁熙和小儿子袁尚，把脑袋砍下来送给曹操，甚至连袁绍儿子们死前裹个席子的要求都没有答应。结合曹叡的身世谜团，公孙康很有可能就在不知情的情况下跟曹叡有了杀父之仇。

公孙康死后，他的弟弟公孙恭继位。曹丕称帝后，对公孙家不错，公孙恭被提拔为车骑将军，并兼任辽东太守。之后公孙家内部爆发权力斗争，公孙恭因为生病变成了太监，不可能有儿子。公孙康的儿子公孙渊夺回位子，把公孙恭囚禁起来。曹魏帝国也没有干涉，但是将公孙渊的官位改成扬烈将军、辽东太守。这比起车骑将军一下子差了好几个档次，公孙渊就有些不满。

孙权见状，立即派人封公孙渊为燕王，目的是和他联手攻击曹魏。虽然公孙渊非常兴奋，但是也没有傻到舍近求远去依靠孙权。他干了件非常缺德的事情，就是把孙权的使者杀了送给曹叡。由于事发比较突然，曹叡一时之间分不出力量来对付他，于是封公孙渊为大司马、乐浪公，面子算是给足了。公孙渊心里有鬼，派兵包围了曹叡的使者官邸，随后将人赶走了。

曹叡心里跟吞了苍蝇一样难受。因为顾忌距离较远，且攻打公孙渊花费较大，所以他暂时还不太愿意与其翻脸。于是曹叡派亲信毌丘俭担任幽州刺史，并命令他征召公孙渊来朝廷任职。公孙渊心里还是害怕，拒绝前往，反而发兵

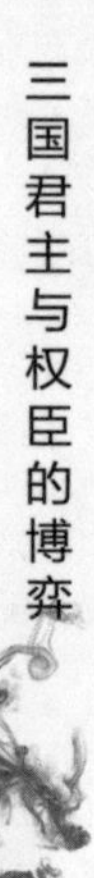

和毋丘俭对抗，甚至一度取得胜利。

这下公孙渊飘了，他自称燕王，设置百官，彻底和曹魏帝国决裂。景初二年（238），曹叡下定决心，调动镇守西部军区的司马懿，要他拔掉公孙渊这个钉子。

这是个一石二鸟的计划。一来司马懿的能力一定可以干掉公孙渊，二来可以借机解决一下外姓将领久镇雍凉的问题——命司马懿统率 4 万兵马进攻辽东，就是借机调开他。以司马懿的老奸巨猾，他自己可能也看出了一些端倪。因为此时曹丕留给曹叡的四位辅政大臣只剩下他了。他在带兵出征路过老家温县时，曾经写下一首诗："天地开辟，日月重光。遭遇际会，毕力遐方。将扫群秽，还过故乡。肃清万里，总齐八荒。告成归老，戴罪舞阳。"这首诗应该是司马懿当时心态的真实写照。当时，生于 179 年的司马懿已经快 60 岁了，虽然比不上东吴 90 岁的老寿星吕岱，但是在平均寿命只有 30 多岁的三国时代已经是高寿了。

这首诗的第一句没有实际意义，当然也可以理解成是对曹魏政权的一种吹捧。有实际意义的是后面三句。"遭遇际会，毕力遐方。"指的是自己和曹丕的君臣际会，暗示曹丕对自己的知遇之恩，说明自己是不会忘记这份恩情的。"肃清万里，总齐八荒。"讲的是自曹操时代起他西入汉中，献策连孙权、破关羽，在曹丕征讨孙权时成为"总后勤部部长"，出镇宛城时擒孟达，出镇关西时顶住了诸葛亮，如此种种功劳，暗示自己对帝国的贡献，希望曹叡不要忘记。当然最关键的还是最后一句："告成归老，戴罪舞阳。"意思就是这一趟干完，他就准备向曹叡告老还乡，回到封地舞阳（曹叡给他封的舞阳侯，属于侯爵最高等级县侯），安心养老。这里的"戴罪"是司马懿自谦的话。

所以这首诗总的意思是，我司马懿感念曹丕的提拔之恩，为曹魏帝国东征西讨，立下汗马功劳。最重要的是，向曹叡表态，这次出征之后，他就会退休。对司马懿的这番表态，曹叡很满意。所以在这次征讨辽东的过程中给了司马懿

最大的信任——在朝廷里不断地要求停止征讨辽东的时候，曹叡的决心根本没有动摇过。打完这一仗，直接让司马懿退休，多么简单。

于是，司马懿统率 4 万步骑兵远征辽东。当时谁也没有想到，司马懿这次退休前的远征竟然是他成为曹魏执刀人的第一步。

曹叡忍死

曹魏景初二年（238）正月，司马懿统率胡遵、牛金以及 4 万人马进攻割据辽东的公孙渊。

此时公孙家割据辽东已经将近 50 年，手头有一些力量，派出卑衍和杨祚带领数万人前往迎战，企图阻挡司马懿跨过辽河。这一点司马懿在出发之前已经料到了。出征前曹叡和司马懿曾一起讨论过公孙渊可能采取的策略。

司马懿分析对手的行动可能有三种：上策是弃城而逃，中策是在辽河一线布防，下策是固守老巢襄平。为什么这么说呢？因为司马懿是劳师远征，最怕的是找不到对手。一旦公孙渊坚壁清野，率众逃走，司马懿很难找到对手决战。他会非常尴尬，时间一长，胜败难料。相反，司马懿这次远征调集了曹魏精锐 4 万步骑，其中胡遵出身安定门阀士族，虽然属于二等门阀，但也是西北地区非常能打的一支力量。牛金是曹仁时代的亲信。周瑜围攻江陵时，牛金跟随曹仁与周瑜交战，后来跟随曹仁移防至东线，曹仁死后被纳入司马懿麾下，说他的部队是曹魏精锐没有问题。这样的军队，50 多年没怎么打仗的公孙渊应该抵挡不住。

所以，公孙渊只要不跑，无论如何都会完蛋，无非是早晚的问题。这一点可能远在天边的孙权都看出来了。孙权在给公孙渊派来求援的使臣猛灌了一顿黄汤之后，吐露真言，说了一句：司马懿所向无前，我为老弟公孙渊感到担忧啊！话说回来，孙权虽然打仗不怎么样，但是看人还是很准的，尤其是他曾经被公孙渊耍过一次。

司马懿率军到了辽河一线，公孙渊早就在此准备好了。他的部队“坚壁而守，南北六七十里”，隔辽河与魏军对峙。这就是传说中的一字长蛇阵。公孙渊把主力摆在辽河一线确实给司马懿造成了不少麻烦：由于后方基地在今天北京一带，距离辽河襄平（今辽宁省辽阳市）遥远。双方长久对峙下去自然对司马懿不利。

司马懿打仗和后世曾国藩比较类似，喜欢凭借实力一线平推。后世军事家对司马懿评价不高，很多时候和他的这种打法也是有联系的。之前对抗诸葛亮或者对东吴用兵，他都是以绝对优势兵力逼退对方。可是这次司马懿的军队在数量上处于劣势，战斗力虽然有优势，但是对手占据地利，也很难施展。更重要的是司马懿这次是进攻方。相对于防御而言，进攻必须要有所行动，像对抗诸葛亮那样再次一动不动地等着，最后被耗死的只能是司马懿自己。

于是司马懿就来了个“声南击北”，利用公孙渊南北战线展开过长的弱点，先以一部分兵力在辽河下游的南部摆开渡河的架势，然后主力从辽河上游渡河，南北夹击，攻破公孙渊的布阵。

其实魏军都是久经百战的精锐，就希望和公孙渊堂堂正正地打场野战。当然，公孙渊的将士也不傻，眼见魏军成功渡过辽河，立即收缩兵力退入已经花费几个月时间加固的营垒，试图吸引魏军攻击营垒。司马懿没有上当，他反而在公孙渊的营垒面前，一边“沉舟焚梁”，自绝后路，一边摆开阵势，全军向襄平开进。那意思也很明显，希望通过“攻其必救”的手段，逼迫对手从坚固工事中出来和自己野战。这个行动实际上非常狠毒。因为如果在辽河沿岸布防的主力部队不回援，司马懿大军会轻而易举地打下襄平。公孙渊主力部队的家属都在襄平，所以这个时候，即使明知道是计谋，公孙渊的两位将军卑衍和杨祚

也只能冲出去和司马懿拼了！

结果却是鸡蛋碰石头，魏军三战三捷，公孙渊主力崩溃，剩余部队只能撤回襄平固守待援。而他期待的孙权援军还远在吴郡，远隔重洋，啥时候能到就只能看运气了。

战争进入城市攻防作战，司马懿准备将襄平城团团围住，但并不攻城。公孙渊反倒没了主意，因为最开始他依仗着距离曹魏帝国路途遥远，不会来攻；之后又试图凭借地利，学司马懿对抗诸葛亮的办法，把司马懿耗走。眼见这两招都失败了，他却突然冒出一个念头：想和司马懿和谈。

司马懿没惯着他，直接把燕国相国王建和燕国御史大夫柳甫给砍了。此时辽东地区普降暴雨，司马懿手下心里也有点儿打鼓。特别是牛金手下那些经历过襄樊之战的老兵，感觉自己的营帐边“大水平地数尺”，19 年前的历史就要重演。将领们纷纷要求司马懿移动军营到高地扎寨。

司马懿和抵御诸葛亮时一样，坚决拒绝任何人的建议，只不过这次没有坑死张郃那么曲折，而是直接砍了手下主簿而已。此时公孙渊已经陷入了死局，无力抽身。最终公孙渊投降，司马懿屠杀了他全家以及他所任命的大臣。这些人的尸体被用来做成恐怖的“京观”。除此之外，司马懿还把原有 30 多万居民迁回北方。这么一折腾，整个辽东地区人口锐减，遂成为一片权力的真空地带，意外地给中原王朝带来一个强大的敌人——高句丽，当然这是后话。

这次军事行动对于亲自对阵过诸葛亮、孙权，见识过曹操用兵的司马懿来说，是一次轻松加愉快的军事演习。

就在这个时候，曹魏朝廷中枢出了问题——魏明帝曹叡快不行了。对于曹魏政权来说，这是一个非常意外的情况。本来曹丕留给曹叡的四位辅政大臣此时只剩下了司马懿，而且他已经年过六旬，按照当时的平均年龄计算也不剩几年的命。而此时曹叡才 30 多岁，正当盛年，结果却死在了司马懿的前面，这是什么原因？

迷信的说法是曹操不积德。一方面是曹操把皇帝当作傀儡，他的儿子曹丕篡汉，缺少对君主的尊重，是为无君；另一方面是因为曹操起兵的时候经常搞挖坟掘墓的事情，甚至为此发明了“摸金校尉”“发丘中郎将”这样一些现在特别知名的缺德官职，缺乏对先辈的尊重，是为无父。无君无父就是无德之人。根据两汉时代流行的“天人感应”学说，曹家祖孙三代短命，那就是天谴。当然，身处现代的我们肯定不会相信这套理论。从现代医学角度来看，皇帝勤于房事，又很少运动，所以身体机能很容易退化，死得早也正常。

曹叡大概对自己的身体心里也有数，所以眼见自己快不行了，他和曹丕一样也开始准备搞班子，弄辅政。据《汉晋春秋》记载，曹叡最早选的班子是燕王曹宇当大将军，领军将军夏侯献、武卫将军曹爽、屯骑校尉曹肇、骁骑将军秦朗等辅政。这几个看名字就知道都是曹家人：曹宇是曹操的小儿子，夏侯献是夏侯惇的孙子、曹操的外孙，曹爽是曹真的儿子，曹肇是曹休的儿子，秦朗是曹操收编关羽喜欢的秦宜禄老婆带来的便宜养子。说白了全是宗室。

这就很不好嘛！大魏天下难道就全归你姓曹的一家？当时中书监刘放、中书令孙资就很不满意。本来两人的儿子在浮华令一案中已经被曹叡整治过一次，如果让曹叡这个辅政班子再搭起来，那些拥立曹氏代汉的士族将会离政权中心越来越远。于是，刘放、孙资开始反对这些人选，燕王曹宇本来和曹叡是发小，两人关系很好，但是曹宇的血统让他在曹魏的制度设计中处在不利地位。刘放、孙资对他搬出了先帝遗训：“藩王不得辅政。”这些官二代里面另外三个夏侯献、曹肇、秦朗和刘放、孙资本来就有过节，于是两人继续告这些官二代在曹叡的皇宫里乱搞男女关系，称他们“与才人侍疾者言戏”，就是和皇帝身边的美女说了几句话而已，放在平常人身上算不得什么大事。有人觉得这纯属诬告，但结合曹操家族相对开放的男女关系，以及秦朗的身份，但曹叡是皇帝，他最忌讳这个。据魏国人自己的史书记载，一听刘放、孙资这番话，已经病得迷迷糊糊的曹叡被刘放、孙资强行架起来，写下手诏。两人立即对这些人宣布：“有

诏免燕王宇等官，不得停省中。”于是曹叡原定五人名单里就剩下一个曹爽。

为啥留下曹爽？首先，肯定是曹爽和曹叡关系也不错，而且因为血缘的关系，曹爽不可能成为帝位的有力竞争者；其次，和他的性格有关，那就是胆小。其实刘放、孙资并没有什么很大的政治野心，无非也就是在曹叡死后求个平安而已。可夏侯献、曹肇等人还没掌权就当着两个人的面叫嚣要弄死他们，这就必须要搞掉了。而曹爽胆小，且相对比较老实，于是刘、孙两个人只能选择曹爽。更重要的是，曹爽姓曹却不是曹氏家族的血统，他的父亲曹真原来姓秦，曹真算曹操的养子。而曹宇则是曹操的亲儿子，夏侯献、曹肇都是宗室，血统更近，篡位更方便。在士族眼中，这个班子完全姓曹，自己人没有机会，自然拼命反对。至于秦朗这里也就打了个酱油。

有人批评这两个人背叛了曹叡，其实不然。当时三国高层的争夺十分激烈，一旦失势很有可能是全家被屠灭。两个人不过是自保而已。总的来说，这五个人根本就是半斤八两，曹爽制服不了刘、孙，换上曹宇、曹肇、夏侯献也没招儿。这几人但凡有点儿心眼，也不会得罪刘、孙两人。

曹爽一个人明显担当不了托孤这么大的事，于是原本在摆平辽东之后要返回关中防区的司马懿被紧急招来洛阳，接受曹叡的托孤。很多人认为，曹叡托孤司马懿是引狼入室，其实这都是由结果反推原因。站在曹叡的角度来看，当时司马懿就是最合适的人选：第一，有能力、有威望，得到朝廷上下一致公认；第二，司马懿年纪够大，几乎可以保证 10 年以后不在人世，把政权交还给曹芳；第三，曹爽代表宗室辅政，也要有一个人可以帮一下、制衡一下。另外还有一条，那就是相对于曹操的儿子曹宇而言，司马懿离皇位的距离要远得多！曹宇只需要证明一下曹叡或者曹芳的血统有问题，他登基废掉曹叡和一个来历不明的曹芳，比司马懿篡位要容易多了。毕竟这属于曹氏家族内部矛盾。对于士族而言，司马懿就是他们的代理人和代言人。只要他进入辅政班子，那么宗室和士族就可以达成某种平衡。曹叡必须要接受孙资、刘放的这个安排。如果他不接受的话，两个人很有可能凭借占据中书多年的地位，直接假传圣旨，效仿赵高。试想，两个霸占中书十几年的人传出来圣旨，谁会怀疑呢？这样一想就明白，曹叡为啥同意了两个人的提议，因为不这么做的话他想善终都难。也正是因为辅政班子加入了司马懿，他才能忍住死等到人回来。

司马懿自己对参与辅政这个事情也很惊讶。走之前他刚写了待罪舞阳，准备退休的，怎么突然又被安排辅政了？以至于当他接到诏书的时候都不敢去洛阳，因为曹宇原本给他发的诏书就是让他回关中。现在几天之内突然发生这么大变化，谁也不知道原因。司马懿当然不敢回去：万一你诓我，再给我定一个谋逆的罪名，我哪受得了？这时曹叡派出亲信宦官辟邪持诏书送给司马懿，一生谨慎的司马懿这才相信，立即动身飞马赶回洛阳宫中。

魏景初三年（239）正月，司马懿在嘉福殿见到的是已经奄奄一息的曹叡。关于二人见面的说法有点儿区别，《三国志·明帝本纪》里曹叡对他说了一段相对正常的话："吾疾甚，以后事属君，君其与爽辅少子。吾得见君，无所恨。"意思是，我病得不行了，儿子托付给你和曹爽，没什么感情色彩。《魏略》里面记载的话就有一些惨兮兮的："死乃复可忍，朕忍死待君，君其与爽辅此。"这里面明显加了很强烈的感情戏。36 岁的曹叡将 8 岁的曹芳托孤给 60 岁的司马懿，场面其实很凄惨——相当于儿子把孙子托付给爷爷的感觉。

"曹叡忍死"是整个中国历史上最为让人感动的托孤画面之一。一个皇帝到了弥留之际，却还要忍住不死，等一个大臣回来，为的就是要把自己年幼的儿子和国家托付给他，这简直比刘备托孤诸葛亮更感人。但是效果天差地别，诸葛亮鞠躬尽瘁，死而后已，刘禅得以享国 40 余年，成为三国时代执政时间最长的君主。而司马懿呢？曹芳很快就会知道他和诸葛亮的不同。

这还要从司马懿的辅政搭档曹爽说起。

曹爽秉政

曹叡临终前，将曹爽由武卫将军直接提拔为“大将军、假节钺，都督中外诸军事，录尚书事”。曹芳继位后，又给曹爽加了侍中的头衔，让他可以随意出入中书省参与机密，并且加封武安侯。这是一个万户的县侯，等于大大提升他的地位。这样一来曹爽就完整地继承了他的父亲曹真的官位、爵位和权位。

历史上的曹爽名声不太好，至少公认不是司马懿的对手。有人据此认为，他能力很差，但这一点是有疑问的。毕竟对手是司马懿，玩不过司马懿的大有人在，就像不能因为亚军干不过冠军，就认为亚军和打不进世界杯是一个水平一样。

其实曹叡之所以把曹魏执刀人的位子交给曹爽，就是因为曹爽还是有一定水平的。这种水平首先体现在人事处理上。

按理说曹爽之前并没有什么大的功劳，凭借父亲曹真的地位，很小就进入皇宫，伴随魏明帝曹叡身边，一直做到武卫将军。这个官职前任是许褚，这意味着曹爽是曹叡身边的禁卫军总管，也等于他特别受到曹叡信任。这时史书上对曹爽的评价是两个字“谨重”，意思就是谨慎持重。这是任何人在任何时代能担当大任的一个基本要求。那种咋咋呼呼、动不动就说置人死地的人是不能干辅政的。

不过《世说新语》中记载，曹叡临死前还是有点儿不放心。当刘放、孙资推荐曹爽的时候，他曾经问过一句话：“爽堪其事不？”意思是曹爽当不当得起？面对这么一问，曹爽呆住了，不敢回答。还是刘放踩他脚，在耳朵边上教他：“臣以死奉社稷。”（《资治通鉴·魏纪六》）其实这个说法和正史也不矛

盾：首先，曹爽最让曹叡看重的就是他的忠诚——跟了自己一辈子的警卫员，当然忠诚。曹爽的回话突出了忠诚，曹叡是满意的。其次，曹叡担心曹爽的能力，因为毕竟只在自己身边干过警卫工作，能不能执掌国家，这个存疑。

所以现在回头看曹叡临死前对司马懿的安排就符合逻辑了：原本想要用曹宇、曹肇、夏侯献、秦朗这些人辅政，他们能力没问题，不需要司马懿，所以直接让司马懿回长安继续驻守；后面担心曹宇等人的忠诚，决定只用曹爽，但曹爽能力有问题，于是再加上司马懿来保证辅政班子的能力。

难道曹叡不担心司马懿的忠诚吗？其实曹叡并不担心，因为时间可以帮他解决这个问题——毕竟司马懿已经60岁了。

刚开始曹爽对司马懿非常恭敬，史称他对司马懿“恒父事之，不敢专行”。（《三国志·曹爽传》）有人认为，曹爽不是让司马懿从太尉升为太傅，夺走了司马懿的兵权吗？其实没有，因为升司马懿为太傅的诏书里还有一句：“持节统兵都督诸军事如故。”意思是他还有兵权。正始二年（241），孙权得知曹叡死后出兵北伐，司马懿统领大军将朱然的吴军打了回去，可见他的兵权还在。不光兵权还在，司马懿关于军事事务的发言权也还在。正始四年（243）他建议在淮北屯田，积蓄粮草，并借此机会提拔了出身寒门的邓艾。而且太傅是皇帝的老师，地位非常尊贵，这种安排应该是曹爽在向司马懿示好，而不是明升暗降，况且也降不下去啊！毕竟司马懿“所向无前”是敌国皇帝孙权都认可的。

不光是对司马懿，曹爽对曹操、曹丕时代的老将们也都很尊重：长期在东线对抗东吴的老将满宠，也被提升为“三公”之一的太尉，他死后又提升领军将军蒋济为太尉，长期担任监军的赵俨、高柔先后被提拔为司空，帮助曹爽获得权威的刘放、孙资分别被提升为骠骑将军和卫将军。这些人都走上了自己渴望的三公或准三公的高位。

魏正始四年（243），曹爽和司马懿共同主持了添加太庙随祀大臣名单的拟定工作，这是一件非常重要的事情。国家大事只有祭祀和战争，谁能够决定祭

祀的名单，谁就是名副其实的执刀人。

当时曹魏帝国的这份随祀名单上主要有曹爽的父亲大司马大将军曹真，同时代的大司马曹休、征南大将军夏侯尚、骠骑将军曹洪、征西将军夏侯渊，这些都是已故的宗室名臣；太常桓阶、司空陈群、太傅钟繇、太尉华歆、司徒王朗，这些都是已故的士族名臣；车骑将军张郃、左将军徐晃、前将军张辽、右将军乐进、后将军朱灵、后将军文聘、执金吾臧霸、破虏将军李典、立义将军庞德、武猛校尉典韦，这些都是已故的寒门名将。这份名单基本可以代表支持曹魏帝国的三个集团。

但是有一个人没有入选，存在重大争议，这个人就是士族名臣中的核心人物——荀彧。裴松之认为，荀彧这次没有被选入，是因为他晚年反对曹操称王建国的种种表现，导致他应该属于汉臣而不属于魏臣。这样说有道理，但是不太重要。曹操的整个班底都是荀彧帮助他构建的，这个功劳整个三国里只有诸葛亮可以与之匹配。荀彧论品德、才能、修养都是当时顶尖的人物，就这样都不入选，而选华歆、王朗这类明显有道德缺陷和水平很差的人，多少有些讽刺。这就说明配享太庙并不完全看贡献，很多时候要看执刀人的意愿。那么这个决定就代表了当时辅政的曹爽和司马懿的态度。

司马懿的态度其实是很明白的，他对荀彧有过评价：“书传远事，吾自耳目所从见闻，逮百数十年间，贤才未有及荀令君者也。”（《三国志·荀彧传》）这意思再明显不过了，就是对荀彧的崇拜犹如滔滔江水连绵不绝！这样一个为偶像争取那个时代最高荣誉的机会，司马懿是不会放过的，因此有理由认为他是想把荀彧加入名单。另外，荀彧也是门阀士族的重要代表之一，他的几个儿子和侄子都在魏国朝堂上任职，对他们也有一定的拉拢作用。

但是曹爽不同意，理由可能就是裴松之说的那段话。荀彧并不是曹魏帝国的忠臣，而是东汉帝国的忠臣。这样一个人如果被加入曹魏宗庙的话，那将是一种讽刺。最终结果是荀彧未能入选，这就表明曹爽这个时候的实力相对司马懿而言已经略占上风。当然曹爽也不敢太过分，也不想彻底得罪颍川荀氏为代表的门阀士族。所以转过年来，另一位曹操时代的重要谋士荀攸被加入宗庙，常伴曹操左右。

除此之外，曹爽在兵权上也开始慢慢占据上风。

第一步也是最重要的一步，曹爽把中央禁军的统领权牢牢把握在自己和几个兄弟手里。曹爽本来就是武卫将军，掌管宫廷卫戍工作，现在进一步扩展到曹魏帝国中军的管辖权。按照《晋书》记载，魏明帝曹叡驾崩的时候，曹爽和司马懿都有掌管宫廷卫戍部队的权力，各自也掌握 3000 名禁军，负责为曹叡守灵。这是因为司马懿的儿子司马师任中护军，控制了一部分禁军。内部政治斗争，中央军权自然最为紧要。

为了解决这个问题，曹爽接受手下丁谧的建议，改变曹魏禁军的中垒、中坚、骁骑、游击、武卫五营的编制，将中护军司马师统辖的中垒营和中坚营裁撤，保留扩充了自己原先统辖、直接负责宫廷戍卫的武卫营，将游击、骁骑部队仍然交由中领军统领。曹爽的一个弟弟曹羲担任中领军和司马师的中护军平级，另一个弟弟曹训接替曹爽任武卫将军负责皇宫保卫。

这样一来，只要曹爽兄弟三个有一个人在，禁军就被曹爽控制在手中，中护军司马师原来统辖的两个营全没了，但他仍有守护宫禁的职权，尽管可能只是名义上的。

第二步是借用中央官职开始在地方军的都督之中洗牌。当时曹魏帝国四大军区最高指挥官已经固定成“四征”将军：以长安为核心都督雍凉诸军事的征西将军辖区，以邺城为核心都督河北诸军事的征北将军辖区，以寿春为核心都督扬州诸军事的征东将军辖区和以宛城为核心都督荆州诸军事的征南将军辖区。

为了彻底掌控兵权，曹爽将同为宗室一派的夏侯玄派往长安，接替司马懿的职位，担任征西将军、假节、都督雍凉诸军事，掌握了曹魏帝国西部的全部兵权，且驻地长安是四个都督辖区中距离洛阳最近的一个，可以随时支持曹爽。

但是司马懿并不愿意完全退出。当满宠被调往中央接替他的太尉之职时，司马懿提出将士族派中的王凌提升为征东将军、假节、都督扬州诸军事。这位王凌出身太原王家，他的叔父就是当年献貂蝉，挑拨吕布暗杀董卓的大汉司徒王允。他虽然是士族出身，早年也和司马懿的兄长司马朗关系很好，但是这个人野心很大，和司马懿的关系并不如曹爽和夏侯玄的关系靠谱。为了控制王凌，曹爽将他的同乡亲信文钦安排做了扬州刺史，直接掌握了这个都督辖区内对抗东吴最精锐的部队。要命的是寿春距离洛阳比起长安远多了，这样一来王凌的军权在中央朝堂的斗争中就很难发挥作用。也就是说司马懿回中枢实际上把地方都督的大权交给了曹爽，换来的王凌却不一定是自己阵营的。这样两相比较，可见曹爽又赢了司马懿一次。

紧接着，第三步斗争的焦点转到朝廷的核心部门尚书台。

本来魏明帝时代开始在宫中设立的中书省地位逐渐超过搬到宫外的尚书省，但随着 8 岁的曹芳继位，暂时不能管事，司马懿、曹爽也不方便老在宫中办事，两人又都有录尚书事的头衔，这样一来尚书台的地位再度提升，超过中书省。曹爽在升司马懿为太傅的时候却不动声色地去掉了司马懿录尚书事的权力。这才是后世质疑曹爽将司马懿明升暗降的根本。但是司马懿可以说是曹魏尚书省的创始人，即使没有录尚书事的官职也有他安排的人，比如王观。

为了控制尚书台，曹爽安插了三个重要的人物担任尚书，东汉末代大将军何进之孙何晏、东汉开国名臣邓禹的后人邓飏、曹操手下典军校尉丁斐之子丁谧。这三个人后来被司马懿称为“台中三狗”。

何晏的母亲尹夫人带着他改嫁曹操，所以何晏算是曹操养子。后来何晏娶了异父异母的妹妹金城公主，成为驸马，自然属于宗室派。邓飏是邓禹的后代，也算是士族之一，尽管可能比较没落。而丁谧出身寒门，自然属于寒士派。由此看来，曹爽在用人方面还是强调了各个方面的平衡，一些举动虽然对自己有利，但对别人也不错。他处理事务，政治手腕还是有的。

这三个人中，何晏掌握人事任命，类似于后来的吏部尚书，权力最大，也最被司马懿痛恨。邓飏、丁谧的具体职位，史书没有记载，但结合邓飏随同曹爽进攻汉中，丁谧担任过度支尚书，可以推测邓飏主管军事，丁谧主管财政。这样一来，等于吏部、兵部、户部三个最重要的部门由曹爽来把握。

除此之外，还有第四步：曾经担任曹爽长史的毕轨出任最重要的职务司隶校尉，相当于首都市长兼首都卫戍区司令，是东汉以来著名的朝堂三独坐之一。此外，首都洛阳的行政长官河南尹也由曹爽的亲信李胜出任。

此时，曹爽可以说对司马懿取得了绝对优势，至少从表面的布局上来看是这样。总结一下，从景初三年（239）开始，曹爽经过大约 10 年时间至正始九年（248）基本将司马懿踢出了权力核心：首先，曹爽掌握并改组了禁卫军，获得了最重要的戍卫军权；其次，曹爽完全控制了曹魏帝国最重要的两个军区中的一个——都督雍凉诸军事的征西将军夏侯玄，也是离洛阳最近的一个军区，同时通过掺沙子的办法——扬州刺史文钦部分掌握了东部军区军权；再次，尚书台“三狗”何晏、邓飏、丁谧，基本把持了国家最高行政权；最后，曹爽将权力的触角伸向地方，仍然从最核心的首都行政权开始，毕轨当了司隶校尉，李胜当了河南尹。

期间，司马懿多次对曹爽的执政方针提出异议，比如反对曹爽出征蜀汉，但曹爽依然一意孤行，基本没把司马懿的话当回事。加上司马懿极度厌恶的尚书台“三狗”，可以推测司马懿在日常行政过程中没有少和这三个人扯皮，特别是掌管选举官员的何晏。

为啥何晏最遭司马懿痛恨？和他的职位和个性都有关。何晏的职位太重要了，所有官员都要由他来负责具体选举。曹爽时代的曹魏帝国很有可能才是最接近曹操希望的一种政权形式，这种政权形式的具体职位可能千差万别，但由曹氏家族彻底掌控官员任免权，则是不能改变的基本原则。何晏把握这个位子后，秉承曹爽的旨意，开始用曹爽的标准来选举重要官员，而曹爽的标准比较

搞笑，基本属于一个老乡党兼老友党——就是以地域和亲疏关系来用人。比如文钦只能算是一个猛将，但因为是同乡而被提拔为重要的扬州刺史，还有后面将要出场的重要人物大司农桓范，另外尚书台“三狗”都是曹爽当政前的老友和故旧，其余的一些人也都是出自曹爽的大将军府。

因为这样一来，门阀士族用皇位从曹丕手中交换来的九品官人法就会又变成曹操时代的“唯才是举”。尽管此时曹爽是“唯亲是举”，但这两者本质上都是用个人来取代士族这个群体对官员的任命权。这是对整个士族的背叛。

特别是曹爽开始将任命官员的权力拓展到中央九卿的大司农、地方州郡长官刺史、郡守时。门阀士族可以允许几个重要的位置被掌握，但是曹爽任命的官员已经开始出任一些级别较低的职位，那这些士族子弟的位置在哪里？

正始八年（247），司马懿的妻子张春华病逝，加上在朝堂之上屡屡受挫，于是司马懿开始退出尚书台。史称：“诸事希复由宣王。宣王遂称疾避爽。”（《三国志·曹爽传》）作为曹魏第一任御史中丞，司马懿是尚书台的缔造者之一，他的退出在曹爽眼中是认输回家等死。但是也有聪明人看穿了他的装病，那就是当年扶植曹爽上台的刘放、孙资。

正始九年（248），刘放、孙资宣布告老还乡。裴松之引用《孙资别传》的注释解释了他们离任的原因：“大将军爽专事，多变易旧章”。（《三国志·孙资传》）这就是说，曹爽已经改变了曹魏立国的基础——门阀士族寄予厚望的九品官人法。这是曹魏帝国的立国之本，怎么能允许你曹爽随便改变？

这样做是要付出代价的。曹操付出的代价就是一辈子没有统一天下，曹丕付出的代价是不能成为一个一言九鼎的皇帝。那么，才能远远比不上两位先辈的曹爽将要付出什么代价呢？

高平陵之变

正始十年（249）正月，曹魏帝国大将军曹爽与皇帝曹芳出洛阳前往拜谒魏明帝曹叡的高平陵，曹爽的兄弟曹羲、曹训则统领禁卫军护卫。大队人马浩浩荡荡地走出洛阳城时，谁都没有料到曹爽正走上自已和家族甚至整个曹魏帝国的黄泉路。

难道曹爽就不怕司马懿吗？不怕，至少曹爽是这么想的。两年前司马懿的妻子去世后，他就以此为借口退出了中枢权力斗争，回家养病了。当然曹爽也不会那么单纯，于是他派出准备外放荆州刺史的原河南尹李胜前往司马懿处以拜辞为由，一探虚实。曹爽的这个举动很有意思，因为李胜的父亲是张鲁部下李休，张鲁是道士出身，他年轻时到洛阳游历，和曹爽交好。因为李胜曾经在汉中待过，整个骆谷战役的筹划都是来源于他的建议，而且曹爽进攻汉中的时候，李胜不仅随行前往还不断地出谋划策。这一点让司马懿特别讨厌他。

让这样一个司马懿讨厌的人去打探司马懿的虚实，只能说明曹爽和司马懿比较起来还是太稚嫩了。

果然，李胜见到的司马懿眼歪口斜，奄奄一息，而且两人交谈时司马懿还装成耳聋眼花的样子，一再把李胜上任的荆州听成并州。这种种行为让李胜都不禁为这个政敌怅然流泪，对曹爽说："太傅患不可复济，令人怆然。"（《三国志·曹爽传》）这种情绪无疑感染了和他一样智商水平的同伙们。加上司马懿这一年已经70岁了，在任何时代都已是高龄，所以不用再对他干什么，时间就会让他消失。曹爽等人彻底放心了，这才有了集体外出祭拜高平陵的行动。

但司马懿的水平明显比曹爽兄弟和尚书台"三狗"要高得多，毕竟他是可

以和诸葛亮当面对峙的人。那么司马懿是什么时候决定要与曹爽为敌的呢？

这就要回到曹叡托孤。司马懿当时的心情应该是很复杂的，本来将要被边缘化的自己，现在又回到了政治舞台的中央。再次成为执刀人，无疑让他很开心，但是曹爽这个原先同事的儿子又让他这次执刀秉政的日子十分不爽。

原本作为晚辈的曹爽对刚刚接手的各种复杂政务是十分愿意也是十分谦虚地向司马懿请教的。毕竟是父亲的老同事，而且司马懿和曹真的关系也不像影视剧里面表现得那么糟糕，两个人的合作度过了一段蜜月期。

随着曹爽对政务开始上手，加上权力欲望的膨胀，司马懿的建议就开始变得不那么重要，甚至变成了一种碍事的行为。这就好像一个大叔受父亲的委托来帮助自己一样，刚开始很让人依靠，甚至是依赖，但是时间一长就让人烦。司马懿也感觉到了，于是借口妻子去世，决定回家避开曹爽。当时司马懿很可能准备自己这辈子就这样交代，日后正常随祀太庙。

那么是谁让司马懿下了决心要除掉曹爽呢？是曹爽的大将军府长史孙礼。孙礼也算是曹叡留下了的托孤重臣之一，他的地位有点儿特殊，史称“于床下受遗诏，拜礼大将军长史”，（《三国志·孙礼传》）也就是说孙礼是曹叡指定给曹爽的一个辅佐之臣。孙礼这个人性格比较直，史称他“刚断伉厉”。当年曹叡修宫殿的时候，孙礼就敢和曹叡硬顶。这样的人自然和曹爽搞不好关系，因为曹爽喜欢何晏那样智商和马屁水平的人。而孙礼的政治水平明显高出他们，但不会拍马屁，于是他受到排挤，被赶出中央，去担任冀州牧。

孙礼外放前和司马懿有过一段对话。刚开始两个人聊的是公事，清河郡和平原郡的分界线问题，接着司马懿建议孙礼要像当年周文王区分虞国和芮国的国界一样去做。孙礼这个时候还对司马懿很有防范，并没有任何倾向性地提出凭借地图来搞定这个事，司马懿深表满意。这么提的结果是偏向平原郡，但是曹爽的意思是偏向清河郡，这样一来曹爽怒了，直接把孙礼抓去判了5年徒刑。这就太过分了，因为不守规矩的明明是你曹爽，却治孙礼罪。前面

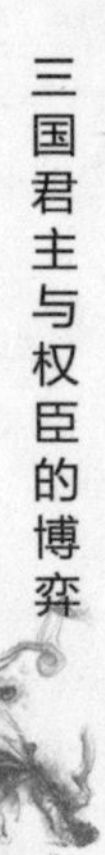

说过孙礼的地位不一般，是曹叡留给曹爽的辅弼之人，今天曹爽敢不讲道理，动了孙礼，明天就会动司马懿。

正始八年（247），曹爽将郭太后移至永宁宫居住。也有人认为郭太后本来就住在永宁宫。按照规矩，太后和皇帝分开居住，应该是辅政大臣归政的前奏，此时曹芳已有十六七岁了。但是这位郭太后有点儿不一样，原因是曹芳的身世成谜，唯一可以肯定的一点——他绝对不是曹叡的儿子，他继位的合法性就来源于太后的认定。曹魏帝国的这位郭太后出身河右大族，算是司马懿的老乡。郭太后是在曹叡临死之前册立的，这个安排甚至从某种角度上说就是为了司马懿而册立的。因为这层关系既为曹芳的安全加了一把人情锁，又给了司马懿一张可以保护自身安全的生死符。现在曹爽把郭太后给端了，接下来司马懿会不会被连锅端，就看曹爽的心情。

于是，本来就年纪大且烦曹爽的司马懿以退为进，回家装病。他看到了曹爽的疯狂，不愿正面与之交锋，一如他和诸葛亮打仗的时候一样。曹爽估计是没想这么深，此时他已经完全控制了京师里的军权，那么，司马懿要和他对抗，就必须在自己这边筹集人马和曹爽对抗。最早加入司马懿阴谋的人是他的大儿子司马师。他担任过中护军，有着极强的组织能力。他明白，为了解决曹爽，必须要有兵。他在民间养了3000名死士，这是司马懿整个高平陵政变的基础，也是必需的力量。

但仅仅这样做是完全不够的，司马懿还必须继续筹集人马，壮大自己的力量。由于曹爽任人唯私，可以说基本得罪了除身边亲信以外的所有门阀士族。其中最重要的三位是高柔、蒋济和陈泰。

高柔是曹操时代的谋士。据陈寿的《三国志》记载，他最大的特点是“明于法理”（《三国志·高柔传》）。史书中关于他的事迹大部分也都是他维护法制的故事。不过他维护的全部是东汉延续下来的儒家规矩。比如，他劝谏曹叡不照规矩，跳过廷尉直接下令斩杀在皇家园林里射兔子的小吏时，就说过一句：

“安得以至尊喜怒而毁法乎？”（《三国志·高柔传》）曹操要是知道估计要气活过来——曹丕这小子把官员选拔权让给士族后，士族果然就用法制捆住了皇帝的手脚。这样下去，皇权必然会虚弱，曹丕的篡位也就没有了价值，曹操一生的追求也就没有了意义。由此可知，高柔口中的法也就是门阀士族最看重的、自东汉末年就逐渐形成的一整套的官场规则。

蒋济也是曹操时代的老人。司马懿拉拢他最重要的原因是他担任过统领禁军的护军将军、领军将军。蒋济是曹爽手中禁军的老领导，而且他从魏文帝曹丕时代起就干这个职务，这意味着曹爽手中的中央军权面对蒋济要打个折扣，毕竟干的时间长，几乎所有基层干部都是他提拔起来的。而且他和司马懿一样特别尊崇“法度”：“夫为国法度，惟命世大才，乃能张其纲维以垂于后，岂中下之吏所宜改易哉？”（《三国志·蒋济传》）这就是世界观上的高度契合了。但是话说回来，蒋济本人的操守并没有那么好，他统领禁军之所以被撤职和他长期收受贿赂，按贿赂多少给部下授官有关系。

陈泰是陈群的儿子。他们颍川陈家是曹魏开国时代的顶级门阀士族。陈泰在曹爽秉政的时候不过是一个杂号将军，兼任并州刺史，负责对匈奴的怀柔工作，好不容易捞到一个回京指标，才当了个尚书。这明显和“九品官人法”留给后世的“上品无寒门，下品无士族”的印象不符。陈泰只是这些门阀士族子弟中的一个代表和缩影：他们极度渴望权力，却又被曹爽排斥在核心权力层以外，他们都渴望恢复曹魏立国之初的“法度”。

什么是司马懿、蒋济、高柔、陈泰心中的“法度”，说白了就是九品官人法，再说白一点就是官员任免不能你一个人随心所欲，必须按照我们在建国的时候说好的规矩“九品官人法”来！

这样一来曹爽在出城之前已经得罪了寒门名士派（孙礼）和门阀士族派（蒋济、陈泰）。另外曹芳已经成年，他仍然没有归政的迹象。所以他原本依靠的宗室系（曹芳、郭太后）也不那么靠谱，况且曹魏帝国的宗室地位和实力在历朝历代都是最次的。

终于，曹爽兄弟前脚刚迈出洛阳城，司马懿便立即行动了。司马懿的第一步立即抢占武库。可是从司马懿家去武库必须经过曹爽的大将军府。当时府邸都是防御工事，曹爽府邸更有重兵把守。谁也没想到原本应该直接对司马懿动手的曹爽部下竟然被策反！《晋书·宣帝本纪》记载了一个类似段子的故事：看司马懿冲向武库，曹爽帐下的严世立即登楼准备用弩箭射击司马懿，可是另一个叫孙谦的手下，拉住了他，不让射箭。这么来回三次，司马懿就冲过去了，立即夺取了洛阳武库用来装备部队。另外需要解释一下，古代士兵有没有盔甲，战斗力完全不一样。司马懿、司马师手下这3000名武士很有可能来自被曹爽撤销的中坚营和中垒营，原本没有盔甲面对曹爽城内留下的兵估计也就一比三的交换律，但现在有了顶级盔甲（首都武库的装备必然是顶级的），可以打出一比八的交换律，相当于战斗力倍增。

第二步获得铠甲装备的司马师直接列阵司马门外，完全控制皇宫内外和朝廷中枢。司马懿立即入宫以郭太后的名义下诏书，免除曹爽等人的职位，同时以郭太后的名义下诏给司徒高柔，让他假节接替曹爽大将军的职务，前往夺取曹爽麾下各营的军权。司马懿甚至对高柔说过一句很有名的话："君为周勃矣。"（《三国志·高柔传》）果然，高柔就像当年周勃夺取吕产军权一样，轻而易举地搞定了曹羲在洛阳城里剩下的部队。司马懿的另一位手下王观也持节控制了曹训掌管的武卫军营。于是整个洛阳和禁军就在曹爽和诸位亲信出城的一天内脱离了曹爽的掌控。

为什么会出现这种状况？只有一种解释，曹爽府邸和部下已经被司马懿渗透，那个叫孙谦的就是卧底无间道。曹爽只注意大面上的兵权、政权，却没有注意到这些基层和细节问题。他从司马懿手上夺权的四步操作，放在魏明帝曹叡手上一定是非常高明的政治手腕。不过他却和手下魏晋玄学的创始人夏侯玄、何晏一起，追求过于空虚玄远的哲学讨论，而忽视了面前活生生的普通人。从

曹爽长时间掌控军队，却和部下缺乏联系这一点上看，他根本不够格当一个大将军。因为他只用平常的上下级关系来对待部下，导致部下对他也就是正常的上下级态度，到了“高平陵之变”的关键时刻没有一个人愿意为他挺身而出。甚至最亲近的府中护卫都已经被司马懿渗透，即使有人愿意为他出力竟然也被人阻拦。可见曹爽在手下的心目中是一个什么形象。

当然，毕竟曹爽干了10年的曹魏帝国执刀人，总要有几个铁杆支持者。就在司马懿控制洛阳的时候，曹爽的同乡大司农桓范，带着大司农印信冲出昌平门，前往曹爽军中报信。一见到曹爽，桓范就建议曹爽带着皇帝曹芳前往许昌，招外兵入京勤王，讨伐司马懿。眼见曹爽拿不定主意，桓范又去劝曹爽的弟弟曹羲。这位智囊给曹羲分析了当前的形势，对曹氏兄弟三人说，这种情况下如果不放手一搏，一定会全族被屠。但曹爽还是不同意。

根据裴松之《三国志注》里引用《世说新语》这部小说集的描述，原来曹爽是相信了司马懿指洛水发誓不会杀他，加上禁军前任蒋济做了保人，于是决定放下武器，以“我不失作富家翁”（《三国志·曹爽传》）的态度乖乖地回到洛阳城，做了司马懿砧板上的待宰鱼肉。历来所有人都对曹爽的这个决定十分看不起。当时，桓范就骂他们兄弟三个是“犊耳”，意思和今天骂人是猪区别不大。

那么，问题就集中在这个决定上，即曹爽为什么会做出这个把自己送入地狱的决定？其实设身处地地站在曹爽的立场上想一下，他没有更好的选择。

如果曹爽按照桓范的意见去做，成败暂且不论，全家被屠是肯定的。因为他出来拜谒曹叡的陵寝，不可能拖家带口，所以当蒋济、陈泰向他通报司马懿政变的情况时，曹爽和他手下的家属已经完全被司马懿控制。这才是司马懿手里真正的王牌。再退一步，曹爽抛弃妻子，跟桓范他们逃到许昌，他手下的部队家属也都在城里。这种情况下，有几个人真的愿意抛家舍业跟他去？要知道，司马懿兵变的消息传来，整个随行禁军军心不稳，曹爽不得不紧急召集屯田部

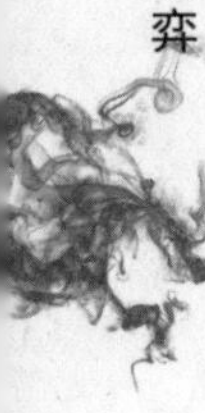

队，展开警戒工作，这才稳住局势。这在洛阳附近就已经是这个样子，要想走到许昌，保证部队不溃散的可能性太小。再退一步，即使曹爽他们平安到达许昌，并且用办法在许昌集结各地部队，收集粮草辎重，这至少需要半个月时间。在此期间，司马懿也可以利用洛阳武库扩充部队，加上禁军在曹爽的认识中已经全部投靠司马懿（否则不可能如此顺利地掌握洛阳城），半个月后双方能调集的兵力基本相当——曹爽可以联络征西将军夏侯玄、扬州刺史文钦。司马懿可以通知征东将军王凌、雍州刺史郭淮。征南将军王昶、征北将军何冲都出身士族，大概率支持司马懿。这样夏侯玄很可能被险峻的崤函古道挡在洛阳以西，而许昌则很有可能被司马懿的军队从寿春、宛城、洛阳三个方向围攻，如此，曹爽还有胜算吗？

其实桓范的这个计谋也很书生气。他认为，最值得担心的事情是粮食问题，而他带了大司农印信就能解决这个问题。可事实上，司马懿有禁军统领印信吗？到时候给高柔一个节仗，什么问题不能解决？很多身在高位的人都会产生一种任何人都必然会服从于他们权威的错觉，实际上人家服从的只是高位，不是高位之人。一旦离开自己的位子，就什么也不是。

当然，可能还有人会说：大丈夫死也要轰轰烈烈，怎么能够像曹爽那样窝窝囊囊呢？对，英雄一定会这样想，如果曹爽是英雄，司马懿也必定不敢发动高平陵政变。可惜曹爽不是英雄，而且他一生平步青云，基本上都在最高层工作，缺乏基层工作的历练，但想事情、看问题的能力并不低。从他对司马懿有条不紊地夺权就可以看出来，如果司马懿按照套路出牌是没有机会的。但是，他有一个致命缺陷，就是无法在压力巨大的情况下保持冷静，做出正确判断，因此面对一个错误决定很可能导致全家死光的压力下，精神崩溃的可能性是很大的。司马懿虽然打仗、从政水平都不算顶级，但是洞悉人心方面却是一流的大师：从当年使者几句话就判断出诸葛亮“食少事烦，必不久矣”（《晋书·宣帝本纪》），到这次判断曹爽对桓范的计策是“驽马恋栈豆，爽必不能用也”

（《三国志·曹爽传》），可见他对人心的把握真是到了炉火纯青的地步。这种时候，像桓范这样和曹爽关系不远不近的人的劝说，抵不过生还的诱惑。于是曹爽颓然地放下了手中刀，变成了任人宰割的鱼肉。司马懿弯腰捡起了曹爽丢弃的刀，立即砍向了他和他的手下。

司马懿出刀一开始还挺温柔。他一边把曹爽兄弟送回府邸，然后又送去粮食酒肉安慰一番，但另一边却拘捕了曹爽亲信丁谧、邓飏、毕轨、李胜以及智囊桓范，让何晏去审问，得到口供后又把何晏给除掉。同时拷问与曹爽亲近的宦官张当，得到了曹爽从曹叡遗留的嫔妃中找女人的真凭实据。于是司马懿认定曹爽谋反，大刀出手，立即下令捕杀张当、曹爽三兄弟及亲信三族，先后屠杀5千多人。

就连和司马懿一起发动政变的蒋济都看不过去了。他以保人身份向司马懿求情，希望至少给曹真留个后代。司马懿断然拒绝，蒋济也愤怒地和司马懿绝交，返回家中不久就病逝了。不过蒋济也未见得是个好人。他统领禁军的时候，禁军内部要想升官必须给他行贿，甚至明码标价。反倒是司马师当了中领军之后，能够按照每个人的才华安排位置，大得军心。由此可见，士族的腐朽实际上从此时已经开始了。

司马懿在大屠杀后也没闲着。他立即对西线和东线统帅进行调整：征西将军夏侯玄被立即召回，职务由司马懿的老战友郭淮接替。征东将军王凌被升任司空，但接替人选暂时还没找到。本来所有人都认为夏侯玄不会奉诏回来，而王凌会。结果却是魏晋玄学的创始人夏侯玄胸怀坦荡地回到了洛阳，反倒是王凌起了谋反的心思。

淮南三叛（上）

按照历史书上的说法，王凌早就想造反了。他反对的既不是曹爽也不是司马懿，而是皇帝曹芳。因为他认定（或者是肯定）曹芳血统不纯正，大概率不是老曹家的后代。他想把皇帝换成自己认可的楚王曹彪。

曹彪是曹操的儿子，他的封地最早是寿春，后来一度被迁徙到官渡之战的重地白马，最后又被迁回寿春改封楚王。此时他已经50多岁了，是曹操为数不多的几个还在世的儿子。据说曹彪能文能武，比燕王曹宇靠谱。曹植还给他写了一首诗《赠白马王彪》，其中“丈夫志四海，万里犹比邻”一句后来反复被别人抄袭借鉴，包括唐朝天才诗人王勃。曹彪的志向能得到曹植的肯定，多少有些才华。

但是这样一来王凌造反的动机也就变得很可疑，毕竟这位东汉末代司徒王允的侄子年纪比司马懿还大——快80岁了！即使成功，王凌能掌权多久？而且此时曹芳已经登基10年了，这个时候才来质疑血统，是不是太晚了？

回顾王凌谋反案实际上整体都很可疑：举报他的是他手下，提出来的证据和证人都来自他刚刚死掉的外甥兖州刺史令狐愚，属于死无对证。而王凌谋反的依据是他得知孙权（是的，曹操孙子都死了他还没死！）准备封锁水路，于是向中央请求调兵的兵符，并且要求这次大战之后再到中央上任司空。这些应该算是边疆守将的正常操作而已，算作谋反有些过了。

司马懿的反应却是假戏真唱，立即调集大军水陆并进，从洛阳直奔寿春而来。实际上，王凌也没有做什么周密的准备，见司马懿大军一到立即投降。直到见面的时候王凌才知道自己犯的是谋反大罪，于是他不干了。本来就最多算

一个撤职查办的罪，一下子变成了诛三族，换谁都不干。

但是已经杀红了眼的司马懿才不管那么多，照杀不误，于是又一次血流成河。他夺过曹爽的手中刀之后，就已经变成了厉鬼，从此大开杀戒，挡我者死。

由此看来，淮南第一叛大概率是司马懿自己制造的一个案子。目的就是要扫除时刻可能威胁到自己家族的人。

那么最后一个问题就是司马懿到底有没有取代曹魏皇帝的心思呢？答案应该是没有。理由是司马懿和他的继承者司马师都看懂了曹操的心思，最重要的是实际权力，而不是皇帝的虚名。当他们夺取政权后，先是辞让了一些曹操代汉时代的重要步骤，比如九锡，比如称公封王，司马懿甚至连相国的名号都是死后追封的。

但是实际权力却坚决不放。司马懿不顾年老体衰，在夺权后立即在洛阳开府建牙，设置左、右长史，有了自己独立的掾属，这就是曹操的老套路。不过司马懿已经完成了他的历史使命，嘉平三年（251）八月，73 岁的司马懿病逝于洛阳。他的一生都在当配角，先是给曹操打下手，而后又给曹丕管后勤，曹叡上台开始领兵先败孟达，后挡住诸葛亮，最后屠灭辽东公孙氏一族。原本司马懿以为自己的一生就这样了，没想到被刘放、孙资抬到了台前，第二次当了辅政大臣，这一干就是 10 年。这 10 年司马懿又当了曹爽的配角，直到生命的最后几年他才终于成了舞台上的主角。从他的人生经历来看，司马懿这辈子都是曹魏帝国的大功臣。他亲手帮助曹丕缔造了帝国，又帮助他的儿孙守护了帝国，开拓了帝国。但是和所有功臣一样，司马懿也必然遭到篡权谋反的怀疑——关键在于有没有谋反的实力，而不在于有没有谋反的动机。

到了唐朝修《晋书》时，史家挖苦司马懿：“夫征讨之策，岂东智而西愚？辅佐之心，何前忠而后乱？故晋明掩面，耻欺伪以成功，石勒肆言，笑奸回以定业。”（《晋书·宣帝本纪》）作为一个大一统王朝的开国之君，得到这种评价的中华五千年历史上仅此一人。有很多人认为，导致司马懿后世评价不高的重要原因是西晋王朝短命，但更重要的一点应该是司马懿及他后代们的种种举动和中华民族的基本价值观不符。司马懿对曹爽残忍狠毒，把政治斗争的残酷推向了高峰。

司马懿死后，他儿子们的一系列举动更让他的家族被钉在了历史的耻辱柱上。

司马懿的地位被在高平陵之变中表现出色的司马师继承，他利用尚书省控制朝廷的方法继承自曹爽。司马师以抚军大将军的官职掌握朝政，第二年晋升为大将军、加侍中、都督中外诸军、录尚书事。

掌权之后，司马师并没有改变曹爽时代的执政方针，甚至曹爽的亲信鲁芝等人都被他继续任用。他主要在军事、政治上给曹魏打上了自己的烙印。首先他分割了原来最强大的两个都督辖区——征西将军辖区和征东将军辖区。

因为司马懿长期驻守关中，人脉、渠道都还在，召回夏侯玄后只对高层做了简单调整。司马师更进一步，将征西将军辖区中的雍、凉二州一分为二：征西、镇西两大军区，各管一州之兵，将在高平陵之变中表现突出的陈泰封为镇西将军，与郭淮一起，负责对抗蜀汉帝国。

由于王凌谋反，整个东线成为司马师调整的重点。他将原来的征东将军辖区一分为三：征东将军胡遵管原来负责支援前方的青州、徐州，统领豫州的镇南将军毌丘俭和统领扬州的镇东将军诸葛诞位置互换，另外提拔邓艾担任兖州刺史，取代谋反的令狐愚。这样一来原本完全听命于征东将军的几个州，实际上被拆散。

司马师掌权后和曹操一样，推崇“唯才是举”。他提拔的人才中，邓艾就是出身寒门的代表。除了他之外还有石苞、王基、州泰等人都是寒门出身。王基甚至是曹爽提拔的人才，但司马师一视同仁，把这些才能优异的官员安排到地方锻炼。

而中央方面选举人才，相当于曹操手下荀彧的重要位置，司马师给了卢毓

和李丰。卢毓是东汉末年大儒卢植的儿子，司马师让他干的官职是司隶校尉，后来又给了他吏部尚书的职权，把他当成了自己的荀彧、诸葛亮。卢毓颇有他父亲的风采，他选人的方式是“先举性行，而后言才”（《三国志·卢毓传》），也就是说德在才前。更重要的是，他把选举人才的方式规范化，变成了一套可操作的“考课法”。这就比东汉末年的那些品评人物更靠谱，也就是这套方法让司马师的政府里人才辈出。李丰是卫尉李义的儿子，年少就有识人之明，后来娶了公主。曹爽当政的时候，李丰游走于曹爽和司马懿之间，是有名的骑墙派。当时甚至有人写打油诗讽刺他：“曹爽之势热如汤，太傅父子冷如浆，李丰兄弟如游光。”（《三国志·夏侯玄传》）等到司马师秉政时，李丰出任中书令。这个曹叡设置的官一直都是皇帝的心腹，掌管诏书草拟下发，但是这个时候政令都由司马师让尚书台下发，实际上并没有那么大权力。李丰也不能算是司马师的亲信，毕竟谁会完全相信一个骑墙派？但李丰却羡慕当年的前辈刘放、孙资他们，能够凭借中书的权力左右曹叡的托孤人选。他也想掌握这种实权。

此外得到任用的还有当时天下名士魏晋玄学的创始人太常夏侯玄，以及颍川士族的代表钟繇之子尚书中书侍郎钟会，司徒王朗之子河南尹王肃，曹芳所立皇后的老爹光禄大夫张缉等。

严格来说，司马师的这套班底相当完整，囊括了当时的各方精英才俊，得到了曹魏帝国内部各个阶层最广泛的支持。所以这段时间在史书上被称赞为：“四海倾注，朝野肃然”。（《晋书·景帝纪》）

此后，在多次对东吴和蜀汉的战争中，即使经历东关之败，司马师也能听取多方意见，甚至不惜下诏处罚自己的亲弟弟司马昭平息众怒，曹魏帝国依然稳如泰山。

不过这样一团和气的局面，很快就被打破了。问题就出在中书令李丰身上。作为一株资深墙头草，这次他又开始在国丈张缉与大将军司马师之间摇摆。此时，东吴帝国屡屡爆发政变，孙权指派的辅政大臣诸葛恪全家被杀，所用谋略就是把人骗进宫内杀死，最后传出诏书屠灭家族。

李丰也想这么干，他联络了太常夏侯玄。夏侯玄跟司马师关系更亲近，因为他是司马师的夫人夏侯氏的亲哥哥，算是司马师的大舅哥。而且司马师和这位夏侯夫人也很恩爱，两个人一共生了五个娃，虽然全部都是女儿，夫妻感情不错。司马师在准备高平陵之变的时候，被夫人夏侯氏发现。因为怕她告密，司马师果断杀妻。司马师也是一个狠起来六亲不认的人！

但夏侯玄似乎一直不太知道这个情况。他对司马师的不满，一方面来自曹爽全家被屠杀，另一方面来自自己只能任太常，虽然是九卿之首，主管教育工作，实际却没有太多权力，和以前的征西大将军不可同日而语。平心而论，司马师给大舅哥分配的职位其实是最适合他的。因为夏侯玄作为当时天下第一流的名士，来干太常，正可以发挥他的特长，为国家选拔人才。结果夏侯玄的这种不满被李丰利用了。李丰和张缉约定扶夏侯玄上台，取代司马师。这个计划第一步就是要干掉司马师。

李丰的一系列举动得到了皇帝曹芳的首肯，因为《魏略》记载，李丰任中书令的两年内，曹芳多次和他单独密谈。李丰的策略是策反皇帝身边的宦官，让他们帮助自己干掉司马师。这事很快就在宫廷内传开了。

但是司马师也不敢肯定李丰、张缉和曹芳到底在密谋什么，只是怀疑，没有证据。于是司马师派人把李丰找过来，准备和他对峙。面对司马师的步步紧逼，一直当墙头草的李丰终于崩溃，对着司马师吼道："卿父子怀奸，将倾社稷，惜吾力劣，不能相禽灭耳。"（《三国志·夏侯玄传》）这话就是撕破脸了。

司马师彻底愤怒了！

因为这时司马师根本没有取代曹芳的想法，他最多想当曹操。司马师好容易把朝廷的各个方面整顿好，这小皇帝和李丰这种墙头草就跳出来耍手段。这帮人也没有什么司马师想要造反的证据，一句"怀奸"就要置司马家于死地！

于是司马师立即将李丰当场格杀，据说是用刀的把手把李丰给活活敲死

的！由此可以看出司马师是多么的愤怒。或许此刻，他理解了曹操为什么要杀那么多人。

紧接着就是国丈张缉、大舅哥夏侯玄和李丰一样一起被除掉，三人的家族也被屠杀殆尽。曹芳的张皇后被废，不过司马师没有像曹操对待伏皇后那样将其杀掉。曹芳开始感到紧张了。

曹魏帝国嘉平六年（254）秋，坐镇许昌的安东将军司马昭率军前往西线增援陈泰，抵御姜维。按照规矩，曹芳外出亲自迎接他。有人就向曹芳建议，借此机会立即斩杀司马昭，夺取这支军队，攻击司马师。诏书已经写好，只等曹芳的命令。不过这个 8 岁登上帝位的皇帝，临阵犹豫，不敢决断，急得参与密谋的人连连向他喊："青头鸡。"（青头鸡是鸭，鸭与"押"同音，意思是让曹芳立即画押行动）但是曹芳最终没有这么干。等到司马昭带军队进城向司马师报告了这个情况，司马师当机立断，决定废掉曹芳。

这时候，郭太后的兄弟郭芝充当了急先锋。他第一个带头上表要求太后出面废黜皇帝，而后全体大臣联名上书，认为皇帝："沉漫女色，废捐讲学，弃辱儒士。"（《三国志・三少帝纪》）由此看来，即使当了皇帝早恋，上课不听讲，当堂辱骂老师也是不允许的。

于是曹芳毫无悬念地被废黜。作为曹魏帝国历史上最关键的一任皇帝，他不能说没有机会（特别是对比隔壁东吴帝国的孙休），但在关键时刻掉链子，让他和他的帝国陷入了深渊。不过曹芳本人倒是下场不错，平平安安过了 18 年，先是被降为齐王，西晋王朝建立后又被封为县公，于晋武帝泰始十年（274）去世，享年 43 岁。至于他的血统甚至他父亲的血统也就不重要了。

接下来重要的是寻找新皇帝。司马师提出的人选是彭城王曹据。这个人是曹操和环夫人生的儿子，他的哥哥就是鼎鼎大名的曹冲。选他的理由是："以贤，则仁圣明允；以年，则皇室之长。"（《晋书・景帝纪》）曹冲的兄弟，智商有保障。曹操的儿子，年龄没问题。但是郭太后不同意，理由很简单，差着辈分呢！按照辈分，曹据是曹叡的叔叔。他来当皇帝，郭太后这个太后就名不正言不顺。太后提出的人选是东海王曹霖的儿子曹髦。曹霖是曹丕的儿子，曹髦是曹丕的孙子也算曹叡的侄子。这样一来，郭太后的位子就坐得比较稳。

曹髦当时十三四岁，勉强可以算是成年，而且人很厉害。钟会对他的评价是："才同陈思，武类太祖。"（《三国志·三少帝纪》）陈思指的是死后被谥为陈思王的曹植，太祖就是曹操。听到这种评价，司马师倒是很高兴，认为："若如卿言，社稷之福也。"（《三国志·三少帝纪》）

能说出这句话，司马师才是真像曹操——大气而又果断。不过，他废皇帝的举动还是犯了众怒和忌讳。毕竟还是封建社会，忠君是对臣子的首要要求。曹芳是曹叡允许的接班人，具有合法性。他的合法性其实也是司马懿和司马师辅政的合法性来源。废黜曹芳，从根本上导致司马家族和曹魏政权对立了，也就给了其他人反对司马师执政的理由和借口。

被司马师提升为镇东将军、出身寒门的曹叡亲信毌丘俭决定反叛。为此，他拉拢了曹爽的亲信扬州刺史文钦，正元二年（255）正月，在淮南重镇寿春起兵，这是淮南二叛。

毌丘俭作为曹叡的亲信，他这次起兵显得非常壮烈。因为早在起兵之前，他就知道自己没有多大胜算。但是他必须要做，理由他在洛阳做人质的儿子毌丘甸帮他说出来了："居方岳重任，国家倾覆而晏然自守，将受四海之责。"（《三国志·毌丘俭传》）连起兵后必然要死的人质都这么有决心，毌丘俭再不反，就对不起自己！他是明知不可为而为之，为的是不辜负魏明帝曹叡的知遇之恩。

为了提升这次起兵的成功率，毌丘俭还让文钦写信跟统领西部的郭淮联络，准备东西夹击洛阳。可惜郭淮这个时候去世了。他的继任者是颍川士族陈泰。他自然不会理文钦。东西夹击的计划也就变成了毌丘俭自己单干。毌丘俭、文钦两个人率军渡过淮河，向洛阳攻击前进。毌丘俭进驻项城，文钦率军在外围

打起了游击战争。

项城就是今天的河南项城，在安徽、河南的交界处，往西北可以攻入曹魏帝国重镇许昌，往东南可以掩护毌丘俭的老巢寿春。项城的位置虽然重要，但是毌丘俭在这里驻军却是一个错误。没过两天，毌丘俭的前部先锋史招、李续就投降了。司马师大喜，立即判断出淮南叛军军心不稳——你毌丘俭想成仁取义，这些普通人只想升官发财，犯不着为了你的个人理想拼命。

于是司马师决定参照老爹击退诸葛亮的办法，结硬寨，打呆仗。

得知毌丘俭屯兵项城后，司马师立即传檄各路大军对毌丘俭展开围攻：司马师率领主力部队进驻汝阳，掩护许昌粮道，派王基率领前部先锋攻占南顿作为前卫据点，监视毌丘俭；征东将军胡遵率领青、徐之兵攻击谯郡一带，断绝毌丘俭的归路；诸葛诞都督豫州军直接进攻毌丘俭的大本营寿春；兖州刺史邓艾都督泰山郡部队 1 万多人进攻乐嘉，作为诱饵。司马家用兵都是喜欢“先为不可胜，以待敌之可胜”。

毌丘俭眼见魏军主力出现在几乎所有方向，自己已经没有了胜算，唯一可行的办法是立即攻击邓艾所部，至少可以提振士气。尽管明知邓艾可能是诱饵，毌丘俭也只能吞下。他便鼓动文钦出兵。作为赳赳武夫的文钦果然同意，准备当夜袭击魏军大营。司马师可以说已经做好了万全的准备，但是他不知道在项城外围游击的文钦之子文鸯，年仅 18 岁，却已经侦察到了魏军真正的大本营所在。当天晚上，文鸯率领数百精锐骑兵就直扑司马师中军而来。

本来稳扎稳打的必胜之局，突然冒出文鸯这么一个天不怕地不怕的愣头青，一通乱冲乱打，竟然在夜间把庞大的魏军彻底扰乱了。要命的是，这次司马师是带病出征，他的眼瘤复发疼得要命。当文鸯冲入中军的消息传来时，司马师吓得眼珠子都掉出来了！司马师不惜咬烂被子，忍住剧痛，怕其他人得知消息。文鸯兵少，抵挡不住整顿好了的魏军大举冲锋，而原本约好前来夹击的文钦又迟迟不到，只得亲自断后缓缓后撤。魏军几次追击都被文鸯率数十骁骑击退——“摧锋陷阵，所向皆披靡，遂引去。”（《晋书·景帝纪》）众将面有难色，借口文鸯是诈败诱敌，不愿再追。

这时已经变成独眼龙的司马师却显出英雄本色，不顾伤势，仍然做出了最正确的判断：“鸯三鼓，钦不应，其势已屈，不走何待？”（《晋书·景帝纪》）紧急发令自己的亲信大将军府左长史司马班率 8000 名精锐骑兵整队迎战文鸯，又命令乐进的儿子乐琳统率步兵紧随其后发起攻击。

司马师的追兵一直追到沙阳一带，正和晚上迷路的文钦遭遇，双方展开激战。这时候，一直在司马师身边伺候的家奴尹大目知道司马师眼瘤病发命不久矣。原本是曹叡、曹爽家奴的尹大目借口劝降文钦追了出来。两军交战时，尹大目策马奔到文钦阵前向他暗示：“君侯何苦若不可复忍数日中也！”（《三国志·毌丘俭传》）尹大目的意思是司马师眼瘤复发，等几天就会死去，然后大举进攻很有可能胜利。可惜文钦是一个头脑简单的武夫，根本没听懂，反而怪他是一个背叛主人的家奴。尹大目鸡同鸭讲，只能流泪离开。

文钦在正面努力挡住司马班和乐琳的攻击之时，乐嘉方向的邓艾反而率领当作诱饵的泰山郡军从侧后杀了过来。文钦终于抵挡不住，全军崩溃。文钦、文鸯逃往项城。

本来毌丘俭军心就不稳，靠的是文钦、文鸯父子骁勇勉强维持，没想到一仗下来被打得落花流水。毌丘俭彻底丧失信心，遂和文钦抛弃部队，分别逃往东吴。结果毌丘俭在路上被人抓住杀死，文钦逃到了东吴。淮南第二次叛乱没过多长时间就被摆平了。

正元二年（255）二月，眼珠子掉出来的司马师在许昌病逝，终年 47 岁。司马师临死之前把在洛阳担任中领军的司马昭紧急召到许昌，让他继承了自己的权力。

司马师是司马懿父子三人中最有理想、最有能力但也最被低估的一个：他在中领军位子上，一改蒋济时代的弊端，整肃风气，按能力授予职位，颇有魏

武帝曹操当年担任洛阳北部尉的风采。高平陵之变中，他一手暗地里栽培的3000名死士，是司马懿起事的基础。司马师秉政之后，又能排除门户之见，任人唯才，选拔了王基、邓艾、石苞这批俊杰。面对东关之败，司马师积极承担责任，顺利渡过危机。平定毌丘俭叛乱，司马师更是忍痛做出正确分析，一战定乾坤。司马师的胸襟、能力、手腕都堪称那个时代第一流的人物。可惜天不假年，他实际掌权只有7年，能做的实在有限。他的才能和理想没有时间去施展，所以也没有机会看到他能不能创造出一种新的政治体制。但是有一点是确定的，那就是司马懿和司马师都没有做任何篡位的准备，没有接受九锡的特殊礼遇，更没有像曹操那样称公封王，建立自己的独立王国。

司马师死后谥号“忠武”，和诸葛亮的谥号一模一样，礼仪待遇也是效仿汉代霍光。这实际上是司马师在标榜自己虽是权臣，也是忠臣。后来司马炎取代曹魏称帝，司马师有了庙号“世宗”，加了谥号“景皇帝”，但那是他弟弟司马昭家的故事了。

淮南三叛（下）

正元二年（255）二月，司马昭在司马师的尸体前被拜为卫将军。卫将军是三国时代仅次于大将军的高级武官，上朝的时候大将军位在三公之上，车骑将军、骠骑将军、卫将军位在三公之下。也就此时，曹髦突然发来一道诏书，这里面既认可了司马昭卫将军的职位，同时也命令他镇守许昌，司马师统率的六军精锐交给尚书傅嘏统率，撤回洛阳。

仅此一道诏书就可以证明曹髦绝对是天生皇帝。此时是司马家权力交接的真空期，司马昭并没有都督全军的权力。皇帝下诏从理论上名正言顺地夺回军权，傅嘏只是尚书台的尚书，以他的身份带回六军，兵权自然会回到曹髦的手中。此后的局势将整个逆转，司马昭即使晋位为卫将军，也只是一个方面大员而已，不可能再对中央政府施加影响力。

而且曹髦选择傅嘏去执行他的计划也是很有眼光，傅嘏是司马师的心腹，就连司马师这次带病亲自出征也是他的建议，这样的人执行起来自然不会被怀疑。那么傅嘏和曹髦有关系吗？没有，曹髦选择傅嘏是寄希望于他有一些野心，渴望脱离司马家的控制。可惜傅嘏和他的父亲——当年劝刘琮降曹的傅巽——一样是一个软骨头，平时躲在后面出主意可以，现在面临生死存亡关头，反倒不敢负责。于是他找了钟会问主意。

钟会在司马师时代并不太受重用。这一下他找到机会，立即建议傅嘏一面上表曹髦，奏请司马昭辅政，一面和司马昭一起回军洛阳。这一来曹髦没有办法，必须任命司马昭为大将军、加侍中、都督中外诸军事、录尚书事，全面取代司马师，成为新一代辅政大臣。

不过司马昭上台后两个参与者结局却不一样：傅嘏当年就死了，钟会却凭借此功晋升为黄门侍郎，成了司马昭的亲信幕僚。

甘露元年（256），司马昭刚刚从曹髦那里得到了大都督的称号，同时有了假黄钺的权力。司马昭的想法和他学曹操的哥哥完全不一样，反而跟曹丕一样定下了一个人生的小目标——让魏帝禅让皇位给自己。所以他用人就没有了司马师时代的大气，大量提拔了一批无能但忠诚的士族子弟担任自己的幕僚，其中最无耻的一个就是贾充。

说来也挺讽刺，贾充是贾逵的儿子。贾逵是当年主持曹操葬礼的忠臣，贾充却是曹魏历史上最大的叛臣。他出现在史书上干的第一件事就是劝司马昭称帝。司马昭很满意，让贾充出任大将军府长史。贾充一上台就主动以慰劳的名义去拜访曹魏帝国镇守四方的四征之将：征东大将军诸葛诞，征南大将军王昶，征北将军何曾，征西大将军陈泰。

这里面征南大将军王昶一直是司马家的铁杆，此番拜访后被提升为骠骑将军。何曾是司马昭刚刚提拔上去的人，临出发去河北时司马昭的儿子司马炎亲自为其送行。由此可见，他们两个不会反对司马昭称帝。征西大将军陈泰的情况要复杂一些。虽然在高平陵之变时他支持司马懿，但是对于废立皇帝他的态度没有前两位那么坚决。于是他被调回洛阳，改任尚书右仆射，加侍中光禄大夫，基本上是不再重用。他在长安的位子被调整给了司马家的司马望。另外原本调来协助陈泰的邓艾被晋升为征西将军，主要负责在陇西正面迎击蜀军姜维。

最要命的是诸葛诞。诸葛诞和诸葛亮是族兄弟，他们的先辈都是担任过东汉司隶校尉的诸葛丰。早在曹叡发布浮华令的时候，诸葛诞就已经名列“四聪八达”之列，是当时士族集团最顶尖的人才。但实际作战过程中，诸葛诞的军事水平很有限。原本他比毌丘俭官职要高，但因为对吴作战不利被降职，反在毌丘俭之下。后来讨伐毌丘俭反叛有功，才坐回了原来的位置，成为征东大将军。他对司马师处罚自己的决定早就有些不满。加上早年和夏侯玄、邓飏、何晏等人友善，现在贾充向他试探性地提出要曹髦禅让的问题，诸葛诞当场拒绝，而且话说得很死：“若洛中有难，吾当死之。”（《三国志·诸葛诞传》）

结果回到洛阳的贾充把他的话传给司马昭。甘露二年（257）五月，司马昭决定把诸葛诞调回中央。他以曹魏中央政府的名义下诏晋升诸葛诞为司空，准备采取这种明升暗降的方法把他调离淮南。

但司马昭手段实在拙劣，被诸葛诞一眼看透：“我作公当在王文舒后。”（《三国志·诸葛诞传》）王文舒就是王昶，本来在外当四征将军，按照曹魏帝国的惯例，确实可以在一定年限后调回中央担任三公。但是，诸葛诞才干了两年，而王昶已经干了 20 多年了，怎么说这个顺序都不对。加上贾充之前的做法，诸葛诞认为，司马昭肯定准备对自己动手。他当机立断，决定起兵。

诸葛诞和王凌、毌丘俭相比，倒是真做好了准备工作。首先，进行内部清洗，干掉了他认为是司马家死党的扬州刺史乐綝；其次，集结了 15 万人马，积极修缮寿春城，囤积了一年左右的粮食；最后，把自己儿子诸葛靓送到东吴做人质，换来吴国的支持和援兵，是为淮南三叛。结果这次叛乱的规模比之前两次都要大得多。

司马昭反应也很快。甘露二年（257）六月，司马昭裹挟皇帝曹髦一起率26万大军进攻诸葛诞。东吴方面认为这是夺取淮南的大好时机，也掺和进来。当时东吴大将军孙綝先派降将文钦率3万人马入城支援，又派名将朱桓之子朱异统领部队迎接。孙綝则统率吴军主力进驻濡须要塞，作为后援。三国时代规模空前的一场战略决战在寿春周围打响。

首先出手的依然是司马师提拔的名将镇东将军王基。本来按照司马昭的指示，他应该按兵不动，等待全军在项城集结完毕后再向诸葛诞发起攻击。但王基却不接受这种被动的命令，刚刚完成集结，就下令部队进军寿春城南的北山，截断东吴和诸葛诞的联系，从战略上孤立寿春。多亏王基部进军及时，东吴只有文钦部3万人进入寿春，朱异则被王基两次击败，后被孙綝斩杀。朱异一死，东吴士气低落，孙綝就把部队撤回东吴，不再管寿春的死活了。

而后王基和安东将军陈骞合兵一处，在寿春城四周挖掘大量防御工事，准备困死诸葛诞。与此同时，司马昭亲自进驻丘头，指挥协调各军行动：为了拖住东吴方面的力量，征南大将军王昶进攻江陵，拖住东吴大司马施绩的西线主力，征西将军邓艾都督陇右诸军抵御姜维蜀军，监军石苞、州泰统御兖州、徐州的精锐部队作为预备队集结，准备应对诸葛诞和东吴方面的援军。很快寿春被魏军围得跟铁桶一般。

那么，诸葛诞难道就坐在城里等死？没有，诸葛诞早年就担任过扬州刺史，在东线驻守多年，深知寿春一带淮河每年都会泛滥。诸葛诞眼见魏军在城外挖掘营垒工事，大笑司马昭不懂地理。他城内粮食充足，一旦等到下雨天，一举杀出，魏军必败无疑。

不过，诸葛诞还是犯了经验主义的错误。就在魏军围城的这一年，“亢旱逾

年”（《三国志·诸葛诞传》）每年都会下的雨、会发的水偏偏这一年没有下、没有发！天时已经不在诸葛诞这边，但寿春城依然坚固，他还握有地利。

可是人和方面也出了问题：坐守寿春的18万大军闹起了内讧。东吴援军失败后，诸葛诞部下蒋班、焦彝认为，不应该坐困孤城，至少出城和对手打一仗。十几万人和对手拼命，必然会有胜算，总比坐困而死要好。但东吴援军文钦等人不同意。他们坚持认为，吴军的挫败只是暂时的。只要耐心等待，待吴军到达附近，和自己积极配合，内外夹攻，寿春城的包围自然会瓦解。诸葛诞也盼着下雨、发大水之后再出击，不同意蒋焦二将主动出击的建议。蒋、焦二人见此出城投降司马昭。紧接着，东吴援军中的全氏家族在和孙綝的宫斗中被灭族，寿春城中的全端等人也开城投降司马昭，城中内部人心惶惶。

一直到了甘露三年（258）正月，诸葛诞和文钦商量，不能再等了，集中兵力攻击魏军包围圈的南部。司马昭给予王基统领26万大军的权力，全权指挥战局。双方激战五六天，诸葛诞军被迫转入城内。此战后，寿春又有万余人投降，士气更为低落。诸葛诞和文钦又开始自相残杀。这两个人早就相互看不顺眼，结果诸葛诞杀了文钦。文钦的儿子文鸯逃出城外，投降司马昭。司马昭大喜过望，立即让文鸯现身说法，向城内招降。此时城内将士已经彻底没了斗志，囤积的粮食也基本快吃光了。

二月，司马昭亲临寿春城下，全军从四面攻城，声势浩大。诸葛诞军丧失斗志，被魏军一举破城。诸葛诞出逃，正遇见司马昭大将军府的司马胡奋，遂被斩首。其余10余万人尽皆投降。吴将于诠见城被攻破，颇有气节地说了句：“大丈夫受命其主，以兵救人，既不能克，又束手于敌，吾弗取也。”（《三国志·诸葛诞传》）便脱掉盔甲冲入敌阵战死。诸葛诞麾下数百名死士被俘后，像当年田横的五百壮士一样无一投降，全部被杀。

曹魏帝国获得了建国以来最大规模的战役胜利，俘虏的人数超过了曹操的官渡之战。令人讽刺的是，就在寿春城被攻破的当天，诸葛诞心心念念的大雨终于来了。大雨冲毁了魏军所有的外围防御堡垒，但这已经不重要了。淮南第三次叛乱被彻底扑灭。诸葛诞叛乱无意之中帮了司马昭大忙，为他赢得了篡位必需的大功。

淮南三叛是三国时代规模最大的一次城市攻坚战，一旦此战魏军失利，将失去淮河一线，东吴将在东线获得非常重要的战略纵深和前进基地，实力将进一步增强。这一仗司马昭实际上是得到了王基军事能力的加强。多亏他在几次关键时刻的决定，才能够在内外受敌的情况下取得全胜。东吴和诸葛诞本来有着相当大的优势，但缺少统一指挥，内部矛盾不断，东吴方面孙綝又是绝对内斗内行、外战外行的草包，最终丧失了这一次最好的北伐时机。

曹魏帝国在这一仗中正面调动的兵力达到 26 万，在江陵战场和陇右战场还各有大约 5 万人的兵力在进行牵制性进攻。曹魏立国 30 余年的战略防御所积蓄的实力已经和曹操当年不能同日而语。此战，司马昭也获得了指挥大兵团作战的信心和经验。下一步他将准备消灭吴蜀，完成统一。

就在世人都在思考吴、蜀哪一国会先被灭时，谁也没有想到第一个被司马昭消灭的却是曹魏皇帝曹髦。

司马昭之心

“司马昭之心，路人所知也。”这是曹魏帝国第四任皇帝曹髦的一句千古名言。这位皇帝的综合素质在曹魏帝国三少帝中是最高的，对应的下场却也最惨。钟会称赞他的文才匹敌叔祖父、大才子曹植，武略匹敌曾祖父曹操。那么，问题就来了，为什么司马师当年会选择这么一个厉害的人来当傀儡？按照道理来说，选傀儡不应该是越蠢越小越容易控制才好吗？那也只能认为，司马师和当

年的董卓一样，至少在废立皇帝的时候，他们的目标还是当霍光，不是当王莽。这也符合汉代以来的历史传统。

曹髦不想扮演刘协的角色。比如，司马师死后，司马昭尚未继承兄长的权力时，他发给傅嘏的那道诏书就非常有少年政治家的潜力。但是曹髦也有问题，出生帝王家的他不懂得真正的韬光养晦，有时候话说得太满，事做得太急。更关键的是，他没有培养自己真正的班底。

作为一个和曹植比较类似的文学家，曹髦最喜欢的事情是和大臣们讨论学问上的事情。比如他和荀彧的儿子荀顗、钟繇的儿子钟毓等一批“官二代”讨论比较上古时代君主能力强弱，有点儿像现代人坐在一起拿历史吹牛一样。一次讨论的问题是中兴之主和开创之主谁能力更强。作为皇帝的曹髦特别推崇夏代君主少康，理由是这位少康帝是中国历史上第一个中兴之主，他要解决的问题、面临的局面往往比开创之主更难。荀顗、钟毓他们都推崇商汤、周武王、汉高祖这样的开国皇帝，理由是因为开局一把刀、路遇一条蛇的开局怎么可能会比开局就是皇帝难？这本来就是见仁见智，但聊着聊着双方就开始抬杠。曹髦对荀顗、钟毓的说法不以为然。他的理由是这些开国之君“若与少康易时而处，或未能复大禹之绩也”(《三国志·三少帝纪》)。其实平心而论，这杠抬得没水平，因为少康如果到了刘邦的时代，也难保不被杀了呀！荀顗、钟毓认为皇帝这是年纪小，历史没学好，于是从德行、功绩、资源、天时等多个方面给他教学。这时曹髦才把他推崇少康的真实理由明白地说了出来：“仁者必有勇，诛暴必用武，少康武烈之威，岂必降于高祖哉？”(《三国志·三少帝纪》)荀顗、钟毓这才明白原来他是自比少康，希望像少康一样用武力中兴曹魏帝国，夺回皇权！

之后，曹髦又在太学讨论《易经》，又对著名的圣君尧提出异议：“若尧疑鲧，试之九年，官人失叙，何得谓之圣哲？”(《三国志·三少帝纪》)而且认为尧一开始没有任用舜，这是用人不明。曹髦手下陪读的这些博士立马跟他解释，说尧发现自己的错误以后，立即用舜来纠正，这也算是圣人之举。曹髦很高兴，表示赞同。

其实这番话和上次讨论中兴之主和开创之主意思差不多，也是借古说今。曹髦的意思可能是说曹叡、曹芳甚至自己任用司马懿、司马师、司马昭这样的奸人执刀秉政就是错误，应该把这样的人罢免。

这些举动综合起来，其实说明曹髦虽然有政治天赋，但是没有政治经验。

首先，若想干掉司马昭，不是不可以，首先要学会韬光养晦。这种登基是傀儡，后面干掉权臣，夺权成功和被权臣干掉的例子都有。

比较有名的成功者，在曹髦之前有汉桓帝除掉跋扈将军梁冀，和他同时代的有孙休干掉权臣孙綝，在他之后还有宇文邕干掉“弑君者”宇文护。这些人有个共同的特点，就是都很低调：汉桓帝在梁冀的女儿梁皇后死之前一直都不敢有大动作，孙休在动手前几乎从来没有和孙綝唱过反调，宇文邕更是装疯卖傻好多年。只有这样做，才能保证让自己活下来，也才有希望。反观历史上的失败者比如汉质帝，仅仅 8 岁时在朝堂上批评了梁冀一句“跋扈将军”就被毒死了。这就是过早暴露自己内心想法的后果。这样比较起来，曹髦无疑是缺少城府的。当然这是他的年龄、阅历造成的，不能强求。根本问题是曹髦和这些成功者相比，组织能力太差，没有组织起一个真正忠于自己的班底。这时候按照东汉王朝的经验，皇帝应该先从身边的宦官开始，组织一支绝对忠于自己的力量。可惜曹髦只喜欢和文人讨论历史问题。他的文学修养很高。据《隋书·经籍志》记载，曹髦曾经自己有过文集。但也正是这样一种文人的素质害了他，让他一味地和书生混在一起，忽视了身边真正可以帮他的宦官，导致他始终只是孤家寡人。

这样一直僵持到了甘露四年（259）正月，据说黄龙出现在了井中。诗人曹髦有感而发，写了一首《潜龙诗》，原文已经失传。倒是《三国演义》的作者罗贯中给编了一首，流传很广：“伤哉龙受困，不能跃深渊。上不飞天汉，下不见

于田。蟠居于井底，鳅鳝舞其前。藏牙伏爪甲，嗟我亦同然！”这个水平应该比曹髦现存的“赫赫东伐，悠悠远征。泛舟万艘，屯卫千营”以及“干戈随风靡，武骑齐雁行”两段残诗的意境要差一些，但是明确地传递出了曹髦不甘于被司马昭控制在井底的意思。

此时，司马昭也很烦躁。皇帝摆明了要对自己动手。之前让贾充试探诸葛诞，搞得淮南10多万人反叛，折腾一年多才摆平。所以司马昭这时确实还没有什么废黜曹髦的具体举动。之前的九锡司马昭都没有接受，他认为还需要一定时间来消化曹魏政权。

但是《潜龙诗》和东吴权臣孙綝被杀，让司马昭下定了篡夺皇位的决心，否则被干掉的将是他的家族。甘露五年（260）四月，篡位流程开启：司马昭由大将军晋位相国、封晋公、加九锡。这些举动是他父亲司马懿、哥哥司马师都没有做过的。这些举动也是禅让流程中第一步的规定动作。

五月，曹髦决心反击。也就在这时，他面对陪他读书的侍中王沈、尚书王经、散骑常侍王业脱口而出：“司马昭之心，路人所知也。”（《三国志·三少帝纪》）决定亲自带领卫队讨伐司马昭。三人劝说他不要意气用事，可曹髦这时已经上头，没等三人回话立即提剑出门。按说事情是临时起意，对双方都很突然。曹髦没有什么准备筹划，司马昭也想不到本来在读书的几个人，怎么就突然提剑杀过来了！可惜曹髦刚出发，出身士族的王沈和王业就去司马昭那里报告。只有出身寒门的王经守住了臣节，陪伴在曹髦身边。

曹髦亲自披挂上阵，带了宫内几百个随从仆人，带着各式各样的兵器冲出皇宫，向着司马昭的府邸杀了过来。要说曹髦还是有本事。得知出事之后，第一个前来阻挡曹髦的是司马昭的弟弟屯骑校尉司马伷。结果曹髦一声呵斥，司马伷手下就全跑了。看来曹髦不但有胆识，还有些谋略和口才。

可惜他没实力。

本来负责宫廷警卫工作的中护军贾充是司马昭死党，可他不但不保护曹髦，

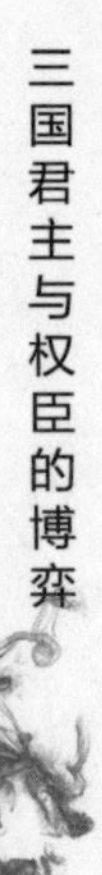

反而在接到王沈、王业的报告后，立即出兵保护司马昭。眼见司马昭的弟弟都跑了，所有部下都不肯上前，贾充急得对手下成济大喊："司马家事若败，汝等岂复有种乎？何不出击？"（《三国志·三少帝纪》）成济见顶头上司这么着急，就准备出击，但他拿不准具体该怎么办，问了一句："当杀邪？执邪？"（《三国志·三少帝纪》）贾充恶狠狠地回了两个字："杀之。"（《三国志·三少帝纪》）于是当所有人面对曹髦都放下手中兵器时，成济这个二杆子，突然拿起长矛就冲了上去，直接把曹髦刺了一个透心凉！据史书《魏末传》记载，曹髦死的时候"时暴雨雷霆，晦冥"。（《三国志·三少帝纪》）按照当时流行的天人感应学术，这应该是上天的愤怒。司马昭的叔叔，司马懿的弟弟司马孚立即赶到现场，放声大哭，表达了他对侄子举动的愤怒。合起来就是天怒人怨。

事发太突然，曹髦就这样死了，司马昭也慌了。这叫公然弑君。自春秋时代以后，几乎没有这样干掉皇帝的先例，即使梁冀、董卓弑君，也是偷偷摸摸地找人毒死皇帝，而司马昭是公然在大街上用长矛捅死皇帝，影响太坏。司马昭立即找来尚书仆射陈泰，请他提供一个解决方案。陈泰告诉他，必须杀贾充，以谢天下。司马昭当然不愿意让这条最忠实的狗就这么死了。于是他继续问陈泰，有没有轻一点儿的办法。陈泰愤怒地回答，只有更重，没有更轻。司马昭的反应不得而知，倒是陈泰回到家几天后就死了，具体什么原因也不清楚，可能是被气死的，也可能是被杀死的。

陈泰是颍川士族的代表，他的表态就代表了当时整个士族的态度。如果说杀个皇帝司马昭不怕的话，那整个士族的表态，他就必须要考虑。因为司马家之所以可以上台，那就是在高平陵之变中得到了士族的一致支持，所以司马昭在这件事上必须有个态度，否则接下来被除的可能就是他自己。

司马昭只得把具体执行人成济拉出来背锅。这个简单，但是也有隐患。如果再有一个曹髦，而没有成济的话，司马昭也危险，可能命也没有了。紧跟着就是废黜曹髦的皇帝尊位改为公爵，并且把曹髦的死造谣成他要攻杀郭太后，

这基本上骗不了任何人。但这样做的政治目的很重要，表明司马家是儒家伦理秩序的卫道者。儒家伦理代表的是士族共同利益，曹髦是叛逆者，这样就把曹髦放在了士族的对立面。同时，颠倒黑白地奖励了出卖曹髦的王沈、王业，屠杀忠于曹髦的王经全家。最后另立新君，这其实是司马昭最不想做的一件事。本来他的计划是在曹髦手中完成禅让，结果这位曹操的曾孙不仅不按他的步骤来，反而以死明志，把司马昭放到火上烤。这样一来司马家禅让的道路不得不暂停。当然司马昭也恶心了曹髦一下：本来皇位应该让曹髦的平辈或者晚辈来继承，结果司马昭硬是选了燕王曹宇的儿子曹璜来接班。他是曹髦的叔叔辈，也就是在血统上否认了曹芳、曹髦两代的合法性。不过，这个时候已经没有人关心这个问题了。皇帝当街被杀，都没人敢收尸，此时司马家篡位只是时间问题。

这些事情做完，司马昭的篡位计划也必须暂停了。曹髦的死并不是没有意义的枉死，他免除了自己当亡国之君的恶名，也让司马家背上了弑君的骂名。甚至东晋丞相王导用这个故事教训皇帝的时候，司马家的后代都觉得不好意思。公道自在人心，这也许就是司马懿和他的家族在生前赢得了一切，却把整个中华民族带入灾难的原因。

在司马昭眼里，曹髦的死只是一个插曲，他此时更关心的是如何完成统一天下的夙愿，从而登上帝位。既然曹髦让他把禅让的时间推迟，那就不妨等到统一天下后再进行。

景元四年（263）夏五月，曹魏帝国相国、晋公司马昭在洛阳下诏伐蜀，统一天下的战争拉开了帷幕。

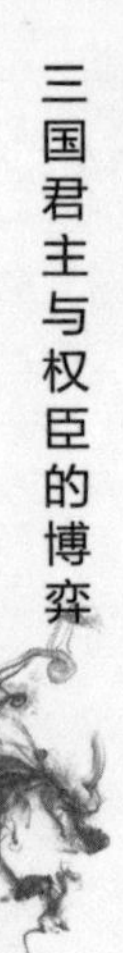

廉价的统一，无穷的后患

曹魏帝国派出灭蜀的大将是征西将军邓艾和镇西将军钟会。两支大军先是攻破汉中，而后钟会兵指剑阁，邓艾偷渡阴平，最终刘禅献城投降，姜维妙计失算。景元四年（263）十一月，蜀汉帝国灭亡，不过领兵的邓艾、钟会也先后身死。

灭蜀的具体军事行动过程在讲姜维的一章详述，这里有必要说一下的是邓艾和钟会的死。邓艾是司马懿发掘、司马师提拔的寒门能臣，钟会是辅助司马昭上位的士族重臣，两个人都在这次灭蜀战争后被杀，其实反映出此时的司马昭对身边任何人都已经不敢再信任的矛盾心态。

当司马昭通知钟会要帮助他除掉邓艾时，钟会震惊了。他认为："我自淮南以来，画无遗策，四海所共知也。我欲持此安归乎？"（《三国志·钟会传》）作为司马昭身边的心腹智囊，他明显感觉到了自己不被信任，这是他发动叛乱的根本原因。

这种上下级的关系特别危险。上级认为下级随时会背叛，下级也认为上级随时会除掉自己，这种状态自曹髦被杀后就一直存在，直到钟会叛乱时终于爆发出来。

司马昭必须解决士族内部的向心力问题，否则他即使接受曹魏皇帝的禅让，位子也坐不稳。要解决这个问题就必须处理好和士族的关系。为此在钟会之前司马昭就已经处理了一个人——嵇康。

嵇康，字叔夜。他本来姓奚，是会稽人，后来迁居谯县，改姓嵇，是"稽"的上半边加上一个"山"字。史书称他："家世儒学，少有俊才，旷迈不群。"

（《三国志·嵇康传》）到了曹髦时代，嵇康成为当时公认的第一隐士。他和另外几个世外高人常喜欢在竹林里聚会，故时人把他们并称为“竹林七贤”。

这些人在聚会时免不了要喝酒、评论时事，逐渐掌握了社会舆论的话语权。如果继续发展下去的话，这些人很可能变成东汉末年的汝南月旦评，即通过民间评价人物的话语体系，掌握官员的实际任免权。这将导致只有得到这些人好评的人才能当上大官。

这股社会舆论的力量是很强大的。就连钟会也想和嵇康这样的隐士结交，可惜嵇康压根儿就不搭理他。随着名声越来越大，司马昭也想找嵇康来当官，就安排嵇康的朋友山涛劝他出山。嵇康则写下著名的《与山巨源绝交书》，以不赞同儒家经典的名义坚决拒绝出仕司马家。这封书信中列举不愿做官的理由十分搞笑，其中有一条是这样的：“游山泽，观鱼鸟，心甚乐之；一行作吏，此事便废，安能舍其所乐而从其所惧哉！”翻译过来就是，我宁可玩儿个痛快，也不想追随你。

这就是从心里鄙视废帝弑君、滥杀无辜的司马家。司马昭非常愤怒，钟会又在旁边煽风点火，于是司马昭找了一个借口就把嵇康杀了。

杀嵇康的罪名是伪证罪。景元年间，嵇康有一个叫吕安的朋友，妻子被哥哥吕巽奸污。吕巽怕吕安告发自己，反而出面诬陷他不孝。这种颠倒黑白的做法引得嵇康挺身而出，为吕安做证。按说这种鸡毛蒜皮的小事不会引起司马昭的兴趣，可是钟会从中挑唆，诬陷嵇康告发吕巽是在讽刺司马昭颠倒黑白杀了曹髦，而且综合之前嵇康不愿意与司马家合作的态度，终于让司马昭拿起了手中的屠刀。

司马家如此对待人才，当然得不到英才真正的效忠。日后司马昭最信任的钟会都叛变了，司马昭还能信任谁。另一方面，嵇康死后。士族再也没有产生多少像荀彧、诸葛亮这样的绝世英才，反而变成了阮籍、刘伶一般的酒鬼；寒门也没有了像邓艾、张辽这样的名将，变成了石苞之子石崇这样的暴发户。整个两晋南北朝值得一提的人才寥若晨星，反倒是无能的蠢材如过江之鲫。

于是，为了完成自己的代魏事业，司马昭在灭蜀之后，立即改元“咸熙”，为自己晋位晋王，同时推行“五等爵制”。

其实这五等爵制不是司马昭首创，而是周朝的遗物。当年周朝建国后开始搞封建制，按照“公、侯、伯、子、男”的层级大肆分封诸侯。司马昭搞五等爵制就是按照功劳大小，把国家的土地、人民分配给各个门阀士族。如果说曹丕的“九品官人法”是通过向门阀士族让渡官员任免权换取对其登上帝位的支持，那么司马昭的“五等爵制”就是向门阀士族彻底让渡行政权、司法权甚至土地所有权。按照司马昭的五等爵制，门阀士族有了世袭领地，像贾充这样的一等公爵甚至还可以在自己的地盘上建立一支千人左右的军队。这样当然比曹魏时代收获更多了，这可是门阀士族梦寐以求的“理想国”啊。

于是以太尉王祥（没错，就是二十四孝里面卧冰求鲤的那个大孝子）、司徒何增（没错，就是每天吃饭花千万钱还没地方下筷子的那个人）、司空荀顗（没错，就是荀彧的儿子，陈泰的舅舅）联名上表向司马昭劝进晋王。司马昭堂而皇之地设立了晋王国的社稷、宗庙，追封父亲司马懿为宣王、兄长司马师为景王，封儿子司马炎为世子。一切都和曹操当年代汉自立的规矩一模一样。

门阀士族在出卖东汉王朝之后，又毫不犹豫地出卖了曹魏帝国，这帮无耻龌龊之徒一心想的都是自己的特权。

司马昭的“五等爵制”实际上是在杀掉嵇康后对付门阀士族的又一手段：杀嵇康用的是硬刀子，和他父亲司马懿杀王凌的用意接近，意思是，作为名士也好，门阀也好，都不允许和我司马家唱反调；五等爵的意思是，只要你愿意像贾充这样安心充当打手，必然会得到丰厚的报酬。这就是韩非子所说的赏罚“二柄”。作为权术来说，这本来无可厚非。但问题是司马昭把这套东西变成了日后西晋王朝的核心价值观，这就导致了严重问题。

司马昭还看不到这一天，他着急的是让曹魏皇帝禅位给自己。可是没能等

到咸熙二年（265）秋八月司马昭病逝，时年55岁。他的儿子司马炎继位晋王，当年十二月就逼迫已经改名曹奂的曹璜禅让皇位给自己，改国号为晋，史称“西晋”。

继位后，司马炎为了巩固地位，吸取了曹魏对藩王过于严苛的教训，开始给司马家的亲戚们大量封王。这是中国历史上最后一次实封诸侯王。司马炎麾下的王爷们，按照血缘亲疏分为三类：大的为国王，下辖数郡，比如赵王司马伦，次之的是郡王，下辖一个郡，以郡的名称为王号，比如汝南王司马亮；小的是县王，下辖数个县，以县为王号，比如义阳王司马望。这些王爷都和五等爵一样，享有王国内的军事指挥权、官员任免权和赋税征收权。

这是开历史的倒车，但是皇族、士族都很喜欢，很高兴，并且饶有兴致地把这一系列行动美化为“师古”。五等爵制获得了当时舆论的一致称赞。因为不称赞的可以考虑一下嵇康的下场。

西晋武帝太康元年（280），司马炎发兵攻打东吴，东吴帝国皇帝暴君孙皓投降。三分归晋，天下重归一统。当然，人民丝毫高兴不起来。

晋武帝司马炎刚统一就想着自己享乐。他的后宫有美女上万人，因为羊喜欢吃盐，于是后宫的美女在自己门口的草上撒盐，吸引皇帝。

皇帝这副腐化样子，门阀士族在忙什么呢？忙着斗富。司马炎的舅舅王恺和石苞的儿子石崇就比看谁更浪费：王恺用糖水洗锅，石崇用蜡烛当柴；王恺做40里的紫丝步障，石崇做50里的蜀锦步障；王恺用赤石涂壁，石崇用花椒装饰。要指望这些人忧国忧民，简直不可思议。

关键是这帮人还内斗——“八王之乱”。司马炎时期，他的老丈人门阀士族弘农杨氏杨骏，就和他的儿媳妇贾充之女贾南风对抗，结果两边都找有兵权的亲王们帮忙。贾南风用汝南王司马亮除掉杨骏，又用楚王司马玮杀掉汝南王司马亮，接着又以矫诏的名义杀掉司马玮。司马玮死的时候从怀里拿出诏书原件准备跟监斩官辩白，依然被杀。说话不认账已经成为司马家的祖传绝技。过了几年赵王司马伦又起兵杀了贾南风，紧接着自立为帝，又遭到另外三个诸侯王的讨伐。总之，八个司马家的王爷轮番砍杀了几十年，最后剩下东海王司马越结束了这场内斗。

可惜这个时候中原已然大乱。永嘉五年（311）四月，司马越病死，他手中的军队在苦县被匈奴大将石勒消灭。七月洛阳沦陷，西晋王朝迁都长安，苟延残喘。建兴四年（316），西晋首都长安再次失守，晋愍帝司马邺投降匈奴，不久被杀。北方陷入一团混乱，各方势力轮番登场，“神州陆沉”。

西晋的统一只是昙花一现，流落到江东的遗支司马睿称帝，史称“东晋”。这其实只能和以王氏为代表的门阀士族搞“王马共天下”，继续维持了100多年。元熙二年（420），权臣刘裕废晋恭帝司马德文自立，东晋王朝灭亡。

司马家大开历史倒车的廉价统一为中华民族留下了无穷的后患。

不怕不识货，就怕货比货。和司马家同时代的一个人却成为中华民族的精神图腾。他“抚百姓，示仪轨，约官职，从权制，开诚心，布公道。尽忠益时者，虽仇必赏；犯法怠慢者，虽亲必罚；服罪输情者，虽重必释；游辞巧饰者，虽轻必戮。善无微而不赏，恶无纤而不贬。庶事精练，物理其本，循名责实，虚伪不齿。终于邦域之内，咸畏而爱之，刑政虽峻而无怨者，以其用心平而劝戒明也。可谓识治之良才，管、萧之亚匹矣”。（《三国志·诸葛亮传》）

没错，这个人就是蜀汉执刀人诸葛亮。

蜀汉篇（一）
诸葛亮

SHU HAN PIAN（YI）ZHU GE LIANG

诸葛亮是智慧的化身，是中华民族的精神图腾。他的故事在中国耳熟能详，妇孺皆知。经过近2000年的演变，诸葛亮的形象已经变成如鲁迅评说“状诸葛之多智而近妖”的怪物。但是，几乎没有人把诸葛亮当成三国时代第一位权臣和三国历史上第一个执刀人。诸葛亮的权力之大，大到匪夷所思的程度：“章武三年（223）春，先主于永安病笃，召亮于成都，属以后事，谓亮曰：‘君才十倍曹丕，必能安国，终定大事。若嗣子可辅，辅之；如其不才，君可自取。’”（《三国志·诸葛亮传》）也就是说，如果刘禅当皇帝，诸葛亮看着不顺眼，你可以自己再选一个（不是取而代之的意思！后面还会具体说）。公开用遗嘱的形式赋予一个大臣废立皇帝的权力，在历史上是绝无仅有的一次。刘备这是把蜀国的刀真真切切地交到了诸葛亮的手上。他这个执刀人能不厉害吗？

那么，为什么刘备会如此信任诸葛亮，为什么诸葛亮能够当得起这样一个执刀人，而不威胁刘禅的统治？这必须从诸葛亮这个人说起。

卧龙

诸葛亮是卧龙。

卧龙很孤独。

诸葛亮的家族在东汉末年的琅琊郡也是名门望族。他的先祖诸葛丰担任过司隶校尉（相当于北京卫戍区司令员）这样食禄2000石以上的高官，和司马懿的父亲司马防做过的京兆尹级别相当。

诸葛亮的父亲诸葛珪，做过泰山郡丞。但是诸葛珪死得很早，诸葛亮和他的哥哥诸葛瑾、弟弟诸葛均都是由他的从父诸葛玄养大的。而诸葛玄最早是跟从袁术的："为袁术所署豫章太守。"（《三国志·诸葛亮传》）当时整个关东地区已经一团混乱，像袁绍、袁术这样级别的大军阀有实力举荐小军阀当一个地方的太守。曹操当年也是被袁绍"表"（相当于现在的推荐并任命的意思）为东郡太守。可见袁术还是很看重诸葛玄的。于是诸葛玄就带着诸葛亮和诸葛均前去上任。诸葛瑾已经成年（生于174年），和大家分开，之后在曲阿加入了孙策的队伍。

这时，大汉朝廷派一个叫朱皓的人来当豫章太守。这样一来一个地方有了两个领导，于是战争开始。关于两人战争的结局史书有两种说法，一个是《三国志》的说法："玄素与荆州牧刘表有旧，往依之。玄卒，亮躬耕陇亩，好为《梁父吟》(也作《梁甫吟》)。"（《三国志·诸葛亮传》）这个说法给人的感觉是诸葛玄就带上诸葛亮兄弟两个一起投奔和他关系很好的荆州刺史刘表，最后死在荆州。诸葛亮兄弟就在荆州安顿下来。诸葛亮时常下地耕田，还顺便唱唱歌，日子过得不错。

另一种说法就比较残酷。这个说法来自裴松之注《三国志》时引用的《献帝春秋》："初，豫章太守周术病卒，刘表上诸葛玄为豫章太守，治南昌。汉朝闻周术死，遣朱皓代玄。皓从扬州刺史刘繇求兵击玄，玄退屯西城，皓入南昌。建安二年（197）正月，西城民反，杀玄，送首诣繇。"这里变成了刘表举荐诸葛玄。朱皓从扬州刺史刘繇手里借兵攻打诸葛玄。诸葛玄打不过，逃到西城，最后被杀。首级还被西城人送给刘繇邀功。

这种遭遇对于诸葛亮而言都是不幸的：原本依靠的从父不在了，现在彻底只能靠自己了。如果按照《献帝春秋》的说法，诸葛玄死的时候诸葛亮大概 16 岁，他已经成年。但是无依无靠的他和弟弟诸葛均要在刘表的地盘上生存下去，怎么办？诸葛亮想了一个办法——结婚。当然不是随便乱娶一个姑娘，而是要娶一个可以让自己生存下去的姑娘。于是诸葛亮娶了刘表的连襟黄承彦的女儿，一个著名的丑女。据说黄承彦来提亲，一则是因为诸葛亮的家世在北方流亡士人中应该至少属于第二等，和自己匹配；二则刘表可能也有补偿为自己献出生命的故友诸葛丰的意思在里面。当然最重要的原因可能是自己的闺女太丑，确实没人要。而且，诸葛亮颜值、家世都没问题，再加上诸葛亮和弟弟在荆州势单力孤，想拒绝都是不可能的。

关于诸葛亮老婆的丑，应该是真实的。因为连她爹都说她丑："闻君择妇，身有丑女，黄头黑色，而才堪相配。"（《三国志·诸葛亮传》裴松之注引《襄阳记》）基本就可以坐实她的丑了。另外还有两个旁证：第一个是黄承彦一听诸葛亮答应，"即载送之"（《三国志·诸葛亮传》裴松之注引《襄阳记》），压根儿就不给你考虑的时间，就怕你反悔，马上自己派车送上门来。哪有见过这样急不可待地嫁女儿的？所以"时人以为笑乐"（《三国志·诸葛亮传》裴松之注引《襄阳记》），把这个事情当成了当时荆州权贵圈里的谈资，甚至还编了顺口溜："莫作孔明择妇，正得阿承丑女。"（《三国志·诸葛亮传》裴松之注引《襄阳记》）第二个是诸葛亮的儿子诸葛瞻生得很晚，建兴十二年（234），诸葛亮给哥哥诸葛瑾写信说："瞻今已八岁，聪慧可爱。"（《三国志·诸葛亮传》）诸葛瞻是在诸葛亮 46 岁时出生的。16 岁结婚，46 岁才生孩子由此可见一斑。

诸葛亮的婚后生活应该是孤独的，因为他"好为《梁父吟》"（《三国志·诸葛亮传》）。这是一首汉代的乐府诗，也就是当时的流行歌曲。具体创作者不详，应该是诸葛亮老家琅琊郡的民歌，因为讲的是齐国晏子的故事。内容是这样的：

步出齐城门，遥望荡阴里。
里中有三墓，累累正相似。
问是谁家墓，田疆古冶子。
力能排南山，又能绝地纪。
一朝被谗言，二桃杀三士。
谁能为此谋，国相齐晏子。

一个天天唱这首歌的人，心境是怎样的呢？四川大学历史系教授王炎平认为："诸葛亮'好为《梁甫吟》'，盖悲士之立身处世之不易，讽为相之不仁也。此乃诸葛亮碣观古今之士道与治道，有所感慨而作。其在乱世，能如此读史并观世，是其器识甚远大，而立身甚崇高也。"笔者觉得就是一种孤独和对家乡的怀念，唱家乡的歌就是想念家乡的意思，至于引申出来的意思，乃后人臆测。不过，诸葛亮此时思乡的境遇，也正说明了他不投奔曹操的原因。原因其实很简单，诸葛亮生于181年，是徐州琅琊阳都县人。193年曹操屠徐州，泗水为之不流，诸葛亮这才举家南迁。

想家的时候，一个人是很孤独寂寞的，而孤独寂寞是需要排遣的，诸葛亮也不例外。于是他经常和一帮朋友交往，这帮人大都在历史上留下了自己的名字。其中徐庶、崔州平是他的知己好友。因为他们都认同诸葛亮的自我评价："每自比管仲、乐毅"。（《三国志·诸葛亮传》）也就是说，诸葛亮认为他的才能文可以比得上为齐桓公开创一代霸业的春秋第一名相管仲，武可以比得上以弱燕之军一举攻下强齐70余城的战国名将乐毅。再引申一下，就会发现这两个自比，从某种程度上可以看出诸葛亮的政治抱负：管仲帮助齐桓公九合诸侯，一匡天下，实际上的旗帜是"尊王攘夷"，也就是维护周王朝的旧有秩序，刘备、诸葛亮为之奋斗一生的目标"兴复汉室，还于旧都"也是维护旧有秩序。乐毅帮助能够赏识自己的明主击破强敌，报仇雪耻，这和诸葛亮辅佐刘备、刘

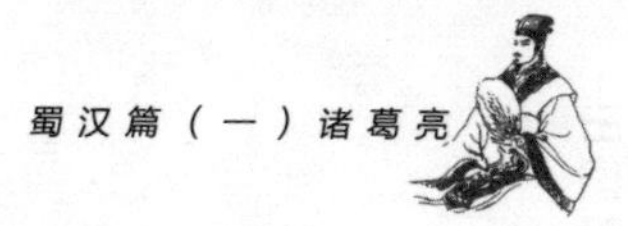

禅父子一样。而且两个人的作战方式也十分类似：都喜欢阵地战，一战定输赢，不喜欢旷日持久；都喜欢用仁义之兵，不喜欢随意劫掠杀戮，也都是将领中的异类。

当然，这个评价在任何时代都是相当高的，而且这还是自我评价。可见，诸葛亮和传统印象当中的谦谦君子不一样，内心里是有霸气的！这种霸气就和当年孟子的那句“夫天未欲平治天下也，如欲平治天下，当今之世，舍我其谁也”（《孟子·公孙丑章句下》）一样。这和我们后世知识分子那种孔乙己式的酸腐气完全不同。至于《三国演义》里面三顾茅庐后冒出来那段话：“孔明曰：‘亮久乐耕锄，懒于应世，不能奉命。’玄德泣曰：‘先生不出，如苍生何！’言毕，泪沾袍袖，衣襟尽湿。”（《三国演义》第三十八回）简直有侮辱诸葛亮的嫌疑。一个自比管仲、乐毅的人说出不想干事业的话，那他不是在侮辱刘备，就是在自打耳光。

面对诸葛亮这样一个霸气青年，刘表转身走了。他让身边唾手可得的卧龙安静地继续安卧。刘备却走进诸葛亮心里，成了诸葛亮的主公。

隆中对（上）

刘备认识诸葛亮是通过徐庶介绍的。当然，徐庶不是《三国演义》里面说的那样“走马荐诸葛”，他是在刘备手下工作的时候，向领导刘备推荐的诸葛亮：“时先主屯新野。徐庶见先主，先主器之，谓先主曰：‘诸葛孔明者，卧龙也，将军岂愿见之乎？’”（《三国志·诸葛亮传》）而且徐庶的推荐很负责，还告诉了刘备招聘方法：“庶曰：‘此人可就见，不可屈致也。将军宜枉驾顾之。’由是先主遂诣亮，凡三往，乃见。”（《三国志·诸葛亮传》）这就是历史上有名的“三顾茅庐”的最初来源。其实很简单，就五个字：“凡三往，乃见。”

但诸葛亮的《隆中对》却是有的。

这段对话是从刘备的发问开始的：“汉室倾颓，奸臣窃命，主上蒙尘。孤不度德量力，欲信大义于天下，而智术浅短，遂用猖蹶，至于今日。然志犹未已，君谓计将安出？”（《三国志·诸葛亮传》）刘备说出这段话的时候大概是建安十二年（207）前后，这个时候刘备（生于161年）已经46岁了。这在一个人均寿命不到30岁的时代，已经算是一个老人了。但是，从他的前半生来看，他就是一个失败者的代名词，概括起来是“五易其主，四失妻子”。而且他似乎就和他的坐骑的卢马一样“妨主”：他先后跟过的主公当中，公孙瓒、陶谦、袁绍和刘表最后都身死国灭，甚至曹操也是因为他，才没有最终完成统一大业。在当时也是全国知名的英雄，连曹操都说出了“今天下英雄，唯使君与操耳”（当时还不认识孙权，认识之后又补了一句“生子当如孙仲谋”）的至理名言。（《三国志·先主传》）

刘备这段话的最初三句是感叹那个时代：“汉室倾颓，奸臣窃命，主上蒙尘。”刘备利用那个时代走上了历史舞台，可惜当时的时代并不属于他。

因为东汉到三国这段时期历史舞台上的主角是以袁绍为代表的士族集团。这个集团和当时东汉社会最突出的特点就是“拼爹”——父荫如何，决定了子孙如何，而刘备没有爹可以“拼”，《三国志》上明确地说他“少孤”，意思就是爹死了娘还在，过得也是十分不好：黄巾起义前，刘备尚是一个要靠“贩履织席为业”（《三国志·先主传》）的普通人。但是刘备这人聪明，懂得依靠祖荫，他称自己是汉景帝子中山靖王刘胜的后代。刘胜这个人在历史长河中没有什么名气，但是有一件事特别有名，就是子嗣多：他的儿子史书明确记载的就有120多个！ 而且地理位置还正确，刘胜的墓就在今天河北保定，距离刘备的出生地涿县不远。因此，《三国志》的作者陈寿把刘备归入了刘胜之子涿县陆城亭侯刘贞的后裔。到了刘备这一辈已经过了差不多300年，真实情况已无法考证。

抛开这层汉室的光环不看，刘备的身世其实是很明白的：“先主祖雄，父弘，世仕州郡。雄举孝廉，官至东郡范令。”（《三国志·先主传》）由此看来，刘备的身世和后来的姜维差不多，可以解读为涿县地方豪强的一支，家里经常有人在州郡级别的衙门里任职。因此他才有资格认识公孙瓒、卢植这样级别的大人物，才可以得到中山国大商人张世平、苏双的支持，在黄巾军起义后开始自己拉杆子、组队伍。刘备在当时没有什么名气，最早投靠到他帐下的人出身也很不好。比如关羽，是个逃犯：“关羽字云长，本字长生，河东解县人也。亡命奔涿郡。”（《三国志·关羽传》）刘备这支队伍最早也是被各个大军阀当成雇佣军看待的。

东汉王朝有 13 个州（西北雍州、凉州；南方：益州、荆州、扬州；河北：冀州、幽州、并州；中原：兖州、豫州、青州、徐州和司隶校尉部）。当时的天下，董卓占据了雍州、凉州地区，焚烧洛阳，破坏了司隶地区。南方的扬州、荆州、益州被三个姓刘的州牧统领：扬州牧刘繇、荆州牧刘表、益州牧刘璋。这些地方都相对平静，真正乱的是河北和中原，也就是起兵讨伐董卓的那些势力。而这些势力中真正对立的其实就是袁绍、袁术这对兄弟。袁绍的地盘以河北冀州为中心，兖州牧曹操当时还只是他抵抗袁术的手下。袁术的地盘集中在扬州北部的淮南和豫州一带，因为袁家出自汝南郡，所以袁术的地盘才是袁家祖业，根基深厚。袁术手下最厉害的是孙坚、孙策父子。袁术还想要公孙瓒当自己的部下，公孙瓒实力很强，占据了幽州、并州，并且把势力向南渗透入青州一带。他手下拥有当时天下精锐的“幽州乌丸杂胡骑”和自己组建的“白马义从”。因此公孙瓒想自己单干。刘备最早的雇主就是公孙瓒。

跟公孙瓒混了一段日子，刘备受命援救遭到曹操毁灭性打击的徐州牧陶谦。刘备这个时候兵力很少，但他的救民之心在徐州牧陶谦和徐州老百姓心目中留下了深刻印象（诸葛亮是徐州琅琊郡人！所以，刘备在诸葛亮心目中早就是救民的英雄，曹操才是那个胡乱杀人的军阀）。

于是陶谦在死之前把位置传给了刘备，刘备一下子成了东汉王朝徐州的掌权人。刘备有能力，有过机会，却从来不能够成为割据一方的地方君王，问题出在哪里呢?

问题就在于刘备手下没有一个能够为他整合当地士族的贴心人。曹操之所以成功，是因为他有荀彧。荀彧为曹操招募了当时颍川一带的大小士族，成为曹魏统治的基本班底。孙策之所以成功，是因为他有张昭，张昭为他集结了流亡扬州的北方士族，成为他的基本班底。甚至就连吕布都有陈宫为他整合兖州、徐州一带的士族班底获得支持，才能“纵横淮泗”一段时间。刘备在遇到诸葛亮之前手下就没有一个这样的人！所以刘备在诸葛亮出山后对关羽、张飞说的那句话——“孤之有孔明，犹鱼之有水也。愿诸君勿复言”（《三国志・诸葛亮传》）真的是发自肺腑，因为他终于有了一个可以帮他整合士族集团，把自己的势力做大的人才了！

这样一个人很难得。第一，这个人必须出身士族大家，这样才能进入士族圈子，说得上话。荀彧是颍川士族领袖，张昭是徐州一带士族大家，他们都是公认的名士。第二，这个人同时必须与真正的大士族有一些距离。荀彧因为娶了宦官家的女儿被主流士族不容，在袁绍那里待不下去，才投靠的曹操。张昭可能是想正经当个隐士，或者看不起陶谦，拒绝过陶谦举茂才，也被赶出了徐州。这样的人在遇到曹操、孙策的时候才会倾心归附：曹操把荀彧当成自己的张良，孙策把张昭当成自己的管仲，就是这个道理。第三，这个人必须有能力，而且能够给自己的主公带来源源不断的人才资源。比如，荀彧背后的颍川谋士集团出了荀攸、郭嘉这样的一流谋士，陈群这样的一流政客；张昭则为孙策招揽了张纮、顾雍、诸葛瑾、步骘这样的大批人才。

所以刘备这段话说得很无奈：“孤不度德量力，欲信大义于天下，而智术浅短，遂用猖蹶，至于今日。”他有理想，有能力，但是他搞不定这比拼父荫的世道，摆不平士族大家之间的关系，更不是曹操这种“非常之人，超世之杰”

（《三国志·魏武帝本纪》）的对手。他找不到一个荀彧、张昭式的人物来辅佐自己。而且随着曹操势力的强大，刘备的情况越来越糟，还经常要面临曹操的挖角。在诸葛亮之前，刘备遇到过几个类似这样的人才，但最后统统都归附了曹操。比如他在接替陶谦掌管徐州的时候，陈登就是这样的人才。他虽然尊重刘备，也在一段时间内愿意为刘备出力，但是当曹操出现后，刘备就再也不能和陈登建立起后来和诸葛亮那样的关系了。再比如陈群，最早是刘备当豫州牧时征辟的别驾，还给刘备出谋献策，但是荀彧看中了陈群，找来做自己的女婿，陈群就不跟从刘备了。所以刘备身边一直只有关羽、张飞这样出身微贱的铁杆兄弟和糜竺、糜芳这样的儿女亲家。现在刘备要找的这个人除了要具备前面荀彧、张昭的一切素质之外，而且不被曹操抢走。曹操抢人才的能力太强了，一方面是天子正统的号召力，另一方面是曹操求贤令的诚恳感召。加上天下十分之七都在曹操手里的形势，导致天下士人都愿意为曹操服务。甚至张昭在赤壁之战前都主张投降曹操。这个时候出现一个人来投靠刘备充当他的荀彧、张昭，就只能是诸葛亮了。

首先，诸葛亮出自名门：琅琊诸葛氏，在东汉出过几个2000石级别，也就是今天省部级的高官，可以进入士族圈子；其次，诸葛亮家里没有人支撑，又让他和真正的士族大家蔡瑁、王璨等人有区别，即让他并不真正受这些大族待见（非要他娶个丑女，就是欺负人），但同时也可以让他独立打拼，不必像徐庶那样顾忌太多；最后，他本人待在荆州地区多年，凭借和刘表的亲戚关系以及自己的才华在当地的士人圈子里名声卓越，徐庶称其为“卧龙”（语出自《三国志·诸葛亮传》，庶曰：“诸葛孔明者，卧龙也。”）。有影响力就有人愿意投奔。赤壁之战后，刘备的班底，基本都是诸葛亮帮他物色的。最重要的是，他的童年遭遇让他不可能，也不愿意前往条件更好的曹操处任职。也就是说，曹操给再多好处，诸葛亮都不可能舍弃刘备投奔他，这一点尤为重要。

但是刘备还有最后一问：你行吗？一个27岁的年轻人，面对的对手已经占

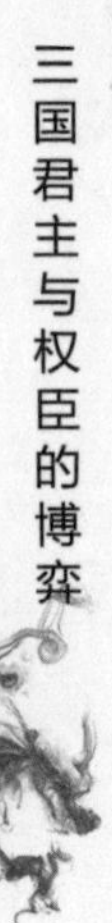

据了天下十分之七的地盘和人口，拥有着当时最强大的军事力量，刘备自己都怀疑他还能活几天，你能够逆天改命吗？因此，有了最后一问："然志犹未已，君谓计将安出？"（《三国志·诸葛亮传》）

隆中对（下）

诸葛亮当然行。千古之下，国人对卧龙先生的敬仰远远超过和他同一时期的其他所有人，不仅仅是因为他的锦囊妙计，更重要的是他能够扭转乾坤，改变历史的能力。

建安十三年（208），曹操远征乌桓，东临碣石，以观沧海，彻底剿灭袁氏的力量。几乎所有人都认为曹操统一天下是历史的必然。当时天下除了曹操之外，相对较大的割据势力还有四股：西凉马腾、马超父子；江东孙权；荆州刘表；益州刘璋。但面对曹操，四股势力都已经决定投降：割据雍凉的马腾将部队交给儿子马超打理，自己去许都朝廷当卫尉，实际是表示对曹操的臣服；曹操进攻刘表时，刘表已死，他的儿子刘琮望风而降；曹操来到江陵，益州牧刘璋派张松前来接洽，张松就准备把益州卖给曹操；甚至东吴孙权手下，在听说曹操占领荆州后，以张昭为首的士人集团就开始鼓噪投降曹操。

诸葛亮面对的形势是要逆天改命！让刘备这个还龟缩在新野城里隶属于刘表的雇佣兵集团统一天下！这个难度是地狱级的！

但是诸葛亮认为这可以实现。因为在他之前已经有人做到了，那就是曹操。所以面对刘备的提问，诸葛亮最先说的是这样一段话："自董卓已来，豪杰并起，跨州连郡者不可胜数。曹操比于袁绍，则名微而众寡，然操遂能克绍，以弱为强者，非惟天时，抑亦人谋也。"（《三国志·诸葛亮传》）诸葛亮在介绍东汉末年的乱局时重点说的是曹操和袁绍两个人。之前提到东汉大乱天下的其实就是袁绍和袁术兄弟之间的战争和代理人战争。曹操原本跟在袁绍帐下。最惨的时候，曹操被吕布偷袭，吕布占领了曹操的根据地兖州。曹操只剩下范县、东阿和甄城三个县，他的对手吕布、陈宫、张邈则占据了兖州的另外一百多个县。三个县打一百多个县，这个时候是袁绍救了曹操，给他提供兵力和补给，帮他最终战胜了吕布等人。可以说四世三公袁氏家族的袁绍是东汉末年绝大多数士族子弟看好的人。当袁绍在渤海举起大旗反对董卓的时候，他想的就是夺取天下。而在他眼中，最大的对手不是别人，就是自己的兄弟袁术。曹操在袁绍眼里就是个小喽啰。曹操最重要的谋士荀彧本是袁绍的手下，因为娶了宦官的女儿被排挤，才投靠了曹操。另一个谋士郭嘉，原来也跟随袁绍，因为生活作风问题也被排挤，才投靠了曹操。这些人才在袁绍眼里都是残次品。为什么？因为东汉末年的大士族都是以仁义道德相互标榜，以儒家学说为行为规范，要融入他们的圈子必须语言、行为和他们的标准保持高度一致。所以在袁绍眼里，曹操是出身贫寒的宦官之后，非我族类，是利用对象，而非自己人；荀彧娶了敌对势力宦官的女儿，是族中败类，可用，但是要防范；郭嘉的行为不尊重儒家规范，狂生而已。

但是养尊处优的公子哥儿袁绍敌不过超世之杰曹操。官渡一战，袁绍主力丧尽，自己不久也一命呜呼。袁绍偌大的家业被三个儿子几年间败光，曹操成了北方的主人。曹操的“唯才是举”断了士族大家的命根子——当官参政。“唯才是举”实际上是把东汉末年的舆论控制人事任免改为曹操控制人事任免，曹操手下人的位置全由他自己说了算。曹操这才可以打破东汉末年的成规，提拔“五子良将”这样的人才到关键岗位。曹操对士族的鄙视是深入骨髓的，他的代表文章《让县自明本志令》：“设使国家无有孤，不知当几人称帝，几人称王。”（《三国志·武帝本纪》）这句霸气侧漏的实话就是对儒家“温、良、恭、俭、让”的最好讽刺。正是这样的霸气和才华，让曹操逆天改命，除掉了袁绍，也让诸葛亮在他身上看到了希望。因为原本以为强大的士族力量不过如此，时代的洪流还是要靠人的能力来决定。

光有希望不行，还要看当时的形势。诸葛亮的《隆中对》对当时形势的分析可谓透彻。首先，曹操肯定打不过："今操已拥百万之众，挟天子而令诸侯，此诚不可与争锋。"（《三国志·诸葛亮传》）刘备手里那点儿人马去和曹操抢地盘，跟找死没区别。其次，孙权肯定打不动："孙权据有江东，已历三世，国险而民附，贤能为之用，此可以为援而不可图也。"（《三国志·诸葛亮传》）刘备后来尝试了一下，果然把自己作死了。当时适合刘备作为根据地的地盘其实只有两个州，刘表的荆州和刘璋的益州。相对而言，荆州的夺取难度较小："荆州北据汉、沔，利尽南海，东连吴会，西通巴、蜀，此用武之国，而其主不能守，此殆天所以资将军，将军岂有意乎？"（《三国志·诸葛亮传》）有人站在道德的制高点认为这话说得就很反动。因为刘备是刘表请来看家护院的雇佣军，诸葛亮是刘表家亲戚，两个人背地里在讨论怎么拿下雇主和亲戚，自己上位。这在道德上就很站不住脚。这恰恰说明诸葛亮不是一个拘泥于仁义道德的书呆子，而是一个有霸气的执刀人："大行不顾细谨，大礼不辞小让。"诸葛亮可不是"好好先生"，既然要扫平乱世，那么必须有实力，空谈道德是危险的。益州则应该是下一步的攻击目标："益州险塞，沃野千里，天府之土，高祖因之以成帝业。刘璋暗弱，张鲁在北，民殷国富而不知存恤，智能之士思得明君。"（《三国志·诸葛亮传》）虽然地理上入蜀麻烦一点儿，但是比起曹操、孙权也好搞定一些，因为刘璋暗弱，水平不高，导致蜀地的士族人士"思得明君"。这两块地盘连在一起，刘备就有了和曹操、孙权对抗的资本，这正是刘备最渴望的"英雄用武之地"。

有了用武之地就可以实现刘备的平生志愿，也就是后来诸葛亮的《出师表》中所说的"兴复汉室，还于旧都"。两个人在共同的理想下越谈越投机，一个46岁的老江湖和一个27岁的小青年找到了共同语言，甚至找到了共同的需求：

刘备终于找到了一个忠于自己的荀彧、张昭。在这个人身上，他看到整合荆州士族的计划和希望。诸葛亮则在刘备身上看到了实现自己圣贤梦想的明主。诸葛亮称刘备："将军既帝室之胄，信义著于四海，总揽英雄，思贤如渴。"（《三国志·诸葛亮传》）"帝室之胄"这句话首先承认了刘备的皇室血统，这是加入刘备集团的首要条件，也是承认刘备集团存在的合法性。皇叔嘛，自然必须以"兴复汉室，还于旧都"为自己的奋斗目标。"信义著于四海"则说明了刘备的群众基础，刘备集团给天下人的印象就是救危扶难的侠客集团，真的是"该出手时就出手，风风火火闯九州"。所以才可以"总揽英雄，思贤如渴"。

这句话说完，诸葛亮就等于已经加入刘备集团，成为刘备的谋士。于是他继续向刘备介绍他的战略方案："若跨有荆、益，保其岩阻，西和诸戎，南抚夷越，外结好孙权，内修政理；天下有变，则命一上将将荆州之军以向宛、洛，将军身率益州之众出于秦川，百姓孰敢不箪食壶浆以迎将军者乎？诚如是，则霸业可成，汉室可兴矣。"（《三国志·诸葛亮传》）这个战略方案实际上是一个"三步走"的方案。第一步是抢占地盘。理由前文已经说过了，曹操势力太强，孙权势力稳固，都打不过，所以吃柿子捡软的捏，先拿刘表、刘璋开刀是唯一的选择。第二步是积蓄力量。拿下这两个州之后，不是继续进攻，而是依靠地理优势守住地盘，与四方交好，积蓄力量等待时机。第三步是趁机出动，即所谓"天下有变"。因为即使占领了两州之后，刘备的实力依然不如曹操，所以必须等待时机。具体方式是两路出击："命一上将将荆州之军以向宛、洛，将军身率益州之众出于秦川"《三国志·诸葛亮传》），逐鹿中原。如果说前两步最后被诸葛亮实践让人顶礼膜拜的话，那么最后一步却因为关羽的败亡而多受诟病，当然这是后话。用现代人的眼光来看，"隆中对"只是诸葛亮给刘备画的一张大饼，但对于刘备来说，"隆中对"就好比溺水之人要抓住的最后一棵救命稻草，因为他已经没有别的选择了。

可怕的是“说曹操，曹操到”，正当刘备和诸葛亮在隆中议论曹操的时候，曹操这位“用兵仿佛孙、吴”（诸葛亮：《后出师表》）的军事大师，已经发兵南征，继续自己的统一步伐。

走当阳（上）

曹操突然来攻荆州，是因为刘表死得突然。刘表不是草包，他应该算作汉末一方诸侯。刘表在汉朝末年就是名士，与被汉灵帝禁锢的党人领袖范滂等人号称“八俊”，是东汉末年一流的人才。黄巾军起义被剿灭后，为加强对地方的控制，同时防止黄巾军再度起事，东汉中央政府接受刘焉的建议，改州刺史为州牧，同时任命一系列皇族贵族担任州牧。比如刘焉被任命为益州牧，刘繇被任命为扬州牧，刘虞被任命为幽州牧。本来荆州刺史是有人干的，也就轮不到刘表出场，但是这个时候董卓惹来了关东义军的讨伐，原来的荆州刺史被北上支援袁术的孙坚直接砍了脑袋。于是这个位子出了缺，这样朝廷才想到把刘表派到荆州去做州牧。

刘表此时单人匹马到的荆州，让人怀疑朝廷是不是故意想坑他。因为当时的情况用史书的说法是：“江南宗贼盛，袁术屯鲁阳，尽有南阳之众。吴人苏代领长沙太守，贝羽为华容长，各阻兵作乱。”（《三国志·刘表传》）但是事实证明，人和人是不一样的。刘表不愧是党人领袖，一来到了荆州，很快就和当地最大的士族势力蒯越和蔡瑁成了朋友。几个人在一起聊得很是投机，中年丧妻的刘表甚至娶了蔡瑁的妹妹，两人成了一家人。刘表利用自己的知名度初步在荆州站稳了脚跟。但当时整个荆州战略形势并不好，用刘表自己的话说是：“宗贼甚盛，而众不附，袁术因之，祸今至矣！吾欲征兵，恐不集，其策安出？”（《三国志·刘表传》）于是蒯越对刘表建言说：“治平者先仁义，治乱者先权谋。兵不在多，在得人也。袁术勇而无断，苏代、贝羽皆武人，不足虑。宗贼帅多贪暴，为下所患。越有所素养者，使示之以利，必以众来。君诛其无道，抚而用之。一州之人，有乐存之心，闻君盛德，必襁负而至矣。兵集众附，南据江陵，北守襄阳，荆州八郡可传檄而定。术等虽至，无能为也。”（《三国志·刘表传》）蒯越的这番谋划水平很高，刘表依计而行，首先用请吃饭的名义把 55 个宗贼头领骗来杀了，把他们手下的部队都收编了；然后蒯越亲自出马招降了占据襄阳的张虎、陈生，这样一来刘表就有了抵抗袁术的基本力量。这时刘表也加入了袁绍领衔的关东义军。由于刘表的大本营襄阳在袁术的根据地南阳以南，所以袁绍对他的加入特别满意。袁绍就在他争夺天下的最大对手袁术的背后埋下了一柄利剑。袁术极为不爽，他要发展就必须除掉刘表。他派出了手下最厉害的战将长沙太守孙坚领兵南下，夺取荆州。

孙坚是当时战神级的人物，在阳人决战击破董卓大军，阵斩董卓军的司令官都督华雄，逼得董卓迁都长安。关东义军打败董卓的就是孙坚。孙坚连董卓都干得掉，当然不会把刘表放在眼里。孙坚看到刘表派来阻挡他的黄祖，感觉连塞牙缝都不够，一挥令旗就把黄祖打得满地找牙。孙坚顺势率军渡过汉水，围攻襄阳。就在这时，孙坚因为单骑勘察地形，“单马行岘山，为祖军士所射杀”。（《三国志·孙破虏讨逆传》）孙坚一死，刘表算是彻底坐稳了荆州牧。

之后，刘表继续采取蒯越的策略北守南攻：“北据汉川”，收降张绣，屯兵宛城，抵御曹操；“南收零、桂”，剿灭张羡，扩地千里，积蓄实力。到此时，刘表手上“地方数千里，带甲十余万”（《三国志·刘表传》），一时之间成为权重天下的一方诸侯。

由此可见，刘表死之前在荆州牧任上干得并不错，战斗力非常强悍：正是在刘表的粮食援助下，张绣两次大败曹操，杀了曹操的儿子、侄子和爱将典韦。到张绣投降曹操前，他一直都是刘表的北面屏障。官渡之战后，刘备率众来投奔，刘表将他安置在新野，也是想用刘备取代张绣的位置，为他抵抗曹操。所谓“座谈客”那是在曹操眼中，用普通人的眼光来看，刘表的实力和能力都是一流的！

建安十二年（207年）前后，随着袁绍的灭亡，刘表意识到了曹操随时可能南下。于是他积极调整了防御部署：将原来驻扎在新野的刘备军主力撤退到与襄阳一江之隔的樊城驻守，新野则改为前哨阵地；刘表将自己的主力部队交给蒯越、蔡瑁指挥，沿伏牛山、大别山机动布防，重点扼守伏牛山三关，保障汉水通道；整个荆州军团的防御重点为襄阳前进基地和江夏、江陵两大后方基地，以汉水、长江这两条重要水道将三个重要战略点连接起来，保证可以持久抵抗；命令张允统率强大的荆州水军，负责三个战略要点的水路联络。这个方案可以说是无懈可击，只等曹操前来交战。要知道襄阳易守难攻的程度连日后横扫天下的蒙古人都头疼，更别说比蒙古人早1000多年还没有回回炮的曹丞相了。

看到刘表如此布置，刚刚远征乌桓回到邺城的曹操一时之间也没有好的办法。如果按照固定的套路进攻襄阳、樊城一线，那么由于襄阳背后有江夏和江陵的支持，当面有刘备率领关羽、张飞正面抵抗，势必陷入持久作战，对曹操不利。为了削弱襄阳方向的抵抗能力，必须威胁刘表在襄阳背后的两个基地。于是曹操也开始布阵准备，“五子良将”全部出动：于禁总督各军，张辽进屯长社（今河南长葛市），乐进进屯阳翟（今河南禹州），张郃与张辽合兵攻打盘踞在汝南一线的梅成、陈兰，徐晃随主力部队行动。这一系列部署实际都在伏牛山山脉以北地区。实际上这一波攻击的重点是扫荡伏牛山，攻击汉水方向的江夏，阻断襄阳—江夏补给线，限制襄阳方向刘表军的抵抗能力。也正是因为意识到了曹操的主攻方向在汉水一线，所以刘表将精锐主力集中部署在伏牛山南侧，企图凭借地势，限制曹军穿越伏牛山的军事行动。由于有水军优势，刘表的主力部队部署在这一线也可以依托汉水随时西上支援襄阳，或者东下支援江

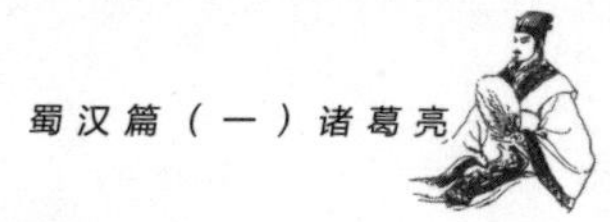

夏，并且通过水军可以很容易获取补给。

双方各自完成战役的第一阶段部署后，曹操侦察到刘表的基本部署，并没有急着出手。从建安十三年（208）一月曹操返回邺城，到当年八月，他一直在为南征做准备。首先，杀孔融清理朝廷内的反对声音；然后，曹操给自己升官，由司空正式升为丞相，并同时废除了东汉开国以来的三公（司空、司徒、太尉）；连哄带骗地把西凉军中最大的军阀马腾全家骗到许都当卫尉，相当于让对方交了人质，基本解除了西北的后顾之忧。

最后，曹操问计荀彧，荀彧根据形势给曹操制订了作战计划："今华夏已平，南土知困矣。可显出宛、叶而间行轻进，以掩其不意。"（《三国志·荀彧传》）前一句话说明了当时的基本战略形势：战略决战性质的官渡之战已经打完，全国的战略形势基本稳定，刘表的战略态势很差。诚然从战役层面上说，襄阳、江陵、江夏三点的防御布局和水军优势可以帮助刘表在一段时间内抗衡曹操的攻击，但是战略上刘表没有办法向曹操发动任何反击。刘表的江夏倒是随时可能受到世仇孙权的攻击。刘表唯一能指望的外援只有困守蜀地的刘璋，这基本不靠谱。也就是说，当时的战略态势让荆州士人看不到抵抗曹操的希望在哪里。相反，大家都看得到投降曹操的好处：曹操和蔡瑁、蒯越都曾经在何进手下共过事，算熟人。熟人现在朝廷当权，要他们拼死抵抗，这不划算。所以荀彧的后半句话不是战役部署而是战略部署，"显出宛、叶"的目的就是给人看的。大家心理上已经不是那么坚决抵抗了，一看你的人多心里更犯嘀咕，紧接着"间行轻进，以掩其不意"，就是压垮对手的最后一棵稻草。你本来就恐惧打不过对方，对方突然一下子出现，吓你一大跳。结果是刘表突然一受刺激就死了，他的小儿子刘琮望风而降。曹操兵不血刃，一举拿下襄阳。刘表精心布设的防御体系被荀彧的心理战一举击溃。

刘琮投降，刘备就只能逃了。逃不是问题，问题是往哪里逃？

说起来此时驻守江夏的刘表长子刘琦也是诸葛亮为刘备预备下的一条退路。

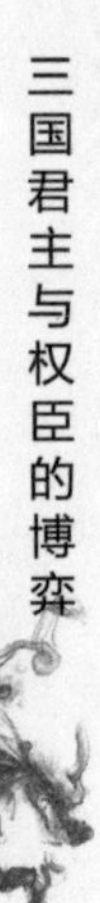

刘琦是刘表前妻生的儿子，不受后妻蔡氏的待见。刘表在荆州立足，又离不开蔡氏的支持，所以起了废黜长子刘琦，改立幼子刘琮为世子的念头。刘琦为这件事情很伤脑筋。他找到了和他有些亲戚关系、年龄也比较相仿的诸葛亮询问计策。这是涉及夺嫡斗争的问题，诸葛亮不好开口。刘琦之后设计了一个“上屋抽梯”的办法，逼诸葛亮帮忙。被算计的诸葛亮，最后撇出了一句：“君不见申生在内而危，重耳在外而安乎？”（《三国志·诸葛亮传》）这说的是春秋时期晋献公废长立幼，太子申生因为在献公身边结果被杀，二子重耳因为躲得远所以逃过一劫，最后回到晋国，成为五霸之一的晋文公。刘琦一听就懂，于是趁着孙权攻杀黄祖，立即请求去替代黄祖守江夏，掌握一方军权，成功避祸。

所以这时刘琮投降虽然丢了襄阳，但是只要刘备及时赶到江陵，再和刘琦的江夏合在一处，还是可以和曹操周旋一阵的。问题是，曹操同意吗？

走当阳（下）

刘琮投降曹操的行动，特别不地道。因为他并没有通知刘备，史称：“先主屯樊，不知曹公卒至，至宛乃闻之，遂将其众去。”（《三国志·先主传》）意思是说刘备当时正率领军队，准备按照刘表之前的计划前往宛城一线准备布防，对曹操集结在宛城一线的主力实行步步为营的阻击战，结果没想到曹操来得这么快。于是，刘备马上带兵撤退。这样一来刘备等于白白从樊城推进到了宛城，又折返往回跑，一来一往浪费了不少时间，为曹操追上他埋下了伏笔。

随着刘琮投降刘备发现自己的战略态势坏到了极点：他原来的基地樊城、新野一线被曹操和刘琮夹在了中间，几乎没有守的价值和可能，但是一旦丢了这些地盘又该去哪里呢？于是左将军刘备马上召集麾下重要将领紧急开会。会

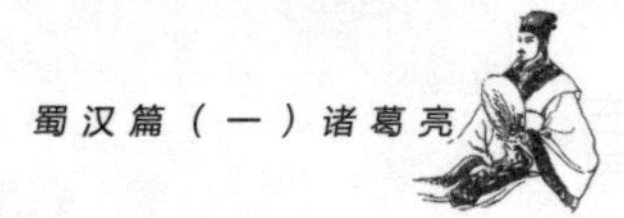

上，诸葛亮给刘备献上出山之后的第一策：“先主攻琮，荆州可有。”（《三国志·先主传》）这一计在很多人看来不以为然，当时外有曹操大军压境，内有刘琮和亲近曹操的蔡瑁、蒯越等人压阵，刘备此时进攻刘琮能够很快攻下来吗？

如果明白前面刘表面对曹操的战役布局就会发现，当时刘备攻灭刘琮是很有可能很快拿下襄阳的。前面说过，刘表的战役布局在襄阳一线布防主要依托刘备的力量和曹操正面硬打。刘表的嫡系部队蔡瑁、蒯越等人被部署在汉江以北、伏牛山以南襄阳至江夏一线。在襄阳局部地区的主力集中在刘备手里。而且刘备前几天还是友军，此时突然回军进攻刘琮，刘琮可能连口令都还没来得及改。诸葛亮又和蔡夫人有亲戚关系，所以襄阳极有可能被刘备军一举骗开襄阳城门，夺取城池。这也是刘备路过襄阳向刘琮喊话，刘琮不敢应的原因。他怕刘备有攻击自己的想法，自己先胆怯了。而此时真正支持刘琮的蒯越、蔡瑁军集结和西援都需要时间，加上刘备手中还有关羽的一万水军可以在汉水机动，蔡瑁、蒯越即便向西援助也很难渡过汉水。

那么拿下襄阳之后怎么办呢？面对的很有可能是原属刘表的刘琮系干将蔡瑁、蒯越等人和曹操的联合反攻，襄阳守得住吗？刘备召开紧急军事会议的时候也有人为他规划了下一步计划：“或劝备劫将琮及荆州吏士径南到江陵。”（《三国志·先主传》裴松之注引自《汉晋春秋》）意思是说刘备带上刘琮等人撤往江陵，如此一来可以借助刘琮让蔡瑁、蒯越等人投鼠忌器，二来可以用刘琮的名义统领荆州兵马，继续按照刘表生前的战役设计，凭借襄阳、江夏、江陵三地的掎角之势抵抗曹操的进攻。

这个计划的设想是不错的，但是在这里漏掉了一个人，那就是“智计殊绝于人，用兵仿佛孙吴”的曹操。曹操用兵最大的特点就是一个“快”字。以快打慢的曹操在匡亭之战、徐州之战、官渡之战甚至远到塞外的白狼之战都是兵贵神速最生动的范例。刘备一辈子被曹操打，自然知道厉害。而且，刘备应该也推测过，即使可以按照这种设计占领襄阳，那么，面对翻脸的蔡瑁等人和手握刘表水军主力的张允，汉水将无法阻挡曹军的攻势。随着这些人倒向曹操，刘备必将被彻底困死在襄阳一地或者被赶向江陵。既然襄阳即使拿到也守不住，江陵又迟早要去，不如早点儿向江陵进发。面对兵贵神速的曹操，争取时间早到防御坚固的江陵才是当前最重要的事。所以刘备没有采纳诸葛亮的计策，他给出的理由是："吾不忍也。"（《三国志·先主传》）这哪里是什么不忍，明明就是不能。但是这句话也是值得玩味的，那就是为什么刘备会对诸葛亮这么说？为什么不直接把他的想法告诉诸葛亮？在笔者看来至少有两个原因：第一，随着长时间和诸葛亮相处，刘备逐渐了解了诸葛亮这个人。他是一个有着政治理想，且道德高尚的士人，和诸葛亮交朋友最好的方法就是谈理想，谈道德，不能或者少谈利弊，否则就会显得自己很低俗，配不上诸葛先生的格调。第二，也是最重要的，刘备对诸葛亮不完全信任，所以他有必要贯彻他一贯的君子形象。这也和后来刘备在法正和庞统面前的表现不太一样。

更重要的是刘备的这一套不仅仅是做给诸葛亮看的，更是做给荆州的士人们看的。这些士人之所以没有投靠曹操，而要留在荆州，就是因为对曹操的"唯才是举"看不惯。东汉的士人标榜的就是道学仁义，君子就应该有所为有所不为。所以刘备在刘表坟头大哭一场，率军南去的时候，大量刘琮左右的士人跟随刘备南下（这也间接证明了刘备可以拿下襄阳）。当刘备到了当阳一线的时候，追随他的已经有了10万多人，史书称："比到当阳，众十余万，辎重数千辆。"（《三国志·先主传》）

这时老对手曹操也没有闲着，一面催动自己集结在宛城一带的大军继续进发，一面自己率领先锋部队到达荆州当时的治所襄阳接受刘琮的投降，安抚荆州归附的士、民。当他得知刘备已经在向江陵进发的时候，便立即放下手头所有事情，赶紧组织对刘备的追击。

曹操又一次祭出了自己的撒手锏——5000名虎豹骑——这是三国时代最可

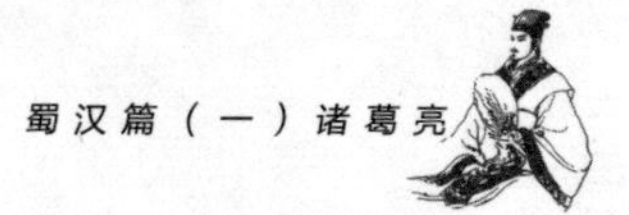

怕的一支军队，也是最无敌的一支军队。由于三国时代的史书中没有专门的章节介绍这支无敌的部队，所以一些具体细节已经不可完全考证。但是，这支部队发展的基本脉络还是可以找到的。曹操第一次在《资治通鉴》中出镜的官职就是骑都尉，这是曹操军事指挥的标签：擅长指挥骑兵作战。讨伐董卓时代，曹操建立起来的这支属于曹氏家族的军事武装中，负责指挥骑兵的首任指挥官是曹仁，而后是曹仁的弟弟曹纯。曹纯死后曹操亲自统率了一段时间，而后又交给自己的晚辈曹真、曹休统率。这几任虎豹骑统帅除了早死的曹纯，其他三个都做到了大司马、大将军一级的最高军职，可见其地位之特殊。

这支部队早期规模有限，数量不太确定。一直到官渡之战以后，虎豹骑的名称才开始逐渐出现在史书中。一般认为，曹操带去乌巢的那5000名轻骑兵就是虎豹骑原型部队，三国时代一军的兵力大约在5000人以内。可能在官渡之战前这支部队尚没有叫虎豹骑，战后才正式命名。之后这支部队南皮斩袁谭、白狼破蹋顿、长坂击刘备、关中败马超、汉中退张飞，所向无敌，威名赫赫，声震天下。

这支部队的士兵选拔严格，每名士兵在其他部队里至少是从营连级指挥员（百人将）中挑选："纯所督虎豹骑，皆天下骁锐，或从百人将补之。"（《三国志·曹纯传》）一般认为虎豹骑部队属于早期重骑兵，人马均配有铠甲防护；可能每个人配有1~3匹战马，以加强其机动性；作战中既可以使用弓箭（重装弓骑兵）远程削弱敌人，又可以使用刀矛集团冲锋近距离消灭对手，是那个时代最令人胆寒的特种部队。

面对曹操虎豹骑"一日一夜行三百里，及于当阳之长坂"（《三国志·先主传》）的闪电战，刘备的十万乌合之众一溃千里："先主弃妻子，与诸葛亮、张飞、赵云等数十骑走，曹公大获其人众辎重。"（《三国志·先主传》）10万大军被5000名虎豹骑打得全军溃败，刘备连老婆孩子都顾不上，可见败得奇惨。当然，虽然败得很惨，但是刘备这边也有两个闪光点。

第一个闪光点是张飞："飞将二十骑拒后。飞据水断桥，瞋目横矛曰：'身是张益德也，可来共决死！'敌皆无敢近者，故遂得免。"（《三国志·张飞传》）张飞为刘备断后，挡住了曹操的追兵，保住了刘备的性命。第二个闪光点是赵云："云身抱弱子，即后主也，保护甘夫人，即后主母也，皆得免难。"（《三国志·赵云传》）赵云为刘备保家，保住了刘家的血脉，就是后主刘禅。

曹操这一仗打得太好，在主力部队基本没有投入战斗的情况下就一举降刘琮、溃刘备，占襄阳、取江陵。一时之间志得意满的曹操，又开始飘了。他一边酾酒临江、横槊赋诗，写下了千古名篇《短歌行》；一边无视年轻的孙权，下了一份名留青史的战表："近者奉辞伐罪，旌麾南指，刘琮束手。今治水军八十万众，方与将军会猎于吴。"（《三国志·吴主传》裴松之注引《江表传》）这哪里是要和孙权会猎，分明是想把孙权当猎物给打。

曹操可以把孙权当猎物，刘备、诸葛亮却必须把孙权当救命稻草。诸葛亮对刘备说了一句很重的话："事急矣，请奉命求救于孙将军。"（《三国志·鲁肃传》）要从稳重谨慎的诸葛亮口中说出"事急矣"三个字，那是相当不容易的。可见当时真的已经到了生死存亡的紧要关头。于是刘备马上同意了诸葛亮的要求，派他即刻动身前往柴桑向孙权请求与其建立同盟。

为什么派诸葛亮去，而不是派别人？原因很简单。刘备集团其他人和孙权方面没交情，不认识，说不上话。只有诸葛亮在江东集团内部有人脉——刘备刚刚从当阳逃到夏口，路上遇到了从江东赶过来的鲁肃，鲁肃一见面就和诸葛亮套近乎："我子瑜友也。"（《三国志·鲁肃传》）子瑜是诸葛亮的哥哥诸葛瑾的字——但是熟归熟，最重要的还是看形势。此时刘备已经是丧家之犬，孙权会和他联合吗？

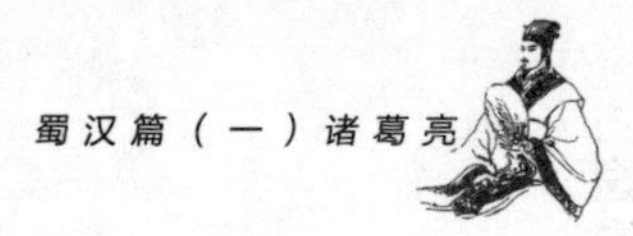

战赤壁（上）

诸葛亮出使东吴的时候27岁，而东吴此时的当家人孙权比他小1岁。也就是说，当时决定天下大势走向的就是这两个按照今天人们观念中不过刚刚大学毕业的年轻人。

如果说，诸葛亮是一个一直在读书的研究生，理论知识丰富的话，那么，孙权就是一个有着深厚背景的官二代，从小在官场上打拼。多小？15岁！就在这个绝大多数现代人初中刚刚毕业的年纪，孙权已经当上了阳羡“县长”——“兄策既定诸郡，时权年十五，以为阳羡长”（《三国志·吴主传》）——成了一名“县团级公务员”。这是整个东汉王朝年纪最小的“县长”。当然他不是靠自己努力，靠的是自己有个好哥哥孙策。

好哥哥孙策临死的时候把整个自己的势力交给了孙权，孙权当时才18岁。当时正值官渡之战，曹操决定稳住南方，于是孙权又一次升了官：“表权为讨虏将军，领会稽太守。”（《三国志·吴主传》）三年间，孙权的官位就由“县团级”的阳羡“县长”进位为省部级会稽太守（东汉官制州牧不长设，位比三公，相当于今天的国家级干部。州刺史俸禄为600石，相当于今天的厅局级干部。太守俸禄为2000石，位比九卿，相当于今天的省部级干部），并且有了一个讨虏将军的杂号将军头衔（东汉军职中郎将相当于少将，杂号将军相当于中将，名号将军相当于上将，车骑将军等军职相当于大将，大将军相当于元帅）。

不过现在孙权要面对强大的曹操，人生巅峰眼看就要变成穷途末路。特别是在接到曹操的那封恐吓信之后，一时间孙权也没了主张：是投降曹操，和刘琮一样做一个闲职，还是大干一场，面对虎豹骑的铁蹄实现自己“建号帝王，

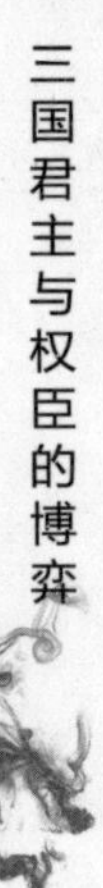

以图天下”（《三国志·鲁肃传》）的人生理想。这两种选择哪种更高贵，这就是一个问题。

投降的好处显而易见：首先，命保得住，富贵保得住，至少是暂时的；其次，名声不会太坏，现在孙权是大汉王朝的讨虏将军，投降的是大汉王朝的皇帝和丞相，理由很正当，甚至可以说都不需要理由；最后，曹操之前曾多次帮过孙权，孙权在此时还是要向曹操手里的汉献帝刘协进贡称臣。这种早已经建立起来的臣属关系，对彼此都会提供心理暗示，甚至会对双方产生催眠作用。也就是说曹操很可能还没有把孙权当回事。同样，孙权也可能当时太把曹操当回事。最明显的证据就是曹操的那封恐吓信：“近者奉辞伐罪，旌麾南指，刘琮束手。今治水军八十万众，方与将军会猎于吴。”（《三国志·吴主传》裴松之注引《江表传》）投降的坏处也是显而易见的：把刀交出去，谁能保证曹操不用来砍死自己呢？正如鲁肃所说：“将军迎操，欲安何所？”（《三国志·鲁肃传》）孙权这种割据一方的豪杰如果投降，在对手完成大一统后，八成会被清洗掉。想当年汉高祖刘邦连为他打下大半个天下的韩信都杀了，何况半路投降的英布！孙权这个时候投降，比英布当年情况更差，英布至少在相持阶段投降，对刘邦还有点儿功劳。孙权可是在最后才投降，不光杀起来没有负担，即使不杀，孙权日后在史书上可能要和刘琮一样彻底隐身和路人化，那就再也没有《三国志》里面的《吴书》了。

既然投降是这样一个结果，那么抵抗呢？抵抗的结果也分两种：打得赢和打不赢。打得赢当然好说。打不赢呢？就是共同赴死了。于是关键不是考虑打不打得赢的问题，而是面对曹操这样的对手有多大胜算的问题。孙权有做官的经验，却缺少打仗的经验。他担心的就是这个问题。

诸葛亮知道孙权担心打不赢，诸葛亮和刘备一方对孙权也有担心：担心孙权背叛。孙权和曹操打到一半，出卖刘备投降曹操，怎么办？所以诸葛亮关注的核心问题是孙权会不会半路和曹操单独媾和。为了解决这个问题，必须很坦

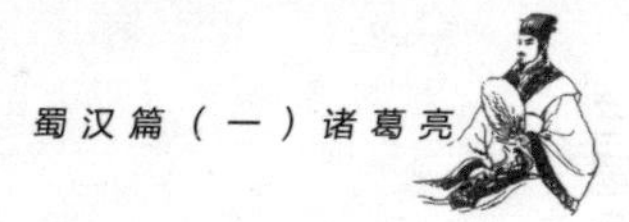

诚地说明对手的强大，于是诸葛亮在面见孙权的时候说了这样一段话："今操芟夷大难，略已平矣，遂破荆州，威震四海。"（《三国志·诸葛亮传》）这话说得不像是刘备派来求援的，反而是像曹操派来劝降的。为什么要夸大敌人，甚至称赞敌人的功绩？因为需要在联盟前搞清楚结盟对象是不是真想合作，结盟最怕的就是遇见三心二意、两面三刀的队友。

紧接着诸葛亮又敞开天窗说亮话："将军量力而处之，若能以吴、越之众与中国抗衡，不如早与之绝；若不能当，何不按兵束甲，北面而事之！"（《三国志·诸葛亮传》）意思就是说，孙权你想好，想打咱们两家再来谈，想投降那就没什么好谈的了。人生总要面对选择，最麻烦的不是没选择而是有选择。面对曹操，刘备不需要选择，因为没有选择：之前投降过曹操，被曹操一句"天下英雄唯使君与操耳！"吓得逃了出来，再投降曹操就是死路一条。但是，孙权有选择，前面已经分析过了，虽然投降这种选择孙权不愿意，但毕竟不用死，打不过可是要人命的。所以他犹豫是人之常情。但是，人生最忌讳的就是关键时刻犹豫不决。正所谓："今将军外托服从之名，而内怀犹豫之计，事急而不断，祸至无日矣！"（《三国志·诸葛亮传》）诸葛亮当时也年轻，所以说话没那么多弯弯绕绕的城府，第一时间就直奔主题：孙权你再不做决定就要大祸临头了！自己看着办吧。

当然孙权也年轻，听诸葛亮这么说自己立即就火了，当场把话怼了回来，反唇相讥道："苟如君言，刘豫州何不遂事之乎？"（《三国志·诸葛亮传》）那话里的意思是，你说我祸要到了？你们家刘备刚刚被打得老婆孩子都不要，还好意思说别人，你怎么不去投降呢？诸葛亮一听孙权没有听懂他话的意思，就给孙权举了个例子："田横，齐之壮士耳，犹守义不辱，况刘豫州王室之胄，英才盖世，众士慕仰，若水之归海，若事之不济，此乃天也，安能复为之下乎！"（《三国志·诸葛亮传》）这里说的田横是楚汉相争时期一方诸侯齐国田姓王族的一员。他们田家从秦末开始割据齐地，先抵抗秦军，项羽称西楚霸王后又第一个反对项羽，和项羽硬抗了一年多。当时的田氏家族族长田荣兵败被杀，田横上位，后和项羽和解，重新统领齐地。韩信攻齐，田横抵挡不住，率领500多名壮士逃到一个海岛上。后来刘邦认为田横是一个贤人，决定派人招抚，田横被迫前往长安。但他以向刘邦称臣为耻，在距洛阳30里的首阳山自杀。海岛上的500多人得知田横死讯，全部自杀。诸葛亮在这里跟孙权说这个故事，把刘备比作田横，向孙权表态：绝对和曹操死战到底，不会半途而废。这实际上回答了孙权那个想问却又说不出口的问题：刘备会把我孙权卖了去投靠曹操吗？

为什么孙权会这么想呢？既因为他和刘备不熟，又因为刘备之前的事迹：那真是靠山山倒，靠人人亡，公孙瓒、陶谦、吕布、袁绍、刘表没一个有好下场。和刘备合作真的需要好好思考一下。诸葛亮这番话就是针对孙权的这种心态说的。刘备这次还能出卖谁呢？孙权再一灭亡，那刘备就成了田横式的孤魂野鬼，只有自杀的命，没有别的选择："若事之不济，此乃天也，安能复为之下乎！"这里的关键是一个"复"字，刘备是从曹操手下"反"出来的，怎么可能再"反"回去呢？

孙权听懂了诸葛亮的话，勃然曰："吾不能举全吴之地，十万之众，受制于人。吾计决矣！"（《三国志·诸葛亮传》）孙权的这番表演堪称精彩。他早就做好了和曹操一战的准备，因为给周瑜准备3万水军的装备钱粮，不是几天之内能够完成的事情，需要一定时间集结部队，调运粮草，而这些准备工作无疑是孙权早就做好了的。除此之外，孙权在赤壁之战的同时还亲自领兵进攻曹操无重兵把守的合淝，试图分散曹军兵力。这也是早就需要下决心的事情。之所以在诸葛亮面前表演一番，无疑是一种试探。毕竟都不熟，第一次碰面试探一下对方的诚意也很有必要。现在诸葛亮关于刘备就是田横的说法，打消了孙权关于刘备的顾虑，决定和刘备联合抗击曹操。但是，刘备刚刚在当阳被曹操打得大败，还有多少实力呢？于是就有接下来的疑问："非刘豫州莫可以当曹操者，然豫州新败之后，安能抗此难乎？"（《三国志·诸葛亮传》）这话乍一听

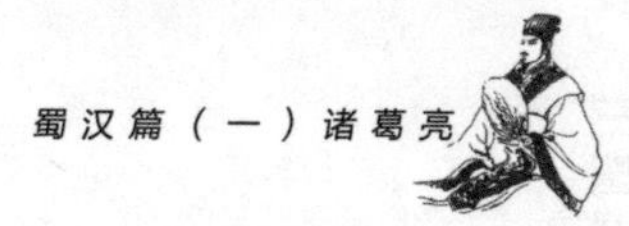

像问能不能，其实哪还有能不能的问题，这样问是拐着弯套话，实际是问对方还有多少实力，想套问刘备的本钱到底有多少。

诸葛亮的回答很直接："豫州军虽败于长坂，今战士还者及关羽水军精甲万人，刘琦合江夏战士亦不下万人。"（《三国志·诸葛亮传》）刘备此时的兵力构成是关羽的一万水军和刘琦的一万江夏军，再加上零零星星聚拢起来的当阳残兵，总兵力应该在两万以上，三万以下。诸葛亮这时候是求人合作，所以必须表现出一点儿诚意，把家底亮一下，这是合作的基础。

当然凭借两万多兵马和曹操对打，肯定是不够的。但曹操也有他的问题，诸葛亮这一点和周瑜的看法几乎一样。曹操的弱点至少有三个："曹操之众远来疲敝，闻追豫州，轻骑一日一夜行三百余里，此所谓'强弩之末，势不能穿鲁缟'者也。故兵法忌之，曰'必蹶上将军'。"（《三国志·诸葛亮传》）第一弱点：来得太匆忙，很多东西没有准备好，这在战争中是大忌。"且北方之人，不习水战。"（《三国志·诸葛亮传》）第二弱点，是虎豹骑虽然很猛，但是打江东是水战，他们毕竟不是水陆两栖坦克，在水里不能发挥威力。"又，荆州之民附操者，逼兵势耳，非心服也。"（《三国志·诸葛亮传》）第三弱点，是曹操征服荆州的时间太短，高层虽然愿意合作，但是基层未必愿意为曹操拼命，全军上下心不齐。面对这样一个貌似强大实则破绽百出的敌人，诸葛亮甚至连孙权具体要怎么做都想好了："今将军诚能命猛将统兵数万，与豫州协规同力，破操军必矣。"（《三国志·诸葛亮传》）这个想法和孙权的企图不谋而合。

最后，诸葛亮还对曹操败了之后的形势做了一番分析："操军破，必北还，如此则荆、吴之势强，鼎足之形成矣。成败之机，在于今日。"（《三国志·诸葛亮传》）意思是曹操只要败了，那么我们孙刘两家的力量就强大了，可以和曹操三极鼎足而立，这就是"隆中对"里诸葛亮给刘备画的大饼！眼看一席话就要实现了。

但是鼎足而立是孙权的最终战略构想吗？

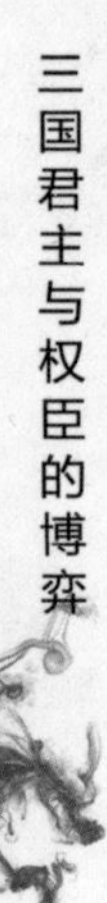

战赤壁（下）

诸葛亮“隆中对”中的大结局，肯定不是孙权想要的。因为在此之前，甘宁、鲁肃和周瑜就给他提出过更符合他心意的两分天下之计。但是，现在来不及，面对曹操这个突如其来的巨大威胁，孙权必须先把曹操打退，才可以有时间和机会谈将来的事情。这就必须和刘备联合。

为此东吴投入的战力是周瑜、程普统率的 3 万人，刘备手上有 2 万人以上，还握有江夏郡作为补给基地，双方联合其实可以看成是各持五成股份的项目合作，一起完成项目的第一期工作，打败曹操。

当时刘备在江夏郡的鄂县樊口（今湖北省武汉市）驻扎。刘备的这个选点，从战役角度看非常精准。樊口就是汉水汇入长江的河口，汉水处在刘备军的西侧，可以防御曹操的进攻，同时汉水水系在此地有多条支流汇入长江，可以让刘备的防御获得天然的战略屏障和战役纵深；南边是滚滚长江东逝水；北面又有大别山山脉作为天然屏障；东面是刚刚结成盟友的孙权。而江夏郡本身也是刘表原来战略布局中的重要支撑点，所以刘备在此布防可以说是遏制住了曹操东下的咽喉。

唯一的弱点就是兵力不够。随着周瑜、程普统率的 3 万大军到来和刘备离散部队的逐步集合，周瑜、刘备汇合，孙刘联军一方的总兵力应该在 5 万左右，其中大部分是水军（周瑜的 3 万人加上关羽的水军 1 万人）。周瑜带领东吴部队在长江南岸的赤壁扎下营寨，做好了战斗准备。

这里就出现了一个问题，孙刘联军的对手曹操手下的军队到底有多少人？关于这个问题《三国志》上没有列出实际人数，历来争议很大，需要认真辨析一番。

按照诸葛亮的分析，曹操军队的构成主要是两部分：一部分是曹操从北方带来的人马；一部分是刘表留下来的部队。先说刘表留下来的荆州降兵。刘表的部队史书上是有确切人数的："带甲十余万"（《三国志·刘表传》），时间大约是曹操打败袁绍的官渡之战以后，也就是200年以后，那么到了208年，刘表的兵力维持在10万以上应该没有悬念。但这10万人不是都在曹操手上，刘备手里和刘琦手里各有1万多人，加上在当阳散失掉的，应该说在曹操手上的刘表军总人数在7万左右，符合周瑜的推测："所得表众，亦极七八万耳。"（《三国志·周瑜传》）但这些人多是水军，也就是说，单就水军而论，曹操方面的水军有5万左右，对抗孙刘方面的4万水军。但是刘表水军战斗力应该在东吴水军之下，因为在赤壁之战前孙权方面曾多次在水战中击败刘表驻守江夏的大将黄祖。所以可以得出结论，双方在水军方面是势均力敌的。

再说曹操从北方带来的部队。这个就需要通过东汉年代的兵制来计算。东汉由西汉的征兵制改为募兵制。到了东汉末年，天下有权有钱的都喜欢募兵，于是私兵横行。曹操的兴起也是募兵的结果。具体各个军阀的兵力组成按照募兵人的嗜好自己决定，但名称还是统一的，叫作"部曲"。"部曲"是东汉末年的部队编制单位，这其中"曲"人数是一定的，为500人，"部"是"曲"的上一级组织，下辖2~5个"曲"，也就是说兵力在1000~2500人。东汉末年著名的官职"别部司马"统辖的部队规模应该大体就是此数。部曲是统率部队的基本单位，部曲以上的职位是校尉。校尉一般统领一军5000人，著名的西园八校尉，统领汉灵帝新募的八个军4万人的部队。曹操领兖州牧的时候开始以夏侯惇为东郡太守，折冲校尉，大致推测当时曹操军可能是以一郡设一校尉统领5000人为一军；之后夏侯惇同时兼任陈留、济阴太守，升为建武将军（杂号将军），可以继续推测杂号将军可以统领的部队应该在两军以上，五军以下，也就是扩大化的部曲制，大约在10000到25000人；曹操方面名号将军的兵力在此之上，最著名的就是于禁以左将军名义，可以指挥七个军（3.5 万人）的部队支援襄阳。由此可见，曹操麾下的部队可以根据南下的曹军武将的人数大体做一个推算。

那么随曹操南下的部下有哪些人呢？曹仁为征南将军（3 万人以上），曹纯在中军，都督虎豹骑（5000 人）；曹洪为厉锋将军（因为是曹操亲属，兵力可能在杂号将军中偏多，推测为 2 万人应该合理）；于禁为虎威将军（1.5 万人，因于禁最早被曹操提拔重用，且史书中曾出现于禁统领其他人和夺朱灵军权的记载，故认为他的这一支部队有三军）；程昱为奋武将军（1.5 万人，因程昱是曹操亲信，且跟随曹操时间较长，奋武将军又是曹操早年的封号，故认为他的部队有三军）；满宠为奋威将军（1 万人）；张辽为荡寇将军（1 万人）；乐进为折冲将军（1 万人）；徐晃为横野将军（1 万人）；李通为振威中郎将、汝南太守（5000 人）；许褚为校尉（2000 人，因许褚为曹操贴身虎卫部队指挥官，虎卫部队为许褚所领侠客组成，兵力不会超过 2000 人）。以上是《三国志》中可以查到的参加赤壁之战的曹操部下名称以及根据他们的职务推测麾下所属部队的人数。由以上部队累积可知，由北方南下的曹军总兵力为 13 万人以上，这个推测和周瑜推测的曹操南下的兵力，“彼所将中国人，不过十五六万”（《三国志・周瑜传》）基本吻合（因为曹操帐下还有不少在史书上没有留下姓名的将领统领的部队）。所以曹操投入赤壁之战的兵力应该多于 20 万但不到 30 万。

但这支军队是募兵而来，东汉募兵制的特点就是终身制，也就是说这支军队的骨干（下层军官和老兵）已经跟随曹操征战了 18 年。这也是周瑜所说的“且军已久疲”（《三国志・周瑜传》）的来由。要知道中国人的平均寿命到民国时也才不过 30 多岁，一个人 16 岁当兵，打了 18 年，基本快到生命的尽头了！

当然曹操的想法是，这一仗打完，天下也就平定了。于是他毫无顾忌地带领大军向江夏杀来。

曹操南征刘表是在建安十三年（208）农历七月，先头部队到达襄阳受降是

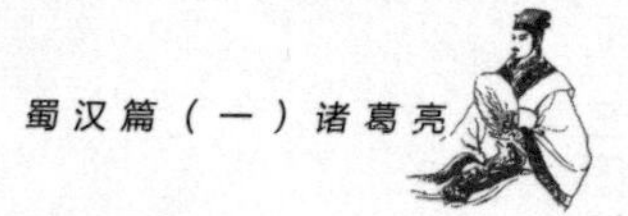

在当年农历九月。休整一段时间之后，曹操于当年农历十二月水陆并进，向江夏、赤壁的刘备、周瑜发起攻击。东汉末年最著名的赤壁之战开始了。

曹操这次用兵时间选得很不好，因为“时曹公军众已有疾病”（《三国志·周瑜传》）。北方来的部队已经患了病，而且人越多传染病传播的速度越快，曹操还没开打，战斗力就已经削弱。紧接着到了赤壁就和周瑜开打，“初一交战，公军败退，引次江北”。（《三国志·周瑜传》）曹操当头挨了一棒。曹操远远地看到了在赤壁扎营的周瑜，于是他决定在江北的乌林扎下营寨，正面应战。

曹操作为一个军事家，并没有把所有兵力集中在江夏一线进行攻坚。相反，从赤壁之战后的布局来看，曹操把相当多的兵力部署在补给线上：乐进留在了襄阳；满宠、李通的部队集中在当阳附近，守护襄阳和江陵间的通道；曹仁、徐晃部则在江陵（“留曹仁、徐晃于江陵；使乐进守襄阳”，参见《三国志·吴主传》；“大军还，留宠行奋威将军，屯当阳”，参见《三国志·满宠传》；“刘备与周瑜围曹仁于江陵，别遣关羽绝北道，通率众击之”，参见《三国志·李通传》）。由于曹操攻击正面不宜展开，后方战役基地江陵和江陵通往后方战略基地襄阳的通道都必须留重兵把守，徐晃、满宠所部因为新募之兵，李通所部为私兵，适合用来防御补给线。张辽所部被派往合淝（史书中张喜应为张辽繁体字之误），后为应对孙权的攻击，整支部队都去合淝长期驻守。

所以当时跟随曹操来到长江北岸乌林扎营的，应该是曹洪全部（2 万人）、程昱全部（1.5 万人）、于禁全部（1.5 万人）、曹仁部分（1 万人左右）、曹纯虎豹骑（5000 人）、许褚全部（2000 虎士）荆州新降步兵（2 万人），以及荆州大部水军（5 万人），总兵力仍在 14 万人左右。

总兵力虽然有 14 万之巨，但关键的却是这 5 万水军。因为曹操从江陵至乌林前线还来不及建立兵站，补给粮草必须要靠水军从江陵输送到乌林前线，而且农历十二月恰是江汉平原返潮的季节，粮食不宜在陆上储存，加上曹操设想之后要沿江东下，所以粮食很可能都装载在船上。那么一旦舰队没了，全军就要面临断炊的威胁。

所以曹操下令将战船首尾相接，准备作为江上的据点。需要说明的是，这种将战舰连在一起作为据点的战法并不是曹操首创，而是荆州水军战法：“祖横两蒙冲挟守沔口，以栟闾大绁系石为碇，上有千人，以弩交射，飞矢雨下，军不得前。”（《三国志・董袭传》）刘表旧部黄祖就用过这招儿，可见将战船连接起来成为江面巨舰是荆州水军常用战法。但是东吴水军和荆州水军在江面上已经多次交手，对这种战法非常熟悉，所以才有黄盖献计火攻的战法：“然观操军船舰首尾相接，可烧而走也。”（《三国志・周瑜传》）于是黄盖假意向曹操请降，写了一封书信给曹操。信的内容是：“盖受孙氏厚恩，常为将帅，见遇不薄。然顾天下事有大势，用江东六郡山越之人，以当中国百万之众，众寡不敌，海内所共见也。东方将吏，无有愚智，皆知其不可，惟周瑜、鲁肃偏怀浅戆，意未解耳。今日归命，是其实计。瑜所督领，自易摧破。交锋之日，盖为前部，当因事变化，效命在近。”（《三国志・周瑜传》裴松之注引《江表传》）这封降书远比黄盖挨顿打可信，信中的内容可谓半真半假。半真是说面对曹操大军，江东集团大多数人的想法就是投降！就连张昭这样的托孤重臣都要投降，以曹操对情报的掌握，这些事情他应该是知道的。半假则是因为曹操和黄盖不熟，只通过孙策的一些表文知道他应该是孙氏集团里的老骨干，所以曹操对这件事有怀疑也是正常的：“但恐汝诈耳。盖若信实，当授爵赏，超于前后也。”（《三国志・周瑜传》裴松之注引自《江表传》）这话翻译过来就是，怕你黄盖骗我，所以你黄盖想要好处吗？等见了面再谈。

曹操本以为降不降的可以见面再说，自己兵多，黄盖人少，不怕他过来。但是曹操对水战真的不熟，连环战舰的威力就在于对手难以靠近：所谓“上有千人，以弩交射，飞矢雨下，军不得前”（《三国志・董袭传》）。这次荆州水军集体出动，连成更大的船阵，以东吴水军的战力，想靠近不容易。靠不上去，

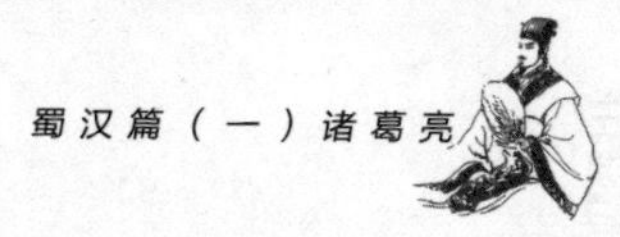

在江面放火没有意义。结果黄盖的一封信，解决了这个问题。

到了黄盖投降的那一天，“曹公军吏士皆延颈观望”（《三国志·周瑜传》），都只顾伸长脖子看呢！没防备。结果是：“顷之，烟炎张天，人马烧溺死者甚众。”（《三国志·周瑜传》）原本是一场观礼仪式，结果导致了赤壁的火灾中引发了群体性踩踏落船事故。曹军整体呈现崩溃的状态。

曹操这才明白黄盖要的不是好处而是他的命！此时，周瑜正率领东吴水军向西逆江而上，沿江放火攻击曹操退路，刘备则率领他的部队渡过北面的汉水从北边杀了过来。这时曹操东面是汉水，南面是长江，前面是火海，后面是刀山，可谓面临绝境。曹操毕竟是沙场老将，很快冷静下来，下了两道命令：第一道命令给水军，命他们放火烧了剩下的战船，在自己的侧后用大火阻挡周瑜水军的攻击，而后由水路撤向江陵。第二道命令给陆军，命曹洪率所部并曹仁军一部向西突围，程昱所部向北迎战刘备，于禁向南迎战周瑜并负责为全军断后，自己由曹纯、许褚的虎豹骑和虎士护卫，并荆州降兵随曹洪军之后向西突围。

这已经是当时曹操可以想到的最好办法了。但仓促之间，军令虽然下达，执行起来却并不容易。撤退的路上，荆州降兵见此情景，纷纷倒戈投靠刘备，几乎不能成军。曹操的虎豹骑陷在华容道的泥巴里，又被先期撤退的曹洪军堵在华容道上动弹不得。曹洪军本来人数众多，且战斗力不弱，但此时多为病羸之卒，行军都很缓慢，哪里还打得了仗。曹操还是更爱惜他的虎豹骑，毕竟都是从百人将里挑出来的，于是他又下了一道命令：“悉使羸兵负草填之，骑乃得过。”（《三国志·武帝纪》）这真是一道死亡命令，因为“羸兵为人马所蹈藉，陷泥中，死者甚众”。（《三国志·武帝纪》）好容易从赤壁逃出来的曹洪残部基本上给曹操的虎豹骑当了铺路的肉垫子。下一次曹洪统兵出战，要等到 219 年的汉中战役。

程昱和刘备手下关羽、张飞齐名，号称“万人敌”。和关、张不一样，程昱

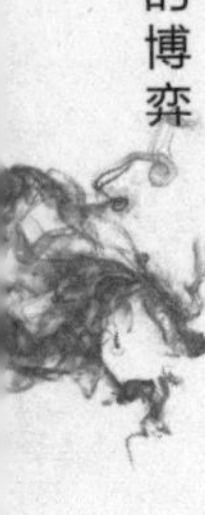

靠的是脑子和胆气，不是武力（“程昱之胆，过于贲、育”，参见《三国志·程昱传》），麾下更是“山泽亡命”（《三国志·程昱传》）的吃人魔（曹操早年征战缺少吃的，程昱为其供应粮食，因数量不够，曾“杂以人脯”，参见《三国志·程昱传》）。可惜好汉架不住病，他的对手张飞也是万人敌，加上荆州降军从后面涌上来扰乱阵势，程昱也架不住，全军崩溃。此战之后，程昱“乃自表归兵，阖门不出”（《三国志·程昱传》），他麾下的这支亡命徒组成的吃人部队，算是彻底解散了。

于禁应该是这一仗里表现最好的。这位“太祖每征伐，咸递行为军锋，还为后拒”（《三国志·于禁传》）的名将，凭着严刑峻法统领本部军马和周瑜的东吴水军死磕。周瑜竟然一时之间占不到便宜。可这时程昱部在北边已经溃败，于禁见马上要面临刘备、周瑜的夹击，于是放弃据守断后的念头，向江陵方向徐徐后退。于禁一路收拾残兵，且战且走。凭借此战断后的功劳于禁得以“迁左将军，假节钺”（《三国志·于禁传》），成为曹魏所有非曹家和夏侯家的将领中第一个有此权力的大将，其所部也由三军扩充为七军，但因赤壁损失过大，下次出战也到了建安二十四年（220）的襄樊战役。

那么，刘备和周瑜 5 万人还打不过于禁万把人吗？不是，因为此时刘备已经起了别的心思。

借荆州

当曹操败走华容道时，刘备就和周瑜商量：“仁守江陵城，城中粮多，足为疾害。使张益德将千人随卿，卿分二千人追我，相为从夏水入截仁后，仁闻吾入必走。”（《三国志·周瑜传》）曹仁是曹操手下可以独当一面的大将。此时曹仁正统兵驻守江陵。江陵本身就是刘表时代开始经营的坚城，其坚固程度在整个三国时代首屈一指——没有一个人可以只通过武力夺取江陵。此时，刘备提出切断补给线的战法，是当时攻打江陵的最佳策略。

但是实际操作起来并不顺利。刘备手下的头号大将关羽进攻守在当阳的满宠。满宠是曹魏集团后来面对孙权的方面军统帅，指挥能力不输于司马懿，关羽讨不到什么便宜。与此同时，李通的人马向关羽发起疯狂反击，“通率众人击之，下马拔鹿角入围，且战且前”。（《三国志·李通传》）关羽不希望在这里和李通拼个你死我活。他麾下的一万水军是刘备守住荆州的王牌和底牌。所以关羽选择了撤退，返回江夏基地。刘备断绝曹仁北方退路的作战宣告失败。

于是周瑜只能在江陵城下和曹仁死磕。死磕了一年之后，曹仁补给困难，江陵存粮将尽，遂率军北撤襄阳，与满宠、乐进等人汇合以襄阳、樊城为根据地，驻守荆州北部南阳郡。周瑜自己挨了曹仁一箭，身受重伤，虽然夺下南郡首府江陵，但是自己被迫停留在南郡养伤。加上此时曹操已经派张辽等人加强了合淝方面的防御力量，挫败了孙权从庐江郡南部向合淝的第一次出击。赤壁之战后，曹操开始把主力部队调往淮南方向，继续向孙权施压。面对曹操咄咄逼人的气势，东吴已经没有力量继续对襄阳发起进攻了。

关羽沿汉水北上的攻势更多的是虚晃一枪，刘备此时没有把主要精力放在切断曹仁的退路上，而是把作为陆战主力的荆州刘琦军团放在了在长江以南的武陵、零陵、长沙、桂阳四个郡的攻略上。

赤壁之战后，刘备很快和孙权的部队一起取得了荆州南部四个郡的地盘，但是这四个郡的归属似乎不太清楚。《三国志》上说刘备“表琦为荆州刺史，又南征四郡。武陵太守金旋、长沙太守韩玄、桂阳太守赵范、零陵太守刘度皆降”。（《三国志·先主传》）这四个郡基本位于今天的湖南省境内。在东汉末年看起来面积挺大，实际人口稀少。据班固的《汉书》记载，长沙国，43470 户，235825 口；武陵郡，34177 户，185758 口；零陵郡，21912 户，139378 口；桂阳郡，28119户，156488口。四个郡总人口数不过71万左右，才抵得上一个南郡（125579户，718540口），和曹操占据的南阳郡（359116户，1942051口）无法相比。这四个郡加上江夏郡（56844户，219218口），人口不超过百万。

而且这些地盘并不是在刘备的完全控制之下，至少武陵郡和江夏郡孙权有部分管理权。赤壁之战后，武陵太守就是黄盖："拜武锋中郎将。武陵蛮夷反乱，攻守城邑，乃以盖领太守。"（《三国志·黄盖传》）黄盖这个郡守不是只挂名，不干活儿。相反，黄盖在武陵进行了一系列的军事行动："诛讨魁帅，附从者赦之。自春讫夏，寇乱尽平。"（《三国志·黄盖传》）而且邻近的长沙郡出事，黄盖也有权去打："长沙益阳县为山贼所攻，盖又平讨。"（《三国志·黄盖传》）孙权手下的江夏太守程普治所在江夏郡长江南岸的沙羡，靠近赤壁，整个江夏郡在赤壁之战后逐渐被东吴控制。甚至东吴后来一段时间的首府武昌，也在东汉时代的江夏郡辖区内。

刘备实际控制的应该是零陵、桂阳、长沙三个郡。这从诸葛亮的工作范围可知——诸葛亮人生中的第一个官职是刘备手下的军师中郎将，管辖的地域就是零陵、桂阳、长沙三个郡——"以亮为军师中郎将，使督零陵、桂阳、长沙三郡，调其赋税，以充军实。"（《三国志·诸葛亮传》）

诸葛亮在刘备麾下就相当于荀彧在曹操帐下的地位，一方面是后方大都督，另一方面是"军事总参谋长"，还兼任"人事组织部长"。一时之间原来归属刘表的荆州士人，纷纷投靠到刘备帐下。刘备通过诸葛亮的运作迅速获得了荆州士人集团的认可，在荆州彻底扎下了根，有了自己的用武之地。刘备集团的核心人物除早年就跟随刘备的关羽、张飞、赵云等人外，都是在这个时期通过诸葛亮的安排和引荐加入刘备团队的。这些人文有庞统、马良、马谡、杨仪、蒋琬、邓芝等，武有黄忠、魏延、冯习、张南等，都是后来刘备集团的骨干力量。刘备还收编了袁术残部"庐江雷绪率部曲数万口"（《三国志·先主传》），用这些人力资源，弥补了江南人口不足的问题。加上此时刘琦刚好病死，刘备就接

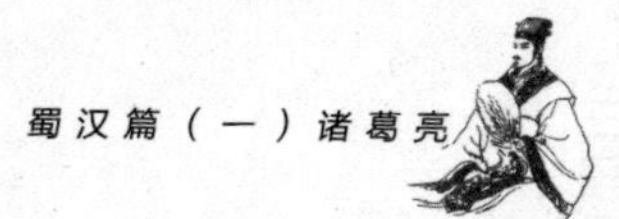

任了荆州牧，让自己的左将军府进驻南郡长江以南的江油县，并把江油改名为公安，和周瑜的驻地江陵隔江相对。刘备还想向周瑜请求更大的地盘，意思是周瑜最好把南郡治所江陵让给他。周瑜当然不同意，自己拼了命，花了一年时间才拿下的城池，凭什么让？刘备也知道周瑜不会让出江陵，于是想跳过周瑜直接去找孙权“借荆州”。那周瑜不肯让，孙权就肯让吗？

正在这个时候，曹操掌握的东汉中央政府正式任命周瑜为南郡太守，任命程普为江夏太守。这个看似简单的举动其实包含恶意。要知道此时孙权的正式官职只是“讨虏将军，领会稽太守”（《三国志·吴主传》）。周瑜成了南郡太守和孙权平起平坐，你是太守，我也是太守，这就存在一个谁指挥谁的问题。况且这个时候周瑜赤壁大败曹操，名震天下，孙权却兵败合淝，一胜一败，高下立判。加之周瑜又比孙权年长，所以当时人们都怀疑周瑜有了地盘，有了威望会自立为王。曹操派了蒋干前往游说周瑜，虽然没有成功，但是在当时成功地制造了一股周瑜要自立的舆论。

孙权有些沉不住气了，毕竟周瑜能力与实力都在自己之上，现在打败了不可战胜的曹操，是天下最厉害的人物，怎么就不会自立呢？而且孙权一直对周瑜不是那么放心。赤壁之战面对曹操20万大军，周瑜找孙权要5万人马，孙权只给了3万，而且还派和周瑜关系不好的程普去当和周瑜职权相等的副手，搞得差点儿坏事：“昔周瑜、程普为左右部督，……且俱是督，遂共不睦，几败国事。”（《三国志·孙皎传》）现在眼见周瑜在南郡扎下了根，除了让程普担任江夏太守，黄盖担任武陵太守，在东、南两个方向牵制周瑜外，孙权还想到了向刘备提亲，把自己十几岁的妹妹嫁给已经40多岁的刘备！这样刘备、周瑜相互牵制，孙权的位子才坐得稳啊！况且这婚一结，大家都是一家人，周瑜是大哥的哥们儿加连襟，刘备是妹夫，孙权才能当老大。

老对手曹操的手段和孙权“进妹固好”（《三国志·先主传》）的做法让刘备看到了“借荆州”的机会。于是刘备也加入了离间孙权、周瑜的行列中。

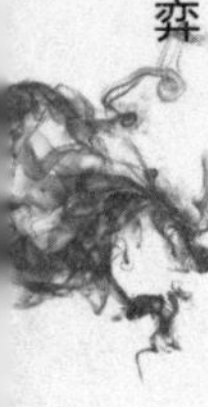

借着孙权嫁妹妹的机会，刘备一面亲自到京口向孙权“求都督荆州”（《三国志·鲁肃传》），一面也借此机会当着孙权的面下了周瑜的烂药。这一趟刘备当了孙权的妹夫。回程时，孙权带了张昭、鲁肃亲自设宴为刘备送行。喝到最后，孙权把其他人都支走，单独和刘备继续喝。两个人在孙权的飞云大船上聊着喝着，刘备说了一句非常狠的话：“公瑾文武筹略，万人之英，顾其器量广大，恐不久为人臣耳。”（《三国志·周瑜传》）明面上是夸周瑜，实际上是提醒孙权，他周瑜恐不久为人臣，你作为人主怎么想呢？

孙权的态度很有意思。本来周瑜给孙权的建议是绝对不能把荆州借给刘备，甚至还要求孙权把刘备扣下来，用周瑜的话说，刘备、关羽、张飞“必非久屈为人用者”。所以他建议孙权：“宜徙备置吴，盛为筑宫室，多其美女玩好，以娱其耳目，分此二人（指的是关羽、张飞），各置一方。”（《三国志·周瑜传》）这是要把刘备关到安乐窝里，把关羽、张飞分开安排，让周瑜指挥刘备的部属去替孙权卖命。这个建议和刘备那句狠话是矛盾的。本来按理说周瑜和孙权的关系亲密，这个计划又是为了孙权打江山考虑，孙权应该这么做，也必须这样做，才能彻底吞掉刘备的势力，壮大自己的势力。但是孙权没有按照周瑜的计划去做，反而把荆州借给了刘备。为什么？

按照《三国志》的说法，这是鲁肃的主意：“将军虽神武命世，然曹公威力实重，初临荆州，恩信未洽，宜以借备，使抚安之。多操之敌，而自为树党，计之上也。”（《三国志·鲁肃传》）按照鲁肃的意思去理解，决定“借荆州”的原因在外部看来是曹操力量太强了，必须为曹操多树立敌人，才能对抗曹操；从荆州内部的情况来看，因为荆州跟江东有世仇，不可能很快被东吴消化，又必须借助刘备的招牌来安抚荆州的士民；加上此时的刘备已经坐大，孙权“又恐备难卒制”（《三国志·周瑜传》），所以才肯否定周瑜的计划，决定“借荆州”给刘备。

此时孙权真正的忧患并不是曹操，赤壁之战已经证明曹操短时间之内吞不下东吴：一来北方历经战乱，“生民百余一”（曹操：《蒿里行》），生产力的恢复需要时间；二来江陵一失，曹操在长江流域缺乏港口，没有水军，想平定东吴，近乎痴人说梦。孙权自己搞定东吴内部才是大问题，而要搞定东吴内部，必须先搞定两个人：张昭和周瑜。赤壁之战后，张昭已经搞定了。由于赤壁之战前，张昭主降，站错了队，他已经被胜利证明在战略决策上不如决定抗战的孙权英明。所以赤壁之战后，张昭的话，孙权可以不听，孙权也就从张昭手上将“内事”的决定权拿了回来。此后，在东吴的人事权上，孙权一言九鼎，张昭一落千丈。但赤壁之战后，另一个人周瑜却更搞不定了。赤壁之战的胜利让周瑜1000年以后都可以排到中华名将的行列中，在吴国军民眼中就是神一样的存在。有他在一天，孙权就必须把“外事”委给他，那么，他和孙权的地位就不好排。这个时候，与其让周瑜的势力进一步扩大，不如让刘备出来制衡一下他。

那么，还有一个问题，就是孙权的这点儿小心思，周瑜看不出来吗？周瑜是看着孙权长大的，孙权的想法周瑜肯定清楚。但清楚又能怎样？已经定的事情，他不能反对，只能执行。但周瑜有自己的骄傲，他没有简单地执行孙权的命令，而是提出了自己夺取天下的方案：“乞与奋威俱进取蜀，得蜀而并张鲁，因留奋威固守其地，好与马超结援。瑜还与将军据襄阳以蹙操。”（《三国志·周瑜传》）这几句话说明，周瑜明确感受到了孙权的不信任。开头的一个“乞”字就充满了无奈，而后说与奋威将军孙瑜（都是你孙家的人，总信得过了吧？）一起进攻蜀地，拿下来地盘我不要，留下孙瑜去守（反正拿下江陵，你也给了刘备），然后我和你一起打襄阳（这样你就不怕我的风头盖过你了吧？），从襄阳北伐，你看怎么样？话里字字明说取天下，句句暗里表忠心。周瑜的这段话真是说得既无奈又愤懑，孙权听懂了。这等于他“借荆州”终于搞定了周瑜。于是孙权答应了周瑜的计划，可周瑜回程刚走到巴丘，人就去世了，年仅36岁。

壮志未酬身先死，长使英雄泪满襟的又何止诸葛亮一人啊。

取益州

赤壁之战后，周瑜死得很郁闷，诸葛亮的境遇也不算好。

诸葛亮和刘备如鱼得水的感情也有裂痕。因为他们之间出现了“第三者”——庞统。庞统，字士元，荆州南阳郡襄阳人，本是南郡太守周瑜帐下功曹，负责把周瑜的棺材运回吴地安葬。此后刘备做了荆州牧，本来安排庞统做了耒阳县令，结果庞统不怎么管事，直接被刘备撤职。后来，鲁肃看不过去了，跟刘备推荐：“庞士元非百里之才也，使处治中、别驾之任，始当展其骥足耳。”（《三国志·庞统传》）意思是说，人家庞统适合在刘备荆州幕府里干，不能当县长用。诸葛亮也来推荐庞统。刘备和庞统一见面就很投机，史书谓之“大器之”（《三国志·庞统传》），于是刘备手下又多了一个军师中郎将。

庞统和刘备的关系很快就超过了诸葛亮。建安十六年（211），刘备得到蜀中张松、法正的帮助，决定攻取益州。他带在身边的军师中郎将，不是诸葛亮而是庞统。更能说明庞统与刘备关系的是在攻取益州之役中，夺下涪城后的一场宴会。酒席上，刘备可谓得意忘形，对庞统说：“今日之会，可谓乐矣。”（《三国志·庞统传》）——今天这酒喝得痛快吧！庞统回了刘备一句：“伐人之国而以为欢，非仁者之兵也。”（《三国志·庞统传》）——你把战争当成快乐，这不是一个仁义的做法啊！刘备一下就火了：“武王伐纣，前歌后舞，非仁者邪？卿言不当，宜速起出！”（《三国志·庞统传》）——照你的说法，武王伐纣也不是仁义之兵？你说得不对，应该出去。庞统则真的站起来走了出去。过了一会儿刘备酒醒了，有点儿后悔，把庞统又请回来了。庞统回到位子上也不谢罪，照样吃喝，一点儿异样的表情都没有。最后刘备憋不住了，主动凑上去

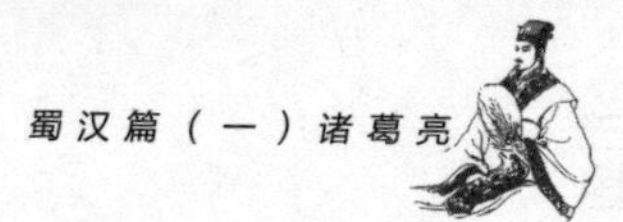

又问了一句："向者之论，阿谁为失？"（《三国志·庞统传》）——刚才咱俩谁错啊？庞统大大咧咧地回了句："君臣俱失。"（《三国志·庞统传》）——都有错。刘备十分开心，史称："先主大笑，宴乐如初。"（《三国志·庞统传》）

大笑这种表情流露在刘备颠沛流离的一生中是不多见的。这种表情更是从来没有在诸葛亮面前流露过。刘备在诸葛亮要他取下襄阳时给的一句回应是"吾不忍也"。（《三国志·先主传》）这话半真半假，不能说错，但总让人觉得隔着点儿什么。用现代人的话说，就是刘备在诸葛亮面前有点儿"装"。但是刘备在庞统面前则不用"装"，想骂的时候直接叫"滚"，庞统也是听话，叫滚就滚，一会儿还可以再滚回来一起喝酒，刘备还会大笑。在刘备心里，庞统、诸葛亮谁亲谁疏应该是有杆秤的。

不过庞统这个影响诸葛亮、刘备君臣感情的"小三"，攻打雒城的时候中箭身亡。但是，紧接着刘备身边又出现了另一个严重影响"如鱼得水"感情的"小四"——法正。

法正，字孝直，雍州扶风郡郿县人，早年随刘璋入蜀，属于刘璋东州集团中不得志的一员。张松献地图给刘备，邀其入蜀，派出去接刘备的使者就是法正。后来这两个人沆瀣一气，里应外合挖刘璋的墙脚，结果张松事发被杀，法正在刘备军中躲过一劫。庞统死后法正陪在刘备身边参赞军机。后来刘备进攻汉中，法正随军谋划，帮助刘备大破夏侯渊，夺取汉中，立下大功。

汉中战役时，有一次刘备方面形势不妙，应该撤退。但是不知道刘备那天犯了什么轴，逃了一辈子，这次就是不肯退。旁边的人眼看曹操军队的箭射过来，危险异常，没一个敢劝的。只有法正挺身走到刘备身前，把刘备挡在自己背后。"先主云：'孝直避箭。'正曰：'明公亲当矢石，况小人乎？'先主乃曰：'孝直，吾与汝俱去。'遂退。"（《三国志·法正传》）这种战斗中的故事让刘备挺感动。而且说明一个问题，法正的话，无论如何刘备是会听的。

刘备是发自内心地喜欢法正。他死后，刘备立即给予谥号"翼侯"。要知道关羽、张飞在刘备时代都没有谥号，他们的谥号要等到几十年后刘禅来追谥。而给予谥号在当时是对一个人最高的尊重。可见法正在刘备心目中地位之高，可以超过关羽、张飞甚至诸葛亮。那么，刘备为什么那么看重法正呢？

如果说诸葛亮的“隆中对”给刘备指明了奋斗方向，让刘备的人生有了目标的话，那么，庞统和法正就是顺着这个目标把刘备带上成功巅峰的一对翅膀。他们身上有曹操手下郭嘉的影子：“才策谋略，世之奇士。”（《三国志·郭嘉传》）庞统在刘备入蜀的时候为刘备定下取益州的上、中、下三策，刘备依计而行。庞统虽亡，但益州落入刘备之手。法正为刘备定计取汉中，刘备照计而行，打败宿敌曹操。就连曹操都说：“吾故知玄德不办有此，必为人所教也。”（《三国志·法正传》）这两个人帮刘备打开局面立下大功，诸葛亮自己看得最清楚。所以后来法正在刘备手下担任蜀郡太守，在成都对仇人睚眦必报的时候，诸葛亮的态度是默许。有人将法正所作所为告到诸葛亮那里，素来讲求法治的诸葛亮说出了实情：“法孝直为之辅翼，令翻然翱翔，不可复制，如何禁止法正使不得行其意邪！”（《三国志·法正传》）意即刘备有今天都靠了他，哪里敢处罚他啊！

诸葛亮对法正的态度是“虽好尚不同，以公义相取”（《三国志·法正传》），而且诸葛亮自己也“每奇正智术”（《三国志·法正传》）。这从另一个侧面说明，刘备和诸葛亮的关系是尴尬的。因为刘备和法正关系这么好，必然“好尚”相同，可以玩到一起去的才是真正的自己人啊。刘备与诸葛亮玩不到一起去，那就只能“公义相取”，公事公办。所以刘备在诸葛亮面前从来都是一本正经，在庞统和法正面前才会嘻嘻哈哈。

更重要的是，如果抛开《三国演义》认真看《三国志》，你会惊奇地发现刘备对诸葛亮的话几乎是从来都不听。

在襄阳城下，诸葛亮劝刘备攻刘琮，刘备说：“吾不忍也。”（《三国志·先主传》）赤壁之战后，刘备要去东吴结婚，“孔明谏孤莫行”（《三国志·庞统传》），结果刘备还是去了。如果这些事情还是大事的话，那么就连一些小事刘备也不听诸葛亮的。比如，刘备自称汉中王以后，要封关羽为前将军，马超为左将军，张飞为右将军，黄忠为后将军。诸葛亮提醒刘备：“关遥闻之，恐必不悦，得无不可乎？”（《三国志·黄忠传》）结果刘备根本不当回事，回了一句：“吾自当解之。”（《三国志·黄忠传》）就派费诗把这件事给办了。

刘备实际上对诸葛亮是亲之敬之，却又敬而远之，对庞统、法正则是打之骂之，而又亲之爱之。

其实刘备对诸葛亮的定位很明确。早在荆州时期，诸葛亮的职位就是军师中郎将，任务是“督零陵、桂阳、长沙三郡，调其赋税，以充军实”。（《三国志·诸葛亮传》）夺取益州后，诸葛亮由军师中郎将升为“军师将军，署左将军府事”（《三国志·诸葛亮传》）。任务依然没变——“镇守成都，足食足兵”（《三国志·诸葛亮传》）。也就是说刘备时代的诸葛亮相当于曹操麾下的荀彧，负责战略规划、统一筹划后勤事宜以及向刘备推荐人才等工作。至于具体的战役筹划、临阵作战，以及高级官员的委任权，刘备一直都捏在自己手里的。

等到刘备称帝以后，任命诸葛亮为丞相，尚书令却是法正。这就意味着在刘备时代，诸葛亮虽然有参与中枢的录尚书事之权，但是并没有最终决策权。刘备的重要决策会通过尚书令法正颁布，诸葛亮作为丞相只能有行政执行权。所以当关羽失荆州，刘备决定和孙权翻脸时，诸葛亮没有劝说刘备的意思，反而说了一句：“法孝直若在，则能制主上，令不东行；就复东行，必不倾危矣。”（《三国志·法正传》）话里话外都透出对法正的淡淡的嫉妒，和对刘备丝丝的不满。

但是诸葛亮已经没有时间不满了，因为刘备此时已经从猇亭大败而归，躺在白帝城一病不起。他们两个一起创立的蜀汉帝国正在遭受灭顶之灾。诸葛亮正急匆匆地赶往白帝城，去接受刘备给予他的蜀汉帝国执刀人的角色。

白帝城

蜀汉章武三年（223）农历四月二十七日，蜀汉帝国昭烈皇帝刘备在白帝城永安宫去世，享年63岁。使刘备“如鱼得水”的丞相诸葛亮，时年42岁。此时距诸葛亮出山（208）已经过去15年，距他去世（234），还有11年。

诸葛亮一生当中有两次转折至关重要，第一次是他于208年前后走出隆中，为刘备献“隆中对”，并且亲自加入刘备集团与曹操、孙权并争天下，直至刘备去世时（223），“隆中对”中跨有荆、益两州，三分天下的策略一度实现，却又随着关羽、刘备的去世彻底失去统一天下的机会。第二次就是白帝城托孤，刘备在临死之前做了人生中最后也是最对的一个决定——让诸葛亮成为蜀汉帝国的执刀人。

正如前文所说，刘备赋予诸葛亮的权力空前绝后：“君才十倍曹丕，必能安国，终定大事。若嗣子可辅，辅之；如其不才，君可自取。”（《三国志·诸葛亮传》）无论把这个“自取”解释成自立之权还是废立之权，这个权力都已经大到天上了。不要说中国，即使纵观世界历史，也没有一个君主赋予臣子的权力能超过刘备赋予诸葛亮的。

《三国志》的作者陈寿给出过解释：“先主之弘毅宽厚，知人待士，盖有高祖之风，英雄之器焉。”（《三国志·先主传》）也就是说刘备本身的气质决定了他会信任诸葛亮，所以才有“及其举国托孤于诸葛亮，而心神无贰，诚君臣之至公，古今之盛轨也”（《三国志·先主传》）的说法。陈寿这种说法历来被很多人质疑。大家都认为，刘备不会那么信任诸葛亮。为此，研究者举出了很多例子来说明，也出了很多研究成果。但是刘备的做法在当时并非首创，这种

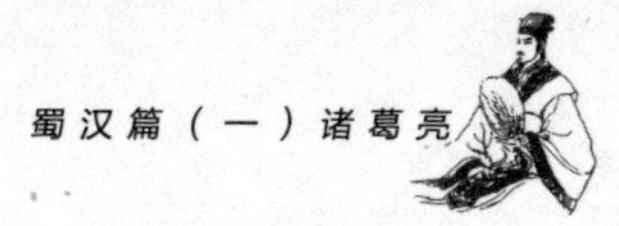

托孤模式的首创者是孙策——孙策临终前可是跟张昭说过：“若仲谋不任事者，君便自取之。”（《三国志·张昭传》）这话和刘备临终前的话简直一模一样。

既然赋予了诸葛亮如此大权，刘备又为什么要起用李严呢？这就需要查看李严的经历和他在刘备去世之后又在干什么。李严被刘备重视是在建安二十三年（218）。这一年刘备的注意力集中在进攻汉中的战役，自己背后却发生了盗贼马秦、高胜等人的叛乱。这场叛乱规模很大，聚合的人有数万之众，却被李严率领5000人击败，在史书上说他“斩秦、胜等首。枝党星散，悉复民籍”（《三国志·李严传》）。李严由此脱颖而出。刘备在临死前将李严召到永安，任命其为尚书令，使李严成为顾命大臣之一。但刘备留给李严的任务却是：“以严为中都护，统内外军事，留镇永安。”（《三国志·李严传》）这两道命令之间是矛盾的，尚书令是皇帝的秘书长，应该待在皇帝身边，而刘备却让李严镇守永安这个地方。

原因是刘备对诸葛亮一百个放心，却有一个担心，那就是诸葛亮选人用人的眼光，尤其是选拔军事将领的眼光。“先主临薨谓亮曰：‘马谡言过其实，不可大用，君其察之。’”（《三国志·马良传附马谡传》）这句话说得无比精准。刘备选李严担心的就是诸葛亮看人不准，用了马谡之类人担当军事重任。刘备走南闯北这么多年，看人的眼光精准，尤其是选拔军事人才。关羽、张飞自不必说，后来的黄忠、魏延也是刘备亲自选拔的人才。临死之前，刘备又提拔了李严，给他守备东方的权力地位，为的就是在临死之前解决蜀国的基本战略防御框架问题。蜀国的敌人有两个——魏国和吴国，防御魏国的要塞是汉中，镇守汉中的大将是魏延，这个人选刘备和诸葛亮都满意，刘备也放心，因为他知道魏延和诸葛亮的关系好，不会有龃龉。防御吴国的要塞是永安，这个地方原本镇守的大将是赵云：“先主不听，遂东征，留云督江州。”（《三国志·赵云传》裴松之注引《云别传》）但是赵云年纪太大，可以一时应急，不能长期戍守。所以就有了对李严的人事安排。尚书令的官职是用来提升李严的地位

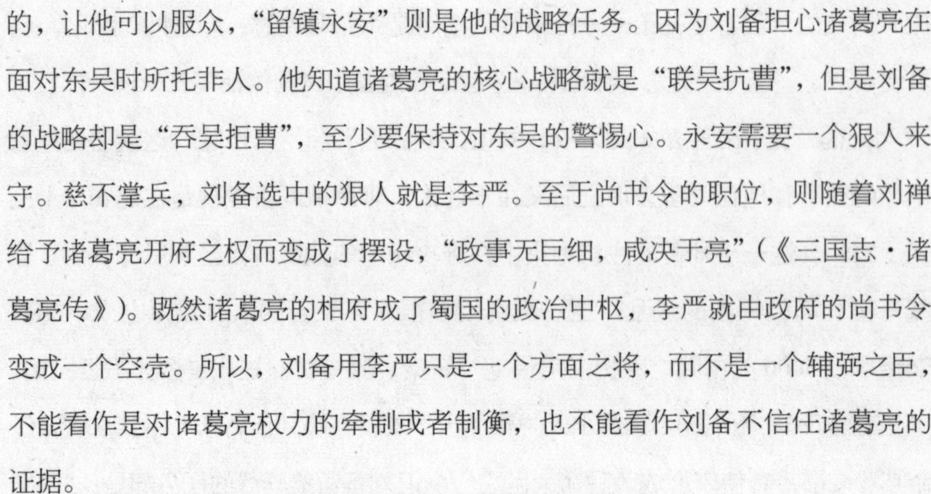

的，让他可以服众，“留镇永安”则是他的战略任务。因为刘备担心诸葛亮在面对东吴时所托非人。他知道诸葛亮的核心战略就是“联吴抗曹”，但是刘备的战略却是“吞吴拒曹”，至少要保持对东吴的警惕心。永安需要一个狠人来守。慈不掌兵，刘备选中的狠人就是李严。至于尚书令的职位，则随着刘禅给予诸葛亮开府之权而变成了摆设，“政事无巨细，咸决于亮”（《三国志·诸葛亮传》）。既然诸葛亮的相府成了蜀国的政治中枢，李严就由政府的尚书令变成一个空壳。所以，刘备用李严只是一个方面之将，而不是一个辅弼之臣，不能看作是对诸葛亮权力的牵制或者制衡，也不能看作刘备不信任诸葛亮的证据。

其实参考同一时期魏文帝曹丕托孤，其留下的是四个人：曹真、陈群、曹休、司马懿（参见《三国志·文帝纪》）；后来孙权托孤留下的是诸葛恪、孙弘、滕胤、吕据、孙峻（参见《三国志·诸葛恪传》）五个人组成的庞大阵容。这样做的目的很简单，就是对辅政大权交给这几个人不放心。而且，人越多，每个人权力就越小，相互之间就会有制衡。只有这样，才能完全保证年幼的帝王可以顺利地度过危险期。那么，如果刘备对诸葛亮有戒备心的话，他是不是也可以组成一个辅政班子呢？当然可以。彼时虽然关羽、张飞、马超、黄忠、法正、刘巴等人都不在，但是并不等于整个蜀汉帝国无人可托。武将方面，刘备和刘禅最信任的救命恩人赵云还在，汉中守将魏延还在，国舅吴懿、吴班兄弟还在。文臣方面，豫州时代就跟随刘备的刘琰还在，荆州时代跟随刘备地位较高的陈震还在，和诸葛亮年龄相仿的廖立也还在。对于这些人刘备都没有给予制衡诸葛亮的权力，只用了一个自己临终前突击提拔，在整个蜀汉集团内被所有人都嫌弃的李严来作为诸葛亮的副手，怎么看都不是牵制。如果害怕诸葛亮废刘禅，那么资历上应该用赵云去镇住场面，保护幼主的安全；如果刘备觉得赵云能力不够，年纪太大，那么还可以用魏延；如果担心魏延与诸葛亮关系太好（后面会具体说），那么当时皇后的自家兄弟吴懿、吴班可以用；剩下的刘

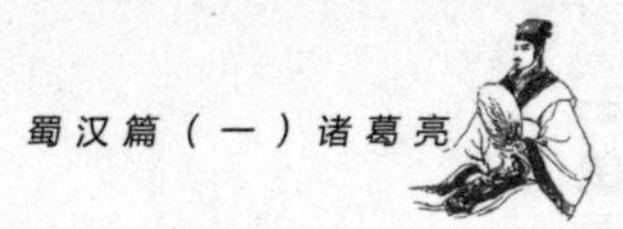

琰、陈震、廖立三个人里面挑两个当和事佬，班子搭起来应该不会太差。

那么，问题又回来了，刘备难道真的只是从道德上对诸葛亮有信心吗？不完全对，他应该是同时对诸葛亮的道德和自己儿子刘禅的能力都有信心。诸葛亮的道德不用论证，刘备和他共事 10 多年，自然非常熟悉诸葛亮的为人处世，甚至有些畏惧诸葛亮的高风亮节和理想主义。需要说一下的是刘禅的能力。刘禅有能力吗？没有，要不然“扶不起的阿斗”这话不可能流传千年，但他在刘备眼里至少有一个能力——听话。这就够了。因为历史上君臣猜忌的根本问题是，君主怀疑臣下要造反，臣下具备造反的能力，进而怀疑君主怀疑他要造反，所以就有了“君疑臣则死，臣疑君则叛”的说法。问题就在一个“疑”字。刘禅是一个听话的孩子，刘备要的就是刘禅听话，他活着听他的话，他死了听诸葛亮的话，那诸葛亮死了呢？孩子你大了，爱听谁的话就听谁的话。刘禅听话的特性，让他和诸葛亮没有产生冲突，这就给了诸葛亮治理蜀国至高的权力和最大的自由。

刘备看得很准，以诸葛亮的才能想要夺下刘禅屁股下的皇位简直易如反掌。而且，此时的刘备对于诸葛亮已经完全没有办法防范了，甚至任何防范一旦让诸葛亮觉得心寒，那么反而会更加刺激他去干掉刘禅。后世李世民对李勣的明用暗防，就是典型的聪明反被聪明误。李世民本来和李勣关系非常好。李勣生病的时候，李世民甚至亲自把胡须割下来烧成灰，给李勣当药引子。李勣对他感激涕零，无以为报。但是，临死之前李世民依然对李勣不放心，一边把李勣贬到外地做官，一边交代儿子李治继位之后把李勣召回来重用，这一招就是权谋。可是结果呢？李勣彻底看穿了李世民的心思，你跟我耍套路，我就跟你儿子耍套路。在李治准备册立武则天为皇后的时候，李勣的“此陛下之家事”一句话，把武则天捧上了皇后位，结果李唐江山几乎易手。

所以刘备的选择是既然防不胜防，那么不如完全不防。况且对小人要防，对君子便无须去防，反而要待人以诚。真诚地把自己的事业和子嗣都拜托给诸葛亮，您看着办吧！这就是陈寿的那句话“及其举国托孤于诸葛亮，而心神无贰，诚君臣之至公，古今之盛轨也”（《三国志·先主传》）的真正意思。刘备做得非常好，诸葛亮则用八个字回报他：鞠躬尽瘁，死而后已。

渡泸水

蜀汉章武三年（223）五月刘备死后，刘禅继位为帝，改元建兴，“封亮武乡侯，开府治事。顷之，又领益州牧。政事无巨细，咸决于亮”。（《三国志·诸葛亮传》）诸葛亮就此掌握了蜀国政权。

这时内外的麻烦开始向三国中最弱小的蜀国袭来。首先，内部不稳，刘备病中和死后，蜀中已经有多个郡开始叛乱：“牂牁太守朱褒拥郡反”。先是，益州郡有大姓雍闿反，流太守张裔于吴，据郡不宾，越嶲夷王高定亦背叛。（《三国志·后主传》）其次，强大的魏国在北方虎视眈眈，原先的盟友东吴在刘备翻脸之后也在东方蠢蠢欲动。整个蜀汉政权由于关羽失败丧失了荆州大片领土，经济实力被严重削弱；紧接着刘备在夷陵大败于东吴名将陆逊，蜀军主力近乎全军覆没，彻底陷入被动。

为此诸葛亮在掌握蜀汉帝国政权后，立即开始采取一系列措施挽救危机。诸葛亮第一个措施就是“遣使聘吴，因结和亲，遂为与国”（《三国志·诸葛亮传》），和刚刚火并了一场的前盟友东吴孙权和好，这样做既是蜀汉政权生存的需要，又是诸葛亮实现北伐战略目标的必要准备。要实现联合并不容易，因为此时东吴名义上已经是曹魏帝国的藩属国。要孙权背弃强大的曹魏和弱小的蜀汉联合，需要一个能言善辩的人去说服。诸葛亮找到一个人——邓芝。邓芝来到东吴给孙权分析了一番利弊，果然完成了任务：“吴、蜀二国四州之地，大王命世之英，诸葛亮亦一时之杰也。蜀有重险之固，吴有三江之阻，合此二长，共为唇齿，进可并兼天下，退可鼎足而立，此理之自然也。大王今若委质于魏，魏必上望大王之入朝，下求太子之内侍，若不从命，则奉辞伐叛，蜀必顺流见可而进，如此，江南之地非复大王之有也。”（《三国志·邓芝传》）邓芝的这番说辞，和诸葛亮赤壁之战前的说辞有异曲同工之妙。他们都抓住了孙权“建号帝王，以图天下”（《三国志·鲁肃传》）的心思，从这个心理基点出发，去认真分析吴国所处的战略环境，申明和魏国联合只能做藩属，只有和蜀国联合才能做皇帝。孙权是想做皇帝的，所以他除了和蜀国联合没有更好的选择。

第二个措施就是南征，讨平叛乱。蜀建兴三年（225），诸葛亮率军渡过泸水，讨伐叛乱诸郡。这应该是诸葛亮此生第二次统兵出征，上一次是和张飞、赵云等人入蜀增援刘备。但那一次主角是张飞，诸葛亮只是辅助。而这次南征诸葛亮是统帅。或许很多人受到《三国演义》影响，认为诸葛亮能掐会算，打仗无敌，但是诸葛亮自己知道，他的军事理论在南征之前还没有经受实践检验。这次南征蜀军打得很漂亮，几个叛乱的头领被诸葛亮轻易地消灭，对南中领袖孟获的七擒七纵，更是深入人心的典故。尤其是这一仗诸葛亮还进一步检验了“攻心为上，攻城为下”（《三国志·马谡传》）的马谡，可谓在实践中安定了后方，锻炼了队伍，发掘了人才，收获满满。

第三个措施就是和曹魏帝国打嘴仗，证明蜀汉帝国的正义性。当时蜀国国力已经衰弱到让老对手曹魏帝国认为没有必要攻打，只需简单劝降。王朗、华歆、陈群为首的这批魏国士族甚至直接写信给诸葛亮，希望蜀国像吴国一样向魏国称藩投降，实现名义上的统一。这些劝降信基本都是说魏国兵力强大，把曹魏对东汉的篡夺美化为上古的禅让，更重要的是这些士族都从曹魏的篡夺中得到了实实在在的好处。他们利用陈群为魏文帝曹丕制九品官人法，通过自身世家大族的地位优势把持曹魏帝国各个郡中正官的职位，获得了比东汉末年更为直接的入仕之路，把持了曹魏的基层政权。在他们眼中，曹魏帝国的这种政治结构正是士族集团向往的天堂，而诸葛亮也是士族集团的一员，和刘备、曹操、孙权这样起于草莽的军阀不同，大家都是读书人，所以他们觉得诸葛亮可以争取一下，反正成本也不高，一封信而已。为此，诸葛亮写了一篇名为《正议》的文章驳斥王朗这些魏国士族。至于王朗看了有没有被气死不知道，但王朗死在 228 年却是事实，可能多少也受点儿影响。在这篇文章里，诸葛亮回顾了刘邦战胜项羽、刘秀打败王莽的光辉历史，缅怀了刘备在汉中击败曹操的伟大功绩，称王朗等人是“所谓徒丧文藻烦劳翰墨者矣”（《三国志·诸葛亮传》）。意思是，这些人把现实说得再好也不如他的理想，因为他心中的理想是不会由于现实的磨难而发生改变的。在诸葛亮心目中，政权存在的价值并不是为少数世家大族服务的。他讲明了自己的理想：“据正道而临有罪。”（《三国志·诸葛亮传》）

那么，诸葛亮心中的正道是什么？曹魏帝国又有什么罪呢？

表面上看，诸葛亮说的正道是恢复东汉王朝的统治。其实不然，因为东汉王朝末年政治腐败，外戚宦官轮流专权，士族势力膨胀，百姓民不聊生。作为诸葛亮这样有理想的政治家，难道他的理想就是恢复这样一个腐朽的王朝？显然不是。诸葛亮在《前出师表》中也说：“亲小人，远贤臣，此后汉所以倾颓也。先帝在时，每与臣论此事，未尝不叹息痛恨于桓、灵也。”（《三国志·诸葛亮传》）可见他和刘备对于东汉末年的政治生态是极为不满意的。他的理想也绝对不是恢复一个行将就木的东汉王朝。

那么，诸葛亮的理想是什么呢？其实也简单：“亲贤臣，远小人，此先汉所以兴隆也。”（《三国志·诸葛亮传》）他所向往的世界是西汉式的政权，要求亲贤臣，远小人。那么，这就涉及一个问题，西汉政权和东汉政权有什么区别？简单来说，西汉是平民建立的政权，给平民留下的机会更多，而东汉是贵族建立的政权，更强调出身、学问，以至于最后出现士族对公权力的垄断。或者说西汉对于所有人的起点是公平的，而东汉则对于所有人的起点是不公平的。

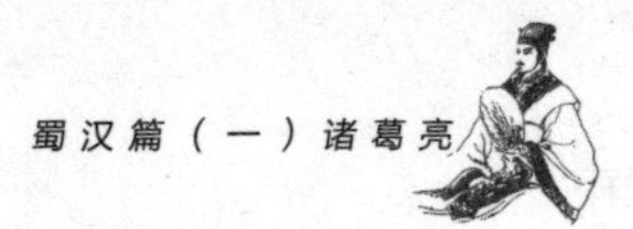

这突出体现在用人问题上。比如，汉武帝刘彻时代的大将军卫青，原本就是一个奴隶出身的人，只能跟母姓。这样一个注定要受到歧视的人，却被汉武帝提拔为汉军统帅，指挥大军在漠北决战中打败匈奴单于，成就“五星出东方利中国”的不世之功。但是贵族们对于这种事情是不以为然的。就连司马迁这样的历史学家都公开承认写得最好的就是《史记》中《李将军列传》这些带有贵族气质的英雄，与之相反，卫青这类平民英雄则遭到了太史公的鄙视。但是，翻开《史记》所载，李广不失败简直没有天理：部队安排随心所欲，既不侦察也不警戒，茫茫大漠竟然不安排向导，导致部队迷路，错过与单于的决战，连对手在哪里都不知道。这样随性的指挥怪不得李广全军覆没，被匈奴人活捉。遍观李广一生，可以说没有一次拿得出手的战役可以证明他的实力，能证明他实力的只有射死匈奴射雕手、射穿石头等一些逸事。而且他还很残忍，曾经杀过800个俘虏，还曾经泄私愤，无故杀死霸陵尉。而卫青和他相比战绩彪炳青史，每次作战砍下的脑袋都在《史记》里记着呢，漠北决战更是巅峰之作。更不用说道德品质上，卫青为人厚道，与战士同甘共苦，在朝廷低调本分。

那么，问题就来了，为什么卫青在司马迁心目中的评价不如李广呢？因为在司马迁看来两个人的出身不同。李广是将门世家，出自北地郡李家，祖上是秦国名将李信，有家学渊源，而卫青只是一个奴隶。不要小看“家学渊源”四个字，在一个知识的主要载体书籍尚不普遍的时代，书籍是奢侈品，没有几代的积累是不可能形成一定气候的。就好比司马迁也是在父亲和祖父等几代人的积累下，才能写出《史记》一样。换句话说，他们通过知识的垄断，企图实现对国家公权力的垄断，而这些人逐渐在两汉之间形成了士族的雏形。而东汉时代刘秀的兴起就是借了士族的东风。他手下的云台二十八将几乎都是士族代表。

士族希望自己做主，皇权尽量不要干涉士族的权力，特别不要干涉士族选官的权力。这一点曹魏的开国皇帝曹丕做到了，于是全体士族一致拥护他代汉。除此之外，士族在政治上的其他诉求似乎不大，只要让他们家族世代有官做，有特权，那么谁当皇帝其实无所谓。

这样一群人是真的会担心天下的兴亡吗？根本不会。只有曹操、刘备、诸葛亮这样的人才会。严格意义上说，他们是一类人，是有理想、有追求、有才能的人。他们的理想就是兼济天下，重建秩序，拯救万民。所以，曹操、刘备才会在乱世中杀出一片属于自己的基业。

诸葛亮也是这样的人。他的理想也是重建秩序，不是东汉的秩序，而是西汉的秩序，因为这种秩序不依赖士族势力。诸葛亮在治理蜀国的时候没有依靠士族的力量，尤其是益州本地士族的力量。相反，他依靠的是秩序的力量，也就是法治的力量在控制着蜀国的上上下下。这一点和曹操的做法其实十分相似。曹操的统治过程也试图把士族撇开，自己另起炉灶，才有了三下《求贤令》，寻求经世致用的人才，而不是世家大族推崇的道德楷模。表面上看，这是选取人才是道德优先还是才能优先的问题，实际上道德优先决定权就把握在地方选举单位手上。因为没有人可以挨个儿去核实这个人的道德是否合格。就算可以做到，道德是否合格也没有办法可以判断。就算可以判断，在实践上也没有办法检验。这就导致道德优先的选人标准变成选官门槛，让寒族人士无法获得良好的评价，从而踏进仕途。

与上相反，如果才能优先的话，决定权就直接被最高权力者掌握。因为一个人是否有相应的才能只取决于最高权力者认定这个人是否有才能，这样一来人才的选拔任用权就直接归最高权力者掌握。所以汉武帝选拔卫青，曹操可以挑选“五子良将”，说到根子上，其实不是制度问题，就是一个权力问题。诸葛亮和曹操一样，用最高权力将重要的人事任免权牢牢地握在自己手里。

但是诸葛亮和曹操又是不一样的，因为诸葛亮写过《出师表》。

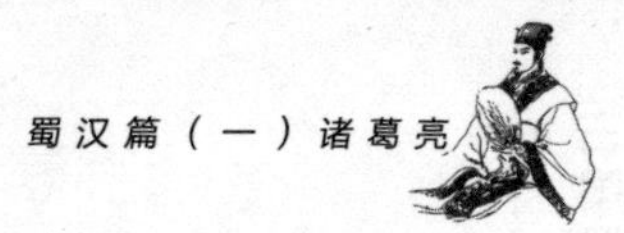

出师表（上）

诸葛亮和曹操最大的区别在于，曹操喜欢发表教令，而诸葛亮喜欢上表章。曹操最著名的文章是《让县自明本志令》，诸葛亮最著名的文章则是《出师表》。令和表在文章体裁上有着本质的区别。所谓令是上级对下级的命令。曹操没有把汉献帝放在眼里，根本不屑于向汉献帝上表，而是直接以上级的口吻发布教令，让下级闭嘴。

曹操《让县自明本志令》的内容是向汉献帝辞让封给他的几个县，但结果是曹操这边辞让了三个县，那边又封了两个县给他的儿子曹彰和曹植。

更要命的是曹操在这份教令中说了这么一句话："设使国家无有孤，不知当几人称帝，几人称王。"（《三国志·武帝纪》）必须承认曹操这句话是事实，但这也是曹操的自我标榜，而且语气傲慢，一股目空一切的霸气和傲气跃然纸上。

这就不是能力问题而是态度问题了。诸葛亮在内心里对曹操的能力是钦佩的，甚至有些自愧不如。《后出师表》里面诸葛亮就称赞曹操"智计殊绝于人"（《诸葛亮集·后出师表》），认为自己"况臣驽下，何能必胜"（《诸葛亮集·后出师表》）。诸葛亮的用兵能力是否比得过曹操另说，态度肯定比曹操要低调。比之诸葛亮的低调，曹操的这种霸气作为一个族群或者一个群体的精神图腾就有问题了。因为曹操过分相信自己的力量，这种人在别人看来，往往是可怕的。为了他的理念不惜牺牲别人的生命，为达自己的目的没有底线，没有原则，只有成败，曹操的屠城（参考徐州）和掘墓（参考摸金校尉）都是没有底线的行为。突破道德律甚至视道德律为无用之物的做法在很大程度上让曹操透支了自己的信用。正如康德所说的，纯粹理想中可以被无视的道德，在实践理想中必须复活。因为生活在现实中的人不能为所欲为，道德的价值在于让人知道有些事情是不能做的。

君子有所为有所不为，这句话里面有所为有所不为的标准就是道德。知其不可为而为之，需要的是理想的激励。让诸葛亮这么做的恰恰是道德的力量和理想的激励。

这两点曹操身上恰恰都很缺乏。曹操缺少道德的约束，很多事情的处置凭借自己的才能去做，过分信任理性的力量，几次颁发举贤令，甚至鼓励不仁不孝但有能力的士人入仕。有人认为曹操的这一举动实际上是对抗东汉末年形成的功利主义道德律。这种道德律的基础其实就是："善有善报，恶有恶报，不是不报，时候未到。"信黄巾军也好，信孔子也罢，都必须相信这一条，于是才会有东汉末年的一系列道德秀。

曹操比纯粹的功利主义道德律要高一级。他偏偏不信这一套，我行我素，任人唯贤。他是看穿了这种道德律的虚伪，实质上就是利己主义。那么既然这样为什么不把道德律的外衣彻底剥掉，来一个更为彻底的利己主义呢！这就是曹操建立在纯粹理性基础上的利己主义来源：既然约束自己的道德面纱愚不可及，那就干脆不要约束，为所欲为。只要最后的结果是统一天下，那么过程中的问题都可以视而不见，听而不闻。结果曹操的做法遭到了几乎所有人的反对。他统治的曹魏根基不稳，从根本上说，就是这种过于简单的利己主义做法让所有人都缺乏安全感和认同感。因为一旦自己被曹操视为挡路人，那么就没有什么可以拯救他了，包括曹操最重要的谋士荀彧。更重要的是曹操这样的做法根本目的性并不明确。如果说唯才是举是为了统一天下的话，那么统一以后的天下是什么样子，曹操没有想，或者说来不及想。如果统一天下是为了让曹操继续为所欲为，那么这样的天下统一了只对曹操和他的家族有利，于其他人，尤其是其他士族不利，那么大家为什么要帮他？所以曹操后期的兼并战争得不到

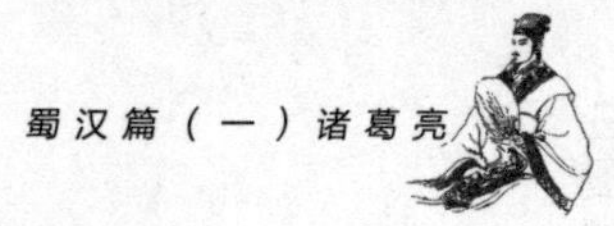

士族的支持，打得极其艰难。可以说，这是他道德哲学的失败造成的。

也许有人会认为，曹操的唯才是举实质上是科举制的提前实践。但坏就坏在“提前”这两个字上。科举制建立的基础必须是读书人数量的大量膨胀，而读书人必须有书可读，才能叫读书人。东汉末年虽有纸张，但并未普及，更没有印刷术，书都稀有，读书人更罕见。所以中国的科举取士这种相对公平的制度直到宋代才真正意义上建立起来（唐代的科举其实也是对士族的一种妥协）。曹操的“唯才是举”实际上在魏晋时代离开了他自己超强的能力是办不到的，所以这种建立在个人素质基础上的制度必然破灭。

“鞠躬尽瘁，死而后已”八个字出自诸葛亮的《后出师表》。出师表本来就有两篇，除了《前出师表》之外，还有一篇《后出师表》。有人曾质疑《后出师表》是一篇伪作，理由说了很多，但是有一点，没有人否认“鞠躬尽瘁，死而后已”这八个字是诸葛亮一生最好的写照。

诸葛亮这句话是写在奏表里跟当时蜀汉帝国皇帝刘禅说的，他和刘禅的关系，刘备临死前做了规定，要刘禅对待诸葛亮像对待父亲一样。这番话是相父向当儿子的表忠心。在此之前的《前出师表》又在不停地用“先帝”来教训“今上”，摆出的就是一副“仲父”的态度。由此，许多人就认为这两份表不是同一个人的作品。

这实际上是把两份表的时间给弄混了的缘故。《前出师表》的时间是确定的，也就是诸葛亮第一次出兵北伐时。《后出师表》的时间应该是在第一次出兵北伐之后。两次说话的心态不一样。第一次北伐前，诸葛亮没有正式在战场与曹魏交过手，所以心态更为乐观一些。但是，当第一次北伐在优势兵力之下被对手挫败之后，诸葛亮才真正意识到北伐的困难，所以语气愈发低调。

这里需要讨论的是《出师表》本身的价值。诸葛亮的道德行为比纯粹的理性主义者曹操或者功利主义道德律都高上一筹的地方在于他达到了两者之间的平衡点。诸葛亮是建立在理性认识上对道德规范行为的自我认同，即孔子所说

“从心所欲不逾矩”。在诸葛亮的心目中，道德律和理想主义是相辅相成的。所以在实际操作过程中，诸葛亮既实事求是，坚持底线，又同意变通，不墨守成规。

这是极难达到的境界。诸葛亮强调道德，并不是向东汉末年的传统投降。恰恰相反，诸葛亮的某些做法可能比曹操还要狠。他当时的地位在蜀国已经没有人可以对其加以限制监督，那么，他只能自己监督自己，甚至监督皇帝。《前出师表》中写道：“宫中府中，俱为一体，陟罚臧否，不宜异同。”所谓宫中指的是皇宫，代指的是当时蜀汉帝国的皇帝刘禅，府中指的是诸葛亮自己的蜀汉帝国丞相府。因为刘禅给了诸葛亮独立开府的实权，他能够建立自己的办公机构，统领蜀国国政军务。明白了这两个称谓就会发现后面的三句话实在是“大逆不道”，因为这三句话的意思翻译过来就是：皇帝和丞相必须政出一门，不能政出两门。既然现在我诸葛亮是摄政，那么我说了算。你皇帝刘禅必须和我诸葛亮保持一致，不能另立中央。这三句话直接否定了刘禅有干政的权力。后面又加了一句：“若有作奸犯科及为忠善者，宜付有司论其刑赏。”这还是专制社会？刘禅这个皇帝可能比橡皮图章还不如，因为他已经没有了盖章的权力——诸葛亮直接剥夺了刘禅作为君主最大的权力：赏罚二柄（也就是韩非子最为推崇的君主权力）。要知道曹操在受封为魏王之前，封赐手下还都要以汉献帝的名义进行，而诸葛亮基本自己就搞定了。刘禅基本上只能被称为“寓公”。

他的前《出师表》并没有给后主刘禅规定什么事情可以做，什么事情不能做，而是向刘禅提出了他的标准：“亲贤臣，远小人。”这个标准对后世影响极大。尤其是诸葛亮在明代被《三国演义》神化以后，以至于明末党争的双方都急着给对方扣上小人的帽子。但实际上诸葛亮语境中的小人是有一定指向性的——特指没有读过书、非通过正常途径获得权力的人，尤其指的是宦官群体。因为诸葛亮的《前出师表》里给刘禅推荐了一系列人才，并做过说明：“侍中、侍郎郭攸之、费祎、董允等，此皆良实，志虑忠纯。”（《三国志·诸葛亮传》）

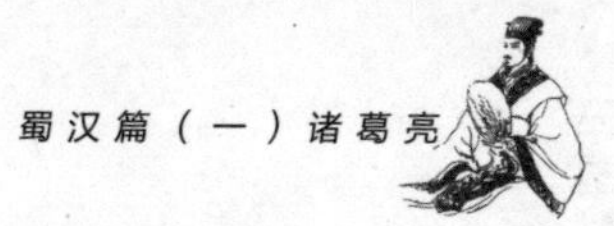

可见诸葛亮眼中的贤臣必须是有道德的，所谓“良实（忠良诚信）、忠纯（忠诚纯洁）”都是道德判断，强调的都是忠诚。即便是对军事统帅的要求也是道德律在前：“将军向宠，性行淑均。”（《三国志·诸葛亮传》）这里的“淑均”意思是行为公正，也是强调道德。正因为诸葛亮治理下的蜀国首先强调的是道德，所以蜀国在三国里实力虽然最弱，但一直不缺乏为国献身的忠臣，即使是魏延这样被描述为“反骨仔”的坏人，在正史《三国志》中也从来都没有企图举兵反叛蜀国，最多不过泄私愤而已。

某些人认为的道德靠不住，但制度又靠得住吗？一味地要求制度负责，或者把问题推给制度原因，其实并不能解决任何问题。有人还在拘泥于德治与法治之争，而诸葛亮早已经跳出其外，真正的办法必须是人人都动起脑筋，负起责任，共同为了解决问题贡献智力，共同为了理想的目标努力奋斗。所以《前出师表》的最后诸葛亮对刘禅说了这样一句话：“陛下亦宜自谋，以咨诹善道，察纳雅言。”意思是，真正背负道德和理想的人，更要靠自己解决问题，但解决问题的过程需要多方听取意见，不能妄自尊大。低调踏实，坚定不移，这面中华民族的精神图腾，被诸葛亮的《前出师表》深深地植入体内。

出师表（下）

诸葛亮胸襟气度，千古之下无人能及。最让人敬佩的是诸葛亮对自己理想的坚持，这种坚持是建立在对现实做出理性判断的基础之上的。

当时出师讨伐曹魏，成功的可能性大吗？很小，几乎没有。因为中华民族的发源地是黄河流域，两汉以来的经济重心一直在中原大地。经济重心意味着更多的人力、财力、物力，也就意味着更多的军力。这个世界上以少胜多一直是旁门左道，以多胜少才是用兵正道。那为什么还要北伐呢？诸葛亮的《后出师表》里面一开始就说明了理由：“先帝虑汉贼不两立，王业不偏安，故托臣以讨贼也。”这就是说北伐是蜀汉政权存在的唯一理由。不两立，不偏安，就必须消灭对手曹魏。如果不打曹魏，或者消灭不了，怎么办？也很简单：“然不伐贼，王业亦亡，惟坐待亡，孰与伐之？”换句话说，你消灭不了曹魏，曹魏就会来消灭你，这是你死我活的斗争，没有妥协余地。既然不能共存，那就打吧，打的胜算又有多少呢？几乎没有。因为话都说得很丧气了，与其坐等被灭，不如主动进攻。怎么看都不是一个有信心的说法。所以后世很多人因为这种语气和《前出师表》的差异，不符合后世对诸葛亮不断圣化的要求，再加上陈寿编《诸葛亮集》时，也没有把这篇文章收录进去，从而否定了《后出师表》的真实性。

最早记录《后出师表》的是裴松之的《三国志注》。裴松之已经写得很清楚了，这篇文章是张俨自己默写出来的。和《前出师表》不一样，这篇《后出师表》没有公开发表。因此陈寿也就没有可能把这篇文章收入《诸葛亮集》。但是，陈寿没有收录，不等于不存在。默写这篇文章的张俨就是诸葛亮时代的人，确切地说是诸葛亮同时代的吴国人。他是诸葛亮的侄子诸葛恪的好友。他把这篇文章记录在他的《默记》一书里。后来这篇文章被编写《汉晋春秋》的晋人习凿齿收入，裴松之又把这篇文章编进了他的《三国志注》里面，这就是《后出师表》的来历。

这里面也存在一个问题，那就是诸葛亮的这篇文章为什么在蜀国没有被陈寿看到，反而被吴国的诸葛恪拿出来发表？一种可能是，这份《后出师表》是诸葛亮写给皇帝刘禅的秘密表章，而不是公开檄文。因为《后出师表》的年代很明显是在第一次北伐失败以后，所以语气不如《前出师表》豪迈，更多的是对事实的陈述，是对失败可能性的分析。所以在蜀国这份表章属于秘密文件，陈寿没有看到也是可能的。那么，诸葛恪是如何得到的呢？这个就必须说一下三国时代的信件传递问题。前面提到过诸葛亮和魏国的王朗、陈群都有通信往来，和吴国的通信往来应该更为密切。一来诸葛瑾和诸葛亮是亲兄弟，二来诸葛亮早年无子，诸葛瑾将自己的儿子诸葛乔过继给诸葛亮。诸葛亮 40 多岁的时候有了亲儿子诸葛瞻，诸葛亮的爵位由亲儿子诸葛瞻继承。等到后来诸葛恪全族在东吴被屠杀，诸葛乔的后裔又继承了诸葛瑾家的香火。所以双方文书往来频繁是非常正常的。陈寿编辑的《诸葛亮集》里面有多篇写给诸葛瑾的信件文书，内容也有多篇涉及军机，因此这篇《后出师表》很可能也是诸葛亮随着信件一起寄给自己兄长的。诸葛瑾有机会拿得到这篇文章，诸葛恪就有可能拿得到，张俨就有可能看得到，也就是说这篇文章的真实性是存在的。

真正最早质疑这篇文章是否属于诸葛亮所写的是清朝人钱大昭的《三国志辨疑》。他举出了《后出师表》文章里面的几个问题，其中最明显的一个是赵云的生死时间:《后出师表》写于第二次北伐之前，第二次北伐应该是在建兴六年十一月，而《三国志》记载赵云死在建兴七年，但《后出师表》中说赵云已死，与《三国志》记载矛盾。这个问题其实应该变通看待。第二次北伐是诸葛亮历次北伐中失败得最快的一次，在陈仓城下攻了二十几天，就退兵了。但其后在建兴七年，诸葛亮马上进行了第三次北伐，这一次收获很大，一举夺下武都、阴平两个郡的地盘。因此,《后出师表》是在这两次北伐期间完成，恰恰能说明这篇文章的语气和心态。至于表文的确切成文时间，现在不可考，但仅仅因为赵云去世的记载存在矛盾就轻易地否认文章的真实性，过于片面。

况且《后出师表》文章非常精彩，对时局的分析入木三分。对古文的态度应是在残章断简中寻觅文明。这篇《后出师表》无论真伪与否，其中“鞠躬尽瘁，死而后已”一句绝对是诸葛亮一生的光辉写照。《后出师表》写出了蜀汉失败最大的可能性是“欲以长计取胜，坐定天下，此臣之未解一也”。也就是说坐着不动就是大错。为此，诸葛亮把王朗当作反面教材拿出来调侃一番，说他：“今岁不战，明年不征，使孙策坐大，遂并江东。”当年王朗做会稽太守的时候实力比孙策强，可惜就是不会打仗或者说不想打仗，结果死路一条。同样的道理，蜀国国力弱小和强大的魏国对耗下去也是死路一条。

既然打不打已经不是问题，那么问题就在于打不打得赢。很遗憾，诸葛亮的结论是很可能打不赢。夸敌人的常见，但是把敌人夸成军神的不多见。不光诸葛亮自己夸，还把刘备拉出来一起夸："先帝每称操为能，犹有此失，况臣驽下，何能必胜？"甚至为了夸曹操，不惜把自己比作驽下的劣马。从《三国志》本身的记载来看，在军事方面，曹操的成就远比诸葛亮大。曹操以募兵起家，先在袁绍手下，然后抓住青州黄巾军攻打兖州的契机，一举占领兖州，成为一方军阀。其后曹操历经坎坷，最终击败袁绍，一统北方，或者用诸葛亮的话叫作："伪定一时。"这里提到曹操，诸葛亮是什么意思？那是因为东汉末年天下大乱，没有人会想到这个阉宦遗丑可以最终成就大业，当时人们看好的是袁氏兄弟这样的名门望族。曹操作为东汉王朝的最后一任执刀人，他的出现实际上是历史的偶然。这个偶然的实现完全靠的是曹操自己的努力逆天改命。所以陈寿在《三国志》里称赞曹操是："非常之人，超世之杰矣。"（《三国志·武帝纪》）。男子汉大丈夫，生于斯，长于斯，行于世，就应该跟曹操那样凭着本事创出一番事业！方可俯仰无愧于天地之间。

况且这个世界上的事情本来就说不准，刘备就是从这个说不准中获益的。正如《后出师表》所言："昔先帝败军于楚，当此时，曹操拊手，谓天下以定。"回想一下208年赤壁之战前，谁能想到刘备集团竟然还有活路，而且十几年后还活得这么好。所以没什么好想的啦，直接去干吧！——"凡事如是，难可逆见"；带着一种不计较成败的态度去干！——"臣鞠躬尽力，死而后已"；至于最后干成什么样子，不再去计较，只是踏踏实实地做好每一件事！——"至于成败利钝，非臣之明所能逆观也"。

计划已经定下，决心已经表明，成败非能预料，北伐就准备开始！

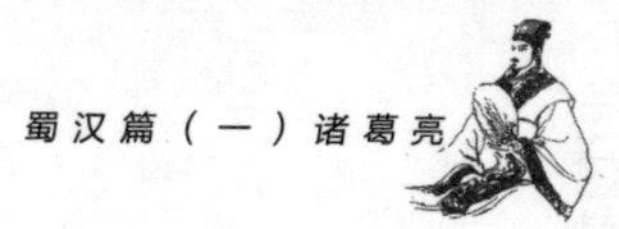

屯汉中

既然上了《出师表》，那么北伐就要准备开始。诸葛亮对北伐的态度是非常谨慎的，特别是第一次北伐。建兴五年（227），诸葛亮进驻汉中，积极准备北伐魏国的军事行动。军事行动的准备是以人才安排为优先的。为此诸葛亮把当时蜀国最好的人才都汇集到了北伐的前进基地汉中。

首先，诸葛亮这次出征把蜀国当时资格最老的军头赵云带在身边。建兴元年（223）赵云已经由翊军将军升为征南将军，后又被升为镇东将军，当时蜀国政权中只有前将军李严和后将军刘琰比赵云地位高。另外，诸葛亮还重用了另一个重要将领魏延，魏延在刘备时代就已经是镇北将军，所以诸葛亮给魏延的待遇是："更以延为督前部，领丞相司马、凉州刺史。"（《三国志·魏延传》）这意味着诸葛亮将魏延由蜀汉政府的镇北将军改为自己丞相府麾下的直属僚佐，并且是武官僚佐之首的司马。魏延同意在诸葛亮的相府里任职，实际上就是对诸葛亮蜀汉领导地位的认同，也是对两个人关系的认同。这里需要说明的是，诸葛亮给赵云、魏延安排的位置并不相同。从亲疏关系来看，和《三国演义》描绘得完全相反，诸葛亮应该和魏延更亲，和赵云相对疏远，因为诸葛亮安排魏延进了自己的相府，而赵云没有。从隶属关系来看，赵云和诸葛亮地位相当，都是朝廷臣子，但是魏延则不仅是朝廷臣子还是诸葛亮的私人幕僚。相对而言，诸葛亮和魏延的关系肯定是更亲密的。而且这个安排也是合乎情理的：从年龄上来讲，赵云的年龄比诸葛亮大得多，而魏延和诸葛亮年龄相近。从储备人才和使用人才的角度来看，魏延可用的时间更长，赵云当时已经风烛残年，且在建兴七年也就是诸葛亮北伐后的第二年就去世了。从乡亲角度来说，魏延是荆州义阳人，投奔刘备的时间和诸葛亮差不多同时，荆州是诸葛亮的第二故乡，两者有共同语言。而赵云是河北常山人。这种地域上的差异在传统社会容易造成人与人之间的隔膜。第三也是最重要的一个问题，诸葛亮用人的原则必须是这个人心存汉室，这一点在后来的姜维身上体现得更为明显，在魏延这里也有体现，他们对于诸葛亮的这个政治目标毫不怀疑。但赵云不是，赵云对蜀汉帝国的忠诚是对刘备、刘禅父子的忠诚，这里面有一些细微的差异。简单说就是，诸葛亮、魏延、姜维都是忠于理想的人，赵云则是忠于个人的人。

与此同时，诸葛亮也对相府文官僚佐之首的长史做了安排，后来接任的蒋琬和诸葛亮相府长史向朗、张裔“统留府事”。(《三国志·蒋琬传》)另外一个影响北伐的重要人物马谡，此时也在诸葛亮相府中任参军。诸葛亮对马谡寄予厚望，马谡自己深知这一点，他在临死之前给诸葛亮写的信里面就提到了一句话：“明公视谡犹子，谡视明公犹父。”(《三国志·马良传》)这话说得有点儿奇怪，因为马谡死的时候是蜀建兴六年(228)，那一年他 39 岁，而诸葛亮才不过 47 岁。称诸葛亮是兄长可以理解，称诸葛亮是父，是不是在年龄上有点儿过了？当然不是，马谡这里自称“子”是以诸葛亮的事业继承人自居，而这一点诸葛亮是认可的。诸葛亮的接班人应该是一个团队，其中包括好几个人，比如主持全面工作的蒋琬，负责方面军事的魏延，以及马谡。那么马谡的定位应该是什么呢？儒将。三国时代的执刀人都是儒将，比如与诸葛亮同一时期魏国的司马懿以及吴国的陆逊。他们的特点都是读书人出身，先理论后实践，通过学习和战争成长为名将。诸葛亮给马谡的定位就是蜀国的司马懿、陆逊。

实际上，进入三国时代后的统帅级人物不再是出身行伍的战将，而多是从文官转任的儒将。东汉末年的万人敌已经不见踪影了，过去那种关羽、张飞、张辽式的冲阵，已经被将领指挥下的大兵团对决取而代之。这是因为群雄混战的时代没有人能够保证自己能在一个地方统治多久，部队的构成也多是本土临时征召的农民。到了三国时代真正开始，每个国家对自己的领地已经至少统治了5年以上，于是部队开始变得专业化，也让儒将成为战场主角变得可能。刘备在猇亭和陆逊对决就怎么也看不起陆逊，认为对手是一个书生，但是战争已经变了，刘备过去依靠关羽、张飞冲锋陷阵式的打法已经攻不动陆逊的阵地，于是只能持久作战。刘备中了陆逊的计策，最终惨败。可以说猇亭之战，奠定了三国时代作战的基本模式——大兵团作战。

诸葛亮是顺应这一趋势的先驱者，马谡则被他当成了能力可以和陆逊相媲美的蜀国儒将代表。因为马谡拥有很高的参谋水平，南征孟获的时候一句“攻心为上”就是明证。

人配齐了，下一步就是制订作战计划。刘备死后蜀国多年在魏蜀边境都没有任何军事行动，所以诸葛亮第一次北伐可以利用战场环境达成战略突然性。诸葛亮将作战行动目标定为什么地方是首要问题。看过《前出师表》的人很可能会认为诸葛亮的战略目标就是长安，“还于旧都”嘛！甚至魏延也是这样想的。于是他提出了一个把作战目标盯在长安的计划——子午谷奇谋。

“闻夏侯楙少，主女婿也，怯而无谋。今假延精兵五千，负粮五千，直从褒中出，循秦岭而东，当子午而北，不过十日可到长安。楙闻延奄至，必乘船逃走。长安中惟有御史、京兆太守耳，黄门邸阁与散民之谷足周食也。比东方相合聚，尚二十许日，而公从斜谷来，必足以达。如此，则一举而咸阳以西可定矣。”（《三国志·魏延传》）

这个计划很有想象力，而且有可行性。魏延的这个计划是建立在对当时曹魏西北军事布局充分了解的基础上：首先，夏侯楙是一个草包兼纨绔子弟，这类人面对危险逃跑的可能性很大，魏延的设想有可行性。其次，由于魏国对蜀国这些年来几乎没有防范，整个西部战区的兵力分散且不足。当时魏国西部最好的将领雍州刺史郭淮的布防重点是武都、阴平以及祁山一线。他的防御重点在上邽城，扼守的是秦岭间相对最宽阔的陈仓道。魏延选择的子午谷道不是郭淮的防区，属于夏侯楙管辖，战略的突然性将会让魏延的部队给魏军造成巨大的心理震撼。一旦魏延能够拿下长安，这种心理震撼就会加倍，整个魏国西部防线将会彻底崩溃。

但是魏延的这个计划也有问题——太冒险。冒险并不是在于行动中，而是在于即使魏延的一切计划都顺利完成，甚至夺下了长安也不能守住。因为魏国的军事设置是内重外轻，魏国最精锐的部队部署在洛阳附近，而洛阳到长安肯定比魏延走子午谷要快。也就是说魏延即使占领了长安，他面对的将是曹魏最精锐中军的全力进攻。而且长安虽然容易占领，但是潼关却不容易占领。因为曹魏把潼关划入了司隶校尉辖区，一旦出现占领长安却占领不了潼关的情况，那就意味着魏延基本上是等着被曹魏大军消灭。诸葛亮进攻陈仓道，出兵面对郭淮也未必那么容易。起码 10 天之内诸葛亮肯定拿不下上邽。那就意味着魏延的 1 万孤军将面对曹真的 10 万雄兵。即使魏延再善战，最多也只能固守长安，形成相持。这样蜀军将被魏军分割为两部，中间相隔 800 里秦川，无法相互援救。曹真可以把魏延围起来慢慢吃掉。由于时间有限，魏延几乎不可能在十几天内完成防御工事。魏延的军队被击败，甚至被全歼，都是大概率结局。所以魏延的计划即使成功，也无法取得最后的胜利。

更重要的是诸葛亮本次北伐的战略目标也不是长安，而是陇右："亮以为此县危，不如安从坦道，可以平取陇右，十全必克而无虞，故不用延计。"（《三国志·魏延传》）

诸葛亮不是要"还于旧都"吗？怎么不去长安，而去陇右呢？因为他知道曹魏不是那么容易被干掉的。曹魏帝国历经武皇帝曹操、文皇帝曹丕两代经营，在地盘上占据了东汉十三州中凉州、兖州、豫州、徐州、青州、冀州、幽州、并州和司隶校尉辖区全部，以及扬州的江北部分和荆州襄阳一线，三分天下有其二，绝非虚言。在人口上，曹魏帝国更是超过蜀汉、东吴数倍。单纯就军队而言，诸葛亮最多能从蜀国带出 10 万大军，而曹魏有 40 多万大军，西线兵团加上中央军团总数轻松超过 20 万人。面对如此强敌，诸葛亮的计划先占领陇右

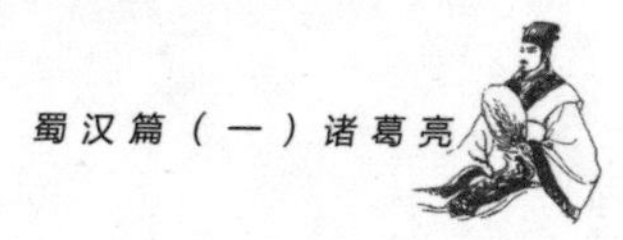

就可以理解了。

曹魏立国靠的是关东士族的支持，王朗、钟繇、司马懿、陈群这些人的老家都不在陇右。曹魏实际控制这一地区的时间很短，加上这个地方羌人和汉人杂居多年，曹魏的实际统治力量相当薄弱，且和当地士族离心离德，所以蜀汉帝国攻击这个地方，恰好是打在了曹魏的软肋上。

但是即使是软肋，曹魏的实力依然远远强过蜀汉。诸葛亮第一次用兵，在战场上和曹魏交手，还要采取更多的策略来削弱对手。

战街亭

诸葛亮北伐时，已经不再拘泥于“隆中对”的战略计划，而是根据当时的天下形势，制订了新的作战计划。他的策略是通过多方面误敌，造成自己在凉州方向的兵力优势，一举夺取凉州诸郡以及河西走廊。下一步将可以统合益州、凉州之力，向东徐图恢复关中。只要蜀军能够拿回关中，凭借崤函之险、蜀中之力和曹魏东西对峙，等待时机，才能一举夺回曾经属于大汉王朝的天下。

这个计划应该在刘备时代就已经开始酝酿。建安二十年（215），刘备已经获得益州，孙权想要根据以前的约定从刘备手中拿回荆州。刘备用了这样一段话搪塞：“须得凉州，当以荆州相与。”（《三国志·先主传》）这话引得孙权大动干戈，差点儿直接和刘备发生冲突，最终还是刘备割让湘江以东的江夏、长沙、桂阳三郡，才告结束。那以后刘备出兵尽全力拿下汉中，下一步的战略目标很有可能就是凉州。

此时诸葛亮出征北伐，面对的战略形势比刘备时代更为险恶。所以诸葛亮必须想尽办法让魏国分散兵力，使其不能集中起来对付蜀军的进攻。为此，诸葛亮出了两招。

第一招，策反孟达。孟达本来是蜀国将领，后来因为关羽和刘封的原因，感觉不受刘备信任，背叛蜀国投靠了曹丕，而且还颇受曹丕重用。曹丕死后，孟达又觉得曹魏不好待，而且他和诸葛亮、李严关系不错，看到李严在蜀国颇受重用又想反叛回来。诸葛亮为此写了一封信给孟达，信中有这么一句："寻表明之言，追平生之好，依依东望，故遣有书。"（《诸葛亮集》）这话前两句说的是一种状态，表明是在追求一种美好的东西，第三句特别暧昧，"依依东望"，已经不像朋友间眷恋而像情人间的依依不舍。这些话妙就妙在即像什么都说了，又像什么都没有说。既可以看作是诸葛亮在引诱孟达背叛——你看我都对你依依东望啦，你要是愿意来投奔，我肯定举双手欢迎啊！又可以看成是诸葛亮在期待孟达回信——依依东望，望的就是你孟达的回信啊！诸葛亮这样做的目的就是让孟达自己去想，自己折腾，从而可以分散曹魏帝国中央，尤其是此时驻扎在荆州宛城一线司马懿数万精锐部队的注意力。如果蜀军北伐，司马懿的部队可以通过武关、蓝田西上长安支援，对蜀国作战。然而，一旦孟达反叛，司马懿的精锐就要进入新城郡、上庸郡的山区平叛，蜀军的作战压力将会锐减。至于孟达的胜负，那就要看他自己的造化了。按理说新城地方偏远，易守难攻，司马懿长途远征，即使能胜也要费一番力气。

第二招，赵云出斜谷。斜谷谷口就是郿县，郿县往东不过百里就是长安。赵云这支部队的作战目的是希望通过斜谷道方向的积极行动，拖住驻扎在长安的魏军主力部队，为诸葛亮率领的蜀军主力拿下陇右争取时间。这里选择赵云的原因应该是赵云为人"严重"，且在天下颇具声望。既然这样，那就是用来做诱饵的最佳选择。

随后，诸葛亮令旗一挥，蜀国北伐大军大举越过秦岭，"戎阵整齐，赏罚肃而号令明"（《三国志·诸葛亮传》），很快按照计划夺下魏国南安、天水、安定三郡，割断了凉州与曹魏中央政府的联系，把魏国的雍州刺史郭淮困在上邽一

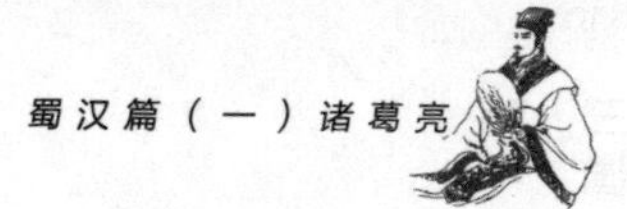

带，“关中响震”（《三国志·诸葛亮传》）。诸葛亮此时的想法是让赵云继续在斜谷威胁长安，让曹魏大军不敢轻易地放弃长安向西反扑，自己则利用曹魏帝国犹豫的时间，安抚以得诸郡，堵塞陇右道路，构筑防御工事，巩固既得地盘。

只可惜诸葛亮的对手是曹真，他并没有上当。

历史上的曹真，可谓一代名将，排兵布阵能力绝不在诸葛亮之下。甚至从诸葛亮前几次北伐的结果来看，诸葛亮面对曹真时几乎没有获得太多战果。赵云兵少，当然也打不过曹真，在斜谷被曹真击败：“云、芝兵弱敌强，失利于箕谷，然敛众固守，不至大败。”（《三国志·赵云传》）曹真在箕谷堵住赵云的兵力并不多，甚至有可能比赵云的兵力还少。因为诸葛亮后来曾写过这样的话：“大军在祁山、箕谷，皆多于贼。”（《三国志·诸葛亮传》）可见曹魏中军的战斗力是很强的。当年在当阳长坂追着刘备到处跑的虎豹骑，现在依然可以劣势兵力抵挡住赵云的进攻。

当然，斜谷并非主要战场，曹真既然没有在这里投入多少兵力，那么他的主力去哪里了呢？曹真把 5 万主力交给了名将张郃，用来打通陇右通道，恢复所失诸郡。张郃是曹操时代就为曹魏效力的名将，曹操曾把他比作韩信。赤壁之战后，张郃长期在关陇汉中一带任职，曾在曹操、夏侯渊麾下，讨伐马超；也曾在巴中和张飞大战；更曾在汉中临危受命，总督全军抵御刘备。张郃可谓身经百战，对关中地理、地势更是十分熟悉。当得知诸葛亮出祁山、赵云出斜谷时，曹真就意识到了蜀军的攻击有主有次，主力在诸葛亮手中，赵云这里是偏师。

诸葛亮却突然做出了一个让他后悔一辈子的决定——“使马谡督诸军在前”（《三国志·诸葛亮传》）——启用马谡为先锋大将！这个决定很奇怪。因为早先在汉中的时候，诸葛亮是让魏延担任“前部督”，马谡的工作是参军，这个安排才是合理的。此番临敌对阵，突然用马谡换下魏延，理由是什么呢？史书的说法是：“亮违众拔谡，统大众在前。”（《三国志·马良传》）也就是说，没什么正当理由，就是诸葛亮很任性且违背众人意志，一定要用马谡。第一次北伐初期的胜利，让诸葛亮的头脑也有些膨胀，而且诸葛亮认为之后打仗是儒将的天下，自己也要有接班人，此番兵力又多于魏军，让马谡这个有着丰富理论经验的人，如果在实践中得到检验，岂不是能成为蜀国的陆逊？即使有问题也没关系，要知道马谡只是率领主力在前，诸葛亮自己就在不远处压阵呢！

可惜第一次北伐的时候诸葛亮的用兵经验也不足，开始阶段的顺利让他觉得实际作战和运筹帷幄差别不大：你看，一个“依依东望”就把司马懿几万精锐调入了新城大山里；子龙一队疑兵就拖住了曹真的主力；剩下了张郃的偏师，那是张飞在巴西的手下败将，马谡统领蜀军主力以多打少，可以一举获胜。于是，他把主力5万多人也交给了马谡，让他前往街亭，扼守通往陇右的大道，抵御张郃的进攻。反正也不用打败张郃，只要占据街亭，守住就行，那换谁去守不是守？这么好的机会就交给马谡吧。

双方在街亭遭遇了。街亭县在西汉时属于凉州天水郡，名为“街泉”，到东汉时属于凉州汉阳郡，改名为“街泉亭”，曹魏时属新设的雍州广魏郡，改名为“街亭”。这个地方是六盘山的山口，东西走向的大道从山中穿过，是从关中通往陇右的必经之路。马谡到达街亭的时间比张郃要早。在视察了地形后，他决定“依阻南山，不下据城”（《三国志·张郃传》），也就是说他没有在街亭的要隘和道路修建防御工事，反而把部队摆到了南山上。

当时马谡的手下王平就觉得不行，劝马谡不能“舍水上山”（《三国志·王平传》），自取死地，马谡不听。但他的理由绝对不是《三国演义》里面的几句兵书，而是他从书中认识的街亭。街亭西汉的时候叫街泉，这意味着这旁边的山上必然有泉水。有泉水，就不愁水源。然而，马谡却忽视了他尚未找到山泉所在，况且一眼小小的山泉如何供给5万大军饮水做饭？

马谡上山的另一个原因是他发现指挥部队和他在书房里想象的不一样。因为上级必须通过传令兵的简单报告对各个方面的形势做出正确判断，并且及时

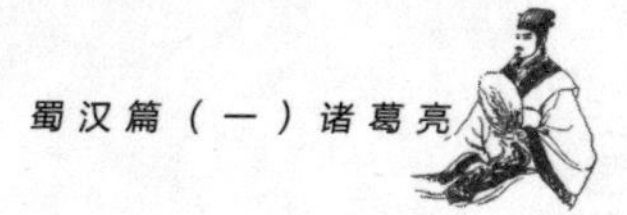

下达命令，而这对于一个脑子里没有作战概念的人来说几乎不可能。那么可靠的办法是什么呢？耳听为虚，眼见为实，所以马谡要到山上去，这样他才可以看到部队的战斗情况，并根据他看到的情况做出判断，下达命令。

可惜马谡遇到的对手是张郃。这位自黄巾起义以来就从军作战的名将，可谓身经百战。张郃长时间在关中雍州、凉州一带作战，对这里的地理环境极为熟悉。他眼见马谡上山，心里好笑，立即派人"绝其汲道"（《三国志·张郃传》），等着马谡在山上没水喝。这一下大出马谡意料之外，他本来认为魏军来了一定会构筑防御工事，摸清情况再打。但是张郃不用，这陇西一带打马超他来来回回很多趟，地形非常熟悉，根本不用探知虚实。马谡一遇到这种意料之外的情况立即就慌了。慌乱是必然的，因为人在面临生死压力的时候，智商和书籍将不能起到任何作用。只有经验才能让人做出相对正确的判断。可惜马谡没有任何战争经验。这个时候的马谡"举措烦扰"（《三国志·马谡传》），表现得像一只无头苍蝇。

本来蜀军多是步兵，魏军多是骑兵，蜀军利于在山地作战，而且山地作战对魏军的骑兵也是一种有利的限制。马谡的上山布阵，在作战上可以理解为依照地利用兵。但是张郃一断水源就逼得马谡必须下山决战。马谡缺少经验，命令反复发生变化，反而打乱了自己的步兵队列。看着稀稀拉拉地下山冲向魏军的蜀军，张郃笑着挥了挥令旗。正面列阵的魏军方阵徐徐后退，一边放箭掩护后撤，一边主动让出一片平地任凭蜀军乱糟糟地冲过来。马谡意识到了危险，高声喊着，想要维持基本的队列秩序，可惜来不及了。张郃再次挥动令旗，魏军擂动战鼓，早已经隐蔽好的精锐骑兵从两翼向蜀军冲杀过来，正面的步兵方阵则突然停止后撤，反而增加了布阵密度，又向前方的蜀军杀来。蜀军各部相互原本没有统属关系，将军张休、李盛带头逃跑，作为总指挥的马谡也独自一人冲到军阵中大喊大叫去了，全军处于无人指挥的状态。结果可想而知，蜀军大败，四散逃命。

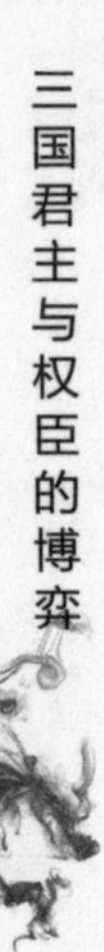

眼见张郃杀到了跟前，只有王平还能保持冷静。他率领所部千人一面列阵掩护其他部队撤退，一面“鸣鼓自持”（《三国志·王平传》）。张郃一路杀来没见到魏延等人的旗号，这时听到鼓声，怀疑蜀军有埋伏，加上自己的部队赶了不少路，又打了一天仗，因此放弃追击。张郃下令收兵。对于张郃而言，保住街亭要道，掩护魏军后续主力部队进军凉州才是要紧事。

诸葛亮接到街亭兵败的报告，发现自己一向信任的马谡竟然逃走，不知去向。他只得收拾败兵，整队退回汉中。蜀军已经夺得的三郡在曹真、张郃的反攻下全部失去。

第一次北伐就这样虎头蛇尾地结束了。诸葛亮会甘心吗?

斩马谡

蜀建兴六年（228）秋，北伐失利的蜀汉丞相诸葛亮率军回到汉中。这一仗诸葛亮第一次统领10万大军效命疆场，终于实现了自己隆中时代的“每自比管仲、乐毅”（《三国志·诸葛亮传》）的人生理想，但代价惨重。

第一次统率大军，诸葛亮也和马谡一样没有经验，或者说两者都把战争想象得过于简单和理想化。诸葛亮认为，曹真一定会被赵云拖住，即使拖不住，组织力量增援和集结足够兵力所需时间也相当长。他没有想到曹真集结部队反攻的速度远远超过了自己的预期，他没有想到赵云在箕谷被曹真的少数精锐虎豹骑击败，他更没有想到自己寄予厚望的马谡会面对压力，“举动失宜”（《三国志·诸葛亮传》），导致全军崩溃。

1000多年后普鲁士军事理论家克劳塞维茨对战争做过精确的定义：战争是一个奇怪的“三位一体”，它包含原始的暴烈性、充斥其间的偶然性和政治的

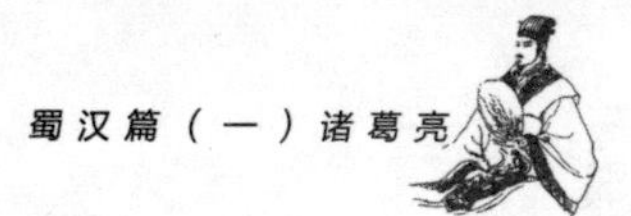

从属性。其中偶然性因素是战争区别于其他一切人类活动的重要因素。但是有些人眼里战争是没有偶然性的，包括罗贯中这样的知名人士。他们共同的特点就是把战争看成一个可以任凭自己安排的游戏。最著名的例子就是《三国演义》里刘备去东吴相亲，诸葛亮临走前给赵云的三个锦囊，可谓算无遗策，真是状诸葛之多智而近妖。罗贯中就没想过，即使按照他的逻辑，这当中出一点儿偶然性就全完了。

诸葛亮第一次北伐失败后，做了一系列处置，让人唏嘘不已：上书自贬，赵云降职，王平受赏和最著名的斩马谡。马谡是街亭失利的直接责任人，他被杀的原因已经有很多学者做过分析。综合起来，大家基本认同的是，诸葛亮秉承依法治国的理念，同时为了平衡蜀汉政权内部的各方势力，而处死了马谡。但是站在前辈们的肩膀上再向前看一步，就会发现马谡是替诸葛亮死的。而且这一点诸葛亮自己也很清楚，这也就是他流泪的根本原因。

因为马谡罪不至死！打了一场败仗而已，如果这就要杀，一辈子打败仗的刘备岂有活路？而且，如果按照这个标准来衡量中国乃至世界历史上的历代名将，可能除了韩信等极少数人以外，岂不是要统统杀掉？况且打了败仗也是一种经验，总结经验才能再战，这样杀了岂不可惜。论责任，诸葛亮才是这次北伐的主帅，马谡只是前线指挥官，兵败至此，诸葛亮的责任最重。

诸葛亮自己也知道，所以回到汉中之后，他立即上表后主刘禅："臣以弱才，叨窃非据，亲秉旄钺以厉三军，不能训章明法，临事而惧，至有街亭违命之阙，箕谷不戒之失，咎皆在臣授任无方。臣明不知人，恤事多暗，春秋责帅，臣职是当。请自贬三等，以督厥咎。"（《三国志・诸葛亮传》）这里面说的关于街亭失败诸葛亮的罪名是"违命之阙"（《三国志・诸葛亮传》），他违背的是刘备的遗命，因为刘备对马谡有过遗命："马谡言过其实，不可大用，君其察之。"（《三国志・马谡传》）这就非同小可。这意味着诸葛亮是违背先帝遗命，违背众将意见，启用马谡，同时也意味着诸葛亮用马谡导致街亭之败，几乎惹怒了所有人，也就是说诸葛亮犯了众怒。这种情况下，如果不杀马谡，只是自己给自己降职，然后权力如故，无论如何是无法服众的。

马谡是聪明人，虽然在战场上没有经验，但是他在蜀国政坛上摸爬滚打多年，对于诸葛亮感情极深，所以自从街亭失守之后，他就做好了赴死的准备，甚至写好了遗书："明公视谡犹子，谡视明公犹父，愿深惟殛鲧兴禹之义，使平生之交不亏于此，谡虽死无恨于黄壤也。"（《三国志·马谡传》）这段话说得很感人，里面用了一个典故：当年舜帝让鲧治水，九年不成。最后舜杀死鲧，改派鲧的儿子禹治水。最后禹治水成功，舜也禅让位子给禹。面对生死之交，临死之前托妻献子，诸葛亮岂能不哭。马谡的意思是，为了丞相的大志，我马谡献上自己的人头，平息众人的怒火，帮助丞相继续稳住蜀国的局面。不仅如此，马谡在遗书里还希望儿子继承自己的遗志，他将继续为了诸葛丞相"兴复汉室，还于旧都"的理想而拼搏，希望自己视若父亲的诸葛亮对自己儿子予以照顾。

哭过了马谡之后，诸葛亮还要继续他的北伐事业。但是曹真不愧为名将，当诸葛亮退兵回汉中的时候，他已经料到了对方再次出兵必走陈仓故道。曹真给诸葛亮在陈仓预备了一个难啃的对手——郝昭。这次不管《三国志》还是《三国演义》记述，诸葛亮都没能拿下郝昭驻守的陈仓城。诸葛亮的第二次北伐实际上还没有开始就已经失败了，因为他连祁山都没能出去，直接被人堵在谷口了！这场战役用陈寿的话也有两种说法。一种是："（建兴六年）冬，亮复出散关，围陈仓，曹真拒之，亮粮尽而还。"（《三国志·诸葛亮传》）当然诸葛亮还是有收获的，一个回马枪干掉了猛将王双，具体操办的可能是魏延："魏将王双率骑追亮，亮与战，破之，斩双。"（《三国志·诸葛亮传》）但是王双究竟有多厉害应该谈不上。另一种是："真以亮惩于祁山，后出必从陈仓，乃使将军郝昭、王生守陈仓，治其城。明年春，亮果围陈仓，已有备而不能克。"（《三国志·曹真传》）这里面的王生很可能就是王双，说明他只是郝昭的副将而已。而且更说明曹真看穿了诸葛亮的战略意图，就是割占陇右自强。所以他派人守在对方去陇右必经的道路上等着。其他汉中去往长安的地方，曹真并未主动派兵把守。这才真是料敌如神的一代名将被塑造得十分反面。

这里有必要为曹真说几句公道话，曹真其实是曹魏帝国第一个被授予“都督中外诸军事”职衔的大将，也就是曹魏帝国的第一任执刀人。授予他这项权力的是曹魏开国皇帝曹丕。曹真在曹魏帝国的分量之重可以与诸葛亮并驾齐驱。等到击退诸葛亮第一次和第二次北伐之后，曹真更是获得了大司马职衔，赐“剑履上殿，入朝不趋”，地位之崇高甚至超过了诸葛亮。

而且曹真这个人道德高尚。他的两个兄弟曹遵和朱赞早年和他一起在曹操手下谋事，两人早亡。曹真后来富贵了，并没有忘记兄弟，反而准备把自己的食邑分给两人子弟：“遵、赞早亡，真愍之，乞分所食邑封遵、赞子。”（《三国志·曹真传》）因此大得时人赞许。

曹真还是一个行动派，击退诸葛亮两次进攻的他，已经准备还击了！

败曹真

蜀建兴七年（229），曹真为进攻蜀汉做了最全面的准备。但战争首先是以诸葛亮的第三次北伐开场的：“七年，亮遣陈戒攻武都、阴平。”（《三国志·诸葛亮传》）这位攻略武都、阴平二郡的陈戒是《三国志》作者陈寿之父，本名叫陈式。陈寿为避父亲名讳，在他的大作中改“式”为“戒”。诸葛亮自己则带领蜀军主力进至建威。郭淮本来想带兵先打败陈式，结果冷不丁发现是诸葛亮带领的蜀军主力。郭淮没有胜算，只得把部队带回上邽坚守，等待曹真的命令和支援。

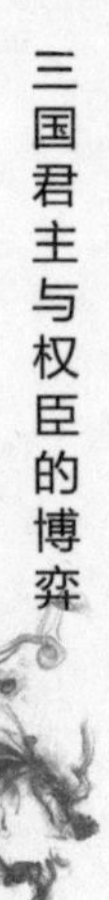

曹真却下令郭淮撤守两郡，这是因为在班固的《汉书》里武都郡：7城，户10120，人口81728；阴平是从广汉郡分出来的一个县，原来是广汉郡的一个外藩属国，实际人口数量可想而知。就是说这两个郡本来就是无主之地，地小人稀，又是穷山恶水，曹真认为没有必要浪费兵力去争夺。曹真认为，现在的关键问题是赶快将雍州地方军主力向上邽、陈仓方向集结，控制陈仓故道，对汉中形成军事压力。同时，曹真以“都督中外诸军事”的职权下令在上一次战争过程中完全没有发挥作用的司马懿荆州军团，以原来孟达盘踞的新城郡为根据地“王溯汉水，当会南郑”（《三国志·曹真传》），配合自己攻击汉中。八月，曹真率领驻扎在关中的曹魏中军主力部队“发长安，从子午谷道南入”（《三国志·曹真传》），关中其他部队完成集结后沿斜谷和武威郡（会宁县，红军会师的地方）南下汉中。具体来说，雍州部队走斜谷，凉州军团走武威：“诸军或从斜谷道，或从武威道入。”（《三国志·曹真传》）

曹真这个作战计划和后来司马昭的灭蜀作战计划有些相似之处，但又有不同。曹真的计划是企图集中兵力于汉中方向，夺回汉中，进而将蜀国压制在成都平原一带，结果却差强人意。司马昭的方案则是拖住姜维，迅速攻入汉中，利用蜀国战略纵深浅的弱点，迅速灭蜀，结果一举成功。造成这个区别的原因是诸葛亮率领的蜀军主力还集中在汉中一带，魏军的进攻必然面对蜀军主力，而且诸葛亮的战略就是拒敌于国门之外。他兴建“汉城”和“乐城”就是为了堵住山谷的出口，把曹魏军团挡在蜀国大门之外。曹真的虎豹骑再厉害在山地和蜀军作战也施展不开。司马昭面对的姜维却改变了诸葛亮的战略，企图“敛兵聚谷”，诱敌深入，再围而歼之，加上姜维被猜忌，带兵出屯沓中避祸，因此蜀军主力部队没有配置在汉中第一线，给了对手突入核心的机会。

从客观角度来讲，曹真运气也很不好。八月份大军开拔之后，在子午谷碰到了一个月连绵不绝的大雨，山体滑坡，导致架设在山梁上的栈道都被冲垮，魏军狼狈不堪：“会大霖雨三十余日，或栈道断绝。”（《三国志·曹真传》）司马懿的部队也在进入鄂西山区后被山势和雨水所阻挡：“军次丹口，遇雨，班师。”（《晋书·宣帝纪》）这时曹真已经丧失了先机。一个月内，诸葛亮已经集结了包括李严部在内的蜀军主力约10万人：“亮命严将两万人赴汉中”（《三国志·李严传》），在汉中以逸待劳，只等曹真前来挑战。

望着这下不完的大雨，曹真只能撤军。他一定想起了当年随魏武帝曹操出征汉中，和曹休一起击破吴兰的情景。想当年，他还只是一个虎豹骑将军，就统率10万精兵在战场上拼杀。今天，他却被这霖雨所困，不能遂行大丈夫之志，当何其郁闷？

曹真这次对汉中的攻击是曹魏帝国立国后第一次进攻蜀汉帝国，却为大雨所困。曹真仰天长叹，今生终不能见天下一统，九州归一！于是传令撤兵。曹真回到洛阳后，就发病身亡。

和诸葛亮对峙数年的曹真绝非蠢材，他和诸葛亮一样有着一统天下的伟大志向。南征汉中之战对少年丧父的曹真而言，是他生前实现曹操一统天下梦想的最后一次尝试。那个时候曹真很可能已经病入膏肓。和诸葛亮一样，曹真这位曹操最信任的养子直到生命的最后一息也没有忘记养父一匡天下的大志，为此不惜以生命为赌注，企图冒险博得成功，虽然功败垂成，但英雄之气仍令人神往。三国的确是一个英雄的时代！

曹真死后，诸葛亮北伐的对手变成了司马懿。司马懿对战诸葛亮的战绩明显比曹真差：诸葛亮前三次北伐，斩获有限，唯一所得武都、阴平两个郡地广人稀，还是曹真主动让出来的，自己还在街亭、陈仓接连受挫，损兵折将；到了第四次和第五次北伐，诸葛亮真是想来就来，想走就走，把曹魏的雍凉地区当成了自家后院。这里附带说明一下，关于诸葛亮北伐的次数，本书取5次之说：即蜀建兴六年（228）春，第一次北伐兵败街亭；建兴六年（228）冬，第二次北伐被阻陈仓；建兴七年（229），第三次北伐占领武都、阴平；建兴九年（231），第四次北伐射杀张郃；建兴十二年（234），第五次北伐病逝五丈原。

其实这也不能完全怪司马懿无能，他面对的蜀军和曹真面对的蜀军已经发生了明显的变化。曹真时代的蜀军其根本还是刘备走南闯北建立的班底，诸葛亮在《后出师表》里面所说的“突将、无前、青羌、散骑、武骑”，这些都是刘备时代东汉末年各色雇佣兵的名称。其中“突将”属于幽州，应该是跟着赵云投靠刘备的公孙瓒旧部；“无前”是无当前军，在刘备军中原属张飞的部队，属于突击队性质；“青羌”是原属马超的旧部，属于生活在雍凉一带的少数民族和汉族混合骑兵；“散骑”就是轻装骑兵；“武骑”就是重骑兵。这些都是刘备攒下的家底，都有各自的地域特色，比如“突将”就是可以在马上射箭的幽州匈奴骑兵，这样的本事在四川培养不出来，结果怎么样？“若复数年，则损三分之二也”。前三次北伐后，这些精锐的突击队在时间和战斗的消耗下，已经不复存在。既然如此，蜀军就需要重建。

诸葛亮为改造蜀军，发明了一种重要的武器“诸葛连弩”。这是针对魏军虎豹骑的强力杀伤性武器，也是一种超越时代的武器。在此之前，蜀汉步兵部队在面对曹魏骑兵军团时要么上山固守，要么正面硬扛，刘备一辈子敌不过曹操，就是因为他以步兵军团为核心的白毦军敌不过曹操以虎豹骑为骨干的骑兵军团。这不是刘备个人能力的问题，在火药武器被发明以前，用步兵对抗骑兵是一个世界性难题。诸葛亮可能是第一个试图利用技术手段解决这个问题的军事家。他的“连弩”可以连续发射10支箭，形成密集的攻击面积，加上弓箭手的箭雨射击，对魏军的骑兵形成了巨大的威胁。这种新型武器改变了蜀汉和曹魏双方作战的形态：之前都是魏军一直想找蜀军决战，蜀军只敢在山地和对手作战，现在是蜀军想找魏军决战。

诸葛亮开始用技术重新武装蜀军。发明“连弩”后，诸葛亮又发明了给北伐军运输粮草的神奇工具“木牛流马”，为蜀军量身定做了步兵集团化作战阵型“八阵图”。这就是《三国志》所说：“亮性长于巧思，损益连弩、木牛流马，皆出其意；推演兵法，作八阵图，咸得其要。”（《三国志·诸葛亮传》）最后两次北伐中，诸葛亮麾下的蜀军已经不再是刘备手下的杂兵集团，而是拥有统一制度、统一装备、统一战法的强大正规化、多兵种合成集团军。诸葛亮也不再分兵，专心带领着他精心操练的10万大军，北出祁山，一心与曹魏帝国在疆场上一较高下。

善败者不亡，诸葛亮穷尽自己的智慧，将在人生的最后两次北伐中与后世认可的其终身之敌司马懿展开最后的较量。

败司马

蜀建兴九年（231），诸葛亮率领重新训练编组的蜀军发起第四次北伐。和之前第一次北伐不同，这次诸葛亮没有分散兵力，而是将部队集中在一起，攻击目标直指祁山。在雍州治所上邽驻守的郭淮是曹魏帝国戍守雍、凉的宿将，曾在曹魏西线统帅夏侯渊、曹真等人的帐下长期和蜀汉交锋，对蜀军原本很是熟悉。但是他熟悉的是刘备时代的蜀军，对经过诸葛亮整编新蜀军的情况并不了解。所以，郭淮在祁山遇到蜀军布下的八卦阵时，心里突然一惊，加上人马不多，就没了底气，不敢主动迎战。于是郭淮率军后撤，等待援军。诸葛亮则带领蜀军主力驻扎在祁山一线，侦察魏军动向，准备迎战魏军主力。

曹魏对诸葛亮的这次出师特别重视，派出了“超豪华”阵容前来应战：统兵大将由已经病逝的都督中外诸军事的大司马大将军曹真换成了之前都督荆、豫二州军事的司马懿。司马懿原为骠骑将军，之前协助曹真围攻汉中的时候就已经升职，“迁大将军，加大都督、假黄钺”（《晋书·宣帝纪》）。

这里需要简单介绍一下曹魏帝国的国防体系。整个曹魏实行的是中外军制，即中央在洛阳、长安、邺城三个都城级别的地方屯驻中央常备军，其中以洛阳为核心，长安负责经略西北，邺城则负责安定河北，都处在整个国家的心腹之地。真正守在边境的所谓“四方之督”：以征、镇、安、平四个字等级排序的东、南、西、北四方将军。每个将军都有自己的辖区，辖区不是特别固定，大致的方向是东方都督扬州，南方都督荆、豫二州，西方都督雍、凉二州，北方都督幽州、并州。因为此时北方少数民族势力弱小，真正的威胁在孙、刘，所以曹魏的四方之督中北方配属的兵力最少，很多时候是田豫、牵邵这样的太守加校尉军衔带几千人出去“扫荡”一下而已。南方都督荆、豫二州，但在襄樊战役之后，曹仁毁弃了襄阳、樊城城池，退屯宛城，这个方向上的战事告一段落。其后虽然曹魏和东吴围绕江陵爆发过几场规模较大的攻防战，但总体来说平静的时间较多。由于诸葛亮、姜维、孙权、诸葛恪的多次北伐，都督雍、凉二州和都督扬州的曹魏将军一直手握重兵，征西将军和征东将军辖区在战争中权力不断膨胀。

司马懿以大将军衔都督雍、凉二州时，麾下将领包括车骑将军张郃、后将军费曜、征蜀护军戴陵和雍州刺史郭淮。这些人除了司马懿都是诸葛亮北伐的老熟人，但统帅曹真已经不在了。

魏军统帅一变，打法就变了。先前曹真料敌制胜，临阵决战的打法不见了，变成了司马懿按兵不出，双方相持不下。诸葛亮将部队部署在祁山一线，沿渭水按八阵图，严整分列开来，在平原上摆开决战的阵势。司马懿则以上邽为战役支点和集结地，派费曜、戴陵率领4000人的先头部队前往上邽协助郭淮防守，自己和张郃同时率领主力向祁山方向攻击前进。这时张郃建议司马懿“分军往雍、郿”（《晋书·宣帝纪》），这里的雍指的是扶风郡的雍县，郿指的是扶风郡的郿县，这两个地方正是陈仓道和斜谷道的出口。那么张郃为什么提出这个建议？按照《晋书》的说法叫作“为后镇”（《晋书·宣帝纪》），意思就是作为后援。司马懿不同意，给出的理由是：“料前军能挡者，将军之言是也；若不能挡而分为前后，此楚三军为英布擒也。”（《晋书·宣帝纪》）这里涉及一个

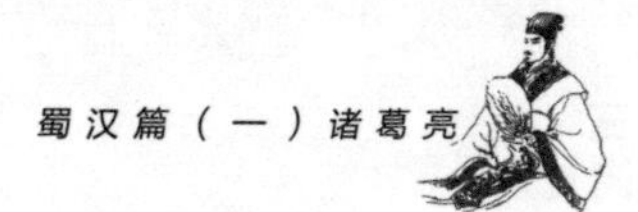

典故。当年英布因为汉高祖刘邦连杀韩信、彭越而心中不安，起兵反叛。他首先攻击刘邦所封的楚王。楚王分兵三路抵挡，结果被英布各个击破。司马懿这话的意思是，现在我们兵力已经分成了前后两批：上邽的郭淮、费曜、戴陵和尚在集结前进中的部队，你再分一批到雍、郿，这样就变成了三批，分散后每一批兵力都打不过诸葛亮，反而会被蜀军各个击破。

这话乍听有理，实际上反映出司马懿在战场感知能力上和老将张郃的差距。曹真面对诸葛亮第一次北伐的时候不就是分兵处理的吗？而且如何就料定前军顶不住呢？之前郝昭在陈仓不就堵住了蜀军的攻坚部队吗？这时上邽有郭淮的部队（应该不少于 2 万人）和费曜等人的 4000 名精锐中军，进攻蜀军可能困难，但是防御一个要塞绰绰有余。所以这里需要了解一下张郃要求分兵雍、郿的真正意图。这一举动绝对不是“为后镇”，而是一招建立在对雍、凉地形充分了解基础上的攻守兼备的妙棋。因为这两个县正是陈仓道和斜谷道的出口，同时临近渭水。司马懿率领大军大举西进就必须以渭水为主要补给线，那么如果此时有蜀军出陈仓或者斜谷攻下这两个县，魏军主力将陷入断炊的境地。同时分兵驻守两地也可以取攻势防御，从陈仓道和斜古道反击蜀军汉中基地，达到威胁蜀军侧后，逼迫蜀军退兵的战略目的。这和打败诸葛亮第一次、第二次北伐的战法一样，即以偏师扼守要塞，阻止蜀军突进，以主力部队攻击蜀军交通线，击溃蜀军主力或者迫使蜀军撤退。

那么问题就是，这个方案司马懿没有想到吗？他的想法我们没法胡乱猜测，但是司马懿和他两个儿子的战法我们基本清楚：那就是集结绝对优势兵力，正面群殴：征孟达，兵力是对手 6 倍，可以把全军分为 8 队轮番进攻；打公孙渊，也是几万人围殴对手 1 万多人；后来司马师、司马昭两次打寿春也都是集团稳进，以多打少。这样他不采纳张郃的方案的原因就清楚了，不喜欢或者不愿意分兵作战，想集结魏军主力，凭借兵力优势正面和蜀军硬打。

诸葛亮喜欢和对手打阵地战。他崇拜的偶像乐毅就是战国阵地战之王，曾经结阵对战用最弱的燕军打败最强的齐军。他通过侦察发现魏军主力没有从雍、郿方向威胁汉中的意图，立即判断魏军主力企图在上邽一带集结，于是全军主力向上邽急速前进。

郭淮、费曜等人一见诸葛亮率领的蜀军主力向上邽打过来，立即向司马懿告急，同时出动部队迎战蜀军。当时正值陇上小麦的丰收时节，郭淮希望把蜀军拖住，为自己收割小麦赢得时间。结果郭淮却被诸葛亮一举击破，诸葛亮还趁势割了小麦补充军粮："郭淮、费曜等徼亮，亮破之，因大芟刈其麦。"（《三国志・诸葛亮传》裴松之注引《汉晋春秋》）郭淮等人只得固守上邽，等待援军。因为郭淮手下的部队基本属于半农半兵的准民兵组织，和诸葛亮精心训练的职业部队相比，战斗力不能同日而语。费曜等人的精锐虽然善战，却人数太少，蜀军在质量和数量上都占优势。加上蜀军使用诸葛连弩等超越时代的兵器，魏军不敌。

紧接着，诸葛亮率领主力向上邽以东运动，结果和司马懿的大军遇上了："与宣王遇于上邽之东，敛兵依险，军不得交，亮引而还。"（《三国志・诸葛亮传》裴松之注引《汉晋春秋》）司马懿的打法很奇怪，本来进军的目的是和诸葛亮进行主力决战。可一见诸葛亮，他就"敛兵依险"不和诸葛亮打。诸葛亮见其千里迢迢过来又不打，明白司马懿实际没有把握战胜他。于是诸葛亮率军前往卤城，掩护蜀军新近获得的粮草。卤城这个地方在谭其骧先生编辑的《中国历史地图集》里面没有，无法确定在什么位置。估计是诸葛亮临时修筑的城池防御工事，用来囤积粮食。因为"卤"字在古汉语里有大盾牌和掠获物的意思。司马懿跟踪而至："宣王寻亮至于卤城"（《三国志・诸葛亮传》裴松之注引《汉晋春秋》）。结果到了跟前，司马懿继续修建防御工事："故寻亮。既至，又登山掘营，不肯战。"（《三国志・诸葛亮传》裴松之注引《汉晋春秋》）这种搞法实在是让人费解，手底下的人就开始编排怪话了，说司马懿："公畏蜀如虎，奈天下笑何！"（《三国志・诸葛亮传》裴松之注引《汉晋春秋》）这话是

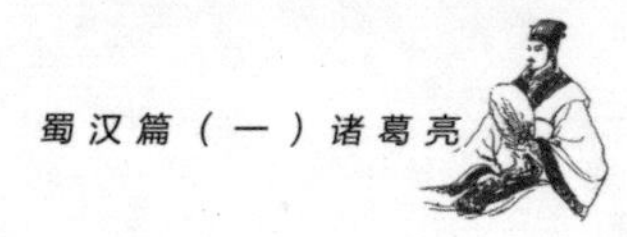

当面说的，很伤自尊！

这时张郃实在看不下去了，又对司马懿的决定提出异议："彼远来逆我，请战不得，谓我利在不战，欲以长计制之也。且祁山知大军以在近，人情自固，可止屯于此，分为奇兵，示出其后，不宜进前而不敢逼，坐失民望也。今亮县军食少，亦行去矣。"（《三国志·诸葛亮传》裴松之注引《汉晋春秋》）这话里面最重的一句是"不宜进前而不敢逼"，意思是，你想固守不战，不是不可以，但是你屯驻得稍微远一点儿行不行？这到了跟前了，又不敢打，伤自尊哪！

诸葛亮见司马懿这般行动，心里好笑。为了给对手一点儿勇气，诸葛亮主动露出破绽，派王平分兵据守南围，引诱对手来攻。此时魏军将领都按捺不住，要求主动出击。因为和蜀国打了这么多年仗，从来（从曹操时代开始）都是魏军追着蜀军打，刘备见了张郃都要躲上山，结果换了司马懿变成魏军要躲着蜀军打，心理落差太大，接受不了。

司马懿也镇压不住手下这帮骄兵悍将，于是和张郃分兵两路向蜀军发起进攻。张郃率领部队攻击王平军固守的南围，司马懿自己率领部队攻击诸葛亮大营。先说张郃打王平，两人在街亭就交过手，此番再战，"张郃攻平，平坚守不动，郃不能克"（《三国志·王平传》）。一来王平善于防守，二来张郃年纪也大了，不复当年悍勇，结果是双方打了个平手。

司马懿那边就被打得很惨了。本来魏军兵力在蜀军之上，且骑兵强悍善战，可司马懿没看懂诸葛亮八阵图的部署，误以为对手阵型的弱点在中央，企图利用铁甲骑兵冲破蜀军中央，将蜀军一分为二加以歼灭。结果诸葛亮就是想引诱魏军骑兵攻击蜀军八阵的中路。蜀军利用操练娴熟的阵势变化，来阻击魏军。蜀军中央徐徐向后撤退，张开两翼向魏军左右延伸，同时发动两翼连弩和侧后的弓箭从天上和左、右三个方向向魏军骑兵进行交叉射击。蜀军的连弩射速极快，威力又强，冲锋中的魏军骑兵几乎全成了刺猬。

司马懿没见过这样娴熟的战场变阵，只看到自己冲过去的几千骑兵瞬间就没了。要知道这些铁甲骑兵可是曹操时代的虎豹骑精锐啊！这个时候蜀军的阵型再变，吴懿、吴班统率蜀军步兵方阵，以盾甲队形，徐徐向魏军战阵逼近，魏军只得硬着头皮顶了上去。蜀军步兵使用诸葛亮特制的“百辟钢刀”直接砍烂了魏军的拒马和盾牌阵，魏军整个阵势被打乱了。此时魏延率领蜀军数量不多的骑兵直冲魏军战阵的侧后方，把魏军后排的弓箭手砍得七零八落。司马懿遭受了平生最惨的一场败仗，被迫退回营垒固守，待蜀军自己粮尽退军。诸葛亮大获全胜。史书记载：“获甲首三千级，玄铠五千领，角弩三千一百张。”（《三国志·诸葛亮传》裴松之注引《汉晋春秋》）

司马懿期望蜀军粮尽自退，这次是没有可能性的。因为诸葛亮为了北伐准备了好几年，在汉中囤积了大量粮食，并发明了木牛作为运输工具，就是要和曹魏进行持久战。诸葛亮这次就希望通过持久作战，消耗对手在雍凉地区的影响力，争取雍凉地区少数民族的支援，为夺取雍凉创造条件。事实上，当时北方最有势力的少数民族领袖鲜卑轲比能等人就在北地郡一带响应诸葛亮。魏军主力此番在卤城失利，将导致少数民族领袖对魏国势力的轻视，并有可能脱离曹魏的掌控形成叛乱，动摇曹魏在雍凉的统治。由于长期在雍凉一带用兵，曹魏对这一带的士族势力毫无掌控能力，统治基础薄弱。加之关中在“董卓之乱”以后内耗严重，雍凉在东汉末年以来就屡屡遭受羌、氐等民族的反复袭扰，需要安定，不能长期动荡。正是由于有技术、形势的种种优势，所以诸葛亮决定与曹魏帝国打持久战，而曹魏帝国在这里耗不起。这也是曹真、张郃等人力主向蜀军积极进攻，将其逼回汉中的原因。

司马懿却没有在战场上迅速打退诸葛亮的能力，只能任你千条计，我就固守阵地。虽然畏缩，却也能够保证不容易大败。

诸葛亮看到司马懿坚守不出很开心，一面和司马懿对峙，同时派兵前往祁山、上邽一带继续收割小麦，掠夺军需，做长期作战准备，一面传檄陇右、凉州长期受魏国势力压迫的少数民族和当地士族，号召他们起来反抗，搅得整个

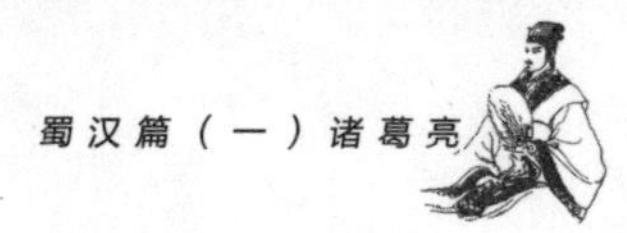

关陇地区在当年的春夏秋三季不得消停。

就在一切顺利的时候，蜀军的粮食运输突然中断了。负责运粮的李严传来刘禅的圣旨，要诸葛亮退兵："遣参军狐忠、督军成藩喻指，呼亮来还。"（《三国志·李严传》）这又是怎么回事呢?

废李严

诸葛亮接到李严派人送来的圣旨，心情很不好。为了这次北伐诸葛亮已经准备了三年。以诸葛丞相之精细，他当然清楚蜀中有多少粮食储备。此番蜀军连战连捷，加上在陇右一带抢收了大批小麦，逼得魏军不敢应战，已经占据了战场上的战略主动权。下一步诸葛亮正准备逐步联合少数民族同胞，拔除魏军在陇右的据点，逐步将凉州变为自己的地盘。以蜀国之国力与强大的曹魏帝国较量多年，获得如此优势，实在难得。这时候退军必将前功尽弃，也实在可惜。

但诸葛亮又不能不退，一方面 10 万大军的供给，主要还是依赖李严在后方的输送。诸葛亮自比乐毅，统率的都是仁义之军，从没有听说他麾下的部队有烧杀抢掠的事情。后方运输线送不来粮食就会断顿，当然只能撤退。另一方面，也是更重要的一点，这次李严派狐忠等人送来的是"喻指"，也就是"谕旨"，所以诸葛亮退军要说成"亮承以退军"（《三国志·李严传》），意思是诸葛亮尊奉了圣旨率军撤退，叫"承旨"，秉承旨意的意思。这说明这次撤军是刘禅的命令。诸葛亮是蜀汉帝国的丞相，皇帝的命令是必须服从的，所以诸葛亮选择了撤军。

既然如此，当下最紧急的事情，还不是讨论为什么撤军的问题，而是如何把部队从几十万魏军眼皮子底下撤走。为此诸葛亮布置了各军交替设伏掩护撤退的方案：第一步指挥蜀军全军退往祁山方向，重新集结；第二步全军依次通过木门撤回汉中，同时指派魏延亲自断后，在木门设伏，迎击追击的魏军。

追击蜀军的魏军主帅正是张郃。张郃本不愿意来，他对司马懿说：“军法，围城必开出路，归军勿追。”（《三国志·张郃传》）意思是说，蜀军撤走，战略目标已经完成，何必再去追击，多此一举。但是司马懿犟劲儿上来了，非要张郃去追。张郃不得已，才领了命令，追了过来。历来很多人对司马懿的这个举动都有看法，认为他是故意要整死张郃，方便自己后面篡位。但是这有点儿倒因为果的意思。此时司马懿经历了一连串的失败，情绪已经失控，非要张郃追击蜀军，就是要一个交代：试想，带几十万人出兵，最后反而被别人砍了人，抢了粮食，作为指挥官回去怎么交代？一定要追上去，多少砍几个脑袋，才能跟曹叡交代！

但结果却是送人头：“郃追至木门，与亮军交战，飞矢中郃右膝，薨。”（《三国志·张郃传》）呜呼，最后的“五子良将”之一张郃就这样不明不白地倒在了蜀军的连弩之下。这可是曹魏历年来在对蜀作战中阵亡的最高级的军事将领。本来想捡点儿小便宜的司马懿已经彻底疯掉了，因为《晋书》上写了这样一段话：“追击，破之，俘斩万计。”（《晋书·宣帝纪》）这里面“追击”是真话，“破之”是谎话，“俘斩万计”是鬼话。但这句鬼话最吓人，因为这数以万计的首级很可能是老百姓的……

先不管司马懿如何疯狂，撤回汉中的诸葛亮和各位将领突然发现大家都被忽悠了。原来这一切都是李严的问题：他负责运输粮草的任务。因为“秋夏之际，值天霖雨，运粮不继”（《三国志·李严传》），所以为了逃避责任，李严才派人传圣旨给诸葛亮让他退兵。听说诸葛亮撤军回来，他反而故作惊讶地责问诸葛亮：“军粮饶足，何以便归！”（《三国志·李严传》）然后，为了进一步推卸责任，李严又进一步上表给后主刘禅，说：“军伪退，欲以诱贼与战。”（《三国志·李严传》）等到诸葛亮回到汉中，李严这才害怕了，不敢和诸葛亮见面，说自己有病，向西跑到沮县躲着。等到诸葛亮带兵来到沮县时，他又跑到江阳，最后才在参军狐忠的劝说下跑去跟诸葛亮见面。两个人一见面，诸葛亮把李严前后的书信拿出来和他一一对质，李严这才无话可说，认罪服法："亮具出其前后手笔书疏本末，平违错章灼。平辞穷情竭，首谢罪负。"（《三国志·李严传》，注意李严后改名为李平）这就是李严事件的全过程。

很多学者怀疑李严为什么要这么做？如果要做，为什么要做得这么拙劣？

如果按照陈寿的记载纯粹就是因为下雨导致道路被毁坏，运粮困难的话，那么李严的做法就显得有些突兀。一则他可以和诸葛亮实说，二则他没有必要动用圣旨。而且这和李严后来上书给刘禅的说法矛盾，因为他跟刘禅说的是诸葛亮是"伪退"，这就意味着刘禅应该不知道或者不同意诸葛亮撤军。那么李严这是矫诏吗？也不像，因为负责传达诏书的是狐忠，这就意味着狐忠相信这个诏书是真的。而最后劝李严和诸葛亮相见的也是狐忠。这也意味着狐忠认为李严给他的诏书是真的，只是和诸葛亮有着某些误会，才会劝李严和诸葛亮见面，否则假传圣旨狐忠也要倒霉。

这究竟是怎么回事呢？是否像某些阴谋论者认为的那样，是诸葛亮陷害李严，以便夺权呢？不是。关于这件事情陈寿的说法是可以解释得通的。首先，要明确一下李严的官职："章武二年……拜尚书令……建兴元年，封都乡侯，假节，加光禄勋……（建兴九年）命严以中都护署府事。"（《三国志·李严传》）第四次北伐之前，李严同时是蜀汉帝国皇帝刘禅的尚书令和蜀汉帝国丞相的代理长官，同时还拥有假节的权力。这就是说李严是能以蜀汉帝国尚书台首长的名义颁发圣旨而不必立即通知皇帝刘禅。这就是狐忠等人拿给诸葛亮的那道旨意。而刘禅似乎并不知情的原因，可能是李严没有及时把情况向刘禅汇报，所以后面要给刘禅上一份表章解释。

李严这么做的动机是什么呢？陈寿也说了："欲以解己不办之责，显亮不进之愆也。"（《三国志·李严传》）意思就是说，李严这样做就是为了把退兵的责任推卸给诸葛亮。那么手段为什么这么拙劣呢？因为很可能事出突然。李严此时和诸葛亮关系不错，因为诸葛亮给了李严相当大的权力：“严当知后事，移屯江州，留护军陈到驻永安，皆统属严。”（《三国志·李严传》）这就意味着李严有了统领整个蜀国东部的权力。曹真进攻汉中的时候，诸葛亮调李严所部2万人北上汉中支援。为了消除李严的顾虑，“亮表严子丰为江州都督督军，典为后事”（《三国志·李严传》）。也就是把他儿子的工作也安排了。等李严到了汉中，诸葛亮又把整个汉中基地和后勤补给任务都交给了李严。而李严对诸葛亮首辅的身份是认同的。他甚至给诸葛亮写信，劝他称王爵，加九锡。诸葛亮也给李严回了一封特别霸气的信：“若灭魏斩叡，帝还故居，与诸子并升，虽十命可受，况于九邪。”（《三国志·李严传》）很多人认为，这信不像诸葛亮那种谨慎沉稳的人做的事。其实诸葛亮在给朋友的私信里是很有英雄气的，才不是后世那种酸腐文人的惺惺作态可比。更重要的是这封信说明，诸葛亮把李严当作自己人，否则这种隐含着自己变为曹操可能性的信件，岂会送给李严？

由此说来，诸葛亮对李严是信任的。同时，李严的工作也是努力的。因为诸葛亮这次北伐出兵是在建兴九年春天，李严从春天开始负责后勤工作，一直干到夏秋季节，也干了大半年。其间干过后勤的人都知道有多辛苦！等到暴雨冲毁了道路，后勤工作实在是干不下去了，在后方的李严觉得应该收兵了。于是他很可能在后方工作人员的劝说下，发出了那封圣旨，叫诸葛亮退兵。他认为，以诸葛亮的权力，就算是见到圣旨，如果不想退兵，也可以临机处置。他没想到诸葛亮根本没有犹豫，接到旨意就直接撤回来了。等到诸葛亮真的回来，李严就害怕了，害怕自己推卸责任的手法被看穿。通常害怕的人会用新的谎言来掩盖旧的谎言，于是李严就有了后面一连串拙劣的动作，直到最后被诸葛亮拆穿。谎言一旦被拆穿，骗子必然会激起众怒。于是在弹劾李严的奏章上可以看到一堆人的签名：行中军师车骑将军都乡侯臣刘琰、使持节前军师征西大将军领凉州刺史南郑侯臣魏延、前将军都亭侯臣袁琳、左将军领荆州刺史高阳乡侯臣吴壹、督前部右将军玄乡侯臣高翔、督后部后将军安乐亭侯臣吴班、领长史绥军将军臣杨仪、督左部行中监军扬武将军臣邓芝、行前监军征南将军臣刘巴、行中护军偏将军臣费祎、行前护军偏将军汉成亭侯臣许允、行左护军笃信中郎将臣丁咸、行右护军偏将军臣刘敏、行护军征南将军当阳亭侯臣姜维等。（《三国志・李严传》）可以说，整个蜀国从上到下被李严不负责任的做法气得炸了锅，一致要求李严滚蛋！

按说如果诸葛亮真的想整李严的话，这个机会可是逮着了，就是把李严一刀剁了，那些和诸葛亮一起联名弹劾他的人也不会有意见。但诸葛亮最后通过调查发现，李严这么做的动机只是一时情急，没有什么阴谋，于是也没有给李严定贻误军机的罪名，对他的处罚只是削职为民，让他到梓潼郡居住。这个地方靠近成都，甚至都算不上流放。

为了安抚李严，诸葛亮还给李严的儿子李丰写了封信，里面有这样一句："若都护思负一意，君与公琰推心从事者，否可复通，逝可复还也。"（《三国志・李严传》）这里面的都护说的就是李严，公琰指的是自己的继承人蒋琬。这句话的意思是李严如果表现好，诸葛亮可以让他复职回来继续工作。

诸葛亮对待李严的这一系列做法让所有人心服口服，包括李严自己。从权力斗争角度去解释诸葛亮废李严问题，那是没有真正读懂诸葛亮。正如晋人习凿齿评价诸葛亮废李严这件事的说法："法行于不可不用，刑加乎自犯之罪，爵之而非私，诛之而不怒，天下有不服者乎！诸葛亮于是可谓能用刑矣，自秦、汉已来未之有也。"（《三国志・李严传》）真正看懂了诸葛亮对待马谡和李严的做法，对他只有一个大写的"服"！不愧为千古第一名相！

但诸葛亮没有时间去想这些，他心心念念的是自己"兴复汉室，还于旧都"的理想。随着连年征战，诸葛亮的身体已经大不如前。但"烈士暮年，壮心不已"，他决定继续举起光复中原的大旗，开始人生的最后一次北伐。

五丈原

蜀汉建兴十二年（234）春，诸葛亮率军最后一次北伐。这次诸葛亮和以往不一样，没有通过陈仓向陇右直接发起进攻，而是走斜谷道，直出郿县，兵进武功，指向长安。表面上看诸葛亮这次攻击的目标是长安，其实诸葛亮的想法依然是阻断曹魏帝国核心区域与陇右地区的联系，通过这种长时间的阻断作战让魏国的内部矛盾激化，从而达到利用被魏国长期压制的少数民族夺取凉州的意图。为此诸葛亮这次出兵斜谷之前，就在谷口囤积了大量粮食，同时使用木牛的升级版流马来运输。

诸葛亮依托五丈原大本营，在曹魏领土上大规模屯田："是以分兵屯田，为久驻之基。"（《三国志·诸葛亮传》）蜀军屯田搞得有声有色，史称："耕者杂于渭滨居民之间，而百姓安堵，军无私焉。"（《三国志·诸葛亮传》）意思是蜀军屯田的人和渭水一地的居民同吃同住同劳动，一起生产一起分配，彼此相安无事。通过上一次的交锋，诸葛亮摸清了对手司马懿的底牌。这个人比他还要谨慎，由于有了上次的教训，肯定不敢随便再和蜀军交锋。所以诸葛亮就利用这一点，通过长时间的对峙，让蜀军逐渐同化当地居民，并争取人心，以期可以控制雍、凉，徐图长安。

司马懿似乎没有搞清楚诸葛亮的真实作战目标，他对雍、凉的魏将们说了这样一段话："亮若勇者，当出武功依山而东，若西上五丈原，则诸军无事矣。"（《晋书·宣帝纪》）言下之意，他并不畏惧和诸葛亮长期相持下去，反倒怕诸葛亮长驱直入进取长安。这恰恰说明司马懿并不真正地了解诸葛亮。

司马懿按照《孙子兵法》和一般人对战争的理解，认为“兵闻拙速，而未睹巧久也”（《孙子兵法·作战篇》）。他攻击新城孟达就是兵贵神速。孟达在给诸葛亮的求救信中这样评价司马懿的用兵：“吾举事，八日而兵至城下，何其速也！”（《晋书·宣帝纪》）因为按照孙子和司马懿的理解，打仗是最费钱的事情，多一天战争就多一天消耗，能早一天解决就早一天解决是最好的。这几乎是所有军事家对战争的基本理解。但也有例外，比如乐毅。战国时燕国名将乐毅恰恰是所有用兵将领中的异类，别人都想打闪电战，他则老喜欢玩持久战。本来燕军在他的带领下一举攻下齐国 70 多座城，留下即墨、莒城两个孤城就是不攻，一围就是数年，为的就是以仁服人，而不是以力服人。因此乐毅也就成了仁兵的典范和诸葛亮的偶像。

诸葛亮屯兵五丈原和乐毅留下即墨不攻的道理是一样的：以小攻大，以弱搏强，不能力敌，只能仁取。当时的蜀国和燕国都是弱国，而他们的对手曹魏帝国和齐国都是强敌，弱者面对强敌是不可能依靠一次战场上的胜利就获胜的。这也是魏延的子午谷奇谋没有被诸葛亮采纳的根本原因。本来就是以弱搏强，哪里敢于乾坤一掷！那么弱者要怎么对抗强敌呢？不妨回过头来再看看《隆中对》：“若跨有荆、益，保其险阻，西和诸戎，南抚夷越，外结好孙权，内修政理。”（《三国志·诸葛亮传》）这种和戎抚夷、缓进急战的作战思想，才是诸葛亮以弱搏强的打法。而且，即使这样他还要等，等“天下有变”（《三国志·诸葛亮传》）。诸葛亮第一次北伐和后续两次行动时，天下有变——曹魏帝国的开国之君曹丕驾崩，新继位的曹叡看上去比曹丕好对付；第四次北伐时，天下有变——曹魏帝国军事统帅大司马大将军曹真病故，继任的司马懿不如曹真；第五次也是最后一次北伐时，天下有变——汉献帝刘协也就是曹魏帝国的山阳公，薨逝，以大汉为国号的蜀汉帝国怎能不为先君复仇？这一系列的北伐背后，都有着深刻的战略思考。诸葛亮的仁义之师岂是以仁义道德装点门面，以坑蒙拐骗的江湖骗子们能够理解的。

因此第五次北伐和上次北伐不同，双方没有再爆发任何大战。就在五丈原一带隔着渭水对峙。其间《晋书》记载了一场司马懿莫名其妙地获胜的阳燧之战，但是又搞不清楚阳燧到底在什么地方；《三国演义》则演绎出来一段“火烧葫芦谷”，把司马懿的不死说成是一场大雨的功劳。这些诚然都是子虚乌有，但是反映了双方的立场：《晋书》是唐代房玄龄编辑的晋朝史书，这里的司马懿是他们的“宣皇帝”，当然打得过诸葛亮；《三国演义》则是民间小说，老百姓当然希望道德楷模诸葛亮完胜卑鄙无耻的司马懿。但是情绪不能解决问题。

诸葛亮可能是想决战的，但是司马懿不敢。据魏国自己的史书《魏氏春秋》记载：“亮屡次遣使交书，又致巾帼妇人之饰，以怒宣王。”（《三国志·明帝纪》）也就是骂司马懿娘娘腔，没胆子与蜀军交战，想激他出战，通过战胜司马懿，加速雍凉地区从曹魏帝国脱离的离心力。司马懿本来没有理睬，手下实在忍不了，再三求战。司马懿没辙，只能千里迢迢地向正在抗击吴国前线的曹叡送去请战书，结果曹叡派辛毗来到祁山大营向魏军宣读不能出战的诏书。诸葛亮就只好对着姜维冷笑：“苟能制吾，岂千里而请战邪？”（《三国志·诸葛亮传》）打不过就是打不过，装孙子就是因为打不过啊！

于是双方再次进入等待状态，不过双方等的东西不一样。诸葛亮等的是一次克敌制胜的机会，或者等的是雍凉百姓和少数民族对曹魏帝国彻底地离心离德，而司马懿等的则是诸葛亮的死期。为此，司马懿还不怀好意地向蜀国使节打听诸葛亮的饮食起居，当得知诸葛亮“所啖食不过数升”（《三国志·明帝纪》）时，司马懿马上就判断出：“亮体毙矣，其能久乎？”（《三国志·明帝纪》）

就在这相互等待中，234 年，诸葛亮病逝五丈原军中。诸葛亮留下遗言：“若臣死之日，不使内有余帛，外有赢财，以负陛下。”（《三国志·诸葛亮传》）一个人拥有无限权力，却能做到这个分儿上，真的唯有膜拜而已！

曹操渴望当周公，想要天下归心——“周公吐脯，天下归心”，诸葛亮则不去计较结果——“鞠躬尽瘁，死而后已”。真小人与真君子都没了，世间自然就只剩下伪君子司马家族。三国之后，司马家族统治下的中华民族陷入了空前的分裂——五胡十六国。

诸葛亮去世后得到了当时所有人的尊重。他的对手司马懿在视察了诸葛亮的军营后，称赞他是：“天下奇才。”（《晋书·宣帝纪》）蜀国之后的执刀人蒋琬、费祎、姜维在提到诸葛亮的时候为表尊重只称其为丞相，不直呼其名。（这在当时是最大的尊重）刘禅更是给予其“忠武”的谥号，这是最高的评价。

晋朝的郭冲更是诸葛亮的铁杆粉丝。他竟然敢当着司马懿儿子西晋汝南王司马亮的面，编出了“空城计”的故事，讽刺司马懿几十万大军打不过诸葛亮的扫地神兵！

1000多年后又一个诸葛亮铁杆粉丝罗贯中的笔下，在《三国演义》里至少让周瑜、刘备、曹操、关羽、鲁肃、王朗等一干猛人给诸葛亮做过捧哏，其中最惨的是周瑜，直接被气死；最冤的是王朗，直接被骂死。在配角的衬托下，诸葛亮直接升级为妖怪，把三国所有其他人玩弄于股掌之上。呼风唤雨都是小事，甚至可以直接给自己增福增寿，几乎跟神仙没有区别，唯一的不同只是不能长生不老而已。

但是在诸葛亮穿上罗贯中给他的道袍之后，他其实已经不再是他自己，而是别人希望他成为的人。诸葛亮成了所有士人心目中的标杆。诸葛亮的三顾茅庐，也是所有企图“学得文武艺，货与帝王家”的士人最向往的入仕方式。所以每个人都选择自己最想看到的一面，也就没有人可以真正了解诸葛亮。

诸葛亮的不朽确实是自己对理想的坚持。功利主义者是不会喜欢诸葛亮的，甚至会认为他傻。因为他明明有可以争取更大利益的机会，却放弃了。书呆子也是不会理解诸葛亮的，他们会拘泥于“虽十命可受，而况于九”这种问题，怀疑诸葛亮的忠诚度，理解不了诸葛亮的英雄气概。只有理想主义者会将诸葛亮引为知己。是啊，明明就是地狱级难度，人生只有一次，为什么不去努力争取自己想要的世界呢？何况这个世界是如此的美好。

蜀汉篇（二）
姜维

SHU HAN PIAN（ER）JIANG WEI

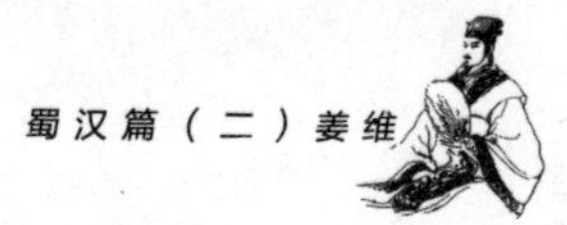

读史书有什么用？很多学历史的人都会问这个问题。的确，史书不是数学，不能告诉你一个公式，一个算法；不是物理，不能跟你讲一个定理，一个证明；不是经济，换不来锦衣玉食、纸醉金迷的生活。那读来干吗？因为有趣。在英文里，历史就是故事的意思，读故事难道不是为了开心吗？而且，历史读多了就会发现，那里面不仅仅有故事，还有无数先辈的经验。今天找工作都要问一下工作经验，读完上下五千年，那获得的就是无数先辈的经验和智慧，你说你厉害不厉害？只靠读史书，就能获得这样的经验吗？不行。只一味地读书，很有可能把读史书变成读死书。读历史更重要的是思考和思辨能力的培养。看完古人的故事，要问一问自己，他们为什么这么做？想明白，想透彻了，才算是真的读懂了。任何一个历史任务的行为必然有其内在的逻辑，这个逻辑有些时候还不止一层，可能有很多层。

就像姜维这个人，因其地位、功业、战绩和牺牲在历史上多有非议，是三国时代评价最有争议的人物之一。论者或以成败论英雄，耻笑其失败的结局；或以忠孝辨人才，指责其人身的“污点”。然经历千载之下，姜维勠力回天的奋斗仍能使人动容。读懂姜维为什么会这样做，有助于我们搞清楚自己在人生中应该如何定位。

天水麒麟儿

姜维（202—264），字伯约，天水冀县人士，也就是今天甘肃天水市甘谷县人。曹魏时期，天水郡是连接凉州和雍州的关键点，冀县则是天水郡治所在地，位于该郡核心位置。

自东汉末年以来，雍凉地区就因为羌胡杂居，长期陷入混乱。当地妇女都可以拿起弓箭、刀、矛加入战斗行列，其剽悍可见一斑。如此环境，一般雍凉人士根本不屑于读书，也不可能正正经经地做一个听话的顺民，当兵杀人就是挣钱的买卖。既然做人的手中刀，那么砍人能力就是第一生产力。由雍凉军人组成的佣军军团在东汉末年成为董卓西凉军的主力。这支部队专门以杀人为乐，被《三国志》描绘得十分变态：

> （董卓）尝遣军到开阳城。时适二月社，民各在其社下，悉就断其男子头，架其车牛，载其妇女财物，以所断头系车辕轴，连轸还洛，云攻贼大获，称万岁。入开阳城门，焚烧其头，以妇女甲兵为婢妾。
>
> （《三国志·董卓传》）

用今天的话说就是，这帮雇佣军拿了工资，不干正经活，见了开阳城正在集会的老百姓就杀，杀光男人再抢女人，拿着老百姓的人头冒充敌人报功，求赏。

所以，西凉军和雍凉人在东汉末年的传统士大夫眼里就完全不是人。他们极其蔑视君臣之纲常：西凉军大将凉州张掖人郭汜和出自北地郡的李傕在董卓死后一个劫持公卿百官，一个直接劫持天子，自封大将军，完全把皇帝当橡皮图章。他们视夷夏之大防为无物：西凉军阀马腾，自称是名将马援的后裔，但是家道中落，以至于他爹娶不起像样的人家，只能和少数民族妇女将就一下生了他——“家贫无妻，遂娶羌女，生腾。”（《三国志·马超传》裴松之注引《典略》）可见当时大量的西凉人有外族血统。因此，雍凉人自“董卓之乱”后也被当成异类。

但姜维是这些异类中的异类。

不一样的地方，首先在出身，姜姓虽然在百家姓里面是个小姓，但是在天水当地是个大姓。所以，姜维的仕途很顺利，被“仕郡上计掾，州辟为从事”（《三国志·姜维传》）。上计掾虽然念着有点儿怪，但是郡一级重要属官，负责帮郡守写年终总结，统计报告该郡全年的赋税、人口、武备。司马懿最早也干过这个职位，相当于现在的市委秘书长。从事是州一级的属官，隶属于刺史。

其次姜维父亲死得也不一样：“以父冏昔为郡功曹，值羌、戎叛乱，身卫郡将，没于战场，赐维官中郎，参本郡军事。”（《三国志·姜维传》）所谓“身卫郡将”可以理解为保护领导，牺牲在了战斗岗位上，类似人物可以参考曹操手下的典韦。这样的人，领导当然不能忘，所以姜维很快就有了“中郎”的正式官职，而且可以“参本郡军事”。之前的上计掾、从事都是地方属官，没有固定工资和级别，“中郎”则是中央官职，而且有俸禄，“秩六百石”“参本郡军事”相当于中央驻天水郡特派员，意味着姜维有了天水郡本地驻军的指挥建议权。

这些还在其次，姜维和这些拿着刀杀人的西凉军阀最大的不一样在于早年受到的教育。姜维是一个读书人，史书上说他“好郑氏学”（《三国志·姜维传》），也就是东汉大儒郑玄的学说。郑玄是姜维那个时代的学术权威和理论大师。他一生著作等身，遍注经典、整理前文，创新“郑学”，可谓一代宗师。他不仅学问好，而且为人身正，是当时的超级偶像，受万人敬仰。当时人们对郑

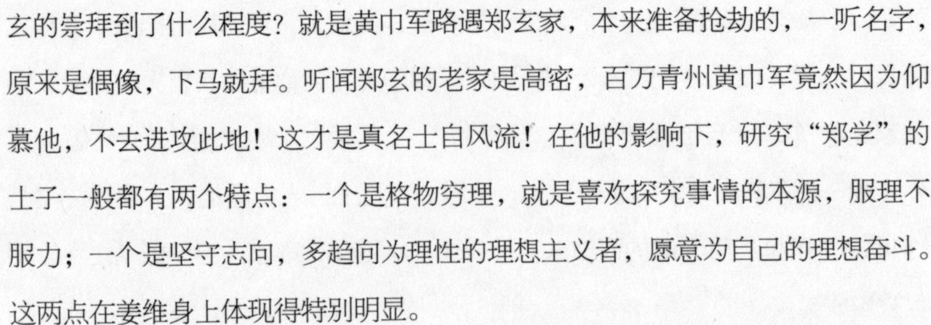

玄的崇拜到了什么程度？就是黄巾军路遇郑玄家，本来准备抢劫的，一听名字，原来是偶像，下马就拜。听闻郑玄的老家是高密，百万青州黄巾军竟然因为仰慕他，不去进攻此地！这才是真名士自风流！在他的影响下，研究“郑学”的士子一般都有两个特点：一个是格物穷理，就是喜欢探究事情的本源，服理不服力；一个是坚守志向，多趋向为理性的理想主义者，愿意为自己的理想奋斗。这两点在姜维身上体现得特别明显。

当然，姜维也不是死读书的人。根据晋朝历史学家傅玄报道的一条关于姜维的八卦：“维为人好立功名，阴养死士，不修布衣之业。”（《傅子》）看来姜维不是凡人，就是奔着建功立业去的。

姜维的理想主义体现在蜀国灭亡，刘禅投降，他还要坚持帮刘禅复国。这让许多人不能理解。其实答案可以从姜维早年经历的一个重要历史事件中找到。那就是建安十七年（212）天水杨阜讨伐马超为韦康复仇。

事情的经过是这样的。建安十六年（211），马超在渭南战败后，逃往边塞投奔胡人。曹操追到安定赶不上了，内部又出了问题，遂率军东还。曹操前脚刚走，马超后脚便率各部胡人首领带兵攻击陇右诸郡。各郡纷纷响应，只有天水冀城因为是凉州治所，东汉王朝任命的刺史韦康仍在坚持固守。马超集中全部兵力大约万余人攻打冀城。

这个时候天水名士杨阜站了出来，他亲自率领官员和宗族子弟中能打仗的千余人，在城上修筑偃月营，与虎将马超苦战。杨阜的偃月营是一种作战方法，其具体阵法类似偃月阵。

《李卫公问对》对偃月阵的解说是：“凡地带半险，须作月营。其营军列面平背险，两翅向险，如月初生。每营相去疏密及安置队伍准前法。其门则临时计之。至若兵马多少，幕次所设，此大约也。如有警急，畜牧并于营后安置。”

这个阵营的核心要义是保障自身两翼的安全，中央方向则凭借地势的险要遏制对手的进攻，在城上驻此营的目的就是引诱对手正面攻击城门，然后利用弓箭从两翼向对手进行交叉火力激射，消耗对手的有生力量，是一种以少防多的有效战法。杨阜正是凭借这一招和马超从建安十七年（212）正月一直耗到八月。眼见城中粮草将尽，待援不至的凉州刺史韦康决定向马超投降。杨阜苦谏无效，只得跟他一起投降。结果马超背信弃义，杀了韦康。

按照一般人的观点，杨阜已经仁至义尽。但杨阜自己并不这样想。他要报仇，为这个和他关系并不太好的长官报仇，收拾起旧山河，朝天阙！

于是建安十七年（212）九月，杨阜联络了亲戚姜叙（和姜维关系不明）在卤城起兵。马超闻讯后亲自率兵出击，冀城里杨阜的内应关闭城门，夺了城池。马超气得跳脚，和杨阜决战。杨阜身上五处受伤，宗族兄弟死了七人，终于将马超彻底击溃。马超南逃，投奔张鲁。

史书上没有说姜维与此战的关系。但是依照年龄来看，姜维此时应该在冀城中，目睹了事件的整个过程。他的执着与坚毅，绝对不是没有来由的，恰恰来自他幼年的耳濡目染。杨阜成功了，他成为魏国的关内侯；姜维失败了，但他已经尽力了。

麒麟归卧龙

蜀建兴六年（228），汉丞相武乡侯诸葛亮开始了人生中最辉煌的北伐事业。姜维的人生轨迹，也随之发生了巨变。简单说就是姜维决定跳槽，从魏国跳到了蜀国。姜维摇身一变，从天水郡上计掾、雍州从事、曹魏中郎，成了蜀国诸葛亮丞相府仓曹掾，加奉义将军，当阳亭侯。这一下姜维由魏国一个秩六百石的小官变成了蜀国的爵爷，一下子由一个路人甲，变成了历史舞台上的主角。

这里就有两个问题：第一，姜维是如何跳槽的？第二，姜维为什么要跳槽？关于姜维的跳槽原因，史书上提出了两个版本。

第一个版本源自陈寿的《三国志·姜维传》：

> 时天水太守适出案行，维及功曹梁绪、主簿尹赏、主记梁虔等从行。太守闻蜀军垂至，而诸县响应，疑维等皆有异心，于是夜亡保上邽。维等觉太守去，追迟，至城门，城门已闭，不纳。维等相率还冀，冀亦不入维。维等乃俱诣诸葛亮。会马谡败于街亭，亮拔将西县千馀家及维等还，故维遂与母相失。

这个版本中，姜维和天水太守一起外出公干，诸葛亮北伐开始。天水郡下辖各县几乎全部背叛，太守怀疑姜维，于是一个人跑到了雍州治所上邽。姜维等人发现追过去已经晚了，被堵在城门口。姜维想回冀县，守城人也不接受他们。于是姜维没办法，一群人被抛弃，只能投奔诸葛亮。这样说来，姜维投降是被逼无奈。而且姜维单人匹马投降，没有做任何对不起曹魏的事情，没有出卖曹魏的利益。

第二个版本是裴松之在《三国志注》里引用《魏略》中的话。《魏略》是魏国郎中鱼豢私撰的一部记录曹魏时代的史书，里面是这样描写姜维降蜀的：

> 天水太守马遵将维及诸官属随雍州刺史郭淮偶自西至洛门案行，会闻亮已到祁山，淮顾遵曰："是欲不善！"遂驱东还上邽。遵念所治冀县界在西偏，又恐吏民乐乱，遂亦随淮去。时维谓遵曰："明府当还冀。"遵谓维等曰："卿诸人叵复信，皆贼也。"各自行。维亦无如遵何，而家在冀，遂与郡吏上官子修等还冀。冀中吏民见维等大喜，便推令见亮。二人不获已，乃共诣亮。亮见，大悦。未及遣迎冀中人，会亮前锋为张郃、费繇等所破，遂将维等却缩。维不得还，遂入蜀。诸军攻冀，皆得维母妻子，亦以维本

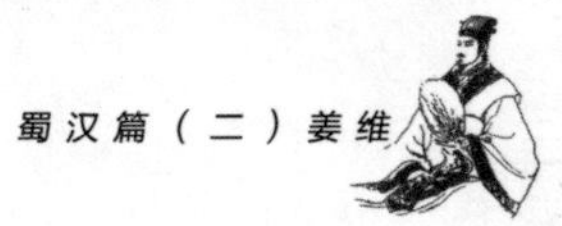

无去意，故不没其家，但系保官以延之。

这个版本大体上和陈寿的说法相当，但是加入了一些人物和对话。人物名字略有出入。陈寿写的是在天水投降到蜀国后来当了大官的几个人，比如尹赏最后官拜执金吾；《魏略》写的叫上官子修，在后来的历史里面就没了。这些还都是细节，最大的区别在于冀县在姜维的劝说下投降了，给曹魏造成了损失。

其实这两个说法统一一下，大致可以还原姜维投降诸葛亮的情况。

故事大概是这样的。228 年，诸葛亮突然北伐曹魏，曹魏毫无准备。就在这个时候雍州刺史郭淮正召集天水太守马遵（姑且从《魏略》的叫法）和手下去开会，会开到一半，得到蜀军进攻的消息。郭淮立即回到上邽去主持军务。马遵畏怯，不敢回冀县，抛弃属官姜维等人，独自逃到上邽。姜维等人回到冀县，城里的守将发现没有主官，不敢开门，于是姜维等人投降了诸葛亮。之后姜维回到冀城劝降了守将。就在这个时候，马谡在街亭被打败，诸葛亮立即带着姜维撤回汉中，姜维与老母、妻子就此分散。曹魏比较厚道，没有为难他们。

所以姜维跳槽的根本原因是被马遵抛弃，不是主动跳槽，而是被动选择。导致这一切的根本原因是马遵的那句“卿诸人叵复信，皆贼也”。这句话翻译过来就是，你们这帮家伙都不是良民，曹魏根本不相信你们。那么，马遵为什么不信任姜维？

这和魏国对整个雍凉地区的统治政策有直接关系。魏国奠基人曹操的核心地区是中原兖州、豫州，迎奉献帝控制了司隶和部分雍州土地，打败吕布占据了徐州。200 年官渡之战后，曹操逐渐征服了河北冀州、青州、并州、幽州。到了 211—212 年，曹操才进攻关中，逐渐控制了关中和陇西地区。所以曹魏初年，对这一带的控制力是有限的。一来这个地区自东汉末年长期战乱，经济没有恢复，民穷财弱，曹操在 217—219 年的汉中之战时就感到关中地区没有足够的力量支撑军队补给，且转运困难，于是索性把汉中人口搬空，撤到秦岭以北防御。看一下地图就会发现，关中平原核心区距离汉中有重山阻隔，军队难以供给。二来诸葛亮北伐之前，曹魏的战略部署重点在东线两淮地区和荆州襄阳、樊城一线，对蜀国没有放在心上，兵力相对薄弱。这种情况正是由于这一带民生尚未恢复造成的。曹魏无法在此大规模驻军，此地也很难供养大军。这样就必须依赖当地士族的力量来维护统治，比如杨阜抵抗马超时用的就是自己的家兵。

然而要命的是曹魏政权本身把民风彪悍的雍凉士族当成化外之民。曹丕建立曹魏和当时的中原士族进行了一场交易，实行“九品官人法”，实际上是将选官、用人的部分权力交给了士族阶层，以后皇帝再也不可能像汉武帝选拔卫青那样挑选人才了。选官权落在士族首领手上。曹魏历史上第一位士族首领是出身颍川大士族的荀彧，其后又是他的女婿陈群和同为颍川士族的钟繇等人。他们和河内司马氏、清河崔氏、东海王氏、太原王氏和弘农杨氏等自东汉就已经兴起的“百年老店”结成同盟，相互通婚，彻底掌控了曹魏政权基层的选官用人权力。但是曹魏初期雍凉地区经济没有恢复，当地士族也没有享受与中原士族同样的待遇。在中原士族看来，他们都是戎狄之后，不屑于与之交往。杨阜以赔上七个兄弟，自己挨了五刀的代价，只能封一个关内侯（只有侯的名号，没有领地），而他竟然是整个雍凉地区在曹魏职位最高的士族，还没有之一。另一方面，曹魏政权本身对这个情况是清楚的，对雍凉士族的不满也是知道的。姜维投降之后，曹魏对雍凉地区的政策发生了明显变化，以安定胡氏和京兆杜氏为首的地方士族开始进入曹魏高层，甚至就连姜维家眷的待遇，也还算是不错的。但当时因为时间太短，还来不及实施这些政策，只能先边防备，边利用。所以诸葛亮第一次北伐时，天水、南安、安定三郡迅速投降，马遵才有姜维诸人“皆贼也”的说法。

理解了马遵为什么嫌弃姜维的问题，就可以回答第二个问题：姜维为什么会投降？面对一个时刻把你当贼防范的政权，谁会愿意为之效力？更何况，这

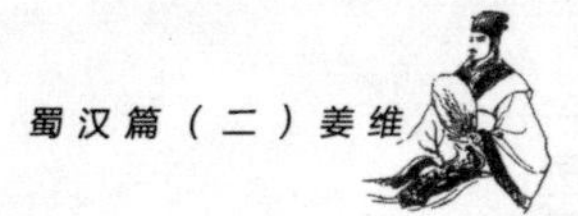

时对他张开双臂表示欢迎的还是诸葛亮这样热情洋溢的蜀汉政权执刀人。蜀汉集团一没兵、二没钱，靠的就是“义气”二字才能撑到现在，内部氛围在三国当中最好，从来没爆发过大规模的内部斗争（杨仪、魏延除外），光是工作环境就让人羡慕得流口水。而且还给待遇，姜维一去就被蜀国诸葛亮征辟为丞相府仓曹掾，加奉义将军，封当阳亭侯。奉义将军虽是杂号将军，但也是两千石部长级待遇。当阳亭侯更是实封侯爵，有自己的领地，更重要的是蜀汉丞相诸葛亮十分欣赏他。这种境遇和待在曹魏被困在天水的情况，差别简直就是天上地下。

所以，姜维跟随诸葛亮一起回到了蜀地，从此告别了亲人和故土，和自己原来的同胞成了敌人。姜维的母亲舍不得儿子远去，曾经写信想劝他回来。姜维回给母亲一首诗：“良田百顷，不在一亩；但有远志，不在当归。”（孙盛《杂记》）他离开了故乡，去追求自己的志向。这一年他 27 岁。

虎步中军将

姜维的志向是什么？在诸葛亮看来是和自己一样，是“兴复汉室，还于旧都”。有证据吗？有的，就在《三国志·姜维传》里。姜维归顺诸葛亮后不久，诸葛亮就给他选定的接班人蒋琬写信，称姜维“此人心存汉室”。可见诸葛亮把姜维引为知音。

但这个说法是可疑的，既然“心存汉室”，那么为什么要接受曹魏的伪职呢？那么，是诸葛亮为了抬高姜维而说谎？没道理，因为这是给自己亲信写的私信，有什么必要呢？而且蜀国之事，无论“大小咸决于亮”（《三国志·诸葛亮传》），只要诸葛亮认可，别人怎么说都是白费气力。那么，诸葛亮信里这个

“此人心存汉室”究竟是什么意思呢?

诸葛亮在这封信里所称“心存汉室”是从政治制度和选人制度的角度说的,指的是姜维所学的“郑学”。“郑学”是大汉王朝品评士人的根本学问,也是大汉王朝与曹魏实行的九品官人法——选官重门第、看阀阅、轻经学的门阀制度——的根本区别。

这就有必要深究一下姜维所受教育的内容——郑学。

前面讲过,郑学是东汉大儒郑玄的学问。郑学的核心是对儒家经典做出自己的解释,结束了自汉代以来的古文经与今文经之争。这两种经书都是儒学经典。所谓古文经和今文经的区别,其实是秦始皇焚书坑儒惹出来的麻烦。秦统一天下后,始皇帝为统一思想,要求将他不喜欢的儒家经典全部焚毁。为了逃避焚烧,民间儒生自发地将一些经书埋藏起来。至汉代,这些经书相继被人们发现后献给朝廷,因为书写用的是秦始皇统一文字之前的各国文字,所以称为古文经。汉初由老儒背诵,口耳相传的经文与解释,由弟子用汉朝统一文字隶书记录下来的经典,则称为今文经。两派各执一词,今文经学派注重微言大义,在政治上主张改革,兴盛于西汉;而古文经学派注重考证训诂,在政治上趋向保守,先被王莽利用,然后兴盛于东汉。无论是古文经学,还是今文经学,都注重儒学礼仪。儒学教化人心的根本就在日常起居的各种礼仪之中,更表明了当时人们对秩序的向往。著名历史学家钱穆先生认为,今、古文经学之争始于利益之争。这已经是史学界的定论。两派争斗至东汉末年,儒学大师郑玄以古文经学为宗,兼采今文之说,综合两派,兼容并包,形式灵活,简明扼要,遍注群经,成为汉代经学的集大成者,写出了著名的《三礼注》,并且把这种理论规范化,成为当时追求务实人才中的显学。也成为选拔人才的重要依据。在郑玄的影响下,汉末大批能力出众的人才才能摆脱士族门阀的影响,得以脱颖而出。三国时代人才灿若繁星,还是“郑学”的功劳。相反,曹魏实行的九品官人法只讲门阀,不讲能力。在这样的制度下,阶级利益被固化,人才被压抑,

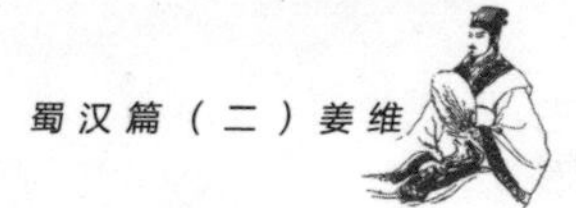

而统治阶级迅速蜕化变质。东汉末年登上历史舞台的士族在这种制度下迅速腐败。西晋王朝建立之初，大臣石崇、王恺就开始相互斗富。之后晋王朝内部宗室出于私利开始内斗，演变成“八王之乱”。统治阶级的迅速腐朽导致西晋统一仅是昙花一现，之后便是中华民族历史上最混乱的“五胡乱华”时代。

所以诸葛亮所言的“心存汉室”，是指汉室的典章制度而言，而不是简单的一个名目。诸葛亮心中的兴复汉室和姜维的志向的确是一致的。两个人志同道合，遂成为忘年之交。六出祁山中，诸葛亮把姜维带在身边，亲自教导，同时授予他中军五千名精锐虎步军指挥权：“须先教中虎步兵五六千人。”（《三国志·姜维传》）姜维数次从征立功后，诸葛亮提拔他为中监军征西将军，让他逐渐脱颖而出，成为年轻将领中的佼佼者，并可以参与蜀汉帝国的核心事务。比如，诸葛亮废黜李严的表文中就有姜维的署名，说明他已经进入蜀汉帝国的核心领导层，有资格参与最重要的朝廷事务。

但有人据此说，姜维是诸葛亮的接班人，这就不对了。因为诸葛亮的接班人在他临死前上给刘禅的表章中说得很明确，就是蒋琬，甚至蒋琬之后的费祎也是诸葛亮规定的，没有姜维。姜维的出现其实顶替了在街亭之战后被诸葛亮挥泪斩首的马谡，成为诸葛亮军事上的重要助手。如果说姜维是谁的接班人的话，那应该是魏延。诸葛亮写信给蒋琬，信中对姜维的评价非常高：“姜伯约忠勤时事，思虑精密，考其所有，永南、季常诸人不如也。其人，凉州上士也。”（《三国志·姜维传》）姜维的才能也跟魏延一样：“甚敏于军事，既有胆义，深解兵意。”（《三国志·姜维传》）这就是把姜维当作魏延的接班人推荐给自己的接班人蒋琬。后来蒋琬接班诸葛亮出任大司马并开府执政以后，征辟姜维担任大司马府的司马，与魏延担任诸葛亮的司马职位一样。

经过诸葛亮的观察，这个接班人比魏延本人还要靠谱。

魏延起于行伍，随刘备入蜀的时候只是一个“部曲”，基本上是个兵甲的水平，在战斗中成长为牙门将军。牙门将军是刘备创置的职务，需要常伴左右，参赞军谋，外出征伐时留守中央，主公亲征时指挥亲兵。因此，魏延在刘备看来，不仅具备过人的勇武，还有出色的军事谋略。刘备取下汉中后，把魏延直线提拔为汉中太守、镇远将军，直接防守蜀汉的北大门，一时之间风头超过张飞。第一次北伐的时候，魏延就向诸葛亮献子午谷奇谋，虽然未被采纳，但说明这是一个打仗动脑子的人。几次北伐中魏延更是建立奇功：建兴七年（228），斩杀魏将王双；建兴八年（229），大破郭淮；建兴九年（230），先是在上邽大破司马懿，斩首3000级，撤退途中又射杀“五子良将”魏车骑将军张郃。诸葛亮的这些战功都是魏延为他一刀一枪拼出来的。

但是魏延不靠谱。魏延作为一个部曲出身的“大老粗”，不理解诸葛亮北伐精妙的政治设计。诸葛亮北伐对内要平衡蜀国国内的政治势力，对外要打消曹魏的觊觎之心。诸葛亮心里非常清楚，曹魏非速亡之国，益州非进取之地，曹叡、司马懿、曹真、张郃都是人才，不可轻视。所以诸葛亮北伐需要掌握一种尴尬的平衡，既要通过战争凝聚人心，通过复兴汉室的理想凝聚士气，让弱小的蜀国保持在一种激昂的战斗氛围中，从而偏霸一方，让对手不能轻视，不被对手吃掉；又不能过度使用武力，让蜀国主力军遭受过大的损失，导致蜀国陷入危险。所以诸葛亮不能用魏延的子午谷奇谋，就是怕万一失败，蜀国经不起这样的损失。即使魏延可以成功占领长安以西，那时曹魏的曹真、司马懿、张郃也将会举大军向西杀来，与蜀军决战。在渭河平原上，步兵为主的蜀军难以应对曹魏天下无敌的虎豹骑。

更重要的是这种平衡的拿捏，只可意会，不可言传。诸葛亮做得到，姜维可以理解——诸葛亮博古通今，姜维幼习郑学，两个人有共同语言。而且姜维的出现填补了马谡的空白。姜维天天在丞相身边参与军机，耳濡目染好几年。他对丞相的心思，应该是清楚的。诸葛亮对他也是信任的。但魏延起于行伍，对这种微妙的平衡，他做不到，也不能理解。在魏延看来，打仗嘛，就是砍人，你给我一支兵，我输了，赔你一条命。甚至常有怨言：“延每随亮出，辄欲请兵

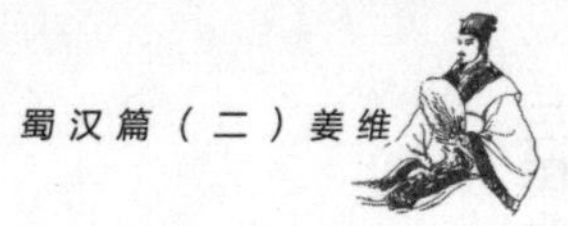

万人，与亮异道会于潼关，如韩信故事，亮制而不许。延常谓亮为怯，叹恨己之才用之不尽。”（《三国志·魏延传》）魏延还有一个缺点就是脾气太臭，不让人待见。这也好理解，魏延中年得志，被刘备直接拔为一方之帅，自然官高自傲。所以魏延经常和同僚闹意气，有点儿像关云长的感觉。尤其是魏延和丞相长史杨仪两个人势同水火，搞不好团结，如何担得起大任？相比之下，学习郑学礼仪的姜维则善于交际，至少不惹人讨厌。所以诸葛亮对姜维十分满意，姜维的地位在蜀军中一再提升。

“天有不测风云，人有旦夕祸福。”234 年农历八月二十八日，蜀汉丞相忠武侯诸葛亮薨逝五丈原。此时姜维已经是数万蜀军的核心人物。随着统帅的去世，蜀军何去何从？历史来到转折的关键点。而姜维此生第一次走到了历史舞台的中央，迎接他的是全军覆没，还是全师而还呢？

遗志继承人

234 年农历八月，诸葛亮病逝于五丈原军中。

作为千年中国智慧第一人诸葛亮对自己身后事的安排，自然也是智虑周全。当他发现自己身体不行了时，便开始做各种准备。首先做的是政治准备。诸葛亮向从成都赶来的李福交代接班人的问题，属意丞相府留府长史蒋琬接替自己的位置，向后主刘禅写了一封催人泪下的诀别信：“若臣身死之日，不使内有余帛，外有赢财，以负陛下也。”（《三国志·诸葛亮传》）

接下来就是关于军事方面的事情。这个问题最重要也最急迫，毕竟不远处就有 10 多万魏军，然而这个问题有争议。一种说法是：

诸葛亮病，谓延等云："我之死后，但谨自守，慎勿复来也。"令延摄行己事，密持丧去。延遂匿之，行至褒口，乃发丧。(《魏略》)

另一种说法是：

秋，亮病困，密与长史杨仪、司马费祎、护军姜维等作身殁之后退军节度，令延断后，姜维次之；若延或不从命，军便自发。(《三国志·魏延传》)

这两种说法最大的区别就是由谁主持军务，把北伐部队带回汉中。给《三国志》作注的裴松之认为《魏略》的说法靠不住："此盖敌国传闻之言，不得与本传争审。"(《三国志·魏延传》)但是《三国志》本身的说法也有不合情理的地方，因为蜀国的北伐军中诸葛亮以下官职最高的就是魏延——前军师征西大将军。魏延也是名震天下的战将，而且还有假节的权力。杨仪只是丞相府属官，正式职位只是绥军将军，和魏延差好几级。诸葛亮不让魏延统领全军，任用杨仪，就好像让一个中将去指挥元帅，无论如何是说不过去的。"诸葛一生唯谨慎"，怕是不会这么干。

最可能的情况是诸葛亮最初还是把指挥全军的权力交给了魏延，并且命令魏延带兵撤退，并提醒他："我之死后，但谨自守，慎勿复来也。"但是接下来杨仪、姜维应该提醒了诸葛亮："丞相，您不在了，魏延不听命令南撤，怎么办？我们怎么指挥得了魏延呢？"于是才会有"令延断后，姜维次之；若延或不从命，军便自发"。这是一道预备命令，预防的是魏延不听杨仪招呼的情况。

遗憾的是这种情况最终发生了，诸葛亮一死，魏延有了掌握大军的权力，本来是想大干一番的，所以才对来劝他的费祎说："丞相虽亡，吾自见在。府亲官属便可将丧还葬，吾自当率诸军击贼，云何以一人死废天下之事邪？且魏延何人，当为杨仪所部勒，作断后将乎！”（《三国志·魏延传》）魏延准备把杨仪踢回成都，自己和司马懿接着干。这是诸葛亮最担心的局面，所以这时杨仪、费祎、姜维三个人合计了一下，准备启动第二方案。久经战阵的魏延马上侦察到了其他部队的异动，大发雷霆。这时候他做了一个决定：“仪未发，率所领径先南归，所过烧绝阁道。”（《三国志·魏延传》）正是最后这个决定要了他和全家人的性命。他做这个决定应该就是为了和杨仪争一口气。

但魏延这个决定给姜维带来了大麻烦。因为预备断后的就是姜维的虎步中军。魏延一撤，姜维就直接暴露在了司马懿大军之前。魏延烧毁了栈道，蜀军撤退的时间陡然变长，断后部队的压力更大了。而且杨仪这个人“性狷狭”，不厚道，派王平在前开路，去追魏延，把费祎带在身边做人证，去告魏延，但不相信姜维，让他单独断后，去面对魏军。说得难听点儿，就是让他去做替死鬼。

姜维率领自己精心操练的5000名中虎步军精兵为大军断后，退往褒斜谷北口。234年农历九月，司马懿在经历了一番反复的思想斗争后，终于亲自带兵追了过来。

司马懿对诸葛亮的死是有准备的。先前双方在五丈原对峙了数月，互派使者，司马懿“问其寝食及事之烦简，不问戎事。使对曰：‘诸葛公夙兴夜寐，罚二十以上，皆亲临焉，所啖食不至数升。’宣王曰：‘亮将死矣。’”（《三国志·诸葛亮传》裴松之注引《魏氏春秋》）关键追还是不追，这才是一个问题。这个时候最尴尬的人是司马懿，因为他有选择，但是无论怎么选都像选了一瓶毒药：追击蜀军吧，在魏军看来这就是送死，前头王双、张郃坟头上的草还没长齐呢！谁还愿意去？不追击蜀军吧，面子上实在过不去。一番心理斗争后，司马懿还是决定追击。

看着远处掩杀过来的虎豹骑，本该快逃的姜维发布了一个惊人的命令：全军掉转旗帜，排开战阵，虎步军以长矛、连弩组成战阵与敌骑对战！步兵阵型在一瞬之间由后退转为前进。全军号令一致是需要长时间训练的。三国时代以

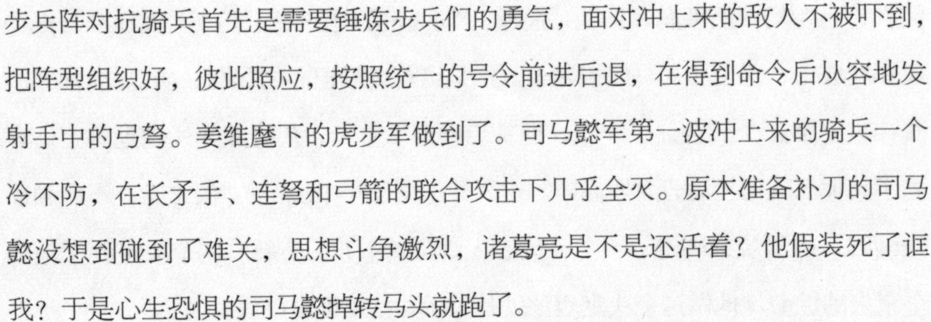

步兵阵对抗骑兵首先是需要锤炼步兵们的勇气，面对冲上来的敌人不被吓到，把阵型组织好，彼此照应，按照统一的号令前进后退，在得到命令后从容地发射手中的弓弩。姜维麾下的虎步军做到了。司马懿军第一波冲上来的骑兵一个冷不防，在长矛手、连弩和弓箭的联合攻击下几乎全灭。原本准备补刀的司马懿没想到碰到了难关，思想斗争激烈，诸葛亮是不是还活着？他假装死了诓我？于是心生恐惧的司马懿掉转马头就跑了。

当然司马懿给自己找了一个好理由：“帝以穷寇不之逼，于是杨仪结阵而去。”（《晋书·宣帝纪》）司马懿带着在曹操手下无敌的虎豹骑回了大营。“经日，乃行其营垒，观其遗事，获其图书、粮谷甚众。帝审其必死，曰：‘天下奇才也。’”（《晋书·宣帝纪》）是说过了一天，司马懿来到蜀军驻扎过的营垒查看，发现自己着了道，赶忙又带着兵去追。“追到赤岸，乃知亮死。审问，时百姓为之谚曰：‘死诸葛走生仲达。’帝闻而笑曰：‘吾便料生，不便料死故也。’”（《晋书·宣帝纪》）司马懿的表现可谓丑态毕现。

姜维断后的任务完成，他回到了蜀汉帝国的首都成都。姜维第一次直接接触了第二个改变他命运的人，蜀汉帝国皇帝刘禅。此时，蜀汉上层发生了巨大变化：魏延已死，杨仪已废，这两个人再加上诸葛亮去世，意味着蜀汉政权中原本属于刘备嫡系的“先主创业嫡系集团”几乎不复存在了。这个集团原本是蜀汉政权的核心，在刘备、关羽、张飞三兄弟相继死亡之后，已经被严重削弱了。刘备之后诸葛亮成为这个集团的核心，赵云、魏延、陈到等人是重要成员，他们还能撑得住场面。随着赵云等人相继离世，这个集团力量进一步被削弱。当诸葛亮去世加上杨仪、魏延内斗，这个集团几乎可以说是不复存在了，只剩下大量的“官二代”。“先主创业嫡系集团”蜕化为“后主二代守业集团”。这个变化意味着全新的时代开始了，权力从权臣手中回到皇帝刘禅手中。同时也意味着不稳定。因为蜀汉的另外两大集团“刘璋旧部东州集团”和“益州本土土豪集团”随着时间的推移，力量不但没有削弱，反而越来越强。尤其是“益州

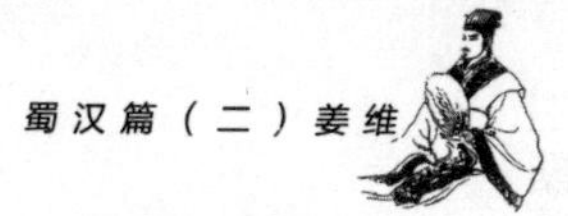

本土土豪集团”，时间越长，力量就越强，那么，这个征服者二代组成的“后主二代守业集团”需要长时间在益州存在下去的话，就不能继续刘备和诸葛亮的方针，也就不能继续打压“益州本土土豪集团”。相反，他们要像东吴那样让本地土豪加入这个政权组织，实现在本地化生存。

刘禅很敏锐地感觉到了这一点。在诸葛亮去世三年后（守三年之丧，不改制），刘禅将蜀国年号由“建兴”改为“延熙”。如果“建兴”可以理解为重建国家，兴复汉室的话，那么“延熙”就可以理解为延续兴隆的景象。简单说，建兴意味着进取，延熙意味着守成。

刘禅看中了姜维，一方面是姜维的才华，另外一方面是姜维和任何一派力量都沾不上边。“刘璋旧部东州集团”和“益州本土土豪集团”就不用说了，如果把姜维算成诸葛亮学生的话，那么他勉强可以算“后主二代守业集团”，但他毕竟是一个外来户，用起来放心。而对于蒋琬这个人刘禅并不看好。因为蒋琬有问题，不足以成为这个集团的领袖。蒋琬的问题是历史问题，蒋琬年轻的时候喜欢喝酒，经常误事。刘备很不喜欢他，几次要处罚他，但是诸葛亮保了他。他和马谡一样应该属于诸葛亮，而不属于刘备，更不属于刘禅。所以诸葛亮一死，刘禅虽然尊重诸葛亮的遗令，重用蒋琬，但是打心眼儿里不太喜欢这个人。不过刘禅没有说，他忍了下来，等到延熙六年（243），等到蒋琬犯了错误，主动“辞职”。

蒋琬“以为昔诸葛亮数窥秦川，道险运艰，竟不能克，不若乘水东下。乃多作舟船，欲由汉、沔袭魏兴、上庸。会旧疾连动，未时得行。而众论咸谓如不克捷，还路甚难，非长策也”。（《三国志·蒋琬传》）简单地说，他试图改变北伐的方向，由北出秦川改为东进上庸。然而，上庸位置偏僻，即使丢失了，对魏国而言也几乎没有损失，而且即使拿下上庸，如果蜀军继续东进，还要面对襄阳、樊城要塞。而顺汉水而下，一旦出现危机，大军几乎不能返回，投入大，产出少。所以刘禅和大家讨论的时候就把这个战略彻底否定了。于是，刘禅派出费祎和姜维传达自己的旨意。此后不久，蒋琬就开始生病，从此退居二线。延熙九年（246），蒋琬去世。这个时候刘禅出手“自摄国政”（《三国志·蒋琬传》），蒋琬手中开府统管政治军事的权力被刘禅分给了费祎和姜维。姜维被升为卫将军与费祎“共录尚书事”（《三国志·姜维传》）。这个安排说明了两个问题：第一，自蒋琬之后蜀汉政权的权力被刘禅彻底收回，政令出自尚书台，如西汉故事，再无人可以专权。第二，姜维和费祎是同僚，并非上下级关系。姜维曾是蒋琬大司马府的司马，但此时与费祎同录尚书事，则证明他已经直属皇帝，可以自己独立出来做事了。

刘禅出手任用两个人来分蒋琬的权力，实质上是拿回了曾经授予诸葛亮的权力。费祎掌控蜀国政权是名正言顺的。因为诸葛亮遗令里的接班人就有费祎。而且费祎当过刘禅的太子舍人，刘禅跟他很熟。他是天生的“后主二代守业集团”成员。费祎本身是荆州人，和“先主嫡系创业集团”关系很好。比如，这个集团里最难说动的魏延，都是费祎来搞定的。费祎的姑姑是刘璋的老婆，和“刘璋旧部东州集团”说得上话。同时费祎本人赞同“益州本土土豪集团”否定北伐的政策，深得益州本土人士的拥护。费祎和所有人都说得上话，所以费祎的上位在当时几乎是众口一词，众望所归。

但是姜维就出乎所有人意料了。因为和费祎恰恰相反，姜维和所有这些势力都基本沾不上边。熟悉三国史的人会发现，这个变化和孙权在东吴的做法非常相似。蜀汉第一代最高执政者诸葛亮和东吴第一代军事领袖周瑜都是创业嫡系。诸葛亮之后用蒋琬做了过渡，到了费祎属于和各派都有关系。周瑜之后的鲁肃实际上和东吴各派也都沾得上边。相对应地，在他们后面的姜维和吕蒙却和所有势力集团都沾不上边。也就是说蜀汉和东吴一样，在第一代之后，都放弃了一统天下的想法，需要有一些人来实现本土化过渡。姜维在刘禅心目中也是过渡人选，最终蜀国要实现本土化生存，和东吴一样他的统帅要换成陆逊那样的本土派人物。但历史没有给蜀汉走出这一步的机会。

但是姜维和吕蒙不一样，他的心里还有汉室，还有复兴，更多的是还有对诸葛亮遗志的继承。他不是蒋琬、费祎这样的“好好先生”。到最后整个蜀汉帝国可能就只有他一个人还相信自己可以“庶竭驽钝，兴复汉室，还于旧都”。他要继续那个可能完成不了的梦想，因为他是一个有理想的人。

汉中拒曹爽

姜维是个理想主义者，但不傻。他当然知道魏国的强大，也知道蜀国国力有限。他在北伐时面临的问题比诸葛亮更大。如果说诸葛亮时代蜀汉还有可能通过一场野战打败对手，获得决定性胜利的话，随着时间的推移，加上曹魏自曹丕、曹叡以来几十年如一日的休养生息政策，魏蜀两国国力的差距进一步拉大，特别是人口和财力方面。到了姜维统率蜀军北伐的时候，每次几乎只能对抗曹魏的西北兵团而已。

那么，如何和越来越强大的对手抗衡呢？姜维在战略上做出了调整。“维自以练西方风俗，兼负其才武，欲诱诸羌、胡以为翼，谓自陇以西可断而有也。”（《三国志·姜维传》）严格来说姜维的战略和诸葛亮六出祁山的战略目标是一致的，那就是夺取陇右地区，进而控制关中。如果做不到的话，那么就通过战争掠夺人口，减少两国的国力差距，这个战略是符合当时实际的。但是随着时间的推移，对手的力量越来越强，仗更难打了。如果说诸葛亮还可以采取运动战的话，那么姜维就必须采取更彻底的游击战。

姜维将原本以步兵为主的虎步军，大量加入了羌、氐骑兵，大大提高了蜀军的机动性，出兵的目标和少数民族一样，就是抢掠雍凉地区的人口、财产，而不是去占领土地。蜀军把地方抢光了之后，再让曹魏投入财力、人力去恢复，蜀军再去抢，如此反复多次。所以姜维九伐中原，几乎每年在打仗，但是时间都相对比较短，对蜀国经济破坏、损伤也较小，很好地起到了以战养战的目的。然而，这和诸葛亮统率10万大军与曹魏对峙几个月对曹魏的威胁已经不可同日而语。

蜀军在陇西地区不断地进行骚扰和袭击，让曹魏非常头疼。但是曹魏方面一直没有对蜀汉有过一些特别的反击举动，因为此时曹魏内部也有问题。那就是士族和曹魏皇族之间争权夺利，最终集中体现在司马懿和曹爽的政治斗争方面。士族是曹魏统治的政治基础。自东汉末年士族就通过控制土地控制了整个社会的经济基础，通过控制“月旦评”等舆论形式控制了选官制度，通过控制地方人力进而控制了军队。这些势力对曹操的支持让曹操得以统治北方。不过曹操的“唯才是举”政策让士族很不开心，所以曹操在世的时候对北方的控制始终不稳定。直到曹丕实行九品官人法后，士族可以凭借出身垄断做官的权力，曹魏才在北方扎下根。但是，由于曹魏皇族的出身不是士族的名门正派，反倒是宦官后裔，所以士族从根子上对皇族是鄙视的，只是被曹操用武力压服，被曹丕用官职贿赂，才不敢吭声。然而随着曹氏皇族的人才凋零，士族终于看到了掌握军队的机会。

曹魏的军事力量最初是掌握在皇族手中：第一代的夏侯惇、夏侯渊、曹仁、曹洪，第二代的曹真、曹休、夏侯尚，第三代的曹爽、夏侯玄。除了这些皇族外，曹魏军事力量还吸收了大量的寒族战将，比如著名的“五子良将”：张辽、徐晃、张郃、于禁、乐进都是寒族。曹操时代士族是不统军的，直到曹丕时代司马懿的出现，才让士族开始掌控兵权。曹叡时代，司马懿成为方面大将，统辖雍凉西部军区。皇族的统兵人才凋零，让军权很难再掌握在他们手里。特别是第三代的曹爽，缺乏军事才能和威望，但又接受曹叡托孤，成为曹芳的辅臣。虽然曹爽担任大将军一职，但是在战功赫赫的司马懿面前，显得特别没底气。他需要战功，加上姜维屡屡犯境，正欠收拾，于是他选择攻击蜀国。

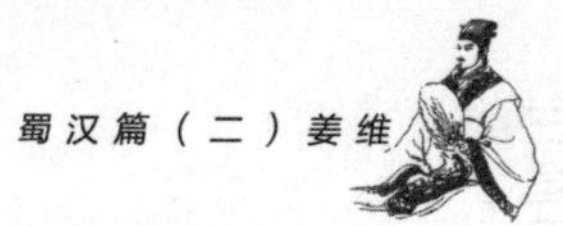

延熙七年（244），曹魏大将军曹爽统辖数十万大军进攻蜀国。曹爽以关中为后方基地，进攻蜀国可选的道路有四条。

陈仓道，诸葛亮北伐最喜欢的一条路。这条路的好处在于路途相较于别的道路平坦宽广，而且后方有阳平关掩护，侧翼武都、阴平两郡长时间掌控在蜀汉手中，粮道、退路都最为安全。所以诸葛亮北伐最喜欢走这条道路。

子午谷道，这是魏延当年提出子午谷奇谋时想走的一条路。这条路奇险，不利于大兵团开进。魏延的谋略在当时没有成为现实，但是明朝末年有人试图走这条路——闯王高迎祥，结果半路遇到了明廷的陕西巡抚孙传庭。高迎祥本人被抓，全军覆没。事实证明，这条道路确实不好走。

剩下的两条路褒斜道和傥骆道的优势和问题类似——相较于陈仓道行程较短，相较于子午谷道较为好走。这两条道路都有一个问题，就是出口容易从两端被封死，导致大兵团无法展开。

曹爽不傻，他显然对这四条路的利弊做了充分的分析。他首先放弃的是子午谷道，理由很简单，兵力多了，道路狭窄，施展不开。之后，陈仓道也被放弃，因为陈仓道虽然好走，但是道路尽头的阳平关真的不好攻。当年魏武帝曹操都差点儿放弃，曹爽知道自己肯定不如他祖父（曹真是曹操亲戚的儿子，曹操的养子）的，更加上阴平、武都两郡没法迅速夺取，右翼和退路对于魏军来说反倒不安全。剩下的两条路，其中褒斜道可以直达汉中核心区南郑，傥骆道则要经过兴势山绕道，各有利弊。但在曹爽看来，褒斜道的问题是他爹曹真当年走过这条路，结果被困住了。因此，曹爽再走的话，达不到战略上的突然性。所以排除了其他所有选择后，曹爽走上了傥骆道，决心带着他的大军由此走上人生巅峰。

十几万大军确实很震撼。当蜀国发现魏军的时候，“时汉中守兵不满三万，诸将大惊”（《三国志・王平传》）。汉中本来是蜀军大本营，精兵良将云集，诸葛亮北伐的 10 万大军长时间驻扎在此。可就在魏军进攻的前一年，蒋琬刚刚把蜀国大本营由汉中移至涪县，把镇守汉中的重任交给了王平："六年，琬还住涪，拜平前监军、镇北大将军，统汉中。"(《三国志·王平传》)由此看来曹魏进攻的时机非常正确。可惜正确的时机却没有正确的指挥官。作为蜀汉宿将的王平可不是一般人。当年诸葛亮第一次北伐失败，马谡被杀，赵云被罚，诸葛亮自己被贬，只有王平被奖励提拔。后来在多次北伐中，王平曾力拒张郃，不落下风："张郃攻平，平坚守不动，郃不能克。"(《三国志·王平传》)如果当年诸葛亮以王平为正、马谡为副去守街亭，历史可能改写。

面对曹爽的大军，汉中方面军将士们乱成一团，众将提出："今力不足以拒敌，听当固守汉、乐二城，遇贼令入，比尔间，涪军足得救关。"(《三国志·王平传》)这个办法就是让对手进入汉中腹地，自己把精锐部队驻扎到诸葛亮时代新筑的"汉、乐"这两座要塞里固守待援。这两个要塞坚固到什么程度呢？后来魏国钟会攻破阳平关，围困这两座要塞一直到蜀国灭亡都没有失守！这是最保险的办法。

但久经沙场的老将王平冷静异常，他对形势做了独到的分析："不然。汉中去涪垂千里。贼若得关，便为祸也。今宜先遣刘护军、杜参军据兴势，平为后拒；若贼分向黄金，平率千人下自临之，比尔间，涪军行至，此计之上也。"(《三国志·王平传》)当时蒋琬、费祎统领的蜀军主力在涪县，距离汉中太远。如果固守汉、乐二城，虽然可以保住两座要塞，但是汉中将彻底失去。这样将让蜀国门户洞开，如果人心浮动，局面将不好应付。王平的分析不光是知兵，也是知势。同时他再次拿出了自己的计划：占据兴势山，封住傥骆道口，把曹爽10多万大军堵在山谷中施展不开。同时为了预防曹爽可能绕道，王平亲自率领预备队数千人，防卫黄金峡口，为援军到达争取时间。

也不知道曹爽是不是倒霉，大军在傥骆道里遭遇了几十天的大雨。曹爽好不容易走到道路的尽头，又被兴势山阻挡住，进不能进，退不能退。姜维统领的虎步军和其他蜀国援军一起赶到了汉中前线。曹爽见到这场面，那是非常不

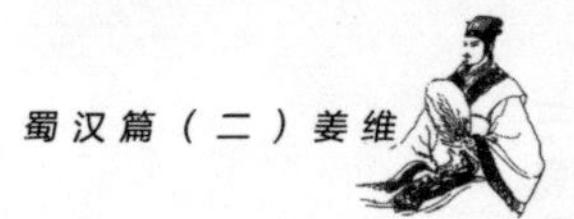

爽。但是也没有办法，他只能率军撤回关中。此战魏军兵员损失不大，主要损失的是从雍凉当地征调的马匹、车辆，把整个关中地区搞得民穷财尽。这真是辛辛苦苦几十年，一夜回到从前。蜀军再次凭借天时、地利顺利击退了魏国第二次大规模进攻。

这一仗对魏蜀两国都带来了巨大影响。曹魏方面曹爽的失败向世人证明了自己的无能。曹爽为了独揽大权，加速了打压司马懿的步伐，但已经失去了所有士族的支持，最终经历高平陵事变，被司马懿一举铲除。从此，曹魏宗室再也不掌兵权，司马家族代表士族成为曹魏帝国实质上的主人，剩下的只是履行一道手续而已。

此战对蜀国内部战略方针的影响也可能是致命的。因为这一战后，姜维对魏延和王平的战法做了检讨："初，先主留魏延镇汉中，皆实兵诸围以御外敌，敌若来攻，使不得入。及兴势之役，王平捍拒曹爽，皆承此制。"（《三国志·姜维传》）但是姜维认为："以为错守诸围，虽合《周易》'重门'之义，然适可御敌，不获大利。"（《三国志·姜维传》）意思就是说，这样消极防御虽然可以把对手挡回去，但是不能歼灭对手。姜维要打歼灭战。他拟订了自己的作战计划："不若使闻敌至，诸围皆敛兵聚谷，退就汉、乐二城，使敌不得入平，且重关镇守以捍之。有事之日，令游军并进以伺其虚。敌攻关不克，野无散谷，千里县粮，自然疲乏。引退之日，然后诸城并出，与游军并力搏之，此殄敌之术也。"（《三国志·姜维传》）这个计划说穿了就是诱敌深入，坚固据点，阻碍敌人后方补给。一旦敌人撤退，后方的坚固据点可以把对手的退路限制在几条小道上，最终加以歼灭，形成大歼灭战。这个战法要求建立坚固支点，作为防线支撑。当防线被突破时，并不撤退，而是利用坚固支点继续牵制对手的其他部队。当敌人突破防线时，集中兵力，利用据点抵抗。当对手失去攻击锋芒的时候，立即组织部队从两翼反击，包围歼灭突出的敌人，而后恢复防线。这个战术有两个要点：一是防御支撑点足够坚固；二是反击力量要足够强悍和足够快。

汉、乐二城绝对够坚固，但是姜维反击的力量够强悍和够快吗？

鏖兵战陇西

至少姜维自己认为他的军队力量是够强大的。他的自信来自军事实践。姜维在当蒋琬大将军府中司马的时候，就“数率偏师西入”（《三国志·姜维传》），其中规模比较大的一次是在蜀延熙九年（246）、延熙十年（247）的狄道之战，一次是延熙十二年（249）的牛头山之战。

蜀延熙九年（246）时，魏国陇西、南安、金城、西平等地羌胡少数民族爆发叛乱。这次叛乱著名的饿何、烧戈、伐同、蛾遮塞等部少数民族联合起来叛乱，规模很大，甚至可以“围攻城邑，南招蜀军”（《三国志·郭淮传》）。之后，著名的少数民族领袖治无戴也开始响应这次叛乱，让整个魏国西部乱得一塌糊涂。这个时候负责雍凉地方军事的郭淮拿出了平叛方案：“淮军始到狄道，议者佥谓宜先讨定枹罕，内平恶羌，外折贼谋。淮策维必来攻霸，遂入沨中，转南迎霸。”（《三国志·郭淮传》）

首先占据狄道，这个地方刚好是北面叛乱的羌人、胡人和南面来增援的蜀军汇合的必经之路。这样一来，郭淮就占据了整个战场的中央位置，向东有自己稳固的后方基地南安、天水，向西北可以讨伐在白土、河关、枹罕方向的少数民族的叛乱军队，向南可以支援驻扎在为翅的征蜀护军夏侯霸的部队，阻挡姜维的蜀军。大魏征西将军郭淮不愧是军中老将，深通韬略，一出手就占据了的正中央，让自己立于不败之地。

郭淮的布置虽然可保万全，但终究缺乏主动性，将战场的主动权交给了姜

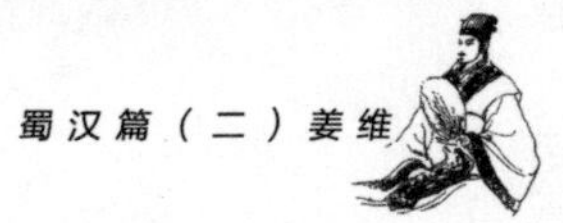

维。天水麒麟儿姜维开始施展奇谋，反击郭淮。首先姜维主动出击在为翅的夏侯霸。郭淮一看姜维出动了，立即率军前往为翅支援夏侯霸。这样一来姜维利用自己的佯动吸引住了魏陇西军最精锐的郭淮和夏侯霸部，让西北方向的治无戴可以有时间集结兵力部众准备南迁之举。此时如果治无戴南下狄道，数万少数民族部队和蜀军汇合将对陇西魏军形成夹击之势。

但这个时候治无戴突然心思起了变化。眼见魏军主力没有奔自己来，这位少数民族首领心情大好，觉得可以大干一场，甚至裂土河西、称王称霸也是可以的。所以，他放弃了投奔蜀国的最好时机，率领部下向魏国陇西的武威郡杀了过去。这就叫“耗子腰里别了杆枪——起了打猫的心思”。郭淮可是一代名将，一见治无戴去打武威，反手一招“围魏救赵”攻向治无戴的后方基地西海。治无戴瞬间懵掉，率军回救老巢，结果被郭淮中途埋伏，在龙夷北方被郭淮伏击，全军崩溃：“治无戴围武威，家属留在西海。淮进军趋西海，欲掩取其累重，会无戴折还，与战于龙夷之北，破走之。”（《三国志·郭淮传》）

老窝被人端了，兄弟被打散了，怎么办？只能搬家了。

于是治无戴只好放弃割据河西的打算，转头向南和姜维汇合，将整个部落迁回蜀地。姜维守信而来，“出石营，从强川，乃西迎治无戴，留阴平太守廖化于成重山筑城，敛破羌保质。”（《三国志·郭淮传》）从姜维的这个部署可以发现，他深得诸葛亮真传，未虑胜，先思败——廖化在成重山修筑城池，保障自己的侧后和退路。

这时，郭淮放弃了和夏侯霸汇合，率领所部人马进攻廖化部据守的成重山。这一次郭淮失去了一贯的冷静。因为他的夫人是王凌的妹妹，此时王凌因为在淮南谋反，已经被司马懿判灭三族。郭淮的夫人也在三族之内。为了保全夫人，郭淮在陇西拼命表现，试图用战功换夫人一条命。本来，夏侯霸与郭淮的兵力加起来要远远多于姜维，但是郭淮放弃与夏侯霸会师后，兵力反而比姜维少。而且，近半年以来，郭淮军团转战河西各地，早已疲惫不堪。郭淮虽然击破了廖化的营寨，但是遇上姜维率领的虎步军团精锐后却再也没有力量进行防御。曹魏本来连贯的防线在姜维虎步军和羌胡骑组成的步骑混成部队连续冲击下，终于被突破。治无戴和他的人民也得以在姜维的掩护下安全地来到了可以安居乐业的蜀汉帝国。

此战，蜀军的战役目标就是迎回治无戴部。最终姜维所部完成了自己的战役目标，治无戴被安置在了蜀地。从战略上来讲，这接近一年的折腾把魏国的陇西地区弄得民穷财尽。魏国为了恢复陇西必须投入大量的人力、物力、财力。相应地，姜维的损失却不大。虽然廖化的部队有些伤亡，但治无戴的举众来降足以弥补这个损失。不仅如此，此战也符合姜维的战略设计，让陇西变成蜀国和魏国之间的缓冲区，从而缩小蜀国的防御正面，进一步增加魏国进攻蜀国的难度。姜维此战得到了蒋琬的认可："偏师入羌，郭淮破走。"（《三国志·蒋琬传》）通过这一系列军事实践，姜维对自己的军事力量和军事能力越来越有信心，于是他决定冒一次险。

延熙十二年（249），姜维再次率领虎步军团出祁山。这一次姜维决定在曲山筑麴城，派亲信牙门将句安和李歆驻守，准备对陇西地区展开蚕食行动。但这次姜维遇到了一个新对手陈泰。陈泰是曹魏名臣、九品中正制创始人陈群的长子，属于颍川士族中的名门。由于陈群父子与司马懿家族交好，在高平陵之变中，陈泰是和蒋济一起骗曹爽放下武器的重要帮凶，因此深得司马家族信任。相较于和王凌关系密切的郭淮，陈泰此时出现在雍凉军区，实际上就是司马家族对曹魏四方之都洗牌的开始。郭淮已经不受信任，陈泰虽然只是雍州刺史，但是可以在实际作战中指挥郭淮行动。面对蜀军的进攻，陈泰提出了自己的方案："麴城虽固，去蜀险远，当须运粮。羌夷患维劳役，必未肯附。今围而取之，可不血刃而拔其城；虽其有救，山道阻险，非行兵之地也。"（《三国志·陈泰传》）这个计划是"围点打援"，最终夺走蜀军的两座城池，明显和之前郭淮野战求胜的风格不符。若是郭淮用兵，应该会以此二城为诱饵，引诱更

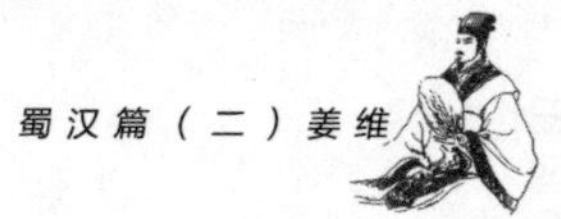

多的蜀军前来。但是此刻，人在屋檐下，不得不低头，郭淮没有提出任何意见，而是执行陈泰的计划。

这一下反倒大大出乎姜维的意料。因为他一直以为自己的对手是郭淮，而且姜维很了解这个老上司。他不是一个贪图蝇头小利的军事指挥官，关键时刻敢打敢拼敢于负责，是郭淮一贯的作风。这次他怎么突然一反常态，去包围只有蜀军 1000 人的前线据点？于是姜维亲自率领虎步军团来救苟安、李歆："维果来救，出自牛头山，与泰相对。"（《三国志·陈泰传》）这时陈泰再次显示出他和郭淮不一样的地方："兵法贵在不战而屈人。今绝牛头，维无反道，则我之禽也。"（《三国志·陈泰传》）更有意思的是陈泰竟然可以"敕诸军各坚垒勿与战，遣使白淮，欲自南渡白水，循水而东，使淮趣牛头，截其还路，可并取维，不惟安等而已"。（《三国志·陈泰传》）也就是说，他决定学司马懿的乌龟战法，不和姜维对打，就是坚守不战。这又一次出乎姜维意料之外，因为郭淮哪怕兵力不足，也不会喜欢固守，一定会主动出击。更绝的是陈泰作为雍州刺史还可以指挥郭淮去断姜维的后路。姜维一时之间脑子有点儿乱，眼见蜀军的后路要被魏军截断了，没办法只好退兵。这次姜维被新来的陈泰摆了一道："维惧，遁走，安等孤县，遂皆降。"（《三国志·陈泰传》）

此战失利蜀军损失并不大，只有苟安、李歆所部千把人。沿途姜维带着虎步军来回游行了一把，一仗都没打上。但对姜维的心理震撼应该是很大的。《孙子兵法》上说："知己知彼，百战不殆。"姜维对这个新对手陈泰了解得太少，这次算是着了道了。姜维一面埋怨自己计划不周，一面开始仔细研究这个对手。他很快发现，陈泰只是一个战略层面的指挥官，对战术指挥并不内行。虽然战略上没有太多问题，但真正打起来，姜维自信自己和虎步军可以给他一个好看，不会再便宜他了。因为陈泰的作战思想特别求稳，这和司马懿很像。蜀军面对这样的对手必须在兵力上占优势，方可放手歼敌，仅仅靠虎步军团，可以击溃对手，却很难全歼。于是姜维向费祎打报告，要求增加兵力，进攻陇西。

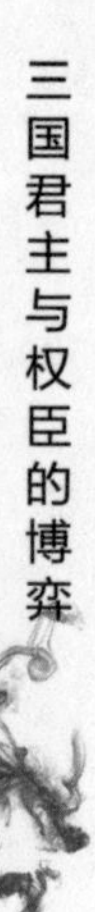

诸葛亮的继承人费祎此时已经背叛了诸葛亮的遗志，而是转向了反面。他对姜维说：“吾等不如丞相亦已远矣；丞相犹不能定中夏，况吾等乎！且不如保国治民，敬守社稷，如其功业，以俟能者，无以为希冀徼幸而决成败于一举。若不如志，悔之无及。”（《三国志·姜维传》）

姜维愤怒了！如此退缩苟且，你还是丞相的继承人吗？你懂丞相吗？但愤怒之后姜维也无可奈何。因为这不仅仅是费祎一个人的说法，更代表了很多人的心里所想。这些人既包括原来的“益州本土土豪集团”，也包括了“刘璋旧部东州集团”，甚至还有很多“后主二代守业集团”的成员。就连刘禅本人，可能也是这样想。姜维突然发现，自己根本就是孤家寡人，表面上大家都把“兴复汉室，还于旧都”当作口号，实际上都想的是：“保国治民，敬守社稷，如其功业，以俟能者。”只有他还在努力。前面有神勇的对手（郭淮、陈泰、邓艾等），后面是拖后腿的队友：“每欲兴军大举，费祎常裁制不从，与其兵不过万人。”（《三国志·姜维传》）姜维举步维艰。

就在姜维一筹莫展的时候，转机突然出现——费祎死了。

费祎与陈祇

费祎是一个好人，他的死是一场悲剧。费祎是死在刺客手里的，这种死法在三国时代比较多。比如，孙策作为江东孙氏的实际奠基人，他就是被仇家的门客在打猎时刺杀的。但费祎的死法又有不同，费祎是在元旦宴会上被人杀死的：“延熙十六年（253）岁首大会，魏降人郭循（又称郭修、郭脩）在座。祎欢饮沈醉，为循手刃所害，谥曰敬侯。”（《三国志·费祎传》）

行凶的人叫郭循，当时的职位是左将军。这是一个高级军职，而且这个职位还有点儿特殊意义：刘备入蜀的时候，正式官职就是左将军。郭循不是蜀国人，他和姜维一样是魏国降将，而且就是姜维在西平之战中把他俘虏和劝降过来的。所以，郭循刺杀费祎背后是否有姜维主使，这是人们马上就会联想到的问题。甚至《三国志》作者陈寿都做了这个方面的暗示："（延熙）十六年春，祎卒。夏，维率数万人出石营。"（《三国志·姜维传》）陈寿的意思是费祎一死，姜维一点儿都不伤心，马上就带人去打仗了，把费祎的死和姜维的出兵联系在了一起。再加上两个人共同的魏国背景，你看是不是他干的？一般人都会怀疑姜维，但是动机呢？

陈寿认为动机在姜维和费祎对北伐的态度不同。简单说就是，姜维准备遵照诸葛亮的计划继续进攻陇西地区，直至占领或者将其变为缓冲区。而费祎则主张保境安民，与民休息，反对大举出动部队（不是反对北伐，是反对大规模北伐），所以费祎活着的时候，姜维能动用的部队只有自己直接统辖的虎步中军和自己整编的羌胡骑兵，总兵力不超过 1 万人。费祎死后，姜维才能够动用 3 万 ~4 万人马，采取大规模军事行动，和魏国在陇西一带交锋。所以陈寿认为费祎死后，姜维获得了蜀国军权，是最大的受益者。

这个说法是可疑的。首先，后主刘禅不认为姜维是主使者，并且把军权全部委托给他，这就是最大的疑问。如果当时蜀国第三号人物姜维主使了对当时蜀汉二号人物费祎的刺杀，那么蜀国第一号人物刘禅绝对不敢也不可能把军权交给他。他回过头来灭了自己怎么办？如果姜维真的能暗杀费祎，那么他肯定有这个能力。

因为郭循的刺杀目标不是费祎而是刘禅，费祎只是一个替死鬼。这恰恰说明，这是他的个人行为。因为刘禅是诸葛亮死后姜维最大的后台。姜维录尚书事的职衔也让他可以和刘禅直接交流。如果说费祎的死，姜维可以获益的话，那么刘禅的死，姜维则必然倒霉——由于长期领兵在外，姜维和朝廷大臣几乎没有交情。这时刘禅一死，继任者无论是谁，都只会对姜维更加猜忌、忌惮，甚至有可能因为他和郭循的关系而把他当替罪羊，直接给他扣一顶弑君的帽子，彻底废了他。

所以，郭循刺杀费祎，只可能是个人行为。为什么？为了他在魏国的家人。郭循刺杀费祎后自己也被杀，他在魏国的儿子立即被封了侯爵。这就更决定了他的行刺动机——封妻庇子。

其实，费祎的死最直接受益的还轮不到姜维，而是陈祗。如果费祎是一个好人，几乎所有人都喜欢他，甚为魏延这样的人都愿意听他的话，那么陈祗就是一个坏人，而且坏到没朋友。

陈祗的出身很好。他的舅父许靖曾是名满天下的名士，当年曾和兄弟许邵（字子将）一起在汝南主持著名的“月旦评”，其地位高到连曹操都要向他们讨到“治世之能臣，乱世之奸贼”的评语才能在官场上混。东汉末年天下大乱，许靖逃入蜀地，受到当时蜀主刘璋的礼遇。但是刘备打过来的时候，许靖当了投降派，主动投靠刘备。刘备一度看不起他，不准备任命他当官：“建安十九年（219），进围成都，璋蜀郡太守许靖将逾城降，事觉，不果。璋既稽服先主以此薄靖不用也。”（《三国志·许靖传》）还是听了法正的劝说：“天下有获虚誉而无其实者，许靖是也。然今主公始创大业，天下之人不可户说，靖之浮称，播流四海，若其不礼，天下之人以是谓主公为贱贤也。宜加敬重，以眩远近，追昔燕王之待郭隗。”（《三国志·法正传》）刘备这才给了他一个虚衔，把他当偶像供了起来，内心其实是鄙视他的。

所以，陈祗出仕的时候，大家都是鄙视他的。但是陈祗这个人水平很高，非常会算命。费祎很喜欢他，于是提拔他接替了刘禅身边的董允的位置，担任尚书令。史书上称：“多技艺，挟数术，费祎甚异之，故超继允内侍。”（《三国志·陈祗传》）费祎由于长期在成都以外驻守，朝廷里需要自己人，就把陈祗推荐给了刘禅。陈祗会的这个技能“数术”应该是刘禅喜欢的，因为蜀国后来灭亡就是因为刘禅听了黄皓等非专业人士的预言，放松了警惕。可见费祎对于

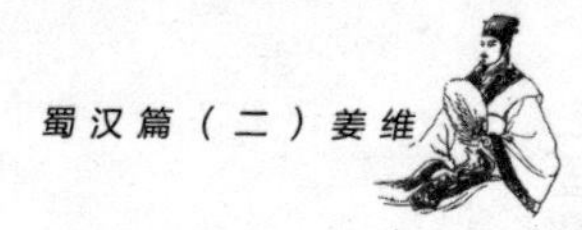

刘禅非常了解。

但陈祇很不地道，一上位就把推荐自己的费祎给出卖了。陈祇建议刘禅疏远费祎。为什么呢？因为费祎的群众基础太好了，“后主二代守业集团”视他为必然领袖和诸葛亮的接班人。“刘璋旧部东州集团”视他为可以说得上话的自己人。“益州本土土豪集团”赞同他不大举北伐的政策，视他为知心人。这样一个人在陈祇的分析下，对于刘禅来说很吓人：各方都支持费祎，他有可能成为第二个诸葛亮式的权臣，尤其是陛下您自己万一一不小心丢了性命呢？

刘禅是不喜欢诸葛亮式的权臣的。这可以从诸葛亮死后不给诸葛亮立庙祭祀和蒋琬死后自摄国政看出来。诸葛亮在《与杜微书》中评价刘禅说：“朝廷年方十八，天资仁敏，爱德下士。”（《诸葛亮集》）陈寿也认为刘禅：“任贤相则为循理之君。”（《三国志·后主传》）这就说明刘禅分得清轻重缓急，也很明白道理，只是不太喜欢处理具体事务。他喜欢事有人办，自己休息。不过办事的人要让他放心。刘禅本来对费祎是放心的。费祎当过太子舍人，天生太子党，两个人很熟。但在陈祇的一番分析下，刘禅也觉得费祎不那么让人放心了。

这时候，陈祇开始继续教刘禅做皇帝。皇帝想和齐桓公一样当甩手掌柜，可以吗？当然可以，只要学会用人就行。用什么样的人呢？用我陈祇这样的人。为什么呢？因为我陈祇对陛下忠诚，背锅挨骂的事情我来做，不仅努力工作而且毫无怨言。这就是刘禅喜欢的人啊！因为陈祇不像费祎一样拥有美名，所以群众基础很差的他，不可能对刘禅的地位形成威胁。而且他特别善于揣摩刘禅的心思，往往不用说话，一个眼神、一个手势就能把刘禅的所思所想看透，在刘禅没说出口之前就帮他搞定摆平一切。出了问题绝对不推卸责任！任何君主都喜欢这样的臣子。到最后陈祇虽然官位不如姜维高，但是权力甚至比姜维还要大。史称：“祇上承主指，下接阉竖，深见信爱，权重于维。”（《三国志·陈祇传》）

陈祇绝对是一个小人。看来刘禅这时候早就忘了诸葛亮的《出师表》里

“亲贤臣、远小人，此先汉所以兴隆也；亲小人、远贤臣，此后汉所以倾颓也”的教训，有的只是自己的享乐和欲望。

但陈祗这个小人也不一般。他认为，刘禅应该重用姜维，但他的理由和别人不一样。陈祗的目的是把朝廷设计成为一个能够被刘禅控制，不至于被某个朝臣控制的局面。这个设计刘禅是认可的。因为此时刘禅已经步入中年，在位接近30年，需要考虑自己死后的朝廷布局。一旦刘禅死后，费祎这样的人还活着，朝野瞩目，那将是第二个诸葛亮。所以，需要重用姜维。一方面军事领域涉及蜀国的生死存亡，不能乱来。所用非人必然导致大乱，直接毁灭这个政权。担当军事重任的人选必须有很强的军事能力，才能保卫蜀汉政权。这个能力和责任感姜维有。对于这个问题，刘禅和陈祗的认识一致。

另外，姜维和各派势力都没有关系，群众基础差，正因为这样，用起来才放心啊！此外，在陈祗的推荐下，刘禅进一步重用廖化和张翼。廖化曾经是关羽帐下的主簿，关羽被杀后他假意投降孙权，然后装死逃回蜀汉，历任各类要职，其忠诚心是公认的。但是他反对姜维北伐，甚至出言不逊：“‘兵不戢，必自焚’，伯约之谓也。”（《三国志·廖化传》）这样的人当然要用，既忠诚，又和姜维有距离，用得放心。于是廖化“迁右车骑将军，假节”（《三国志·廖化传》）。张翼是“益州本土土豪集团”的代表，他也反对姜维北伐。两个人甚至在朝廷上吵了起来：“维议复出军，唯翼廷争。”（《三国志·张翼传》）他的表现让陈祗很满意，于是“进翼位镇南大将军”。（《三国志·张翼传》）这两个人是姜维每次出征时一定会带上的高级将领。所以刘禅可以很放心地把北伐军交给姜维——没问题，翻不了天。

刘禅和陈祗不是不想北伐吗？那为什么会允许姜维北伐呢？恰恰因为不想，才会同意姜维北伐。因为刘禅和陈祗心里非常清楚，诸葛亮的既定政策是正确的——以攻为守，才能保证自己可以安心地当皇帝，当大官。这种事他们做不来，也不想做。但是姜维想做，也有能力做，那就让姜维去做吧。而且，北伐

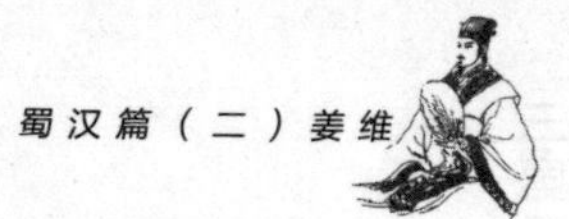

成功的可能性几乎没有——这一点姜维、刘禅、陈衹心里都清楚。刘禅和陈衹并不担心姜维功劳太大，功高震主。蜀汉末年姜维在朝堂上几乎成为孤臣，和所有人对立，不能说没有刘禅和陈衹的“功劳”。

所以费祎去世后，姜维看上去获得了蜀汉军权，但是实际上日子过得比以前更险恶了。费祎是君子，他对姜维的限制和控制实际上也是一种保护，不希望姜维大规模北伐，得罪蜀汉政权内各个已经退化为自保派的势力，从而保全自己，等待时机。陈衹是小人，他对姜维的利用更多的是；让姜淮做事，做得越多可故意挑出的错误就越多。姜维也不可能威胁到他的位置。也就是说姜维的地位，由费祎的副手、同事，降成陈衹手中的木偶。

但姜维没有考虑这些问题。他一心都在北伐事业上。现在终于有了机会大显身手，他很兴奋。蜀汉大军“克复中原”的北伐大旗在诸葛亮去世 13 年后再次飘扬：全军出击，陈泰这次我赢定你了！

陇西败陈泰

陈泰不会打仗，至少不会进行战役指挥。这一点在他第一次和姜维交锋之后就已经被姜维看穿了。但是司马家没有看出来，郭淮死后，陈泰继任征西将军，成为魏国西部军区的一把手：“淮薨，泰代为征西将军，假节都督雍、凉诸军事。”（《三国志·陈泰传》）陈泰担任的雍州刺史一职被交给了王经。原来担任讨蜀护军一职的夏侯霸，因高平陵之变后叛逃蜀汉，他的位置由徐质接任。讨蜀护军（魏国护军为中央禁军官职，护诸将军，既为领兵长官，又有监督诸将之权。很多情况下都由受到统治者绝对信任的托孤重臣担当）是魏国西线的独立精锐部队，属于中央军。在编制待遇上，其与禁军类似，以骑兵为主力，相当于魏国西部军区的虎豹骑特遣队。这三个人是魏国西部战线最重要的将领。

但这三个人都有问题。魏晋的玄学风气就是不动手干任何事务，崇尚清谈。陈泰是世家子弟，受这种风气影响，动嘴能力天下无敌，一到自己动手操作，就马上现出原形。先前姜维北伐援救治无戴时，郭淮、夏侯霸挡住姜维的战斗，实际上是他们在操作，陈泰只是出主意，纸上谈兵。这次亲自上阵，他马上就会意识到自己和姜维的差距。

王经出身平民，不是士族子弟，有一定能力，但没有经验。他的出现和司马师有关系。早在魏明帝曹叡在位的时候，士族就已经开始腐败。曹叡为此专门颁布禁止浮华浮夸的诏书，将所谓“四聪”“八达”“八预”（包括魏晋玄学的创始人夏侯玄）全部禁锢，不给官做。到了曹爽执政的时代，开始突破禁令，使用了包括夏侯玄在内的大量“浮华党”。但这些人在司马懿的政变中，面对司马懿的屠刀，根本无力反抗。这一切都被司马师看在眼里。作为司马家第二代掌门，司马师的胸襟气度远远超过他的父亲和弟弟。为了避免士族豪门的坐大，司马师开始向寒族打开做官的渠道，大力提拔寒门弟子到重要岗位。其中著名的有石苞（西晋时代与皇亲王恺斗富的石崇的亲爹）、邓艾、王基、王经等人。司马师的这些做法，证明他是一个想有所作为的人。他在用人选人上更接近曹操的“唯才是举”，而不是他爹和陈群捣鼓出来的九品官人法。因为这种选人体制和后来的科举制类似，从长远来看对皇帝最为有利——选出的人相对独立，对皇帝负责，而不是对家族负责。西晋灭亡的重要原因就是朝廷重臣都只关心自己的身家性命，对国家不负责任。可惜历史没有给他时间。司马师死得太早，又生不出儿子（生了五个女儿！），导致这些变革半途而废。司马昭走了曹丕的老路，为了称帝，向士族交出了更多的特权，以换取他们的支持。西晋时代寒门子弟的上进之路被彻底封死了。

徐质是一个出身行伍的“大老粗”，凭借军功一步一步升到这个位置。他也是司马师唯才是举的受益者，但此人眼光格局有限，起不了决定性作用，只是

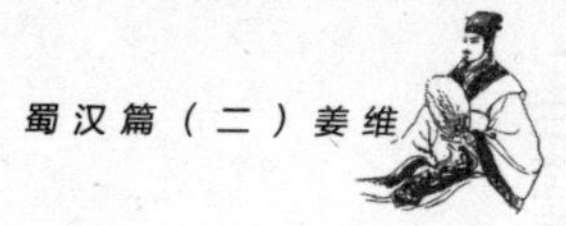

一个猛将而已。

面对这群对手，天水麒麟儿姜维犹如鹤立鸡群。从延熙十七年（254）开始，姜维进行了一场历时数年的北伐大战。

姜维北伐战役的第一阶段，挥军杀向狄道。前面说过这里是陇西与雍州联络的要点。这一次姜维的进攻筹划多年，凭借夏侯霸的关系让魏国的狄道守将李简立即投降，“复出陇西，守狄道长李简举城降”（《三国志·姜维传》）。姜维大喜，亲自带领部队前去接应。为了保障侧翼安全，阻击魏军可能的援军，他派出张嶷统率的无当飞军驻防襄武方向的大道。这个决定有些随意，可能姜维只是想让张嶷部做一个警戒而已。因为张嶷的无当飞军是一支少数民族部队，擅长山地作战，属于步兵特种兵序列，打正规战有些力不从心，尤其是面对精锐骑兵部队。

果然姜维突然出兵狄道，陈泰没仔细考虑，就派他麾下最精锐的部队征蜀护军徐质急速驰援。这就显出新手和老将的区别——面对姜维，郭淮是先让部队进入重要区域，摸清对手的动向后再行动，所以和姜维大战没吃什么亏。但是，陈泰一出手就跟着姜维走，姜维出兵狄道，他就援救狄道，根本没有对战场形势做出判断，就急着要打，肯定会吃亏。

不过陈泰运气不错，徐质的骑兵在襄武遇见了担任警戒掩护任务的无当飞军。徐质毕竟是老兵油子，看见蜀军多是步兵，立即发起冲锋。张嶷也是蜀中名将，临危不乱，指挥无当飞军列阵抵抗。双方在襄武展开大战。襄武的地形是谷地，无当飞军堵在谷口，魏军骑兵一时展不开队伍。双方当面对砍，魏军骑兵没有太大优势。这时候徐质显出了自己蛮横的一面：把精锐虎豹骑排成大纵深阵列，不顾伤亡地向无当飞军发起冲锋。无当飞军多从事山地作战，武器以刀盾为主，缺少抵御骑兵冲锋的长矛。虽然无当飞军凭借地形，密集结阵守备，但挡不住曹魏骑兵一波接一波地冲锋。双方实际上是在一个狭窄的山谷里搏命。张嶷大约 1000 人的无当飞军，挡住了 5000 人左右魏军骑兵一整天的来

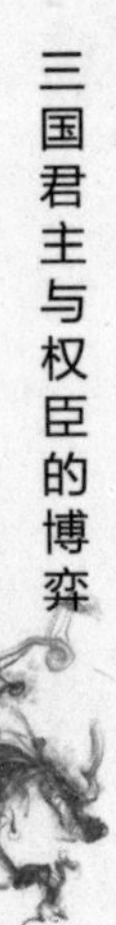

回冲击后，全军覆没，几无一人身还，张嶷本人也死在阵中：“军前与魏将徐质交锋，嶷临阵陨身，然其杀伤亦倍过。”（《三国志·张嶷传》）徐质的部队也被打残了，5000人左右的队伍至少损失了一半。在他不计伤亡的打击之下，通往狄道的大门被他撞开。

姜维得到报告，立即把狄道搬空，放弃城池，率全军迎战徐质，掩护百姓撤回蜀中。这时候徐质应该等待王经后续部队集结完成后，再攻狄道。但是不知道出了什么情况，徐质竟然率军追击蜀军！还剩不到3000人的部队去追一支3万人以上的敌军！徐质本人久经沙场，应该不会这么干，那么让他这么干的不是王经就是陈泰。这就是把人逼上死路！果然徐质的精锐部队追击姜维中了埋伏，步入王双、张郃的后尘，徐质被杀，全军覆没，这支讨蜀护军在魏军的序列中消失。姜维率军掩护百姓成功地撤回汉中。王经率领后续部队重新夺回狄道，并顺便帮徐质收了尸。

这一仗，姜维小胜，用无当飞军拼掉了魏军在西部最精锐的讨蜀护军的骑兵部队。但这还没有结束。姜维很快发起了第二阶段的战役，继续进攻王经驻守的狄道。王经率军在洮河应战姜维。狄道不能再丢了，否则王经身为雍州刺史，工作报告不好写。而且在王经看来，姜维的部队是游击队性质，他率领的数万大军只要好好布防，把对手挡回去就行。姜维不敢贸然进攻。

王经是这样想的，却正中姜维下怀。姜维不是诸葛亮，诸葛亮当年是把他当魏延接班人培养的，作战方面他更像魏延。他就喜欢决战，也善于决战。于是姜维率领蜀军主力3万多人西渡洮水，背水列阵向魏军发起进攻！

王经突然感觉脑子有点儿乱，怎么敢背水列阵，想当韩信啊？

眼看蜀军渡过洮水，一步步向狄道逼近，王经脑子更乱了，不能再畏缩了，必须把蜀军挡回去。要不然两次丢掉重要军事据点，他的政治前途就全完了。而且蜀军背水列阵，正是机会！于是他率领大约3万魏军面向对手展开，向蜀军压来。大战即将爆发。

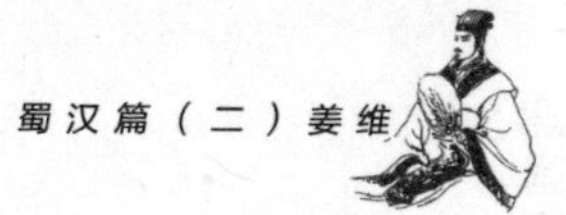

应该说王经还是有点儿水平，他看出了蜀军布置的是偃月阵，也发现这个偃月阵中央兵力薄弱。于是他调整了魏军阵形，将全军列成锋矢阵，企图来个中央突击，利用还有的一点儿骑兵力量将蜀军切开，再由步兵压上各个击破。

随着三通战鼓擂响，魏军开始进攻。奇怪的是，当魏军骑兵冲向蜀军中央的时候，中央蜀军突然向两翼散开，让开了一条道路。王经猛然发现自己中了姜维的圈套，但已经来不及了。魏军先头部队 1 万多人已经冲进了蜀军偃月阵中央！但他们并不高兴，因为很快，他们发现自己到了河边，没地方可去了。就在这时，刚刚“溃散”的蜀军利用魏军陈列间隙迅速在魏军先头部队后方重新集结列阵，一部对着被反包围的魏军先头部队，一部对着魏军后续部队。虎步中军果然名不虚传！王经 3 万人的队伍被姜维利用他的错误分成了两半。先头部队反被包围。

王经的第一反应就是让后续部队前进，攻击虎步中军与先头部队汇合。这又是一个错误。应该命令剩下部队向两翼展开兵力，避免被合围才对。因为姜维就是这么做的：蜀军中央“克复中原”大旗一挥，本来就实力强大的蜀军两翼在张翼、廖化的指挥下一边向各自所处方向延伸战线，一边用连弩对魏军进行交叉射击。

这时王经已经彻底乱了方寸。他现在一门心思想的都是救出被围部队，完全忽视了对自己两翼的保护，只顾向蜀军中央发起最猛烈地冲击。这时虎步中军虽然承受了两个方向的巨大压力，但是能够凭借平时的高强度训练，面对敌人的重重压力死战不退。就在双方整个战线僵持在中央时，姜维祭出了自己的撒手锏——由寄居蜀地的羌胡民族组成的骑兵队分两路，从张翼、廖化军阵中疾驰而出，瞬间封住了魏军身后的退路，转身向魏军阵中冲杀过来。这时王经突然发现他被包围了。他不是一个蠢人，只是之前没有指挥过作战，没有经验。他本以为，以他的才华，可以慢慢学。可惜姜维这种级别的对手，并不适合用来积累经验。

随着蜀军完成对魏军的包围，魏军陷入了绝境。

正当王经准备抹脖子自杀的时候，他的手下南安太守邓艾站了出来。邓艾向王经建议，自己率领亲兵2000人攻击蜀将廖化部。因为廖化用兵保守，必然不敢再延伸战线对魏军继续包围，王经就可以率领后续部队利用廖化部与张翼部的间隙，突围撤往狄道。邓艾为王经的撤退断后。王经看着这个和自己一起被司马家提拔起来的同僚，同意了。邓艾率领亲兵，奋不顾身地冲向廖化本阵。廖化一见对方要拼命，立即下令停止延伸战线，收缩兵力，应对魏军的决死冲锋。姜维一看廖化这种打法，急了，派传令兵命令廖化继续延伸战线，完成对魏军的包围。可惜廖化并不理会，集中兵力全力对付邓艾2000人的冲锋。王经可算是找到回狄道的路了，马上带着还可以成建制作战的5000多人，从廖化让出来的接合部突围而出。邓艾冲了一阵也不冲了，撇下伤员，带着剩下的1000多人跑向上邽投靠陈泰去了。邓艾在最危急时刻的冷静分析判断，挽救了王经的性命和1万左右的魏军。廖化这才回过味儿来，紧急派兵堵住缺口，剩下的2万多魏军彻底没了指望。史籍记载此役："大破魏雍州刺史王经于洮西，经众死者数万。经退保狄道城。"（《三国志·姜维传》）经此一战，陇西魏军主力全灭，蜀汉获得建国以来最大规模战役的胜利。

姜维赢得了蜀汉建国以来最伟大的一场战役胜利，姜维由此在蜀延熙十九年（256）春，就任大汉王朝的最后一任军事最高统帅——大将军："十九年春，就迁维为大将军。"（《三国志·姜维传》）

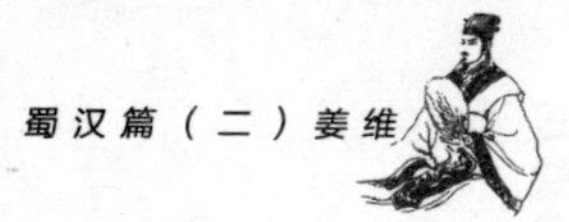

蜀汉大将军

姜维在洮西之战后登上了自己的人生巅峰。而他的对手曹魏集团内部此时已经乱成了一锅粥。整个陇西兵团几乎全军覆没，意味着都督雍、凉两州军事的陈泰已经损失了大半兵力，只能指挥和控制雍州人马。而雍州部队最多只能保住关中平原，想要恢复陇西，只能指望抽调别处的兵力。但此时魏国淮南不稳，荆襄兵力有限，青徐之兵难以调动，北方兵力一时难以集结，洛阳中军出动的话，谁来保护司马家？眼看姜维进军包围狄道城，陈泰这边已经急成了热锅上的蚂蚁。

来到上邽的邓艾对此时情况的分析很客观。首先邓艾分析洮西之战后陇右的形势："贼众大盛，乘胜之兵既不可当，而将军以乌合之卒，继败军之后，将士失气，陇右倾荡。"（《三国志·陈泰传》）接着邓艾又指出，狄道不应当救，理由是："古人有言：'蝮蛇螫手，壮士解其腕。'孙子曰：'兵有所不击，地有所不守。'该小有所失大有所全故也。"（《三国志·陈泰传》）然后邓艾又向陈泰提出了自己的方略："不如割险自保，观衅待弊，然后进救，此计之得者也。"（《三国志·陈泰传》）

刚刚平定了淮南毌丘俭叛乱的邓艾似乎看穿了姜维的套路——不停地在陇西掠夺人口，破坏经济，逼迫魏国投入大量人力、物力，从而达到消耗对手的目的。那么面对姜维最好的办法就是邓艾的策略：放弃陇右，确保关中。因为陇右汉胡杂处，很难维护稳定统治，姜维如果真的想要守住，就必须投入大量的人力、物力、财力，这是蜀国根本无法负担的。

邓艾的方案是万全之策，因为陇西军团已经不复存在，当务之急是守住关

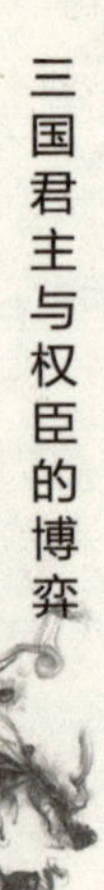

中。此时驻扎在上邽的陈泰部下战斗力水平已经不能和郭淮时代相比，最精锐的征蜀护军已经不存在。况且狄道因为姜维已经抢过一次了，存粮剩下的已经不多，所以短时间内想要救狄道是不可能的。

但是陈泰却以为邓艾的意见不对。他认为“寇不可纵，围不可久”(《三国志·陈泰传》)，下令在上邽的部队集结，全力前往狄道增援王经。陈泰为什么这么做？因为他认为自己长期在关中陇西地区作战，了解姜维。姜维的部队都是轻装简行，没有攻城的重装备，而狄道城是陇西最坚固的要塞，姜维想攻下来没那么容易。但是城中粮食不多，因此关键是要赶在姜维拿下狄道之前援救，安定军心，就能守住狄道。

这就是典型的军事官僚和名将的区别。陈泰认为，姜维的这次进攻和以前一样就是抢了东西就走。他需要守住狄道的理由和王经是一样的——刚刚丢了，好容易再夺回来，还折了徐质。如果再丢，报告不好写。陈泰根本没有察觉到，姜维这次的终极目标不是狄道，也不是王经，恰恰是他驻守的上邽。只要姜维拿下上邽，就可以此地为依托，不仅陇右，整个关中都有可能被蜀国占领，或者掠夺破坏一番，那样魏国的损失就大了。姜维几次三番地进攻狄道，就是想要通过“攻其必救”的战法，利用进攻狄道城消耗对手的实力，并吸引陈泰的注意力，然后突然转进上邽，一举进入关中平原，实现“兴复汉室，还于旧都”的伟大目标。

于是陈泰率领剩下的部队从上邽越过高城岭，连夜进发，紧急冲向狄道解围。当陈泰的部队“夜至狄道东南高山，多举烽火，鸣鼓角”(《三国志·陈泰传》)时，王经存粮已所剩无几，对陈泰感激之至这时姜维也很兴奋，陈泰出现在狄道，意味着上邽变成空城，战役的第三阶段即将打响，夺取上邽，“兴复汉室，还于旧都”的梦想就在眼前！于是姜维按照先前计划，率领军队撤往钟提（今甘肃成县西北），补给粮草装备，准备再度出击。

而刚刚解救了王经的陈泰则丝毫没有意识到姜维还会再来，正忙着“慰劳

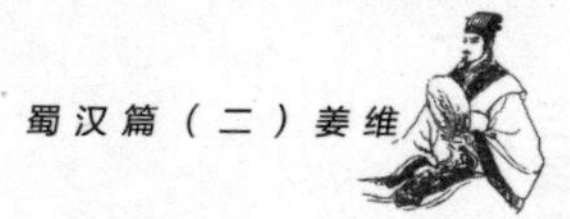

将士，前后遣还，更差军守，并治营垒”，准备“还屯上邽”（《三国志·陈泰传》）。对于魏国来说，幸运的是陈泰没有看到的问题，邓艾看到了。由于战功，邓艾此时已是安西将军，并且有了假节的权力，虽然比陈泰的征西将军低了点儿，但也是一方大员，所以说话的分量就变重了。

邓艾对陈泰说，姜维一定有所图谋，必然会再度进军。理由有五：第一，“彼有乘胜之势，我有虚弱之实，一也。”（《三国志·邓艾传》）姜维刚刚获得大胜，魏军则前所未有的虚弱。第二，“彼上下相习，五兵犀利，我将易兵新，器杖未复，二也。”（《三国志·邓艾传》）姜维的武器装备先进，而魏军装备器械经洮西一战损失惨重，还不能马上恢复元气。姜维的武器装备先进，而魏军装备器械经洮西一战损失惨重，还不能马上恢复元气。第三，“彼以船行，吾以陆军，劳逸不同，三也。”（《三国志·邓艾传》）姜维在钟提可以得到水路运输的补给，而魏军从上邽到狄道都是陆路，魏军更为辛苦。第四，“狄道、陇西、南安、祁山，各当有守，彼专为一，我分为四，四也。”（《三国志·邓艾传》）当前魏军要驻守的地方很多，而姜维可以集中兵力进攻一个地方，容易形成优势；第五，“从南安、陇西，因食羌谷，若趣祁山，熟麦千顷，为之县饵，五也。”（《三国志·邓艾传》）陇西关中的粮食刚刚成熟，姜维容易获得补给。邓艾这个人说话就是直，而且当着面这样说领导，搞得陈泰面子上下不来。但是出身士族大家的陈泰还是很有涵养。为防万一，他交给邓艾 1 万人的部队，供他调遣。当然陈泰也实在没有更多的兵力了。就是这个决定挽救了他。

而驻扎在钟提的姜维并不知道邓艾的想法。延熙十九年（256）春，姜维按照和汉中都督镇西大将军胡济约定好的作战方案采取军事行动：从汉中和钟提两路夹击上邽，夺取这个战略要地，而后出祁山杀向关中平原。此战是姜维自延熙十六年（253）开始一系列作战的终极目标。

但是姜维的运气实在太不好了。正当他率军向祁山出发的时候，邓艾已经利用这几个月的时间做好了准备，占据了险要地形。敌变我变，姜维马上率领

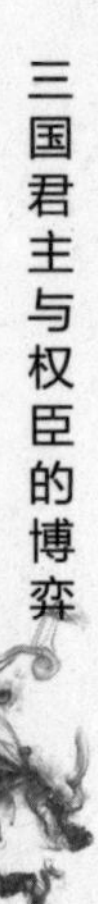

部队经过董亭，直插南安。这一举动目的是把先前控制上邽的计划改为夺取南安郡，虽然不能获得大胜，但也会有所收获，而且可以确保自己有可靠的退路。姜维认为，自己对雍凉地区的地理是十分熟悉的，并且远超陈泰。他觉得自己一定可以赶在对手之前到达南安。不过邓艾虽然没有在这里待太久，但是他对地理的把握远在陈泰这个世家子之上。

邓艾是一个孤儿，他之所以能坐到高位完全是因为对地理的熟悉超过常人：邓艾在仔细考察了淮北的地理形势之后撰写了《济河论》，详细研究论述了淮北地区的土地情况，指出淮北地区“田良水少，不足以尽地利，宜开河渠，可以引水灌溉，大积军粮，由通运漕之道”(《三国志·邓艾传》)。司马懿对这个屯田计划大为赏识，封邓艾为尚书郎，方便带在身边教导培养。到了司马师当政的时候，邓艾和石苞等出身寒门的才子正式走上郡守和州刺史这种级别的位置。此番西征，司马昭授予邓艾行安西将军的职衔。狄道解围后，邓艾去掉了“行”字，成为安西将军，并且被授予假节和都督陇右诸军事的权力，实际上把陈泰原来都督雍、凉二州的权力砍去一半，给了邓艾。虽然邓艾这手下万把人进攻蜀军无法占据优势，但是防守却让姜维毫无办法。

正当姜维率军攻击南安的时候，邓艾预先就在战略要地武城山屯下一支人马，卡在姜维进军的咽喉要道上。姜维还不知道魏军的人事变化，也没想到魏军新来的邓艾这么熟悉陇西地理。眼见武城山上的魏军旗帜，姜维仰天长叹：真是艰难困苦我受不尽，道路曲折我走不完啊！

姜维不想放弃，下令强攻，但他的部队擅长野战，不习惯攻坚，也没有相应的装备和准备。蜀军打了一天，却是拿小股魏军毫无办法。眼看着邓艾随时可能到来，姜维不能再在武城山下待下去了。而他苦苦等待的汉中都督胡济的援军，却始终了无音信。眼看着会师的日子过了好多天，胡济连影子都看不到，却盼来他不想遇到的邓艾。

姜维彻底绝望，前面是一时之间很难通过的武城山，侧翼又出现了邓艾的

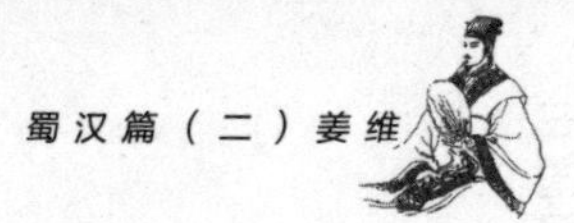

陇西军团主力，唯一的退路是通过一条大河走段谷小道，经上邽退回汉中。面对侧水侧敌的绝境，只能撤了！这时，姜维展现出一个优秀统帅的特质，面对危险迅速做出决断，多停留一秒钟都是危险的。他决定放弃辎重，全军轻装，将带不走的牛马全数宰杀给将士饱餐一顿，夜间出发，渡河经段谷撤回汉中。全军涉水过河，分三波撤退，廖化率军先走，张翼率中军随后，姜维亲自带领虎步军和羌胡骑组成的嫡系兵团列阵断后。

邓艾也是一代名将。他站在武城山山头上很快发现了蜀军准备撤退的动作，于是展开部署：陇西兵团分为三队，一部由监军师纂率领抢先渡河，前往蜀军退路埋伏，放过蜀军前队，攻击中军；一部由自己率领与蜀军断后的部队保持接触，迟滞蜀军过河；最后一部由自己的儿子邓忠率领他在兖州刺史任上招募的 1000 名多精锐重装骑兵，和师纂一起夹击蜀军中路。看来邓艾相当了解姜维，知道他一定会亲自断后，所以自己牵制姜维的断后部队，然后用精锐将撤退中的蜀军隔断，准备将姜维的断后部队一举歼灭，还姜维一场歼灭战。

午夜时分，双方开始行动。

蜀军先锋廖化在一片平静中完成渡河，开始经段谷向上邽方向撤退。就在这时邓艾亲自率领部队向蜀军营地发起攻击。这一切姜维早有准备。他下令放火，营地内剩下的各类物资瞬间着火，形成一堵火墙，为蜀军过河争取了时间。邓艾没想到姜维做得这么绝。面对熊熊烈火，邓艾一面留下 1000 多人向蜀军撤退方向射箭，虚张声势；一面亲自带领 5000 名精锐部队悄悄地渡河，沿小路向段谷方向重新埋伏。

这时蜀军中军张翼部已经渡河，正在整队。师纂手下的魏军按照原定计划，向还在整队的张翼猛冲过去。张翼是一个文官出身的将军，祖上是西汉开国三杰之一的张良。师纂当过司马师的主簿，也是一个文官。谁说文官不能带兵打仗呢？原本张翼的 1 万多人马在数量上远远多过师纂的兵力，但黑灯瞎火根本不知道对手来了多少人，再加上撤退道路被阻，心理压力本来就大，恐慌在张翼的队伍中散播开来。蜀军的阵势开始乱了。就在这时，邓忠的 1000 名精锐骑兵突然从张翼侧面杀了出来，沿着河道直插蜀军。这下张翼的队伍彻底混乱了。

在古代战争中，军队行伍的混乱意味着没有办法组织起有效的抵抗。眼见张翼要完了，姜维立即将断后的 1 万人马分成两路：自己带领 5000 名羌胡骑兵，踏水过河，去救张翼；另外 5000 名虎步中军，背水列阵阻挡邓艾。这是一个艰难的决定，背水列阵的虎步军很有可能在邓艾的进攻下全军覆没。但姜维作为最高指挥官，有时候就必须面对这样的选择。从客观角度来说，将领的任务就是让手下士兵死得更有价值，用一条命多换几条命回来。但有时候送死的任务必须有人去做，虎步军的十几位将校看着他们的领袖姜维，从入蜀的那一刻起，他们就在一起战斗。几十年过去了，姜维身边的虎步军将领少有人阵亡。但这一次，姜维自己都没有把握能否活着回到蜀中。十几个人没有说一句话，安静地走回自己的作战岗位和全体虎步军一起，望着自己营地熊熊燃烧的大火，安静地等待着邓艾的到来。

姜维带领羌胡骑兵向魏军冲了过去。姜维的蜀汉大将军大旗仿佛有魔力，原本散乱的蜀军看到火光中的旗号立即有了勇气。恢复了气势的蜀军将魏军师纂和邓忠的攻势挡住了，张翼逐渐稳住了局面。姜维利用羌胡骑兵的冲击展开反攻。魏军的渡河部队本就是来偷袭的，兵力远比蜀军要少。这时魏军只能让开前往段谷的通道，任由蜀军撤走。姜维悬着的心终于放了下来，立即招呼河对岸的虎步军撤退，同时命令羌胡骑兵向段谷方向冲开魏军包围，张翼部重新整队及时跟进。

就在这时，风云突变，天降大雨，洮河上游的洪水直冲下来。原本平缓的小溪流突然变成了大河，虎步军的渡河变得异常艰难和缓慢。与此同时，姜维的羌胡骑兵刚刚冲出段谷谷口，而张翼部队就在段谷遭到了邓艾的伏击。邓艾对地理有着异乎常人的敏锐。这让他老是可以从看似不可能的地方找到路，以后他还会让姜维见识到自己的厉害。当下，姜维只能忙着指挥撤退。张翼的部

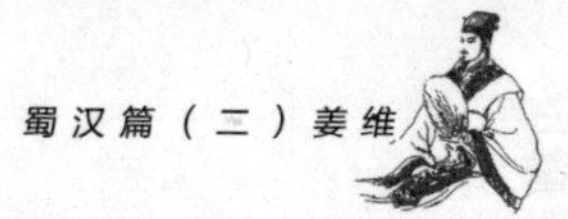

队再次遭受打击后，立即崩溃了，上万人马拥挤着向段谷谷口方向奔去，完全没有了秩序。邓艾的部队居高临下，向蜀军投掷石块，发射弓箭，肆意屠杀。

断后的虎步军好容易渡过洮水，却发现自己已经没有路可走：两翼是师纂和邓忠的部队，通往段谷的路被正在厮杀的张翼和邓艾堵住。而且洮水雨后暴涨，他们已经陷入了绝境。此时姜维已经无计可施，他的羌胡骑兵和虎步军中间也隔着段谷中厮杀的张翼和邓艾。

眼见一起战斗了几十年的嫡系部队被困死，姜维没有时间伤心，他赶紧在段谷谷口整顿部队秩序，将落下来的石头和尸体搬开，好让张翼部更快地退出战场。大概过了 3 个多小时，张翼终于冲了出来。此时天已经蒙蒙亮，段谷的道路被邓艾和蜀军的尸体阻挡无法通过。虎步军 5000 多人在黑暗和雨水中拼杀了一夜，体力已经到了极限。而南安、安定等地的民兵则在邓艾的征调下赶来助战，邓艾一面分兵把住谷口，一面将新到的民兵展开在两翼强化对虎步军的包围。邓艾深知虎步军的战斗力，并没有马上发起进攻，而是一面利用地形在段谷谷口把姜维堵住，一面利用兵力优势把虎步军团团围住，慢慢地消耗他们的体力。虎步军被困了整整一天，断水断粮，失去了骑兵和体系支持的步兵根本不可能突出重围。但他们牢牢地守在自己的战斗位置上。他们知道自己必死无疑，却无人肯降。夜幕再度降临，邓艾先是组织部队向蜀军投掷引火物，而后又用弓箭反复射向蜀军阵地。虎步军的战阵被突破，邓忠的骑兵又冲上来砍杀……慢慢地，夜幕下的段谷再度陷入沉静。邓艾取得了决定性的胜利。史载邓艾此战："筹画有方，忠勇奋发，斩将十数，馘首千计。"（《三国志·邓艾传》）

面对此战况，姜维泪洒段谷，带领羌胡骑兵掩护张翼部和先撤走的廖化部，缓缓地向汉中退去。等待姜维的命运将是什么呢?

掣肘与制衡

延熙十九年（256）夏，姜维率领蜀军撤回汉中，自己前往成都向后主刘禅请罪。这是姜维从未遭遇过的失败，也是蜀国自猇亭之战后遭受的最大失利：姜维长期统率的5000名虎步军几乎全部覆没，张翼部损失也有千人，加上之前的损失，此次蜀军北伐总损失超过7000人，“星散流离，死者甚众”（《三国志·姜维传》）。这次战役产生的后果也是十分严重的：“众庶由是怨讟。”（《三国志·姜维传》）

面对这样大的失利，刘禅也不能无动于衷。面对姜维的请罪书，刘禅将姜维按照诸葛亮第一次北伐失利时的处罚降职，“为后将军，行大将军事”（《三国志·姜维传》）。但姜维不是诸葛亮，这种处罚想让人心服是不可能的。

延熙二十年（257），姜维利用魏国淮南叛乱的机会再次北伐，遭遇邓艾和接替陈泰都督关中诸军的司马望联合抵抗，结果无功而返。随军出征的护军监军蜀人杨戏，借机会嘲讽姜维：“戏心素不服维，酒后言笑，每有戏弄之意。”（《三国志·杨戏传》）这次姜维终于受不了了，战场上的压力不算，后方帮不上忙还要添乱！不干活，永远不会错。干得越多，错得越多！于是“军还，有司承旨意奏戏，免为庶人”（《三国志·杨戏传》）。所以这里《三国志》的作者陈寿给姜维加了一个评语“外宽内忌，意不能堪”（《三国志·杨戏传》）。这本是对袁绍的评语，放在姜维身上只说明一个问题，陈寿认为杨戏的被贬，是姜维操纵的结果。

但是实际左右这件事的是陈祇。因为杨戏被贬的命令是尚书台发出的，即所谓：“有司承意奏戏，免为庶人。”（《三国志·杨戏传》）也就是尚书令陈祇

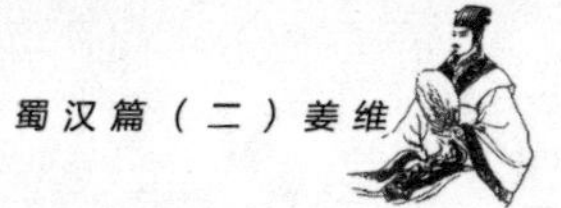

可以办得到，陈祗背后站着的是刘禅。这个时候，他俩为什么维护姜维呢？因为这两个人很清楚，姜维在段谷大败的幕后主使就是他俩。姜维在段谷失利最重要的原因其实是汉中都督胡济的援兵失期。胡济和姜维是诸葛亮丞相府里的老兄弟。胡济在王平死后继任汉中都督，是姜维举荐的。胡济从汉中到上邽的道路并不封闭，他为什么会失期呢？要知道古时候作战失期是要砍头的。结果一战打败了，胡济没有被砍头，姜维却被降级。姜维没有难为老兄弟，因为他很了解胡济，老兄弟这么做，一定是上面给了压力。但是这个问题又不能说破，于是姜维一个人默默地扛下了整个战败的责任。这一点让刘禅和陈祗都有一些感动。

起初，刘禅和陈祗对姜维的洮西大捷都是有保留的，因为这场胜仗太出乎他们的意料了，而且随着胜利的到来，姜维在蜀汉政权的威望越来越高。如果说之前姜维和别的所有派系都沾不上边，用得放心的话，那么时至今日姜维凭借战功已经快要形成一个独立派系。这一点刘禅和陈祗是始料未及的。他们想象不到一件诸葛亮都做不到的事情，姜维怎么能做到？现在要做的就是掣肘与制衡姜维，这一点在封姜维为大将军这件事上表现得很明显。

大将军在汉朝地位相当尊崇。西汉王朝的第一个大将军就是"兵仙"韩信。韩信死后，汉武帝设置内朝，以卫青为大将军署理内朝事务，同时在外朝上朝排队的时候，大将军"位丞相上"（应劭：《汉官仪》）。按照《文献通考》的说法，"大将军内秉国政，外则仗钺专征，其权远出丞相之右"。东汉时的大将军都是外戚，著名的有窦宪、梁冀、何进等人。这些大将军都有一个特点，就是拥有开府理政的权力。

姜维的前任费祎在临死前被刘禅给予开府之权，但是很快就被刺了："延熙十五年，命祎开府。十六年岁首大会，魏降人郭循在坐。祎欢饮沈醉，为循手刃所害。"（《三国志·费祎传》）费祎比姜维好一点儿，因为他兼任尚书令可以尚书台的名义行事，姜维最多只是录尚书事，区别在于费祎可以发布行政命令，而姜维只有知情权。后来姜维作为卫将军加了督导中外诸军事的职衔，掌握了整个蜀汉军队的调动大权。姜维取得洮西大捷，职位升为大将军是顺理成章的事情，但是刘禅给得特别不心甘情愿，而且始终没有给予姜维开府的权力。

开府，这个名词今天听起来令人很陌生，当年却是所有男人的终极追求。所谓“开府建牙，起居八座”，这是古代成功男人的标志。开府意味着可以有自己的属官和幕僚，并且通过这些人将自己的意志贯彻到国家机器当中。这也就是说，会拥有完全属于自己的班底，这是权臣必备的套路和标配。曹操如此，诸葛亮如此，司马懿如此，甚至蒋琬都是如此，可是姜维偏偏不能如此。这说明，刘禅已经不允许自己好不容易到手的大权，再旁落到任何人手里。

于是刘禅通过陈袛玩一些小手段去打压姜维——让胡济的部队没有按时与姜维汇合——正是这些手段毁了姜维最有可能成功的一次北伐。

但对姜维的打压必须是有限度的，这一点刘禅和陈袛都明白。蜀国作为一个偏霸一方的地方政权，其军队战斗力是存在下去的首要条件，而姜维的存在就是蜀军战斗力的保证。所以当杨戏攻击姜维的时候，刘禅突然发难，废了杨戏，目的就是要讨好姜维。刘禅对姜维需要的是掣肘和制衡，而不是要废了他，所以安抚也是必要的。姜维没有怨气怨言，一心背锅，埋头苦干。这些事情，杨戏这种表面看着精明，实则糊涂的人不知道，然而表面看着糊涂实际精明的刘禅可是心里非常清楚。若无这样的手段，后主刘禅如何能在蜀国稳坐江山40年！

有趣的是，不仅是姜维受到了掣肘与制衡，他的老冤家邓艾也遭到了同样的命运。段谷大捷之后，邓艾和儿子邓忠双双被封侯，但是所管辖的地盘依然是陇右诸军。关中都督陈泰去职后直接被换成了司马望，他是司马昭的堂兄。也就是说原本都督雍、凉二州军事的征西将军部被拆成了两个部分都督陇右和

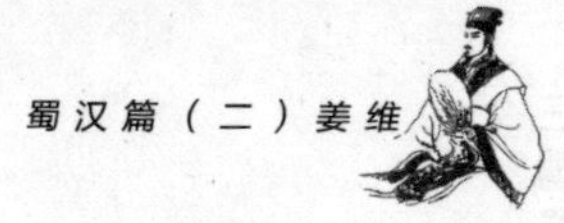

都督关中，邓艾分到的还是较弱的一部分。

难道司马家对邓艾信不过，要知道一路提拔邓艾的可是司马家的司马懿和司马师！为什么司马昭就不信任邓艾呢？其实，不是不信任邓艾，而是除了自己家的人，司马家谁都不信。

司马师死得太早，很多事情还没有来得及做。他的弟弟司马昭就是一个纯粹的官僚政客，政治家和政客的区别就在于理想。政治家心心念念的是国家前途、民族命运，政客想到的则是个人前途、家族命运。司马昭想做的就是简单篡位，把曹丕和东汉办过的手续再办一遍。他更需要士族尤其是大士族的支持。于是他推出了一个比九品官人法更让士族满意的制度——五等爵制。这是一个在东周末年就已经要死亡的制度，司马昭在这里再度拿出来，实际上是利用公、侯、伯、子、男的爵位层级对士族特权进行划分，让司马家拥有对士族等级再支配的权力。这个建立在分封制之上的制度让整个中国被划分为千万个小家族。国的概念因为离得太远不再重要，家才是第一位的。与此同时，为了彻底掌控政权，司马家开始让自己的亲戚占据曹魏帝国的各个重要位置，关中都督司马望就是开始。代魏称帝后，晋武帝司马炎在亲戚当中大封王爵，而且是实封，不是虚封。每个王都有自己的领地和军队，这实际上是开了历史的倒车。西晋灭亡和“五胡乱华”的祸根就在于此。

虽然姜维和邓艾都受到了掣肘和制衡，但是刘禅和司马昭的想法不一样。刘禅就想守住一亩三分地和老婆孩子热炕头，过自己的小日子。司马昭为了皇位却必须干出一番大事业。在反复权衡后，司马昭决心先对蜀国下手，一场决定蜀国前途命运的大决战即将打响。

命运大决战

在决定命运的大决战之前，蜀国发生了两件事。

第一件事，景耀元年（258），长期执掌尚书台的尚书令陈祗病逝。刘禅异常悲痛，史称："后主痛惜，发言流涕。"（《三国志·陈祗传》）并且给了陈祗一个特别好的谥号"忠"。要知道刘禅似乎特别不喜欢给别人好的谥号：张飞的谥号是"桓"，马超的谥号是"威"，黄忠的谥号是"刚"，这些人的谥号和他们的功绩比起来勉强算是平谥，没有夸张。更惨的是赵云，谥号是"顺平"，给人的感觉不像赵云，像"飘柔"。最惨的是关羽，干了一辈子最后谥号是"壮缪"，这就基本等于骂人了！甚至就连诸葛亮的谥号"忠武"里面的"武"字，都有点儿讽刺的意思。唯独这个陈祗，在刘禅心目中是大大的忠臣，为什么？因为他最听话、最乖。

第二件事，景耀四年（262），姜维和黄皓翻脸，率军出屯沓中避祸。按照《华阳国志》的说法，姜维对黄皓起了杀心："维恶黄皓恣擅，启后主欲杀之。"姜维突然要杀黄皓，罪名是黄皓恣意妄为，擅权欺君。这种类似的事情陈祗也干过，没见姜维对陈祗如何，为什么黄皓就不能干呢？其实还是知识分子心态害了他，陈祗再坏也是读书人，黄皓是什么人？阉人。姜维也学郑学，严格来说也属于士大夫阶层，所以他对黄皓有意见，实在不是一件奇怪的事情。但是刘禅的反应让人胆寒："皓趋走小臣耳，往董允切齿，吾常恨之，君何足介意！"（《三国志·姜维传》裴松之注引《华阳国志》）这话细思恐极：黄皓不过是我刘禅的奴才，以前董允老看他不顺眼，我也常痛恨他，你何必在意呢？姜维见黄皓与刘禅关系紧密，害怕自己说错话，于是率军前往沓中屯田，不再

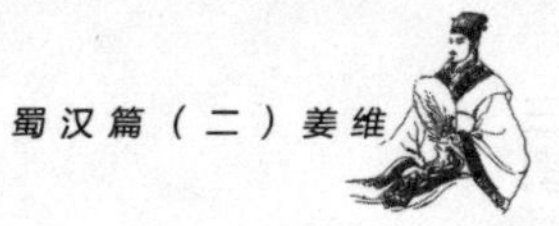

过问朝廷中的事情。

魏国那边的司马昭也开始盘算着要找皇帝麻烦，他哥哥废了曹芳，他更是直接杀了曹髦。现在面对曹奂，司马昭打算“百尺竿头，更进一步”。但是杀曹髦的影响太坏，如果司马昭没有拿得出手的功劳，这个问题解决不了。所谓拿得出手的功劳可不是平定淮南叛乱那么简单，必须为国家开疆拓土，也就是说吴国和蜀国必须消灭一个。

按理说，从曹操开始，魏国对吴国就一直处于大规模战争状态，但是魏国对吴国始终是“狮子吃刺猬——无从下口”。主要卡在两个问题上：第一，魏国在长江中游没有据点，从下游攻击吴国，魏军面临被吴国水军阻击的问题。第二，魏国在长江上游没有舰队，不能沿江东下配合主力攻击吴国核心地带。相反，对于蜀国，魏国长时间处于守势。曹真、曹爽父子二人反击了两次，都被对手诸葛亮、姜维阻住，难以突破蜀国汉中防线。这两次失败司马懿和司马昭也都经历过，但是这次司马昭似乎很有信心：“自定寿春已来，息役六年，治兵缮甲，以拟二虏。略计取吴，作战船，通水道，当用千余万功，此十万人百数十日事也。又南土下湿，必生疾疫。今宜先取蜀，三年之后，在巴蜀顺流之势，水陆并进，此灭虞定虢，吞韩并魏之势也。计蜀战士九万，居守成都及备他郡不下四万，然则余众不过五万。今绊姜维于沓中，使不得东顾，直指骆谷，出其空虚之地，以袭汉中。彼若婴城守险，兵势必散，首尾离绝。举大众以屠城，散锐卒以略野，剑阁不暇守险，关头不能自存。以刘禅之暗，而边城外破，士女内震，其亡可知也。”（《晋书·文帝纪》）根据这个判断，司马昭为魏国拟订了三路攻打蜀国的作战计划：主力是新任关中都督、镇西将军钟会的 10 万大军。这支部队兵分三路进攻汉中。两支奇兵分别是：征西将军邓艾的陇西兵团 5 万人，负责拖住姜维的蜀军精锐 4 万人；雍州刺史诸葛绪率领 3 万人马负责进攻阴平桥头，隔断姜维与汉中蜀军的联系。从布局看，司马昭的行动是姜维屯田沓中给了他机会，于是采取偏师牵制姜维，主力攻取汉中的战法。

久经沙场的老将邓艾反对这个计划。因为按照魏延时代传下来的战法，如此深入蜀国汉中防线是很难突破的。但是这时蜀国却改变了自己的防御策略，简单说就是由过去的把守诸口，御敌于国门之外，变成了敛兵聚谷，歼敌于国境之内。做出这个决定的是姜维："以为错守诸围，虽合周易'重门'之义，然适可御敌，不获大利。"（《三国志·姜维传》）姜维这么做就是要把蜀汉过去的单纯防御战，打成一场诱敌深入的歼灭战。

魏军几十万人在关中地区集结的情报姜维马上就发现了。姜维上表刘禅，提出应对方案："宜并遣张冀（翼）、廖化督诸军分护阳安关口、阴平桥头，以防未然。"（《三国志·姜维传》）仅从这份奏表就可以看出姜维绝对是名将：一语中的，说明此次防御战的重心是阳安关口和阴平桥头。阳安关口是整个魏军的运输生命线，拿不下来，魏军就要通过其他难走的道路运输，困难程度大大增加，且退兵的时候没有一条好走的退路。阴平桥头是连接沓中和汉中的关键枢纽，只要蜀军控制这里，一定会比魏军更快地到达汉中。只要这两个点被蜀军控制，魏军进入汉中的钟会部一定可以被蜀军消灭。可惜刘禅不听。不听的原因是刘禅听信黄皓的鬼巫之说，所谓"皓征信鬼巫，谓敌终不自致"。（《三国志·姜维传》）

战争就在魏国的充分准备和蜀国的麻木不仁中开始了。

魏国首先出动的是邓艾。他虽然不情愿，但是依然向姜维发动了进攻。两个老对手在沓中再次交锋。但这次双方的压力是不一样的。姜维是蜀国大将军，除了应战邓艾的攻击，还要关心汉中的防务。邓艾则只需要牵制住姜维，其他的有别人搞定。因此，两个人一开打就是一个休闲，一个紧张。当姜维发现诸葛绪出现在阴平桥头的时候，紧张情绪达到了顶点。诸葛绪的 3 万人马虽然战斗力不强，但已经布防完成，要冲杀过去也不是一件容易的事情。

关键时刻，姜维再次临危不乱，施展声东击西之计："从孔函谷入北道，欲出雍州后。"（《三国志·邓艾传》）这是一个佯动，人人都知道汉中是蜀军必

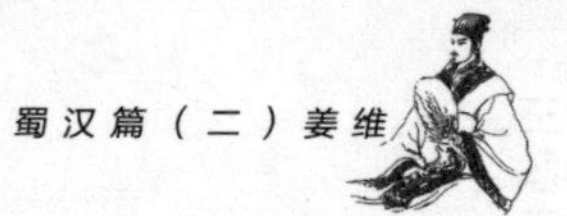

救、必保的地方，阴平桥头又是从沓中撤回汉中的必经之路，蜀军就算占领了雍州，长安还有司马昭的 20 多万人马！但是诸葛绪上当了：“诸葛绪闻之，却还三十里。”（《三国志·邓艾传》）对于后路的担忧和姜维的威名让初上战场的他不敢不撤。所以战场上任何计谋的使用都必须根据你对对手的了解情况进行。之后，姜维依计行事：“维入北道三十余里，闻绪军却，寻还，从桥头过，绪趣截维，较一日不及。”（《三国志·邓艾传》）姜维成功跨过阴平桥头，撤往汉中。

但就在这一来一回之间，时间已经过了一个月。由关中出发的钟会大军，在司马昭和钟会的共同规划下同时从斜谷、傥骆道和子午谷诸道向汉中发起了进攻。司马昭在长安重新集结 20 万大军为钟会保障补给线。蜀军此时已经按照计划将汉中兵力分散为三股，各自占据险要地形，囤积大量粮食，坚守待敌后撤，分别是：汉中监军王含守乐城要塞，蒋琬之子蒋斌守汉城要塞和傅彤之子傅佥守阳安关要塞。其中阳安关要塞最为紧要，因为此地是陈仓道的尽头，魏军大军进攻必须打破此关才有可能完成对 10 万大军的补给。

钟会派出荀恺率军 1 万围汉城，李辅率军 1 万围乐城，派征蜀护军胡烈率领精锐攻阳安关。结果汉城、乐城直到蜀国灭亡钟会都没有攻下来，反倒是原来觉得最难打的阳安关被打了下来。因为阳安关出了“带路党”。“带路党”就是益州本地人蒋舒，他卖了阳安关，也卖了傅佥。结果傅佥和父亲傅彤一样为国捐躯。阳安关的丢失导致大量存粮落入敌手，且陈仓道被打通，魏军不但有了一条可靠的退路，补给也相对容易。到这个时候，钟会应该已经完成了夺取汉中的战略任务。这是曹操和司马懿，曹真和曹爽都没有夺下的功劳，钟会一时间志得意满，好不开心！

可是钟会待在汉中没有派兵抢占剑阁。姜维抓住钟会的失误，迅速反应：“翼、阙甫至汉寿，维、化舍阴平而退，适与翼、阙合，皆退保剑阁以拒会。”（《三国志·姜维传》）这一系列动作就是“敛兵聚谷”战略的延伸和继续。总的来看，姜维此时形势并不坏：蜀军主力未损，且通过撤退完成集结。现在姜维手中兵力接近 6 万人马，而钟会的兵力要留下大部守备后方，虽然加上了诸葛绪的 3 万人马，但一线兵力应该在 7 万 ~8 万之间。也就是说姜维可以与钟会一战。虽然阳安关失守，但是十几万大军的补给依然困难，汉、乐二城在魏军侧后，如芒刺在背。所以钟会的形势其实岌岌可危。奇怪的是钟会竟然自我感觉良好。

结果到了剑阁，钟会就傻眼了！真是“蜀道之难，难于上青天，令人听此凋朱颜”。正面进攻这“一夫当关，万夫莫开”的剑阁关，简直就是送死。钟会在朝廷里内斗，杀嵇康这样的名士还有能力，而面对剑阁这样的绝险，却毫无办法，只能干瞪眼。到这里，战役的第一阶段结束，双方都对结果表示满意——魏国拿回了汉中，蜀国保住了主力和胜利的希望。

接下来，该怎么办？继续对耗下去，钟会显然耗不起；攻，爬都爬不上去。钟会是司马昭的智囊，号称是当时最厉害的谋士，水平完全不能望姜维之项背。至于行军打仗，更是外行。眼看姜维的“敛兵聚谷”之计就要达成了：“会不能克，粮运县远，将议还归。”（《三国志·姜维传》）

这个时候，老对手邓艾却在背后给了姜维致命的一剑。景耀六年（264），“冬十月，艾自阴平道行无人之地七百余里，凿山通道，造作桥阁”（《三国志·邓艾传》）。面对绝险，邓艾一个年过七十的老翁，竟然身先士卒，“以毡自裹，推转而下”（《三国志·邓艾传》）。其后的故事就简单了。爬过绝险的邓艾在江油收降了蜀将马邈，在绵竹击溃了诸葛瞻，最后在成都收降了后主刘禅和整个蜀国朝廷，蜀国灭亡。三国时代的平衡被邓艾打破，三分归一统的契机由邓艾制造，整个魏国远征军只有这个老翁可以称作真英雄。

邓艾偷渡阴平的时候，姜维尚在剑阁，准备追击魏军。姜维闻讯后立即放弃剑阁，向东撤往巴东地区，指望刘禅即使守不住成都，也会向东投奔自己。结果姜维走到半路，刘禅投降的消息就传来了。“将士咸怒，拔刀砍石。”（《三

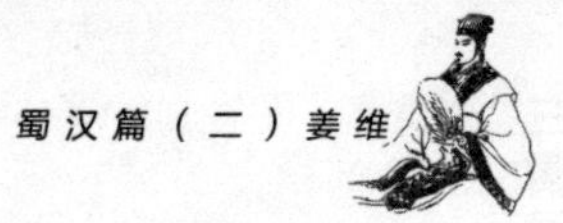

国志·姜维传》）姜维既愤怒，又无奈。他想起了年少时的杨阜——不能放弃，还有机会，我还可以赢回来。

勠力回天难

和杨阜一样，姜维选择了假投降，投降的对象是几天前的对手钟会。两人见面时，钟会不到40岁，姜维已经62岁了！但对于姜维，钟会很有些崇拜的感觉。

钟会的父亲钟繇是书法界的大师，也是魏国的开国功臣，在士族圈子里比司马家的地位还要高。但是钟会是庶出。在讲究门第的魏国士族里很少有人看得起他。钟会的个性既聪明绝顶，又刚愎自用，特别喜欢报复那些看不起自己的人。钟会曾经把自己的文章拿给天下第一名士嵇康看，结果嵇康没有理他。钟会十分生气，回过头来就劝司马昭把嵇康给杀了。但是从另一方面来说，钟会对于名士的崇拜又是真的，特别渴望得到天下名士的认同。所以当他见到姜维的风度时，他被迷住了："以伯约比中土名士，公休、太初不能胜也。"（《三国志·姜维传》）公休是诸葛诞，太初是夏侯玄。这些都是当时魏国最著名的名士，可是在钟会眼里，他们都不如姜维！

这是一种让人迷惑的魅力。明明姜维失败了，成了对方的俘虏，而姜维的魅力，竟然俘虏了对方主帅！趁着钟会处于被迷惑的状态，姜维开始给他大灌迷魂汤，成天忽悠他。趁着邓艾灭蜀之后的一系列狂妄举动加剧了他和司马昭、钟会等士族的不和，姜维借刀杀人，利用钟会把邓艾抓了起来，除掉自己一生的宿敌。可见姜维不是一个不懂政治权谋的人，相反，他的权谋手段非常高明。

且看他是怎么鼓动钟会谋反的。首先姜维上来就吹捧钟会："闻君自淮南以来，算无遗策，晋道克昌，皆君之力。”（《三国志·姜维传》裴松之注引《汉晋春秋》）意即，你看看，整个司马家族的基业是你打下来的。接下来，姜维就问钟会：“今复定蜀地，威德振世，民高其功，主畏其谋，欲以此安归乎？”（《三国志·姜维传》裴松之注引《汉晋春秋》）这就是说，你现在的功劳已经很大啦，下面准备就是这样回家养老吗？然后姜维又向钟会举了两个古人的例子：“夫韩信不背汉于扰攘，以见疑于既平。”（《三国志·姜维传》裴松之注引《汉晋春秋》）楚汉相争的时候，韩信原本在天下未定的时候有机会自立为帝，结果没把握住机会。天下平定后韩信被刘邦猜忌，最后被杀于未央宫。“大夫种不从范蠡于五湖，卒伏剑而妄死。”（《三国志·姜维传》裴松之注引《汉晋春秋》）春秋末期，越王勾践消灭吴国，大夫文种、范蠡功劳最大，范蠡邀文种一起放弃富贵，泛舟江湖。文种不肯放弃高官厚禄，最终被勾践赐死。这是什么原因呢？且听姜维分析：“彼岂暗主愚臣乎哉？利害使之然也。”（《三国志·姜维传》裴松之注引《汉晋春秋》）汉高祖刘邦、越王勾践都不是昏君，韩信、文种都不是蠢臣，是什么让他们反目呢？“利害”两个字而已——当君王的害怕被推翻，当大臣的害怕被杀死。姜维对于君臣关系的看法真是通透！更有意思的是他给钟会出主意：“今君大功既立，大德已著，何不效法陶朱公泛舟绝迹，全功保身，登峨嵋之岭，而从赤松子之游乎？”（《三国志·姜维传》裴松之注引《汉晋春秋》）这里有两个典故，一个是陶朱公（即范蠡）；另一个从赤松游，说的是汉初名臣张良。他们都是功成身退的典型。从字面意义上来说，姜维是在劝钟会功成身退回家养老，可是钟会那年不到 40 岁，成年的孩子都没有一个，让他养老就是在让他做废人啊！实际意思其实是说，你要不想做废人，就得干点儿韩信、范蠡有机会干又没干过的大事！而且之前姜维的迷魂汤早就把钟会灌得“自谓功名盖世，不可复为人下”（《三国志·钟会传》）。他怎么舍得退休呢？

于是钟会对姜维说：“君言远矣，我不能行，且为今之道，或未尽于此也。”

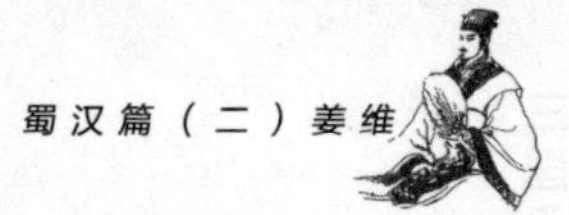

（《三国志·姜维传》裴松之注引《汉晋春秋》）意即我退休还早，且现在这个情况嘛，也不一定会是这个样子退休。姜维点到即止：“其他则君智力之所能，无烦于老夫矣。”（《三国志·姜维传》裴松之注引《汉晋春秋》）意思是帮你定下决心是我要做的事情，至于你准备怎么做，就由你自己决定，不用我出主意。钟会很开心，终于被他心目中的名士看得起了！那心情是相当的激动澎湃。

于是钟会一澎湃就开始精心筹划“举大事”的方法：他准备先“矫太后遗诏”（《三国志·钟会传》），诛杀司马昭，获得政变的合法性；然后把魏军将领都宰了：“可尽杀牙门骑都以上。”（《三国志·钟会传》）命令姜维等蜀将领兵5万出斜谷，自己带兵随后跟进，一举夺取长安，而后攻克洛阳，夺取天下。“事成，可得天下；不成，退保蜀汉，不失做刘备也。”（《三国志·钟会传》）钟会尽情表演的时候，姜维就一个人静静地看着他。大概也只有钟会这种自作聪明，一天到晚都运筹帷幄，从来不懂得时事艰险的世家子弟才会想出如此愚蠢的计划。

这个蠢到家的计划就等于自杀，绝无成功的可能。首先，蜀地刚刚经历了一场大规模战争，还没有恢复元气。当年蜀地供给姜维3万~4万人马都有些困难，现在供给接近20万大军，完全没有能力。其次，这些兵将都不是本地人，家乡都在北方，蜀军将领就在不久前还是仇敌，现在突然变成指挥官，根本不可能指挥得动魏军。最后，也是最简单的一个问题，你钟会把身边所有的自己人都杀光了，蜀国将领是听你的，还是听姜维的？最后多余的不就是你自己吗？所以姜维看着钟会，心里肯定很开心。于是他悄悄地向刘禅捎了句话：“臣欲使社稷危而复安，日月幽而复明。”（《三国志·姜维传》裴松之注引《华阳国志》）

既然钟会要自杀，那么大家一起来成全他。就在钟会准备为了偶像赞许的目光杀光自己手下所有将领之前，魏军将领们坐不住了。胡烈、丘建等魏军将领奋起反击，乱兵已经杀到钟会门口了，他还没弄清楚怎么回事。钟会正在向姜维的部下发放兵器铠甲。他问姜维："兵来似欲作恶，当何云？"（《三国志·钟会传》）姜维一听外面吵闹异常，知道钟会的计谋出状况了。他说出了此生最后一句话："但当击之耳。"（《三国志·钟会传》）说完姜维"手杀五六人"（《三国志·钟会传》），但仍寡不敌众，被乱军所杀，妻子也死在这场兵变之中。姜维完成了自己人生的告别演出，英雄直到最后一刻依然战斗在舞台上。

姜维作为蜀汉帝国执刀人的一生结束了。作为大汉王朝最后的大将军，他和他的恩师诸葛亮一样做到了"鞠躬尽瘁，死而后已"。但是人们对姜维的评价却出人意料地发生了分歧。

陈寿对姜维的评价就很差："粗有文武，志立功名，而玩众黩旅，明断不周，终致陨毙。"（《三国志·姜维传》）这句话说得相当让人难以接受。最过分的是那个"毙"字，从古到今都是说坏人的。按姜维的级别，死的时候至少可以称"薨"。这里用"毙"比关羽的谥号"壮缪"更具贬义。所谓微言大义，大概就是这个意思。陈寿的观点和他的老师谯周类似，都不喜欢姜维的北伐，所以对姜维的评价不高。但是，陈寿作为一个亡国之臣，为故国写历史，同时写的又是很多魏国人痛恨的敌人姜维，从这个角度来看，勉强可以理解。

《搜神记》的作者干宝认为，姜维没有死得其所。他应该像刘禅的儿子北地王那样，在宗庙里自杀才算完美。《魏氏春秋》和《晋阳秋》的作者孙盛是曹叡时代托孤司马懿的重要决策人魏中书令孙资的后代。他认为，姜维"反覆于逆顺之间，希违情于难冀之会"，"冀理外之奇举，不亦暗哉"（《三国志·姜维传》裴松之注引《晋阳秋》）。这句话的意思是说，他认为，姜维最后对钟会施展的这些谋略是不可能成功的，是可笑的。这就是世界观的问题了。

为《三国志》作注释的裴松之也认为，这句话说得很没道理，因为"夫功成理外，然后为奇，不可以事有差牙，而抑谓不然"（《三国志·姜维传》裴松之注引《晋阳秋》）。就是说，本来姜维的计策就是在不可能中创造可能。他成功了，当然就是一个令人敬佩的奇谋。即使姜维失败了，其本身的谋略也是值

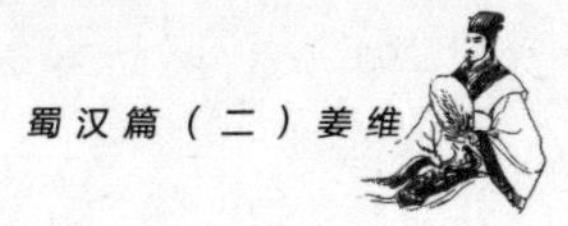

得肯定的。

那么，问题就来了，为什么蜀国的执刀人诸葛亮、姜维都愿意不停地为了一个几乎不可能完成的梦想去努力，都为此鞠躬尽瘁，死而后已呢？原因只能有一个，那就是他们和刘备都是理想主义者。甚至蜀国的出现也是一个理想主义的产物。208 年爆发赤壁之战前，谁又能想到一生颠沛流离，无有根本的刘备可以成为一方诸侯？谁都想不到。但刘备依然鼓舞了身边的诸葛亮、关羽、张飞等人为之不懈奋斗，因为理想主义者的功业往往不是奋斗的结果，而是奋斗的过程。

成败固然在天，但自己要努力到世界的尽头，姜维做到了。这种理想主义的坚持和魏国的现实主义权谋是格格不入的。所以这样就很容易理解人们对于姜维评判的区别。在现实主义者眼中，姜维是愚蠢的；在理想主义者眼中，姜维是伟大的。

作为一个时代最杰出的人物，“姜维之乐学不倦，清素节约，自一时之仪表也”。（《三国志・姜维传》）他的死亡代表了理想主义者自东汉末年以来，改变汉末以来世道理想的终结。理想主义的丧失和没落导致整个民族主导思想开始变为利己主义，这种意识形态的变化导致西晋王朝走向大分裂时代。

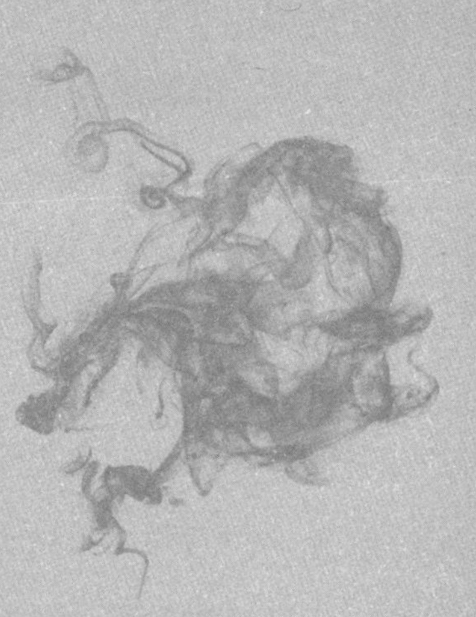

东 吴 篇

DONG WU PIAN

读过《三国演义》的人都知道，刘、关、张三人桃园三结义，一个头磕到地上，做了一辈子的兄弟。其实这是子虚乌有的事情。刘备是涿郡小官吏的后代，号称“世仕州郡”（《三国志·先主传》）；关羽是逃犯，“亡命奔涿郡”（《三国志·关羽传》）；张飞本就是涿郡人，至于职业则众说纷纭，莫衷一是。正史中三个人的关系是有说法的：“先主与二人寝则同床，恩若兄弟。而稠人广坐，侍立终日，随先主周旋，不避艰险。”（《三国志·关羽传》）也就是说关羽、张飞和刘备感情好，但是正式场合两人还是充当侍卫的角色，“恩若兄弟”却不是真兄弟。

真正在东汉末年和三国时代君臣“恩同兄弟”的是孙策和周瑜。

结义孙策

孙策是少年英雄。孙策的父亲是孙坚。《三国志》上说他“盖孙武之后”（《三国志·孙破虏讨逆传》）。《吴书》上说他“坚世仕吴，家于富春，葬于城东”（《三国志·孙破虏讨逆传》裴松之注引《吴书》）这说明孙策家也是吴郡的低级士族，家乡在吴郡富春县。孙坚是江东猛虎，军功卓著。黄巾军起义时期，孙坚就率领淮泗一带的1000名精兵投入东汉名将朱儁麾下参战。史书称，他遇到敌人“所向无前”（《三国志·孙破虏讨逆传》），攻打城池“身当一面，登城先入”（《三国志·孙破虏讨逆传》），是个夺旗先登的狠角色。于是朱儁任命他当了别部司马。从此，孙坚也开始了自己在东汉末年战争舞台上的华丽表演。

剿灭黄巾军以后，孙坚的名声也在政府中传开了。汉灵帝中平三年（186），以司空头衔行车骑将军的张温，讨伐在凉州叛乱的边章、韩遂，特邀孙坚加入幕府“参军事”（《三国志·孙破虏讨逆传》）。边章、韩遂的战斗力不强，很快就投降了。这一趟征伐工作，孙坚没打什么仗，但却劝张温杀一个人，这个人就是董卓，“坚数董卓三罪，劝温斩之”（《三国志·孙破虏讨逆传》）。可惜张温没听。董卓却通过这次征伐认识到了孙坚的厉害。当然孙坚这一趟也没有白跑。打完仗，孙坚被朝廷拜为议郎，成了当时东汉政府的候补官员之一。就在这时，长沙郡发生了区星叛乱事件。孙坚以他丰富的军事经历立即从众多的候选议郎中脱颖而出，被任命为长沙太守。

军神之后，就是厉害，见过几十万人大阵仗的孙坚到任后“旬月之间，克破星等”（《三国志·孙破虏讨逆传》），真是杀鸡用了牛刀。东汉政府也相当满意，“录前后功，封坚乌程侯”（《三国志·孙破虏讨逆传》）。这时孙坚可以说是功成名就。紧接着迎接他的却是更大的舞台，因为董卓进京了。

孙坚因为曾经力劝张温砍了董卓，自然是加入了讨伐董卓的阵营。但是长沙郡到洛阳的道路很远，且讨董卓行动并未得到时任荆州刺史王叡的认同，那孙坚怎么过去呢？简单，一路砍过去。王叡是孙坚的上司，也是晋朝太保卧冰求鲤的王祥的伯父。他认为，孙坚是一个武官，因此轻视他。于是他直接被孙坚杀了。王叡临死之前问孙坚自己有什么罪，孙坚心里好笑，回了一句：“坐无所知。”（《三国志·孙破虏讨逆传》）就把他砍了。紧接着孙坚又杀了同级的南阳太守张咨，理由是“道路不治，军资不具”（《三国志·孙破虏讨逆传》）。路没修好，军需供给没搞好，就要掉脑袋，这可真是军阀作风。

军阀作风的孙坚打仗并不含糊，阳人一战大破董卓西凉军，“枭其都督华雄”（《三国志·孙破虏讨逆传》）。《三国演义》里这个功劳被莫名其妙地记在了关羽名下。紧接着孙坚步步逼近，一直打到距离洛阳90里的大谷。董卓被迫放弃洛阳，迁都长安。孙坚甚至打得董卓得了“恐孙症”。董卓对长史刘艾说：“惟孙坚小憨，颇能用人，当语诸将，使知忌之。”（《三国志·孙破虏讨逆传》）为了拉拢孙坚，他甚至派李傕向孙坚求亲求和，结果自然是被断然拒绝。

就在孙坚所向无敌的时候，他却在攻打战斗力看起来并不强的刘表时，突然战死了，而且也死得很冤枉：“单马行岘山，为祖军士所射杀。”（《三国志·孙破虏讨逆传》）

孙坚这一死，孙策就成了孤儿。但是孙策似乎对这种生活已经习惯了。孙坚刚刚起兵的时候，10多岁的孙策就和母亲来到庐江郡舒县居住。庐江成了他的第二故乡。也就是在这里，孙策认识了庐江郡舒县人周瑜。两个同年生的年轻人，自然就很快成了好朋友。

周瑜家的门第在庐江郡是很高的。周瑜的曾祖周荣，在汉章帝、汉和帝时代担任过总理机要的尚书令，从祖父周景、叔叔周忠当过东汉太尉，都是当时的高官，周瑜的父亲周异当过洛阳令。祖先在朝廷混得如此之好，周瑜家在舒县自然也就过得无比舒心，以至于孙策家迁到舒县时，周瑜竟然“推道南大宅以舍策”（《三国志·周瑜传》）。也就是说，周瑜和孙策的关系好到可以送房子。当然这种行为也可以看作是周瑜家的一种政治投资。因为当时孙坚已经在朱儁的提拔下进入朝廷的中枢机构。这在周家眼里就非常值得投资。当然这时孙策还被看成是周家可能的附庸。因为东汉是士族的乐园。但是士族也分等级，像周家这样的士族在庐江可能是一流的家族，但是放眼全国就和汝南袁氏、清河崔氏、弘农杨氏有一些距离，只能被看成是一郡之中的高门。这样的家族要想发展，就要和门第相当的家族结交，甚至结亲，同时也要收纳门第不如自己的家族作为小弟或者跟班。孙策就是被周家当成未来可能的跟班收纳的。于是就有了孙策与周瑜“升堂拜母，有无通共”（《三国志·周瑜传》）的兄弟情谊。需要解释一下，汉代的时候，真正的兄弟结义必须要“升堂拜母”。

但是，时局变化远远超过了周家人的预料。东汉末年，天下大乱，孙坚硬是凭着手中刀，砍出了自己的威名。孙坚在南阳郡投靠了当时最大士族汝南袁氏嫡子袁术门下，成为后将军袁术麾下的“行破虏将军，领豫州刺史”（《三国志·孙破虏讨逆传》）。其后更是一举从元凶董卓手里夺回洛阳，成为世人眼中的抗暴英雄。

不过这一切随着孙坚的死，又变成了泡影。年仅10多岁的孙策带着比他更小的三个同母弟弟孙权、孙翊、孙匡和一个异母弟弟孙朗，一面在曲阿埋葬了父亲，一面渡江西去投靠袁术。袁术很喜欢孙策，曾经说过：“使术有子如孙郎，死复何恨。”（《三国志·孙破虏讨逆传》）但是袁术这个“爹”当得明显是有些偏心。他曾两次许诺让孙策担任九江太守、庐江太守，但全都食言了。于是孙策决定自己干。几次食言的袁术也觉得有点儿不好意思，只得答应了孙策的要求，并“表策为折冲校尉，行殄寇将军”（《三国志·孙破虏讨逆传》）。袁术让孙策带着孙策父亲留下的千余名部曲，从牛渚渡江帮助时任袁术麾下丹阳太守的舅父吴景，对抗朝廷任命的扬州刺史刘繇。

就在孙策决定自己创业的时候，周瑜带领队伍加入孙策麾下，和孙策一起渡长江，破刘繇，取丹阳。两个人合作得相当愉快，部队迅速由几千人扩大到上万人。孙策准备将丹阳郡委托给周瑜防守，自己带着新扩编的队伍进攻吴郡和会稽郡，以便能够一统江东。于是孙坚对周瑜提出：“吾以此众取吴会平山越已足。卿还镇丹阳。”（《三国志·孙破虏讨逆传》）孙策称呼周瑜为“卿”，东汉时一般只对家人这么称呼。比如刘备称呼张飞为“卿”，叫诸葛亮则是“君”。孙策称呼周瑜为“卿”，说明两个人关系和亲兄弟没有区别。

就在此时，周瑜接到了袁术的调令，要他回到寿春。庐江周家在东汉末年的乱世中也选择了跟随袁术。这在当时是一个随大流的决定。周瑜是士族，他

们家在东汉末年投靠士族的代表袁氏家族几乎是必然的。孙策此时也是袁术手下的一名校尉，于是只能让周瑜回寿春。东汉末年的所谓乱世，冷静下来看，其实就是随着高度集中的皇权以及依附皇权的外戚与宦官的倒台，帝国内部军阀与士族的对决。士族之所以为士族，就是因为他们通过“诗书传家”掌握了知识，通过“察举制”部分垄断了仕途，逐渐成为一种独特的社会阶层。但士族只能部分垄断仕途。因为两汉王朝要入仕，除了读书，还有一个办法，就是军功。孙坚就是靠军功起家。军功多了，就可以封侯。于是军职在两汉一直是人们羡慕，甚至向往的。东汉历史学家班固的弟弟班超就有“投笔从戎”的典故。

东汉末年的三大势力曹操、刘备、孙权都是军阀。但这三个军阀又是三种势力。曹操打败了当时最大的士族袁绍、袁术兄弟，却被强大的士族势力所同化，最终被司马家族篡夺。刘备则是希望兴复汉室，实际是皇族和中央集权的代表。而孙氏家族却是简单、彻底的军阀。

周瑜一回到寿春，袁术就想任命他当将军。此时周瑜不过 24 岁。他看穿了袁术不会有前途，坚决地拒绝了他的任命。表面上，周瑜向袁术表示自己年轻，当将军恐怕人心不服，转而向袁术请求担任居巢县长。居巢临近长江，周瑜这么提请就是为了可以更方便地前往孙策控制的江东地界。当时孙策名义上是袁术的手下，所以袁术没有太在意。结果周瑜果断放弃居巢县长的职位，抛弃袁术，主动投入到孙策的阵营。

孙策对这位升堂拜母的兄弟归来，万分高兴。史称：“策亲自迎瑜，授建威中郎将，即与兵二千人，骑五十匹。”（《三国志·周瑜传》）这里有几个问题需要说明：第一，周瑜投奔孙策的时间是建安三年（198），他的职务是袁术任命的居巢县长。孙策此时已经完全平定了江东吴郡、会稽郡、丹阳郡和豫章郡，并将豫章郡分为豫章、庐陵两个郡。孙策让几个兄弟亲戚分别担任几个郡的太守，孙策自称会稽太守。虽然孙策的正式官职还是袁术“表”给他的“折冲校尉，行殄寇将军”，名义上归袁术领导，但是实力已经远在困居淮南的袁术之上。周瑜投奔孙策，正是看穿了袁术的虚弱和孙策的强大。

第二，孙策授予周瑜建威中郎将职衔，是他行殄寇将军能够给予的武将最高职位。与兵2000名和骑兵50名则是在《三国志·吴书》里经常出现的部队编制。类似的编制在吴军许多将领的传记里都出现过。而且这支部队授予周瑜后就是属于周瑜的私人武装，不再听从孙策的调遣。这是东吴政权不同于蜀汉和曹魏的一大特征。如果说曹魏政权的主干是北方士族，蜀汉帝国的主干是理想主义者，那么孙吴政权的主干就是军阀或者武夫。这些人来源各异，既有周瑜这样出身士族名门的，也有程普、韩当、黄盖这样起于行伍的普通人。但在孙吴政权中，他们的地位是由统兵多少决定的，而在早期孙吴的队伍中，一个中郎将或者县令领兵就是2000人加50匹马组成的一个独立军团。

当然，周瑜毕竟是孙策的发小，和其他人不一样。于是回归后的周瑜很快就升职为中护军。中护军是汉朝特有的职务，属于属官类别，负责执掌近卫和武将选拔工作。这个时候孙策已经和自称仲家皇帝的袁术决裂，投到“奉天子以令不臣”的曹操麾下。曹操投桃报李，表孙策为“讨逆将军，封为吴侯”（《三国志·孙破虏讨逆传》）。中护军周瑜成为讨逆将军孙策麾下的首席武官，并且领有江夏太守头衔，和孙策一起向西攻打刘表，并夺下皖城。

这个时候周瑜和孙策的关系更近了一步，因为“时得桥公两女，皆国色也。策自纳大桥，瑜纳小桥”（《三国志·周瑜传》）。也就是说，这对把兄弟又娶了一对亲姐妹，成了连襟的兄弟。孙策也不无得意地对周瑜说：“公二女虽流离，得吾二人作婿，亦足为欢。”（《三国志·周瑜传》）英雄美人，千古风流！怪不得苏轼在提起周瑜时称他是：“遥想公瑾当年，小乔出嫁了，雄姿英发。”羡慕之情跃然纸上！

可惜人恐怕是不能太得意的，人生也不能太圆满。因为太圆满意味着，可能有你承受不了的意外发生。这不，孙策突然死了。

辅弼孙权

孙策死得特别突然。原本孙策是准备趁着袁绍与曹操在官渡对峙，进军许都，劫夺天子的。史书上说："建安五年，曹公与袁绍相拒于官渡，策阴欲袭许，迎汉帝。"（《三国志·孙破虏讨逆传》）孙策为此做出了详细的战略部署，其中之一就是停止西进攻击刘表，让周瑜屯兵在豫章郡和庐陵郡之间的巴丘县。这个地方地处长江主要支流赣水，既可以向北出鄱阳湖支援豫章郡首府柴桑（今九江市），又可以南下招抚庐陵郡中的山越民众。而且这个地方还和荆州牧刘表统治的核心区域襄阳—江陵—江夏相距较远，和孙策父亲曾任郡守的长沙郡相距较近，相对安全，适合屯兵练兵，发展壮大部队，尤其是训练水军。

除了调动自己最信任的周瑜屯兵巴丘之外，孙策还"密治兵，部署诸将"（《三国志·孙破虏讨逆传》）。也就是调动和集结部队，准备展开军事行动。

孙策要攻击的对象是曹操任命的广陵太守陈登。孙策之所以进攻陈登主要是因为在广陵郡海西县自称吴郡太守的陈登之兄陈瑀（孙策任命的吴郡太守是朱治）跟他结过梁子。陈瑀本来想联合严白虎把孙策赶走，结果反而被孙策偷袭。陈瑀不得不抛妻弃子，投奔了袁绍。而今孙策想要北上许昌夺取皇帝，要过的第一关就是驻地在广陵郡射阳县的陈登。而且陈登也想教训孙策为兄弟报仇，私下里和严白虎的残余势力来往。史称他："以印绶与严白虎余党，图为后害，以报瑀见破之辱。"（《三国志·孙破虏讨逆传》裴松之注引《江表传》）这样一来双方势在必战。于是孙策的部队在吴郡丹徒县集结，并从其核心统治区会稽郡（孙策是会稽太守）运输粮食，准备渡过长江进攻对岸的广陵太守陈登。在等待粮食的时候，孙策耐不住寂寞，外出打猎，遇到了之前被他杀掉的吴郡太守许贡门下的三个门客。本来孙策这个级别的领导出去打猎，怎么也要前呼后拥几十号人，三个人不可能打他的主意。偏偏那天赶上孙策命里该绝："策驱驰逐鹿，所乘马精骏，从骑绝不能及。"（《三国志·孙破虏讨逆传》裴松之注引《江表传》）意思就是，孙策的马跑得太快，后面的护卫们没跟上。许贡称："孙策骁雄，与项籍相似。"（《三国志·孙破虏讨逆传》裴松之注引《江表传》）孙策应该很能打，又骑着一匹好马，就算打不过三个人，总也逃得了吧？但孙策大意了，他压根没想逃。这几个人很没脑子，竟然在孙策的面前冒充韩当部下。要知道韩当的辖区在豫章郡乐安县的山区中（《三国志·韩当传》里说韩当："从征刘勋，破黄祖，还讨鄱阳，领乐安长"），距离长江边的丹徒县隔着上百公里。孙策一听就知道不对，骑在马上就射倒了一个。剩下的两个人立刻还击，其中一人射中了孙策的面门。这三个人很快就被赶上来的孙策随从杀死了。（以上故事来自《江表传》,《江表传》是西晋虞溥写的一部描写三国时代荆州、扬州人物的史书。原书已经失传，现存《江表传》裴松之注引《三国志》，其中多是关于东吴的人物事迹，有较高的参考价值）

但孙策也受了重伤，不久就死于箭伤。死之前，孙策让弟弟孙权做了自己的接班人，并让张昭、周瑜、吕范三个自己交情最好的属下一同辅佐孙权。孙策死的时候，三个人里面只有张昭在近侧，因此一开始张昭发挥的作用最大。史称张昭："上表汉室，下移属城，中外将校，各令奉职。"（《三国志·张昭传》）张昭是早期帮助孙权稳定局面的大功臣。吕范和周瑜随后前来奔丧，但两个人马上就体现出来区别，周瑜是带兵来的："瑜将兵赴丧。"（《三国志·周瑜传》）吕范是自己来的："策薨，奔丧于吴。"（《三国志·吕范传》）于是两个人的待遇马上就有了区别，周瑜"以中护军与长史张昭共掌众事"（《三国志·周瑜传》）；吕范则被孙权安排了后方守备部队司令之类的职务，一直负责长江中游的守备工作。

随着时间的推移，到了建安七年（202），孙权逐渐稳定了江东各郡的局面。掌握中央政权的曹操在官渡击败袁绍后成为北方霸主。于是曹操要求孙权向自己称臣，并送子弟到许昌为人质。面对曹操的压力，年轻的孙权先是问计于张昭。而张昭这个时候犹豫不决不能让孙权满意。因为这时张昭体现出的恰恰是魏晋门阀士族的做派——只顾家族，不顾国家。他希望孙权服从中央政府，这样一来自己和家族就得以保存，对故主孙策也有了交代。

周瑜和张昭的做法就不一样，周瑜一开始就把孙权当作国君来尊重。当时孙权的正式官职不过是朝廷任命的讨逆将军领会稽太守，即使和张昭等人也都是上下级关系，唯有周瑜在孙权面前行君臣大礼："时权位为将军，诸将宾客为礼尚简，而瑜独先尽敬，便执臣节。"（《三国志·周瑜传》）于是在面对是否送人质的问题上，周瑜明确表态，不送。理由很简单："极不过一侯印，仆从十余人，车数乘，马数匹，岂与南面称孤同哉？"（《三国志·周瑜传》）这是地地道道的军阀做派，和后世的"天子宁有种耶，兵强马壮者为之耳"（《新五代史·安重荣传》）有异曲同工之妙。但周瑜的表态非常符合孙权的心理。要知道孙权为什么喜欢鲁肃，就因为鲁肃一见面就跟他谈"建号帝王，以图天下"（《三国志·鲁肃传》）。推荐鲁肃的就是周瑜，可见周瑜对孙权称王称帝的心，是看得比张昭透彻。

但是，周瑜虽然看得透孙权的心思，却没想到孙权是如此的薄情寡义。陈寿称孙权有"勾践之奇"（《三国志·吴主传》），其实就是批评他刻薄。比如，孙权对张昭就很刻薄。张昭本来有两次机会当丞相，结果孙权硬是不给位子，导致张昭只能以辅吴将军的名号退休，位置还在三公之下，实在是太不给这个辅政大臣面子。孙权不仅对活人刻薄，对死人更刻薄。比如，孙权称帝后仅仅加封孙策"长沙桓王"，连帝号都没有给。对周瑜、鲁肃、吕蒙这些有功之臣，孙权在称帝之后也都没有追封，更没有追谥。导致周瑜死的时候官位不过是"偏将军，领南郡太守"（《三国志·周瑜传》）。这和诸葛亮、陆逊差得太远。

当然此时的周瑜没有太多时间考虑这个问题，因为他已经是东吴军队的实际执刀人。他要做的是继承连襟兄弟孙策的遗志，辅弼孙权，为孙氏集团开疆拓土，称霸一方。而攻击的对象首先选定了庐江李术。

李术是袁术的部将。当年袁术的地盘集中在淮河流域，他的老巢则在寿春。袁术是袁家的嫡子，所以在汉末乱世中很快得到了汝南袁家本家的大力支持，在两淮一带形成了势力。这个势力范围主要包括豫州的汝南郡、扬州的庐江郡以及汉高祖老家沛国一带。原本在讨伐董卓的战役中，身为后将军的袁术和孙坚一起屯驻在南阳郡，结果孙坚在攻打荆州刺史刘表时被杀，袁术因此失去了军事上的依靠，而他自身能力有限，只能回到袁家发家的汝南郡去。但是袁术还想再扩大一点地盘，想趁机攻打一下他没放在眼里的兖州牧曹操，结果被曹操在匡亭一举击溃，逃到寿春才算安顿下来。此后，袁术基本控制了江淮一带，加上袁家“四世三公”，于是起了称帝的心思。结果袁术却被所有人唾弃，最后死在离寿春 80 里的江亭，死前求喝蜜浆不可得，呕血而亡。袁术虽然死了，他的部将却依然在江淮之间割据，不愿投降曹操。结果一部（雷薄、陈兰）被曹操剿灭，一部（李术）投靠了孙策，还有一些（雷绪）则在赤壁之战后加入了刘备军的序列。

可是投靠孙策的李术一看孙策死了，就决定不再追随孙权，自己宣告独立，并积极收纳从孙权那里叛逃的流亡人士。面对孙权派来要求归还人口的使者，李术甚至写了一封信给孙权：“有德归德，无德见叛，不应复还。”（《三国志·吴主传》）有的人是得了便宜卖乖，李术却是得了便宜还蹬鼻子上脸，这就是找打了。结果孙权先和曹操结盟，然后发兵围攻李术所在的皖城，一举攻破，“遂屠其城，枭术首，徙其部曲三万余人”（《三国志·吴主传》）。

这一仗反映出孙吴战争的特点：对长江北岸不宜固守地区的战争以人口掠夺为主，这是因为孙氏政权的地盘实际上“深险之地犹未尽从”（《三国志·吴主传》）。这意思就是说，虽然东吴的地盘看起来有今天的江苏、浙江、江西、

安徽、福建五个省那么大，但真正掌握的只有长江边以及长江主要支流附近的区域，其他地区在“山越”的控制下。什么是“山越”？山越不是少数民族，因为《后汉书》《三国志》都没有把山越列为夷狄，这山越是指占山为王的土匪。因为三国时代，整个东南地区还不像今天这样发达，在广大的丘陵山区内土匪遍布，厉害的甚至成为豪帅，控制郡县，比如吴郡严白虎、丹阳郡费栈等。当土匪的好处显而易见：一来天高皇帝远，可以不上税；二来传统社会小农经济本来就可以自给自足，用不着关心天下大事，自己上山活得更加逍遥自在。这就导致江东各郡实际人口相对较少，这也是后来东吴不停地掠夺人口的重要原因。

这里有必要讨论一下三国时代东吴的人口数字。有两组数字可供参考。一组是据范晔《后汉书》记载，扬州人口（丹阳郡，户 136518，人口 630545；会稽郡，户 123090，人口 481196；吴郡，户 164164，人口 700782；豫章郡，户 406496，人口 1668960；庐江郡，户 101392，人口 424683）约 390 万；荆州人口（长沙郡户 255854，人口 1059372；桂阳郡户 135029，人口 501403；武陵郡户 46672，人口 250913；零陵郡户 212284，人口 1001578；江夏郡户 58434，人口 265464；南郡户 162570，人口 747646）约 382 万。两者相加，人口总数接近 772 万，这还没有计算东汉末年流亡到江东的北方流民和属于东吴的交州人口。但到了东吴灭亡的时候，仅有户 52 万、人口 230 万。减少了大约 552 万以上，这就不对了。因为整个三国时代东吴地区应该是战乱相对较少的地区，而且孙策平定江东所耗时间极短，且军纪又好。况且周瑜打败曹操，吕蒙攻打关羽，陆逊击败刘备的这些战争都是在荆州地区进行的，也就是说整个江东地区在三国时代没有经历大的战乱，不应该出现大量人口的消亡。

如果按照班固《汉书》的记载，东吴的扬州会稽郡（会稽郡与吴郡同属会稽郡），户 223038，人口 1032604；丹阳郡户 107541，人口 405171；豫章郡户 67462，人口 351965，人口数约 179 万；荆州（长沙国 43470 户，235825 人口；

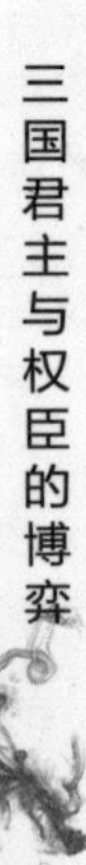

武陵郡34177户，185758人；零陵郡21912户，139378人；桂阳郡28119户，156488人；南郡125579户，718540人）总数约142万，两者相加约321万。在此基础上，加上流亡江东的北方人口和交州人口，并考虑到因战乱减少的人口和东吴末年大量逃亡北方的人口，大体应该和东吴灭亡时的人口可以对得上。所以就东汉末年的人口情况，笔者倾向于采用班固的数字，而非范晔的数字。造成这种情况的原因很可能是范晔成书的年代较之班固距离三国时代更远，导致人口数字统计失实的可能性更大。

此外，需要周瑜帮助孙权建立班底，因为当时“天下英豪布在州郡，宾旅寄寓之士以安危去就为意”（《三国志·吴主传》）。这意味着不管是内部还是属地，都没有完全归附孙权。为了安定团结，发展壮大，周瑜必须帮孙权建立自己的班底，于是周瑜向孙权推荐了鲁肃。

共建班底

少年继位的孙权是非常急需班底的，因为孙策打下的这片江山仅仅是用武力征服，并没有实际上的名分。孙策的正式官职是讨逆将军，封爵是吴侯，其他各郡的太守都是孙策自称的。这等于说汉献帝的朝廷只承认孙策在江东的军功，不承认孙策对江东的治权，所以孙策的会稽太守职位之前有“自领”之说。你朝廷不给，我还是可以抢的。抢到更大的地盘以后，就自己任命太守：“以吴景（舅父）为丹阳太守，以孙贲（同族）为豫章太守，分豫章为庐陵郡，以贲弟辅为庐陵太守，丹阳朱治（父亲孙坚司马，亲信）为吴郡太守。”（《三国志·孙破虏讨逆传》）后来孙策准备打江夏时，就预先任命周瑜为江夏太守。

郡守可不是随便什么人都能任命的。秦始皇称帝后，郡守就是帝国的高级

官僚，中央九卿与地方郡守，俸禄相同，待遇相同，职位也经常互换，将军就可以随便任命二千石高官，这是什么作风，这就叫军阀作风。

和“奉天子以命不臣”的曹操，“兴复汉室，还于旧都”的刘备、诸葛亮不一样，孙氏政权就是彻头彻尾的军阀政权。这个政权最缺乏的就是合法性。合法性这个问题重要吗？重要，因为政权不可能永远建立在杀人的基础上。孙策就是为这个问题伤透了脑筋，甚至还因此而死。孙策最初杀许贡就是为了树立权威，因为许贡向曹操上书称：“孙策骁勇，与项籍相似。”（《三国志·孙破虏讨逆传》）要求中央政府把孙策召回中央，避免割据地方。监察乡里，本是许贡作为中央任命的吴郡太守应该履行的职责，孙策却把许贡杀了。理由就是不讲道理：你打我小报告，我砍死你，看你怎么再打小报告，这就是幼儿园逻辑了。所以孙策最后死在许贡的门客手下，也是一种必然。

这一点，孙权就和他哥哥不一样。他继位后首先就要解决政权的合法性问题，因此就必须求助于当时控制中央政府的曹操。于是孙权在孙策的基础上进一步向曹操表示臣服，并让女儿和曹操的二儿子曹彰联姻。这一来曹操巩固了淮南后方，孙权得到了中央授权，成为朝廷正式任命的讨虏将军领会稽太守，初步得到了经营江东的合法性。

但是孙权也有和他哥哥孙策很像的地方，那就是都不甘心仅仅停留在江东，都希望进一步取得天下。这一点张昭就看得没有周瑜清楚，更没有鲁肃清楚。

鲁肃最早投奔孙权是周瑜引荐的。第一次见面两个人就聊得很开心，达到了“同榻对饮”（《三国志·鲁肃传》）的地步。这两人喝着酒唱着歌，聊什么内容呢？孙权问鲁肃：“今汉室倾危，四方云扰，孤承父兄余业，思有桓文之功。君既惠顾，何以佐之？”（《三国志·鲁肃传》）这和刘备问诸葛亮的话很像，但又不太一样。因为孙权把自己定位为一个诸侯，想当辅助周天子的齐桓公、晋文公。这既是心里话，又是场面话。因为无论孙权是不是想取得天下，都必须先搞好自己的基础地盘，才能有资本夺取天下。既然这样，成为齐桓公、晋文公既是当务之急，又是事业之基。毕竟获取天下并不容易，退而求其次，当个诸侯也不错！但鲁肃不同意孙权的看法：“今之曹操，犹昔项羽，将军何由得为桓文乎？”（《三国志·鲁肃传》）那意思就是说，你还没有那个资格干辅助皇室的事情，因为曹操在那里挡着呢！轮不到你。那该怎么办？鲁肃开始了自己的分析：“肃窃料之，汉室不可复兴，曹操不可卒除。”（《三国志·鲁肃传》）这句话可不一般。这在当时就等于教唆谋反，但对鲁肃来说，却是投名状。鲁肃说：“为将军计，惟有鼎足江东，以观天下之衅。”（《三国志·鲁肃传》）这就是公然鼓动孙权搞分裂。而且还说了理由：“规模如此，亦自无嫌。何者？北方诚多务也。”（《三国志·鲁肃传》）你别看你这么大，中央不会怀疑你，因为曹操和袁绍打成了一锅粥！那么孙权应该干什么？“剿除黄祖，进伐刘表，竟长江所极，据而有之，然后建号帝王，以图天下，此高帝之业也。”（《三国志·鲁肃传》）这很难说是鲁肃的谋划还是周瑜的谋划，因为这是鲁肃第一次见孙权，他对孙权的了解必然来自周瑜。而且，这个战略方针和周瑜取荆并蜀的战略方针完全吻合。这种南方统一北方的战略在后世被反复运用：东晋桓温北伐先取蜀地，并长江，而后一举打到关中；刘裕北伐也是控制长江后，多次动兵，可谓“气吞万里如虎”；朱元璋更是先取陈友谅，后发兵攻打元大都，最后一举成功。可见占据长江而后北伐的战略方针，有着极强的可操作性。听完鲁肃的话，孙权嘴上说不要，下面的行动却很诚实：“赐肃母衣服帏帐，居处杂物，富拟其旧。”（《三国志·鲁肃传》）鲁肃也成为孙权班底的第一人，他既贴心又能干，而且还是周瑜推荐的。这样的人，除了鲁肃之外，还有诸葛亮的哥哥诸葛瑾、步骘等人。他们都是孙权最信任的文官班底，属于领导核心集团。

孙权的班底还有吕蒙。吕蒙是武夫，他本来和孙权没关系，而是通过一次阅兵和孙权熟悉的。当时孙权刚刚上位，准备把各个手下年轻小将的兵力重新整合一番。这时吕蒙刚从去世的姐夫邓当手里接过兵权。为了保住这吃饭的家

伙，吕蒙不惜“阴赊贳，为兵作绛衣行滕”（《三国志·吕蒙传》）。他借钱给自己的部队换装。结果，到了检阅日：“阵列赫然，兵人练习，权见之，大悦！”（《三国志·吕蒙传》）孙权不但没有取消吕蒙的兵权，反而增加了他统领的兵马。此后孙权更是亲自教导吕蒙，一方面称赞他“意性朗悟，学必得之，宁当不为乎”（《三国志·吕蒙传》），另一方面亲自推荐他“宜急读《孙子》《六韬》《左传》《国语》及三史”（《三国志·吕蒙传》）。这就是孙权自己当先生，吕蒙当学生了。此后周瑜征南郡，鲁肃屯陆口，都进一步教授了吕蒙各项技能，留下“士别三日，当刮目相待”的成语。吕蒙也成为孙权班底的重要成员。同样得到这种待遇的还有周泰、蒋钦、潘璋、凌统。他们都是孙权麾下武夫集团的代表，同时属于孙权的中央嫡系部队。

此外，孙权的班底还有陆逊和顾雍。他们两个人都是孙权刚刚上台时进入孙权幕府的：陆逊“年二十一岁，始仕幕府，历东西曹令史”（《三国志·陆逊传》）；顾雍年纪比较大，先是代理孙权的会稽太守，后又“入为左司马”（《三国志·顾雍传》）。这两个人既是吴郡大族，又是孙权幕府的官员，还是孙权建国之后的一将一相，最初都是担任领导跟班起家的，都算是孙权的亲信。这样的人还有朱桓。

当然，孙权最信任的人还是自己小时候的玩伴朱治之子朱然，以及孙氏家族的族兄弟孙瑜、孙韶等人。加上孙坚时代武将的代表程普、韩当、黄盖，孙策派武将的代表吕范，这些人紧密团结在以孙权为核心的军事集团中，让孙吴政权在江东得以巩固，逐渐获得了合法性。

这也就是说孙策死后，孙权在周瑜、张昭的辅佐下建立的班底囊括和包容了当时江东的各派势力：以鲁肃、诸葛瑾为核心的流亡北士寄寓集团，以吕蒙、朱然为核心的孙氏家族军事集团，以及以陆逊、顾雍为核心的江东世家大族集团。流亡北士没有土地根基，愿意拥护孙氏为皇帝，以便从中获得利益。军事集团就是从孙坚、孙策的班底逐步整合统一而来，并且杂入了孙氏家族的很多旁支和亲戚，逐渐成为孙氏的军事基础。江东世家终于在孙氏统治下逐渐获得了自己世代居住地的实际统治权，于是也愿意与孙氏集团合作。

孙权的班底有一个很有意思的特点，就是人走茶就凉。除了诸葛瑾的儿子诸葛恪以外，极少有人在孙权时代能够继承权力。周瑜、鲁肃、吕蒙、陆逊、顾雍的子孙在孙权时代都没有得到任何优惠和好处。因为从根子上讲，孙权也是反对士族的。作为最高统治者的孙权不想看到部下枝繁叶茂。属下一旦有了子弟，权势可能超过孙家，孙权就举起了屠刀，当然这是后话。

此时孙权正站在逆江西上的船头和周瑜一起向自己的杀父仇人黄祖发起猛烈进攻。

讨伐黄祖

周瑜辅佐孙权攻击黄祖，简直不需要找理由——杀父之仇，不共戴天。而且无论是鲁肃给孙权提出的建议，还是孙策与周瑜商议的战略，黄祖的江夏郡都是势在必得的战略要地。即便是这样，孙权依然等待了三年时间，等到内部稳定，力量足够，方才于建安八年（203）任命周瑜为前部督，率领大军进攻江夏黄祖。

翻阅《三国志》，就会发现黄祖以及他背后的刘表不好打。首先，刘表的荆州集团拥有孙权的东吴集团所不具备的合法性：刘表统领荆州直接来自皇帝的授权，而孙策、孙权的封号则是自己封的，或者通过袁术、曹操要来的。两者一比较，当然刘表的位子更具有正当性。其次，刘表更容易获得东汉末年士族的支持：刘表本人也是名士，时人号称“八俊”之一，可见是天下排名前列的名士之一。孙坚不过吴郡一个武夫，孙策、孙权则不过20多岁的年轻人。他们

称霸江东，凭借的是单纯的武力输出，没什么道理，所以人称孙策“小霸王”，意思就是说他们孙家的基业是靠抢得来的。最后，刘表的战斗力不弱。刘表通过联姻等手段对荆州的掌控已经超过 10 年，曾经挫败过孙坚、曹操等人的多次进攻，保证了荆州地方的稳定。史称刘表“地方数千里，带甲十余万”（《三国志·刘表传》）。这样的实力岂是东吴可以随便觊觎的？即便是在正史和野史记载中都不怎么样的黄祖，也不是那么好对付，孙坚不就是被他杀的吗？

可周瑜、孙权偏不信邪，就要打这个对手。东吴与刘表之间的战争就此拉开了帷幕。

刘表的防御重心在此之前一直是荆州北方的曹操。为此先后和逃到荆州的张绣、刘备结盟，利用他们的兵力固守荆州的北部重镇宛城、新野，屏护刘表的治所襄阳，以及江汉之间的核心统治区域。至于刘表自已统治区域的西部刘璋和他长期和平共处，南部交州没有什么威胁。只有东部的江夏、长沙面临孙氏的压力，必须固守。为此刘表的侄子刘磐守在长沙，亲信大将黄祖守在江夏。由于江夏临江，所以黄祖掌控了荆州水军。这个时候朝廷任命的长沙太守张羡在官渡之战前后被曹操策反，已经和刘表在长沙一带对峙了几年。长沙方面的刘表军一时之间抽调不出太多力量支援黄祖。孙权讨伐黄祖，也有让正在北方攻击袁绍的曹操无后顾之忧的意思，所以得到了曹操的默许和支持。

当时刘表荆州水军成军多年，艨艟斗舰等汉军的正规战船数量多，而且规模庞大。周瑜指挥的水军基本上是小船，史称“轻舟”。但是东吴这边人势更猛，周瑜帮孙权收编了江淮地区和鄱阳湖上的大量水匪作为水军主力。这帮亡命徒组成的江东水军提刀砍人都是稀松平常的小事。因此，双方可以说是各有所长。

这次战役的先锋是凌统的父亲凌操。他“破其前锋，轻舟独进，中流矢死”（《三国志·凌统传》）。据说杀死凌操的正是后来的东吴名将甘宁：“祖军败奔走，追兵急，宁以善射，将兵在后，射杀校尉凌操。”（《三国志·凌统传》）凌操的阵亡明显影响了东吴的军队士气。黄祖虽然水战全面崩溃，但是东吴依然难以攻破黄祖的城池防御。史称："破其舟军，惟城未克，而山寇复动。"（《三国志·吴主传》）东吴军团强于水战弱于攻城的特点在此战中暴露无遗。加上东吴背后的山越土匪屡屡犯境，东吴实力尚不足以吞并黄祖，孙权和周瑜决定退兵，先整顿内部再说。

从东吴的角度看，这一仗打到后来变成了城池攻坚战，那就不划算了。东吴水军的主力是匪，土匪也好，水匪也罢，打仗目的就是为了抢钱、抢粮、抢人，所以他们喜欢打，也愿意打的是野战，讨厌攻城。这一仗虽然以东吴在水战中击败黄祖水军而告终。但从战略上讲，双方是打了一个平手，因为黄祖这个钉子没有被拔掉，依然钉在江夏。这样东吴就没有办法打入刘表统治的核心区域。黄祖在战役中的这些消耗，刘表是完全可以承受的。

果然，建安十一年（206），黄祖派手下将领邓龙率领数千人进攻柴桑（今江西九江市）。就在同一年，周瑜率领孙瑜攻击盘踞在麻、保二屯的土匪，"枭其渠帅，囚俘万余口，还备宫亭"（《三国志·周瑜传》）。早在孙策去世时，周瑜就镇守豫章郡与庐陵郡（孙策从豫章郡辖区划分出来的一个郡）的巴丘。辅佐孙权第一次进攻江夏后，周瑜把自己的指挥部迁到了宫亭（位置在今鄱阳湖湖口）。目的就是进一步加强孙吴水军的训练，利用鄱阳湖大造战船。

这个时候黄祖的攻击就显得有些轻率：如果是战略性进攻，邓龙的几千人明显打不过周瑜。如果是试探性进攻，为什么选在这个时候呢？这可能跟太史慈的死有关。孙策时代的东吴面对刘表其实是弱势的。《三国志》上说："刘表从子磐，骁勇，数为寇于艾、西安诸县。"（《三国志·太史慈传》）这里的艾和西安是豫章郡修水以北靠近江夏郡和长沙郡的两个县。为了应对刘磐的攻击，孙策的办法是"分海昏、建昌左右六县，以慈为建昌都尉，治海昏，并督诸将拒磐"（《三国志·太史慈传》）。也就是任命太史慈为反击刘磐的总指挥，并把他的司令部设在海昏县（今江西南昌以北，鄱阳湖边）。太史慈干得很好，因为

他上任以后“磐绝迹不复为寇”（《三国志·太史慈传》）。宝塔镇河妖，太史慈退刘磐，孙策用太史慈成功解决了刘磐袭扰豫章郡的问题。但是就在建安十一年（206），太史慈病逝。黄祖这个头脑简单的军阀就起了借机捞一把的心思。于是邓龙来了，目的很简单，就是趁机打劫。

没想到，黄祖看不起的周瑜竟然比太史慈还要厉害，结果是邓龙军直接全军覆没，自己被周瑜活捉：“瑜追讨击，生虏龙送吴。”（《三国志·周瑜传》）邓龙本来想捞一把，结果变成了送人头。

此时，黄祖内部出现了重大变故。在第一次江夏讨伐战中射杀凌操的甘宁，抛弃黄祖投奔了周瑜。甘宁是游侠出身的猛将。猛到什么程度呢？史称：“负毦带铃，民闻铃声，即知是宁。”（《三国志·甘宁传》）就是走路要带一个铃铛，生怕别人不知道自己来了。别人一听到铃声就知道是甘宁来了，赶紧避让。等到了20岁左右，大概是欺负人欺负够了，于是“止不攻劫，颇读诸子”（《三国志·甘宁传》）。甘宁决定投身乱世，获取功名富贵。可惜他眼光不太好，一开始选择了刘表。刘表是一个名士，不喜欢流氓。于是甘宁又辗转投奔了黄祖。可是黄祖和许多暴发户军阀一样自以为是，似乎谁都不喜欢。甘宁虽然立下了战功，但是黄祖对他没有任何表示。甘宁对此十分失望。他与黄祖的帐下都督苏飞是好友。在苏飞的帮助下，甘宁利用出任邾县县长靠近东吴地盘的机会，弃官逃走。甘宁带了几百人，投入驻扎在宫亭的周瑜麾下。

周瑜一眼看出这个流氓够横，再加上自己麾下几乎不是土匪就是混混，这样的氛围实在是太适合甘宁这样的人物，于是他和吕蒙一起，把甘宁推荐给孙权。甘宁和孙权一见面，就劝孙权打黄祖，并把黄祖的底细和盘托出：“祖今年老，昏耄已甚，财谷并乏，左右欺弄，务于货利，侵求吏士，吏士心怨。舟船战具，顿废不修，怠于耕农，军无法伍。”（《三国志·甘宁传》）这说明从建安八年（203）至建安十三年（208）间，整个荆州集团内部出现了严重问题。这几年北方袁绍被曹操逐步蚕食，消灭殆尽。南方貌似强大的刘表不但没有趁机北伐，反而“死于安乐”：既不扩张势力，又不做好战争准备，可以说是等着曹操来灭自己。黄祖身边人吃里爬外，中饱私囊，刘表的左右又何尝不是？大量流亡荆州的北方士族在刘表的统治下只得到安定，却看不到希望，那样还不如曹操快点儿来灭了刘表！

孙权的想法和甘宁一样，于是在建安十三年（208）春，周瑜任前部督，也就是前锋指挥官，再次向黄祖发动毁灭性进攻。这一仗，打得也是相当艰苦。首先是周瑜指挥凌统部，进攻汉水方面的刘表军，以切断刘表从襄阳方向经汉水增援江夏的道路。凌统打得十分顺手：“统为前锋，与所厚健儿数十人共乘一船，常去大兵数十里。行入右江，斩黄祖将张硕，尽获船人。”（《三国志·凌统传》）也就是说，凌统带着几十个人就杀了黄祖麾下的张硕。可见水匪为战斗主力的东吴水军在江面上彪悍异常，黄祖的部队无法在肉搏战中占到任何便宜。要知道上次孙权、周瑜在建安八年（203）的进攻已让黄祖的水军主力损失殆尽，现在留下的残兵战斗力根本无法与东吴的水匪们相提并论。

眼看通往襄阳的水路通道要被周瑜的部队切断，黄祖展现出了刘表麾下的悍将水平。针对东吴军强于肉搏，善于跳帮厮杀的特点，黄祖决定发扬自己船大人多的特点，在汉水汇入长江的沔口设立江上据点，确保汉水方面的补给线。具体做法是：“祖横两蒙冲挟守沔口，以栟闾大绁系石为碇，上有千人，以弩交射，飞矢雨下，军不得前。”（《三国志·董袭传》）也就是说，黄祖运用后来赤壁大战时曹操的“连环船”战法，数艘艨艟大船横亘在沔口江面。艨艟之间用粗绳系上大石头作为船锚，将连环船固定在水流湍急的汉江江口，成为水上固定的巨型堡垒。黄祖军躲在堡垒上，利用弩箭阻止东吴水军靠近肉搏，以箭雨抵挡周瑜的攻势，确保补给线和通向襄阳大本营的交通线。这个安排十分奏效。东吴军队面对千名弓箭手猛射，根本无法靠近。黄祖军以连环船为依托，迅速控制了沔口江面。

要说东吴这边也势猛，眼见黄祖在沔口连环船的防御很强，却毫不畏惧。

史称："袭与凌统俱为前部，各将敢死百人，人被两铠，乘大舸船，突入蒙冲里。袭身以刀断两绁，蒙冲乃横流，大兵遂进。"（《三国志・董袭传》）周瑜这边选了董袭、凌统各自带了 100 人的敢死队，穿了两层铠甲，操大舸（土石运输船）去撞击黄祖的艨艟战舰。最后董袭亲自砍断了艨艟上系着巨石的船锚，整个连环船被汉江和长江的水流迅速冲散。黄祖因此彻底失去了与襄阳大本营的联系，战役态势急转直下。

甘宁已经把黄祖军的基本布防情况原原本本地告诉了周瑜、孙权，黄祖继续固守已经不现实。于是他集结残留的水军，以陈就为指挥官（都督），从夏口出发，逆江西上，向江陵方向攻击前进。因为眼见沔口的连环船被东吴击破，通向襄阳方向的道路已经被周瑜切断，只能寻求驻扎在江陵一带的荆州水军主力张允的支援和接应。而且长江江面宽阔，远比相对狭窄的汉水和水流过急的沔口更适合荆州水军的大舰开进，于是黄祖开始向西攻击。但这是一个错误的决定，因为周瑜在江夏通往江陵的水道上派了吕蒙进行阻击。吕蒙军占据了顺流优势，迅速向陈就靠近。东吴水军发挥出了跳帮肉搏的优势，马上把缺乏训练的荆州水军打得满地找牙："祖令都督陈就逆以水军出战。蒙勒前锋，亲枭就首，将士乘胜，进攻其城。"（《三国志・吕蒙传》）陈就就这样丢了脑袋。当然，黄祖也只比他多活了一会儿，因为水军全面崩溃，东吴军趁胜攻城，黄祖弃城逃跑，被活捉后砍掉了脑袋："祖闻就死，委城走，兵追禽之。"（《三国志・吕蒙传》）孙权的杀父之仇得报，周瑜统率的东吴水军也成为长江霸主。

但是荆州刘表集团的整体实力仍然在江东集团之上。首先是合法性上，刘表是朝廷正式任命的荆州牧，因此更容易得到当地士族的支持，在政治上也具有很强的正当性和法理性。其次在实力上，刘表号称"地方千里，带甲十万"（《三国志・刘表传》），而此时东吴实力不如对手。正是基于这两点，周瑜和孙权在攻破江夏，斩杀黄祖后，就带着抢来的粮食、钱财和人口撤回东吴，继续积蓄力量，等待时机。

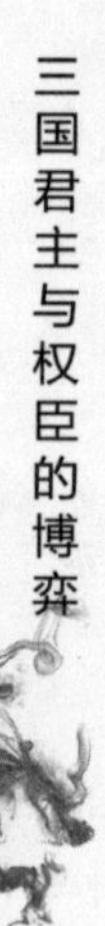

同年，一统北方的曹操挥军南下，试图带领他的虎豹骑一举统一天下。面对曹操的强兵，东吴如何应对呢？

庙算赤壁

对于东吴、蜀汉、曹魏三大势力而言，赤壁之战都是历史的关键转折点。对于周瑜而言，赤壁之战更是他的人生巅峰。但这一仗来得太突然，东吴方面对于如何应对曹操并没有做好准备。

建安十三年（208）九月，曹操亲自统率大军直扑荆州，刘表惊惧而死，刘琮被迫而降，刘备狼狈而走。眼看曹操就打到了东吴西大门。曹操这一仗打得太快，以至于东吴根本没有反应过来。鲁肃应该是孙权身边反应比较快的一个，但他也只是要求以吊唁的名义前往荆州，收集情报，便于研判情况。

鲁肃这一趟去荆州的侦察行动，给孙权带回来一个人：诸葛亮；一个情报：可以联刘抗曹；以及一个无比强大的对手：曹操。《孙子兵法》上说："夫未战而庙算胜者，得算多也；未战而庙算不胜者，得算少也。多算胜，少算不胜，而况于无算乎？"（《孙子兵法·计篇》）下面就需要看一看周瑜如何在战前进行庙算了。

周瑜的这段庙算十分高明："今使北土已安，操无内忧，能旷日持久，来争疆场，又能与我校胜负于船楫（可）乎？今北土既未平安，加马超、韩遂尚在关西，为操后患。且舍鞍马，仗舟楫，与吴越争衡，本非中国所长。又今盛寒，马无藁草。驱中国士众远涉江湖之间，不习水土，必生疾病。此数四者，用兵之患也，而操皆冒行之。将军擒操，宜在今日。"（《三国志·周瑜传》）

从周瑜的分析可以发现，原属刘表的部队已经分为两部，曹操拿到的是刘

表部队中蔡瑁、蒯越等人的主力和江陵水军张允的部队约7万人，刘备所部包括关羽水军和江夏刘琦部，这两支部队各有1万人。曹操的部队因为扩张速度太快，难以评估，但周瑜根据收集的情报对曹军南下的兵力做出了判断。周瑜和孙权大致预估曹操的总兵力在20万左右，可以用于第一线作战的兵力，应该在10万左右。这个判断基本准确。

那么周瑜要面对的第一个问题就是军事上打得赢曹操吗？周瑜认为打得赢。周瑜说了以下几个理由：第一，如果冬季一到，因为南方没有为战马存储草料的习惯，曹操最为得意的骑兵突击战无法发挥优势。第二，关中地区的马超、韩遂是曹操不得不防的后患。第三，北方士兵不适应南方气候，水土不服，容易生病。第四，曹军不擅长水战，但是东吴擅长水战，曹军等于以己之短攻人之长。

事实真的是这样吗？很难说。首先，粮草供应困难，会给曹操带来一些麻烦，但绝对困不住曹操。因为曹操夺取江陵，获得了刘表的军需辎重，这些粮食足够供养曹军，而且江陵变成曹操的大本营后，补给线明显缩短了很多。即使周瑜在赤壁烧毁了曹军相当多的粮食，但是直到一年多以后曹仁放弃江陵北上襄阳时，曹操军队也不曾缺粮。曹操真正担心的问题确实是寒冬时战马没有草料，但真正限制骑兵的却是江南泥泞的路况和遍布的水网。

关于马超，曹操也做了准备工作。建安十三年（208）春，曹操让马腾去许昌做了卫尉（本来他也想照方抓药让孙权送人质，结果被拒绝）。马超和韩遂在曹操平定并州高干的时候已经投入部队协助曹操，相当于已经归附。所以在没有受到刺激的情况下，两者威胁曹操侧后的可能性不大。

关于北方人不适应南方气候的说法，基本成立。因为曹操后来给孙权写信时提及“时值大疫”，但这个病毕竟不是基因武器，没有指向性，不太可能只困扰曹操，不麻烦周瑜。当然东吴当地人患病的可能性相对曹军要小一些。那么曹操最大的问题是什么呢？其实就是“不习水战”。

关于水战能力问题，应该是大家都公认的。作为东汉末年第一名将的曹操是骑兵指挥官“骑都尉”出身。他最擅长的就是骑兵奔袭作战，对于水军则完全是外行。周瑜却是东汉末年水战第一名将。他长期统率下的东吴水军以长江水匪为基础，又加上了很多汉军水战的标准战法，在江夏之战中已经可以把荆州水军打得难以招架。面对水战纯粹外行的曹操，周瑜是有把握赢得胜利的。

但是孙权要面对的第一个问题却是，这一仗是一定要和曹操打吗？张昭就不主张打，因为曹操代表的是东汉王朝的中央政府，这从张昭的发言就看得出来。张昭是一位有着巨大影响力的流亡北士领袖。他的发言也是东汉末年士族集团的普遍看法——维护王朝正统就是这种看法的根本。既然曹操是正统的代表，那么服从他，从观念出发就没有错。其次，曹操在此之前和孙权都是盟友，甚至可以说是孙权的盟主：孙权的官职是曹操表奏天子任命的，孙权讨伐李术、黄祖也要向曹操上表汇报。相反，刘表则是孙权和东吴的仇敌和对手。从私人关系上说，孙权的父亲孙坚死在刘表的部将黄祖手下。从利益上说，西向夺取荆州，是扩大东吴实力的必然战略方向。突然之间要变换敌人和盟友，张昭、秦松这样秉持传统的士大夫很可能反应不过来。人一旦反应不过来，就会求助于经验。于是张昭为首的一批人觉得投降是最好的办法。

那么，我们需要进一步问，张昭为什么选择投降？张昭是从徐州跟随孙策南下的流亡北方士族，因为当时徐州北面的青州有黄巾军作战，西面的兖州、豫州处于混乱，徐州也不太平，这帮人只能南下扬州。在流亡到扬州的北方士族中，张昭是领头羊，原因有两个：第一是他年纪大；第二是他名气大，成名已久。张昭死于 236 年，死时 81 岁。张昭投奔孙策时是 194 年，那年孙策 18 岁，张昭 39 岁，比孙策大 21 岁，在东吴集团里是叔叔辈的人物。孙策任命他为文吏之首长史。

这批人投靠孙策、孙权的主要目的是避难。张昭也有一些隐士风范，曾拒

绝徐州牧陶谦的征辟，并且与徐州名士赵昱（做过广陵太守）、王朗（没错，就是在《三国演义》里被诸葛亮骂死的那位）交好。当时赵昱已死，王朗却在曹操麾下官拜谏议大夫，日子过得不错。同是名士的张昭认为，既然天下已经被曹操统一了一大半，而且此前从来没有江东对抗中原能够获胜的先例，所以投降曹操把持的东汉政权就是最自然，也是最正确的选择。

张昭的这个想法是有道理的。因为当时孙权的领地虽然在今天的地图上看着不小，包括浙江、江苏、安徽、福建、江西五个省，而且还是现在中国最富的地方，但是当时确实是中国开发并不充分的地方。孙吴政权就是中国经济中心南移的第一批拓荒者。不过，他们并不知道这些。他们只是看到，自己的北方家园恢复了和平与安宁，朋友在那里有官做，有饭吃。此时，谁不想离开遍地山越的烟瘴之地，回到故乡呢？所以张昭的投降论调在北方流亡的士人中特别有市场。

但是张昭似乎并没有看懂孙权。孙权虽然年轻，但是有野心，而且野心还不小。这一点周瑜看出来了，因为周瑜和张昭的立场不同。他和周泰、蒋钦、陈武、凌操等一大批淮泗之间的将领，都希望投靠孙策干一番大事业。这说白了就是和孙策一起逐鹿中原，问鼎天下。所以周瑜是真心把孙策以及后来的孙权当成自己的君主来对待。他一开始就对孙权执臣下礼，给足了孙权面子。他劝说孙权的开场白就很对孙权的胃口。鲁肃也看得出来，所以他会跟孙权谈“建号帝王，以图天下”（《三国志・鲁肃传》）。孙权当然会觉得周瑜、鲁肃是自己人，而且是贴心人。张昭虽然是孙权的自己人，却不是贴心人。一句“子布、元表诸人，各顾妻子，挟持私虑，深失所望”（《资治通鉴》），就让张昭永远失去了当东吴丞相的机会。

当然，孙权对周瑜虽然贴心，但也不完全放心。证据就是周瑜找他要 5 万人，他只给了 3 万。要知道周瑜是军事家，他索要的兵力是经过计算的。他的 5 万人马和刘备、刘琦的 2 万人马汇合就有 7 万人马，且处于内线作战，补给线可以依靠长江水运。这与曹操需要留下大约一半兵力（约 10 万人）固守宛城大本营至江陵漫长的补给线相比，曹操和周瑜双方的正面作战力量之比基本上可以算作 10：7。虽然绝对数字处于相对劣势，但东吴水军在战斗力上对荆州水军的优势完全可以匹敌。如果一下子少了 2 万人，就不仅仅是绝对数字上劣势扩大到 2：1，更重要的是水军优势也会由于兵力变少，就不太容易发挥出来。

但是孙权也有苦衷，因为曹操和孙权势力接壤的地方和战线实在太长了。相对而言，长江中上游方向虽然重要，但是毕竟地利在那里，长江再宽也展不开那么多人。相反，由于曹操占有淮河地区，曹军可能从长江下游千里江防的任何一点发起突袭。曹操主力从江陵顺江东下的时候，孙权必须在长江下游预留一些部队阻止曹操渡江。赤壁之战正面交锋时，孙权和张昭亲自上阵，向合淝和广陵发起攻势。可惜雷声大雨点小，曹操派了张喜（应为繁体辽字之误）一队骑兵就把孙权给吓退了。

孙权那边的攻势防御没有取得太大的效果，周瑜这边准备和曹操主力在长江中游正面作战。曹操是东汉末年第一名将，但是赤壁之战前，他没有任何水战经验。起初，曹操没把缺乏水战经验太当回事。因为他认为，水军不会作战，没什么太要紧的。只要曹魏水军能够利用长江水运保障供给，把陆军运过江就行了。至于在江面上是否能打得过东吴水军，曹操并不太在意。因为曹操收编的荆州水军在数量上和装备上远远胜过东吴水军，即使打不过东吴水军，东吴想一口吃掉荆州水军也很困难。一旦曹操的虎豹骑登上了江南土地，东吴那些仅仅配备几十人骑兵的队伍，无论如何是抵挡不住的。过分自信的曹操甚至给孙权下了一份特别嚣张的战表："近者奉辞伐罪，旌麾南指，刘琮束手。今治水军八十万众，方于将军会猎于吴。"（《三国志·吴主传》裴松之注引《江表传》）

结果曹操和周瑜第一次遭遇就被打败了。然后曹操就把大本营安在了长江

北岸的乌林，周瑜的东吴军则驻扎在长江南岸的赤壁，两军隔着长江对峙。曹操这个时候也许意识到了荆州水军过于不可靠，在这种情况下轻易渡过长江是危险的。于是曹操开始采用之前黄祖的战术：构建连环船。曹操的连环船规模要比黄祖的大得多。这也许真的是蔡瑁和张允想出来的战法。

关于建安十三年（208）的赤壁之战，《三国志·武帝纪》的记载非常简略，和官渡之战、汉中之战、襄樊之战比起来几乎可以忽略不计。仅有的两句话是："公至赤壁，与备战，不利。于是大疫，吏士多死者，乃引军还。"（《三国志·武帝纪》）当然，本着"为尊者讳"的原则，遮盖一下倒也可以理解，毕竟败得太惨。

无论怎么说，长时间的对峙，对于东吴和刘备联军来说都是危险的。于是周瑜采纳黄盖的计策，对曹操展开火攻。

但在《三国志·周瑜传》里关于赤壁之战的记载就没有那么客气："盖（黄盖）放诸船，同时发火。时风盛猛，悉延烧岸上营落。顷之，烟炎张天，人马烧溺死者甚众，军遂败回，还保南郡。"

后面的故事大家都很熟悉，我们在诸葛亮的章节里也写得比较详细，就不重复了。总之，周瑜赢得了他人生的巅峰之战。

虽然东吴胜了，从战略角度看，周瑜击溃了曹操的主力军团，打开了通往战略要地江陵的大门，但是谁也没想到，江陵将成为周瑜的梦魇。

江陵攻略

仅仅把赤壁之战看成一场大火，那就不对了。因为战斗还没有结束，曹操虽然损兵折将，元气大伤，但江陵、襄阳等重镇还在曹操手里。周瑜在江陵的对手不是曹操而是曹仁。

曹仁是一个文武兼备的名将。

曹操离开荆州时，曹仁被提升为“行征南将军”，负责守卫江陵。他很快就给了周瑜一个下马威。当曹操北撤后，数万吴军向江陵猛扑过来，先锋部队几千人大摇大摆地冲到了江陵城下。东吴军队都属于私兵，纪律比曹军差了不少。曹仁眼看东吴这边一副吊儿郎当的样子，决定派亲兵部曲将牛金精选了 300 人出城主动攻击！

按说周瑜还是比孙权厉害，后来张辽在逍遥津一下子就把东吴精锐冲散了。这边周瑜数千人的先头部队却能够把牛金的 300 多人围起来打，战斗力不可小觑。曹仁眼见部下被围了，立即“被甲上马，将其麾下壮士数十骑出城”（《三国志·曹仁传》）。

“被甲上马”，意味着曹仁带出去的是数十个虎豹骑重装骑兵。要知道在中国古代私人留几把管制刀具很多时候都不违法。但是若敢私藏盔甲，那就等于造反，会被立即问罪斩杀，没得商量。

冷兵器时代的盔甲骑兵，就是战无敌手。果然东吴步兵方阵瞬间崩溃，曹仁几进几出，如入无人之境。吴军毫无办法，先锋失去了锐气。后来有人评价曹仁的这次骑兵冲锋，称：“曹大司马之勇，贲、育弗加也。张辽其次焉。”（《三国志·曹仁传》裴松之注引《傅子》）看来曹仁比后来吓得江东小孩都不敢哭的张辽更厉害。那么他为啥名气没有那么大呢？

因为周瑜不是孙权。从一开始周瑜就知道以江东步兵的攻坚实力，打江夏黄祖都几次三番打不动，面对比江夏更加坚固的三国第一坚城江陵（三国时代从来没有被攻克过，只有投降），更是困难。所以周瑜把军队主力放在长江对岸，隔江与曹军对峙，攻击的重点放在了曹军从襄阳到江陵的补给线上。

周瑜和曹仁在江陵隔江对峙的时候，原本答应切断曹军补给线的刘备却将了周瑜一军，把用于截断汉水的主力转到长江以南的武陵、桂阳、零陵、长沙

这四个郡。

看来要想拿下江陵只能靠周瑜自己强攻硬打，或者截断江陵的曹军补给线。这就需要在长江北岸有一个立足点，作为周瑜的战役集结点。这样东吴凭借水军优势保障补给的同时，还可凭借据点不断骚扰曹军，切断曹军的补给线。

曾经在巴蜀刘璋部下当差的甘宁对从江陵入川的道路非常熟悉，他向周瑜"建计先径进取夷陵"《三国志·甘宁传》。周瑜当机立断，同意甘宁的这个计划，并且命令他带领本部 1000 人前往。果然甘宁顺利夺取了夷陵，第一步作战成功。

曹仁知道一旦让东吴在江北岸站稳了脚跟，曹军新败，援军不能指望，很难与东吴军队相持。于是曹仁派出五六千人前往围攻夷陵，刚刚攻下了夷陵的甘宁陷入曹军包围。

此时，周瑜面临两难的局面。他的部队只有 2 万多人（分出部分给黄盖占武陵，给刘备占江南）。曹仁的总兵力应该有两三万人，但曹军的骑兵十分强大。面对曹军的五六千人，周瑜必须动用 1.5 万人左右才有把握打赢。此时，和曹仁隔江对峙的周瑜部队不足万人，能挡得住曹仁吗?

这时未来的大都督吕蒙给周瑜提了一个建议，让年轻的凌统留守江南大营。吕蒙和周瑜率主力增援夷陵，并且保证凌统"能十日之守"（《三国志·吕蒙传》）。如果说曹仁这个三国时代最擅长守城的将军有什么弱点，那么主动找到对方的弱点发起攻击，就是他不太擅长的方面。这一次曹仁一如既往地稳定。

周瑜、吕蒙的东吴主力果然很快与甘宁里应外合，击破了曹军对夷陵的围攻，甚至还抢回了曹军 300 多匹宝贵的战马。东吴军队的集结点巩固了，接下来周瑜、吕蒙全军"渡江立屯，与相攻击"（《三国志·吕蒙传》），直接兵临城下，江陵更加孤立。

曹仁见周瑜过江，遂决定出城野战，试图利用骑兵优势在野战中击溃对手，避免被长期围攻。周瑜毕竟劳师远征，也希望速战速决，于是"亲跨马掠阵”（《三国志·周瑜传》），与曹军大战。严格来说，在周瑜的戎马生涯中，很少有这样几万人对砍的大场面：平定江东时对手兵力都不强，对阵刘表、黄祖，甚至对阵曹操更多的是水战。由此可见，周瑜没有太多的指挥大规模对阵战的经验。

没经验的结果就是周瑜被曹军的弓箭射中：“会流矢中右胁，疮甚，便还。”（《三国志·周瑜传》）在那个没有抗生素的年代这很容易变成致命伤，曹仁也是这么认为的。但是周瑜没有那么脆弱，依然“案行军营，激扬吏士”（《三国志·周瑜传》）。曹仁几次与周瑜交锋依然占不到便宜。眼见江陵城的存粮将尽，曹仁在请示曹操后，放弃江陵，率全军北撤襄阳，与满宠、乐进会合。这样一来曹军缩短了补给线，减轻了补给难度，二来避免了汉水被东吴和刘备军切断导致全军覆没的风险。

最终结果还是周瑜占领了江陵城，并夺取了南郡周围地域。周瑜得到了汉昌等四个县的奉邑，麾下军队至少有 1 万多人，还占据了东吴最坚固的江陵城。刘备仅得到江南三郡长沙、桂阳、零陵而已。

周瑜的成功还得到了曹操的承认——曹操掌握的东汉中央政府正式任命他为南郡太守。这个看似简单的举动其实包含了明显的恶意。因为此时，孙权的正式官职只是“讨虏将军，领会稽太守”（《三国志·吴主传》）。周瑜成了南郡太守，就可以和孙权平起平坐。你是太守，我也是太守，这就存在一个谁指挥谁的问题。况且，这个时候周瑜赤壁大败曹操，名震天下，孙权却兵败合淝，一胜一败，高下立判。加之周瑜比孙权年长，所以当时人们都怀疑周瑜此时有了地盘，有了威望，会自立为王。曹操派蒋干前往游说周瑜，虽然没有成功，但是成功地制造了一种周瑜要自立的舆论。

紧接着，曹操又导演了蒋干劝降的故事，虽然周瑜严词拒绝，但是孙权有些沉不住气了。

其实，孙权一直对周瑜不太放心。赤壁之战面对曹操 20 万大军，周瑜找孙

权要 5 万人马，孙权打了六折，只给了 3 万，而且还派和周瑜关系不好的程普去当副手，但是职权和周瑜相等，结果搞得差点儿坏事：“昔周瑜、程普为左右部督，……且俱是督，遂共不睦，几败国事。”（《三国志·孙皎传》）

现在周瑜在南郡扎了根，除了让程普担任江夏太守，黄盖担任武陵太守，以此在东、南两个方向牵制周瑜，孙权还向刘备提亲，把自己十几岁的妹妹嫁给已经 40 多岁的刘备！这样刘备、周瑜相互牵制，孙权的位子才能够坐得稳！老对手曹操的手段和孙权的“进妹固好”（《三国志·先主传》）让刘备看到了机会，于是刘备开始离间孙权和周瑜的关系。

孙权的态度很有意思。本来周瑜给孙权的建议是绝对不能把荆州借给刘备，甚至还要求孙权把刘备扣下来。按理说，周瑜和孙权的关系亲密，这个计划又是为了孙权打江山考虑，孙权应该这么做，也必须这样做，才能彻底吞掉刘备势力，壮大自己。但是孙权没有按照周瑜的计划去做，反而把荆州借给了刘备。为什么？

因为孙权真正的忧患并不是曹操，而是周瑜。

赤壁之战已经证明曹操短时间内吞不下东吴：相对而言，孙权解决东吴的内部矛盾才是大问题，而要解决东吴内部，必须先收服两个人：张昭和周瑜。

赤壁之战后，张昭已经被收服了。由于赤壁之战前主张投降，站错了队，他已经被胜利证明在战略决策上不如决定抗战的孙权英明，所以赤壁之战后他的话，孙权可以不听。孙权也就从张昭手上将“内事”的决定权拿了回来。此后在东吴的人事权上，孙权一言九鼎，张昭一落千丈。

但赤壁之战后，主管“外事”的周瑜，孙权就更搞不定了。与其让周瑜的势力进一步扩大，不如让刘备来制衡他。所以孙权没有按照周瑜的计策去算计刘备，反而承认了刘备的荆州牧地位，为的就是对外抗衡曹操，对内牵制周瑜。

那么，孙权的这点儿小心思周瑜看不出来吗？周瑜是看着孙权长大的，孙权的想法周瑜肯定清楚。但清楚又能怎样？已经决定的事情，他不能反对，只能执行。但周瑜也有自己的骄傲，他没有简单地执行孙权的命令，而是提出了夺取天下的方案：“乞与奋威俱进取蜀，得蜀而并张鲁，因留奋威固守其地，好与马超结援。瑜还与将军据襄阳以蹙操。”（《三国志·周瑜传》）这几句话说明，周瑜明确感受到了孙权的不信任。

周瑜的这段话明里字字取天下，暗里句句表忠心，真是说得既无奈又愤懑。孙权听懂了。于是孙权答应了这个计划，可周瑜回程刚走到巴丘，人就去世了，年仅36岁。

“出师未捷身先死，长使英雄泪满襟。”

鲁肃与吕蒙

东吴孙策之后的实际执刀人周瑜在建安十五年（210）去世，孙权实际上成了整个东吴的执刀人。其后接替周瑜的鲁肃是一个战略家，吕蒙则是一个战术家，但他们都没有周瑜的地位。

先说鲁肃。他是周瑜推荐的人选，同时也是孙权的知心好友，这些都没有问题。但是按道理讲，周瑜的位置是东吴的三军最高统帅，一人之下万人之上的实权人物，他死后的继承人应该是东吴军中资历最老的武将程普。作为一个从孙坚时代就跟随左右的老将，程普能力和水平应该都没问题——光是打了这么多年的仗能活下来，这一点就很厉害了。但是程普和周瑜关系非常不好，周瑜不愿意他接手自己的部曲（周瑜的儿子还太小，不能直接掌握军队），于是临终时推荐了鲁肃。

应该说，还是周瑜了解孙权。他知道孙权和鲁肃的关系不一般。周瑜此时直接掌握的部曲在5000人到1万人之间，是东吴最强大的一支武装力量。同

时，这个方式可以说正中孙权心中所想——那就是分权。

孙权把周瑜的南郡太守位子给了程普，但是把周瑜的部曲全部转交给了鲁肃。同时鲁肃把驻地改到了原来属于程普的江夏太守防区——陆口。这个顺水推舟特别厉害，一来这是周瑜的遗愿，大家都没有话说；二来程普也得到了一定的好处——江陵毕竟是整个三国时代从没有被攻破过的坚城——算是各方面都有了交代。

此时荆州南郡南部（程普）、江夏郡一部（鲁肃）、武陵郡（黄盖）这三个方面组成了东吴的西部军区。一开始，孙权并没有明确谁管谁，因为程普、黄盖都是老资格，而鲁肃没有在东吴军队服役的经历，职务不过是赞军校尉，连自己的队伍都没有。按照孙权当时的军制，程普在赤壁之战前就是裨将军（周瑜当时不过也是偏将军），实际是东吴军队的副统帅。赤壁之战后，孙权被刘备表奏为“行车骑将军，领徐州牧”（《三国志·吴主传》）。程普被封为荡寇将军，黄盖则被升为偏将军，地位都比鲁肃高。如此一来，鲁肃自然没有办法统率全军。

但是孙权有办法，他决定把江陵借给刘备。其理由我们在诸葛亮的章节中讲过，此时孙权占领了长江以南零陵、桂阳、长沙三郡和江夏的一部分。曹操则在南郡北部的襄阳和江夏北部对东吴虎视眈眈。这样一来，孙权本来借用刘备这支雇佣军给自己看家护院，结果却是孙权替刘备挡住了曹操的威胁。这样当然不划算。

更重要的是，此时曹操对孙权东线的威胁正在不断上升。孙权将荆州交给刘备，自己只在江夏一带留下部队（武陵地广人稀，又是蛮族聚居区，被视为没有价值），可以保证自己核心区的安全，也是不错的选择。

就在这时出了两个意外。程普在从江陵撤回江夏的时候，突然遇上反叛，结果老将军老当益壮，杀了几百个叛乱的士兵。程普这样还不解恨，还把这些人的尸体全投到火里烧了。可谁都没想到一向身体不错的程普当天就病倒了，熬了100天，最终病死。黄盖不久也死在武陵郡的任上。这样一来，被孙权加了汉昌太守（孙权从长沙郡北部中分出来的一个郡，也是将江陵送给刘备获得的补偿之一）、偏将军的鲁肃，终于暂时成了东吴西线的重要统帅，但他不是最高统帅，只是接管了周瑜的部曲而已。

直到建安十九年（214），鲁肃率军跟随孙权攻破皖城，被升任为横江将军，这才成为东吴军中最高级别的将领。当然他麾下的部曲人数是最多的，超过了万人。不过他仍然没有统率全军的权力。这和孙权东吴军事集团的特点有关。

孙权自继位以来就非常老练地开始调整东吴军事集团的基本构成：第一步是尊重老将，一方面用“都督”这种临时加官，诓住了孙策班底中最核心的周瑜等人，另一方面用父亲孙坚麾下的程普、黄盖、韩当来分散兵权，将军力分给不同的人来掌握，这样实际上巩固了自己的位置。第二步是培养自己的班底，第一个重要来源就是幕府。这里成为东吴重要的人才库，包括鲁肃、诸葛瑾、顾雍。他们都有一个共同的特点，就是都在孙权幕府干过。鲁肃自不必说，诸葛瑾当过孙权的长史，消灭关羽后还以绥南将军的名号顶替吕蒙的南郡太守之职，驻守公安，面对刘备布防。顾雍则被孙权用来逐步取代张昭的位子，后来成了东吴丞相。第二个重要来源是提拔年轻将领。这里孙权依然是任人唯亲。比如孙权最喜欢的潘璋，在孙权当阳羡县长的时候就追随在身边，后来贪财好色，不守法纪，但是孙权从来不问。另外还有舍命救过孙权的周泰，也被孙权力排众议，升为濡须督。当然还有吕蒙。

再说吕蒙。他事业的引路人是他姐夫邓当。作为一个少年英雄，十五六岁吕蒙就跟随姐夫邓当讨伐山越，一马当先，锐不可当。可邓当见小舅子太武夫了，怕折了小舅子没法跟丈母娘交代，于是回家给丈母娘打小报告，让她拦着小舅子。结果吕蒙说了一句班超的名言：“贫贱难可居，脱误有功，富贵可致。且不探虎穴，安得虎子。”（《三国志·吕蒙传》）看来吕蒙不是完全没文化，

至少读过书，不然讲不出这番话。他只是年轻时太武夫，能砍人，绝不多话，估计也懒得读书。

从吕蒙的成长路径，可以看出孙权设计的东吴军事制度的特点。后来姐夫邓当死了，吕蒙被张昭推荐，接管了邓当的人马，正式当了别部司马，这是孙权军事集团的第一级。孙权这边的部队都是将领的私有财产，吕蒙的部队武器装备、服装都需要自己采办。有一次赶上孙权阅兵，吕蒙找人借钱，给部队置办了一身全新的行头，走在全是破衣烂衫的同僚中特别醒目。孙权这时就注意到了他，决定给他扩编部队，建成了加强突击营。吕蒙屡屡立功，后被“拜平北都尉，领广德长”（《三国志・吕蒙传》），这就由营长升为团长。同时吕蒙还兼任县长，当然这时的县是一个小县。汉制大县长官称令，小县长官称长。这是孙权军事集团的第二级。

之后吕蒙常年跟随周瑜作战。赤壁之战后，夺下南郡江陵，吕蒙再次获得晋升，“拜偏将军，领浔阳令”（《三国志・吕蒙传》）。这次吕蒙被提升为偏将军，同时兼任大县县令。这是孙权军事集团的第三级。他这时才有了和鲁肃对话的资格，才有了“士别三日，即更刮目相待”（《三国志・吕蒙传》裴松之注引《江表传》），才有了吕蒙在鲁肃死后将他超过万人的部队接过手来。当他接过鲁肃的部队后，被提升为汉昌太守。之前吕蒙已经加了左护军职位和虎威将军的称号。这是孙权军事集团的第四级。这三个位子里面，汉昌太守是根据地行政职务，虎威将军等于军级领导级别，真正厉害的是左护军，意味着是东吴全军副统帅级别。这个职位是鲁肃从来没有过的。所以鲁肃是过渡人物中的过渡人物。

从周瑜到鲁肃，再到吕蒙，他们传承的权力实际只是周瑜的直属部队。但这支部队绝对是东吴精锐。在周瑜对抗曹操的那 3 万吴军中，仅周瑜的这支直属部队就有大概 4000 人，是战赤壁和攻江陵的主力。后来鲁肃接管，人马扩大到 1 万人的规模。鲁肃死后，这支部队没有还给周瑜的儿子，而是交给了吕蒙，再加上吕蒙自己的嫡系部队，吕蒙手中兵力应该接近 15000 人甚至有 2 万人，是东吴偷袭荆州的主力部队。而后这支部队被朱然接管。朱然跟孙权关系更近，就是发小。

朱然是东吴宿将。他接掌东吴这支精锐部队之后，成为东吴西线重要战将，长期驻守江陵。孙权立国称帝后，他的这位发小挡住了曹丕发小曹真大军对江陵的猛攻，坚守长达半年。此战奠定了朱然在东吴的地位。朱然死后这支部队又交给了他的儿子朱绩，依然长期驻防江陵。朱绩又改回父姓，成为东吴大司马施绩（其父朱然是东吴重要将领朱治的外甥，父亲姓施，早亡，后成为朱治养子，被养在孙策身边，与孙权交好），统率长江上游吴军。施绩死后陆逊的儿子陆抗接管这支部队。直到吴国灭亡，这支军队依然坚守战斗在江陵城。

由此可见，周瑜死后东吴的实际执刀人就是孙权。可惜孙权自己操刀水平太差，先是赤壁之战时面对兵力薄弱的蒋济，却拿不下合淝，然后 10 万人马在逍遥津被张辽的 800 人打得丢盔弃甲，留下了一个“孙十万”的笑名。终孙权一世，凡是他亲自操刀指挥的战斗基本都打得稀烂。但是，“知人者智，自知者明”，孙权多少还有自知之明。所以他把军事指挥大权主动授予能干的手下，而自己躲到后方等结果。

鲁肃和吕蒙都必须经过孙权的授权才有统领全军的权力。其中鲁肃甚至没有被授过权，只有周瑜在孙策时代就是中护军，有都督全军的权力，并且不是孙权授予的。因此，所谓东吴上游四大统帅中，至少有两个是不合格的。正是因为孙权本身的官位并不高，所以这种以“偏将军”和“横江将军”“虎威将军”出现的统帅必须要加“护军”。所谓护军就是孙权幕府中享有监督诸将行动的武官幕僚长。有了这个称呼，不管你是中护军周瑜，还是左护军吕蒙，这个职务都意味着你是东吴孙权幕府中的军事统帅，有“都督诸军”的权力。这就有了大家对周瑜都很熟悉的一个称呼——“大都督”。

也正是从这个时候开始，都督某州、某几州和都督中外诸军事等官衔开始

出现，并成为整个魏晋南北朝时期执刀人必备的官衔之一。但这个东西的发明权和早期解释权都应该属于孙权。

从鲁肃和吕蒙的经历也可以发现一个很有意思的现象，那就是孙权刻意地把辖区内的军权、行政权、财权统一交给手下，让他们可以拥有养兵的能力。校尉加授县长，偏将军、裨将军加授县令，杂号将军加授数县长官或者郡守，这是之前统治者要极力避免的。因为行政权、军权、财权统一交给一个人或者一个家族，对统治者本身就有尾大不掉的危险，孙权不担心吗？

从他对待周瑜的态度来看，孙权还是比较担心的。但是他有一个整套的解决方法：第一步是用孙家子弟大量地占据重要地盘，比如孙权的弟弟孙翊十几岁就被任命为丹阳郡守。这是东吴最重要的一个郡，包括今天的江苏南部、安徽一部，包含东吴后来的首都建业。宗室之中还有战将孙瑜、孙桓等人，形成了一股重要力量。第二步分散孙坚、孙策时期宿将的兵权。孙权对每个将领的辖区进行严格限定，同时利用将领们自然死亡，不断重新洗牌。比如用鲁肃继承周瑜兵权，吕蒙继承鲁肃兵权，朱然继承吕蒙兵权等，这样就把精锐集中在自己最信任的人手上，同时允许另一类将领兵权世袭，这样就组成了东吴内部的第二股重要政治力量。第三步是利用幕府，引进本地士族执掌兵权，比如顾雍、陆逊。而孙权就超然其上，调节宗室、宿将和士族三股势力，成就帝业。

真正继承周瑜位置的是陆逊。正如孙权对陆逊所说："公瑾邈焉难继，君今继之。"（《三国志·周瑜鲁肃吕蒙列传》）而且这句话还有一个意思，他周瑜是我大哥孙策的连襟兄弟，你陆逊是我孙权的心腹之交，所以孙策可以授予周瑜统率全军之权，我也可以授予你陆逊统率全军之权。那么，为什么会是陆逊？陆逊和孙权的关系真的好得和周瑜、孙策一样吗？

大都督陆逊

陆逊，字伯言，吴郡吴县人。虽然吴郡陆氏是江东大族，但是陆逊家这一个旁支相对发展得并没有那么好，他的祖父陆纡官做到“守城门校尉”，父亲陆骏官至“九江都尉”，属于地方上的小官。

但是，陆逊却是三国时代最重要的两个臣子之一。陈寿的《三国志》中只有两个人享有单独立传的特权，其中一个是诸葛亮，另一个就是陆逊。可见在陈寿的眼中，陆逊是可以和诸葛亮相提并论的。如果算上在《晋书》中列入本纪的司马家三代，那么这三个家族就可以算得上是三国时代的“执刀人”。诸葛亮、司马懿几乎是所有三国戏的主角，可东吴这边的陆逊却长期被人忽视。

陆逊和东吴一样在三国时代隐形的根本原因是《三国演义》聚焦的核心矛盾就是“汉贼不两立，王业不偏安”的曹操、刘备两股势力。在这本书中，东吴就是专门搅局的——赤壁之战搅了曹操一统天下的局，白衣渡江搅了关羽威震华夏的局，火烧连营搅了刘备报仇雪恨的局。这三次搅局才奠定了三国的基础。没有这三次搅局，或者三次搅局有一次失败，那么东吴都没有资格出现在历史舞台上。

三次搅局之战中，周瑜搞定了第一次，后两次都跟陆逊有关。

东吴这股势力严格来说在东汉末年是没有生存空间的。首先孙坚出自吴郡吴县的微末小吏之家。孙坚从军时只能靠自己打拼出一片天地。所以孙坚才在轻而易举地拿下荆州南阳郡之后，主动把这个郡交给了出身名门的后将军袁术，并投靠到袁术麾下。可见孙坚对自己和家族的定位是，在乱世之中，投靠最靠谱的世家大族，以此谋求发展。

即便是刘备和曹操一开始也是投靠名人麾下，比如，刘备之于陶谦，曹操之于袁绍。只不过孙坚比较不走运，投奔袁术后，很快就阵亡了。由于孙坚离世过早，日后是否会像刘备、曹操那样独立出来就不好预测了。

孙策的想法很明确，他人生的小目标就是，先在袁术帐下坐到高位，比较现实的就是成为郡守。袁术也一直把郡守这个职位当成引诱孙策为他卖命的目标。于是袁术就指示孙策帮他攻打九江郡，暗示他事成之后就可以成为九江郡守。可是当孙策搞定九江郡后，袁术却用自己的手下陈纪为九江郡守。这时孙策还年轻，被袁术这种老狐狸忽悠了一次也算吃一堑长一智。问题出现在第二次，袁术向庐江太守陆康借粮食，陆康不答应。于是袁术亲口跟孙策许诺："前错用陈纪，每恨本意不遂。今若得康，庐江真卿有也。"（《三国志·孙破虏讨逆传》）

如果说上次还是暗示的话，那么这次就是领导亲自表态，加上本来就和陆康有仇，孙策很高兴，于是开开心心、顺顺利利地把陆康给踢出了庐江郡。陆康是陆逊的叔祖父。孙策攻打庐江郡的时候，陆逊就在庐江。这么说来，孙策和陆逊是有仇的，至少是有过节儿。可孙策打下庐江实际上是一个双输的结果：对孙策而言，自己没有得到任何好处，袁术直接把庐江太守给了老部下刘勋。这次孙策彻底失望，第二年就离开袁术，自己来到江东打下了一片江山。对陆逊而言，孙策带领军队杀过来的时候，可能是预见自己抵挡不住，陆康"遣逊及亲戚还吴"（《三国志·陆逊传》）。于是十几岁的陆逊带着全家从庐江迁回老家吴郡。作为陆家族长的陆康坚守庐江两年后被孙策攻陷城池。虽然孙策没有动手杀陆康，但是年事已高的陆康却难以承受这样的打击，很快去世。后来，城破的消息传回吴郡。因为陆康的儿子陆绩年龄较小，陆逊成为吴郡陆家族长，史称"为之纲纪门户"（《三国志·陆逊传》）。

正是因为与孙策有这样的过节儿，加上陆逊年轻，当孙策迅速攻占江东的时候，陆逊和陆家并没有表示支持或者反对，相对比较低调。等到建安五年（200）孙策遇刺后，孙权继位讨逆将军，组建幕府，改“与天下争衡”的快速扩张战略为“举贤能，保江东”的积极防御战略。要保江东，就必须笼络江东士族，于是孙权开始邀请孙策时期被排斥在统治集团之外的士族进入幕府。这其中有东吴第二任丞相吴郡顾氏家族的顾雍，吴郡朱氏家族的朱桓，吴郡张氏家族的张允、张温父子。当然还有和他们三家并称“吴郡四大家族”的陆家。

陆氏家族的主干应该是陆康这一支。陆康虽然死了，他的儿子陆绩，也就是《孝经》中二十四孝里“怀橘遗母”典故的主人公。他也被孙权拉拢进入幕府，成为奏曹掾。陆绩因为说话太直，被孙权派出去当了太守、偏将军，位子一开始比陆逊还高。可惜这个人不喜欢打仗，就喜欢研究天文易理，留下了不少著作，更神奇地预测了自己的死期和天下一统的日子，32 岁就过世了。

陆逊在建安十一年（206）前后加入孙权幕府。那年他 23 岁，和诸葛亮出山的时间接近。刚开始陆逊和孙权之间还有些芥蒂，所以他担任的是东西曹令史。而比他小的陆绩却是奏曹掾，职位比他还要高。经过考察后，陆逊外放为海昌屯田都尉。虽然起点低，但是陆逊比陆绩能干得多。他一到任首先巩固了自己的属地，“开仓谷以赈贫民，劝督农桑”（《三国志·陆逊传》）。紧接着他开始讨伐山贼，干掉了两个著名的土匪潘临和尤突，收编了精壮，有了 2000 人的部曲。毕竟陆逊前辈都是当兵的。孙权对此表示满意，但他只把陆逊提了一级，升为定威校尉，但是待遇和亲信鲁肃、吕蒙都不一样——没有让他兼任地方官，只让他在利浦屯兵。这些都说明一开始两个人需要磨合。

于是孙权拿出了他惯用的办法——结亲——要讨好曹操时，孙家女儿嫁曹彰；要结好刘备时，把妹妹嫁给刘备；要讨好关羽时，让自己的儿子求娶关羽的女儿。孙权对陆逊也使出了这招：“以兄策女配逊。”（《三国志·陆逊传》）如果说诸葛亮能出山，是因为娶了刘表连襟黄成彦的丑女儿，那么陆逊真正得到孙权的重用，也是因为他娶了仇敌孙策的女儿。

这里需要说明的是孙策女儿的年龄问题。孙策生于 175 年，死于 200 年，死时 26 岁。孙策是在平定江东后迎娶大乔的，时间应该在 196 年以后，女儿大概率出生在 198 年前后。陆逊生于 185 年，206 年前后出仕孙权时 23 岁。加上之前在孙权手下打基础至少 3 年，他结婚时大概在 210 年前后。这样就可以对应上孙家小公主的年龄——她很有可能在 10~12 岁时就嫁给了 27 岁的陆逊。也只有这样才能说明陆逊和孙策女儿的儿子陆抗，为什么出生得那么晚——陆逊 63 岁病逝的时候儿子陆抗才 20 岁。

娶了孙策女儿的陆逊，继续在剿匪和攻打山越的征途上前进。扫平丹阳山越后，陆逊的兵力扩大到万人左右，孙权任命他为右部督。但孙权依然没有给予陆逊地方的行政权，只是让他屯兵芜湖。芜湖是东吴首都建业上游最重要的渡口，这意味着孙权把陆逊纳入了自己禁卫军的序列。这既是一种信任，又是一种防范。

等到关羽发动襄樊之战，孙权、吕蒙决定对关羽动手时，吕蒙突然"生病"返回建业路过陆逊防区，陆逊就向吕蒙进言讨伐关羽。吕蒙并没有跟陆逊交底，实际上一到建业他就向孙权推荐陆逊来接替自己。吕蒙的原话是："陆逊意思深长，才堪负重，观其规虑，终可大任。"（《三国志·陆逊传》）于是在吕蒙的推荐下，陆逊接替他"拜偏将军右部督"（《三国志·陆逊传》），随即率领所部兵马进驻陆口。

到任不久陆逊即给关羽修书一封。这封被《三国志》收录的书信开篇是对关羽的一番捧杀："前承观衅而动，以律行师，小举大克，一何巍巍！"（《三国志·陆逊传》）这和诸葛亮《出师表》比较起来有点儿文绉绉的，属于当时流行的汉赋体。意思是吹捧关羽之前在襄阳、樊城一带"威震华夏"的战绩。所谓"小举大克，一何巍巍"，纯粹的吹捧，没有特别的含义。这可以理解成，我对您的敬仰犹如滔滔江水连绵不绝。

世人都知道关羽吃软不吃硬，陆逊这一下正好像挠痒挠在了痒处，展信感觉就很好。给关羽留下了一个很好的第一印象，这非常关键，是陆逊接着忽悠的基础。

接下来，陆逊向关羽展示了一下他最近的战绩对东吴方面的意义："敌国败绩，利在同盟，闻庆拊节，想遂席卷，共奖王纲。"（《三国志·陆逊传》）在这里，陆逊和当年诸葛亮游说孙权一样，不动声色地帮助关羽在潜意识里分析了敌友关系：曹魏是敌国，东吴是友军，尽管这个"朋友"几年前才为了荆州南部三个郡差点儿大打出手。

这涉及一个核心问题：为什么关羽没有想到东吴会偷袭自己？理由就在陆逊的这段话中。襄樊战役时，曹魏面临的问题远比我们想象得严重。首先曹操在汉中损兵折将，实力消耗巨大，他战无不胜的威望在赤壁之战后再次受损。更可怕的是，赤壁之战时尚有以荀彧为首的北方士族支持曹操，10 多年过去后，襄樊之战时曹操早就和士族撕破了脸，士族几乎把希望都寄托在了他的儿子曹丕身上，对曹操的态度特别是曹操试图统一天下的军事行动不但不支持，反而很反感。这个时候，一旦刘备得势，原本是曹操统治基础的北方士族很有可能在"复兴汉室"的名号下，彻底背叛他。

事实也正是如此。当刘备汉中取胜后，关羽再攻襄樊。此时，曹操后方大本营邺城出现魏讽谋反案。汉王朝名义上的首都许昌也遭到了拥汉反曹派的攻击，曹操最信任的主簿王必虽然平息了叛乱，但自己伤重身亡。曹魏内部一时之间风声鹤唳，地动山摇。

这些事情之所以一起爆发出来，跟曹操为了按住关羽的势头，从北方抽调了于禁统率的七军差不多 4 万人的主力部队南下支援关羽有直接关系。可惜"于禁等见获，遐迩欣叹，以为将军之勋足以长世，虽昔晋文城濮之战，淮阴破赵之略，蔑以尚之"（《三国志·陆逊传》）。这个时候，曹操为了堵住关羽几乎下了血本，一面从东线合淝抽调夏侯惇、张辽的主力部队全部西援樊城，为此几乎放弃合淝、寿春的基本守备力量，一面亲自率领主力精锐进驻洛阳以南的

麾陂，从西面守备许昌，并以此为集结地源源不断地集结兵力。同时下令曹魏境内所有黄河以南州郡二线作战部队（以北的已经被于禁送掉了）全部向樊城集结。可以说除了为防御刘备留在长安的曹彰所部，曹魏全军（真的是全部军力）已经不顾一切地向樊城扑来。

那么，此时对东吴最有利的不是偷袭刘备，而是趁势北上，攻击已经被抽空防备的淮南和徐州。陆逊的这封信就是想给关羽传递这个信息。所谓“遂想席卷，共奖王纲”，就可以被理解成这个意思。更重要的是，关羽也知道吕蒙在东吴的地位，此时吕蒙调往东线，西线换成了貌似拼老婆上位的陆逊。结合这八个字，关羽的主观印象自然而然地就会推理出东吴把精兵悍将调往东线，准备攻击曹魏的结论。

这就是陆逊想要关羽以为的军事形势。接下来，陆逊接着忽悠：“闻徐晃等少骑驻旌，窥望麾葆。操猾虏也，忿不思难，恐潜增众，以逞其心。虽云师老，犹有骁悍。”（《三国志·陆逊传》）此时曹操派徐晃为先锋驻军樊城以北，一来为了掩护大军集结，二来进行战前侦察。因为曹仁兵力与关羽差不多，加上于禁的 4 万人竟然被打得全军覆没，此时曹操已经不敢再随意和关羽交战。他在等待夏侯惇、张辽东线的 26 军约 13 万人的主力部队，加上从汉中撤出来的人马，才敢和关羽再次开打。也就是说，关羽已经以一己之力将曹魏全军吸引到自己周围，而以关羽手下 3 万多人，对抗曹魏全军无疑是危险的。陆逊说的这些全是实情。

那么这种情况下该怎么办呢？陆逊接着劝导关羽：“且战捷之后，常苦轻敌，古人杖术，军胜弥警，愿将军广为方计，以全独克。”（《三国志·陆逊传》）这话听起来就是几句客套，表面上似乎什么也没说，但前面说了，曹操筹集人马了，你要打赢也得筹集人马。从哪调动？“广为方计”嘛！意思就是，四处想想办法。于是关羽从他的后方江陵、公安等坚固的城池抽出大量兵力，准备一面困住曹仁，一面击破徐晃。

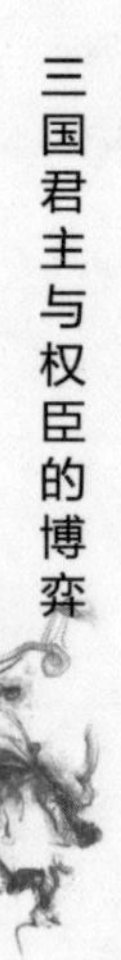

然而，东吴为什么没有选择当时看上去容易攻打的曹魏徐州，反而偏偏选择了当时看上去更难打的荆州呢?

吕蒙的决断

襄樊战役时，孙权是犹豫的。作为东吴实际的执刀人，他很迷惑，不知道该拿着刀砍向哪里。因为东线和西线同时出现了机会：东线曹操已经将夏侯惇、张辽及他们麾下 26 军 13 万人全部调走，淮南、徐州的防御一片空虚，对于东吴来说，唾手可得。西线关羽也被陆逊忽悠，把驻守江陵、公安的部队逐步抽调到樊城前线。加上吕蒙前期的工作搞定了驻守公安的士仁（《三国演义》里的傅士仁），此时也是可以轻而易举地拿下。

但人生就是当面临两个都可以有的选择题时才会苦恼。孙权也一样，此时手下最受信任的军事统帅——吕蒙——自然就成了他最先咨询的对象。

称病回到建业的吕蒙（也可能是真病）当仁不让地为孙权做了分析："徐土守兵，闻不足言，往自可克。然地势陆通，骁骑所骋，至尊今日得徐州，操后旬必来争，虽七八万人守之，犹当怀忧。不如取羽，全据长江，形势益张。"（《三国志·吕蒙传》）吕蒙这番话说出了他劝孙权西取荆州，而非北取徐州的原因。从战略角度来看，荆州和徐州同样容易攻取，但荆州相对徐州而言的优势在于利于固守。早年曹操屠徐州就是手到擒来。这一带地势平坦，利于大兵团和骑兵作战，对曹操来说是最理想的战场。这也是曹操在面对关羽时敢于暂时放弃东线守备的重要原因之一。但另一方面，曹操对荆州特别是南郡坚城江陵则是有心无力。尽管早年他曾经攻破过吕布死守的下邳和审配把守的邺城，但是过程都特别漫长，面对更坚固的江陵，已经上了年纪的曹操终其一生都从

来没有做过主动攻击的尝试。

可见吕蒙的分析是有一定道理的。但是回到当时，也就是建安二十三年（218）至建安二十四年（219）的三国时代，三方的战略形势却不能简单地这样来看。相较于试图南北两分天下的周瑜和“建号帝王，以图天下”的鲁肃，孙权和吕蒙的这番思想交流显得特别世俗和功利。仅从这时打徐州还是打荆州更容易来分析战略方向是有问题的。

从长期战略来讲，东吴最大的威胁来自曹魏，最后也灭亡在曹魏的继承者西晋手中。襄樊战役是吴蜀双方历史上唯一一次反击曹魏夺取战略主动权的机会，曹魏集团内部不稳，外部摇摇欲坠。如果东吴此时攻下合淝、寿春，甚至拿下徐州，加上刘备集团的攻击，哪怕曹魏不会被连根拔起，至少会被极度削弱。一旦刘备控制关中、益州、荆州，孙权控制徐州、扬州、青州，三家共同瓜分豫州和司隶，那么在即将开始的三国时代，仅仅控制并州、冀州、幽州、兖州的曹魏将不具备压倒性的实力优势。以弱敌强，只有通过攻击削弱对手实力，才能打败对手，实现长久生存，甚至反败为胜。这才是真正的战略规划。

与之相反，即使东吴可以拿下荆州，且守住荆州，但是对于曹魏而言有益无害，并无损失。这仅是在吴蜀双方弱势之间的力量转化，曹操当然乐见其成。

为什么孙权和吕蒙会做出这样的选择呢？其深层原因是人在面对这种选择时，大多数都愿意选择更弱的一方，而不愿意去得罪强大的一方。何止是孙权、吕蒙面对这种情况会这样选择，即使是刘备，当关羽被杀、荆州被夺后，不也是立即放弃北上攻取凉州的计划，全军东出企图消灭更弱的孙权来壮大自己，而不是和强大的曹魏硬拼。

孙刘两家不能在逆境中翻盘，几乎从这一刻起，就已经注定了。吕蒙此时已经没有继续执刀拼杀的力气了。仅比陆逊大 5 岁的他只能在幕后策划攻击，策反士仁、糜芳，帮助真正的执刀人陆逊迅速地攻克公安、江陵。之后按照吕蒙的计划，陆逊挥师西进攻击宜都郡，至建安二十四年十一月，陆逊已经完全控制该地区，被孙权任命为宜都郡守，封抚边将军、华亭侯，陆逊正式成为东吴军队的高级指挥员。大概也就是在这个时候吕蒙在江陵病逝，孙权开始把前进指挥部搬到武昌亲自指挥荆州战役。他一方面派潘璋等悍将围攻，斩杀关羽，另一方面继续派陆逊向西攻城略地。

开年之后，陆逊指挥李异、谢旌两将，率水陆军 3000 人继续攻击刘备麾下房陵郡（刘备划出来的郡，大概在今湖北房县一带）、南乡郡，一路向西，所向无敌。最终攻占重镇秭归。孙权对陆逊的攻势进展很满意，加封陆逊为“右护军、镇西将军，进封娄侯”（《三国志・陆逊传》）。此时，陆逊已经取代吕蒙，正式成为东吴一人之下万人之上的执刀人。

相对于出身较差的吕蒙，陆逊可是实打实的名门望族。孙权重用陆逊掌握长江上游兵权的同时，还任用同样出身吴郡名门的顾雍为丞相。有人认为这是孙权向江东士族的妥协，以换取自己政权的巩固。

东汉末年士族实力强大，曹操逆流而上，结果举步维艰。刘备必须得到诸葛亮才能整合士族乘风直上。孙权也必须改变兄长孙策的士族政策，变高压政策为融合政策，才能借助士族的力量，割据称雄。

吴国执刀人陆逊和蜀国执刀人诸葛亮不同，他在荆州的政策更类似于魏国的司马懿。当东吴刚刚攻占荆州时，陆逊就向孙权进言，劝他重用荆州士人。陆逊认为“今荆州始定，人物未达”（《三国志・陆逊传》），应该“令并获自进，然后四海延颈，思归大化”（《三国志・陆逊传》）。这些主张和司马懿的大同小异，就是希望孙权让出部分权力给刚刚得到“解放”的荆州士人，从而换取当地土豪们的支持。

但是，和曹魏相比，东吴也有一些区别。那就是这些世家大族不但获得了强大的政治权力，更获得了相应的军事权力。这在曹魏是不存在的。东吴兵将归家族世袭。陆逊的部队后来就交给了儿子陆抗。朱然继承了吕蒙的部队，然后交给了儿子朱绩。步骘的部队交给了儿子步协。吕范的部队交给了儿子吕据。

这些东吴重臣虽然不能将政治权力直接交给儿子继承，但是他们的儿子因为继承了军事权力，实际上离政治中心并不太远。陆抗、朱绩、吕据后来都进入东吴最高层，步协则因为迟迟进不了高层而最终背叛。这样看来，东吴似乎是各个世家大族的联合体。只是孙氏家族运用权力掌握了这个联合体中最强大的政治权力皇权和最强大的军事权力，从而掌控了东吴帝国未来的命运。

当然，此时孙权虽然轻而易举地搞定了关羽，拿下了荆州，但是他知道刘备是不会善罢甘休的。面对陷入狂怒状态的刘备，曾经在合淝 10 万人都干不过张辽 8000 人的孙权，也知道自己指挥作战不是刘备的对手。于是曹魏黄初元年（221）孙权正式任命陆逊为总指挥，率领东吴 5 万人马准备迎战刘备。

陆逊一生中的高光时刻即将到来。

七百里连营

刘备的军事能力明显被《三国演义》给贬低了。作为一个出身雇佣军的将领，能打简直就是必需的。刘备的战绩虽然败多胜少，“五易其主，四失妻子”，但是打败他的是曹操、吕布这种人物，而且还是在对手占据相对优势的情况下。汉中之战，当刘备和曹操掌握的军队旗鼓相当时，曹操并没有占到多少便宜，甚至可以说是打了败仗。

而相对于刘备，陆逊之前的战绩基本上就是剿灭土匪、打击山越和消灭地主武装，他参与正规战的经历和规模都很有限。所以当他继吕蒙之后成为吴军西线统帅时，刘备并没有把他放在眼里。更何况赤壁之战后，刘备在南郡江陵和公安经营了 10 年之久。这样长时间积累起来的人脉和士族资源，刘备不可能轻易放弃。

但是刘备没有马上动手，因为此时曹丕已经代汉自立，刘备需要首先解决自己政权合法性的问题。于是他在221年正式称帝，改元章武，重建大汉王朝，史称“蜀汉”。称帝后的刘备立即组织兵力西征。他依靠的主要力量是一直跟随他的张飞。

张飞此时正屯兵巴郡，扼守由水路出川东进的咽喉要道。本来这支部队应该是刘备集团的战略预备力量，可以支援汉中魏延军团和荆州关羽军团。但是现在关羽没了，刘备又想夺回荆州，就必须借助张飞的这支军队。

众所周知，张飞是刘备集团在关羽之后的又一位“万人敌”的猛将。他和关羽的情分也很深，对东出夺回荆州也很积极。可是就在这个时候，张飞被杀了。关于张飞的死，似乎史书上的解释太过简单，让人难以置信。按照《三国志·张飞传》的说法：“临发，其帐下将张达、范强杀之，持其首，顺流而奔孙权。”《三国演义》把这句话演绎了一下，把张达、范强的杀人动机变成了无法按照规定时间完成白盔白甲，虽然更可信，但是于史无据。

《三国志》中似乎在前后暗示刘备预知了张飞的死亡：比如刘备曾经在出事前警告张飞：“卿刑杀既过差，又日鞭挝健儿，而令在左右，此取祸之道也。”（《三国志·张飞传》）出事后刘备仅是听说张飞帐下的表章来了，就随口说了句：“噫！飞死矣。”（《三国志·张飞传》）于是就有人自行脑补了刘备暗杀张飞的阴谋论。

这种阴谋论其实不值得一驳。首先，此说法不懂史书记载刘备类似言论的目的是突出其先见之明。换句话说，就是为刘备“贴金”。这与汉高祖刘邦临终前指定一连串接班人的搞法类似，很有可能是后来陈寿根据结果给刘备编的。其次，刘备完全没有弄死张飞的动机。刘备正准备和东吴拼杀，害死自己最厉害的大将，不合情理。如果刘备要准备后事的话，有诸葛亮在，张飞又是刘禅老丈人，这一文一武岂不是可以相互制衡？至少比李严靠谱。最后，这和刘备的性格不符。派人杀张飞，这不是刘备这个临终说出“勿以恶小而为之，勿以

善小而不为”的人能干出来的事。

那么，张飞之死背后有没有阴谋呢？很可能真的有，不过下手的应该还是东吴。一来东吴和蜀汉联盟长达10多年，双方彼此应该都在对方那边安插了不少人。这一点也是东吴吕蒙敢于白衣渡江的重要前提。因为所有人都知道江陵是一座特别坚固的城池，一旦吕蒙顿兵坚城之下，关羽率军回防，东吴必败无疑。从吕蒙做士仁和糜芳的工作来看，他把范强、张达安插在张飞军内也不奇怪。而且案发后，这两个人顺江而下投奔孙权，无疑是受到孙权欢迎的——临阵杀了对方最厉害的大将，当然是功臣。

章武元年（221）秋七月，刚刚称帝的刘备开始着手讨伐东吴，刚开始进展很顺利。张飞虽然没了，但是张飞军的战斗力还在。这支曾经打败张郃的蜀军精锐部队在吴班、冯习的带领下迅速击败了陆逊所部，夺回了秭归，取得了从四川东下的突破口。除了吴班等人在秭归一带击败陆逊之外，镇北将军黄权则率领江北诸军推进到夷陵。侍中马良前往武陵郡，邀请当地土著出兵支援。一时之间蜀军卷土重来，声势浩大。

东吴以陆逊为大都督，率领朱然、潘璋、宋谦、韩当、徐盛、鲜于丹、孙桓等部5万人马迎战。孙权则将首府从建业迁至武昌（今湖北省鄂州市）作为陆逊的后援，同时命令朱然率吕蒙原属部队驻扎防御核心据点江陵，既防范刘备水陆并进突袭吴军后路，又防备曹丕的偷袭。

此时，曹丕对孙刘双方的决战作壁上观。他的军师刘晔坚决反对，提出了一个可以击破孙刘的作战计划：“宜大兴师，径渡江袭其内。蜀攻其外，我袭其内，吴之亡不出旬月矣。吴亡则蜀孤。若割吴半，蜀固不能久存，况蜀得其外，我得其内乎？”（《三国志·刘晔传》）这个计划简单地说，就是利用蜀国已经牵制东吴主力于长江上游的良机，集中魏军主力攻击长江下游东吴在江南的丹阳、吴郡、会稽等核心区域。这样就可以迅速消灭东吴。后世有很多人都认为刘晔的这个计划如果实施，三国历史必然改写。

但是这些人都忽略了一个基本问题：两年前刚经历了汉中和襄樊两场惨败后，曹魏还处于调整时期，兵员、粮草、军械都需要补充。从后来曹魏在刘备之后攻击江陵、濡须坞等地的效果来看，由于没有日后亡吴的王濬舰队，曹魏军力并没有强大到说过江就能过江的程度。江陵之战证明曹魏并没有渡江的能力，江陵方面长江的宽度远远不如下游，江陵段尚且不能渡过，更何况下游芜湖江面。所以刘晔的战略设想至少是可疑的。至于曹丕“卞庄射虎”的回答，更是一种托词。此时他为了称帝已经改变了曹操一统天下的国策。面对吴蜀，曹魏开始调整军力，转入战略防御。到了曹叡时代，将战略防御、积蓄力量定为国策，把主要精力放在恢复国力上。

当然，一旦刘备攻入东吴腹地，曹魏跟上来咬一口，也是必然的。所以对于孙权来说，当前最重要的就是必须把刘备打回去。这个担子就落在了陆逊的肩上。

一开始陆逊打得并不好。本来在前一年十二月份已经夺下来的秭归，此时很快被吴班等人夺了回去，吴军一路被蜀军从巫县赶到了夷陵、猇亭一线。有人认为这是陆逊主动后撤，其实不对，应该是被刘备一路打回去的。证据是后来陆逊准备反攻时，诸将反对他的反攻计划，理由是：“相衔持经七八月，其诸要害皆以固守，击之必无利矣。”（《三国志·陆逊传》）将军们都是百战之将，他们对战场的判断能力还是有的。如果陆逊主动后撤，不可能把要害都放给刘备。

其实陆逊此时的战线已经千疮百孔：安东将军孙桓带领的部队被黄权的蜀军水师困在夷道城。东吴军不善陆战，更不擅长山地战，所以顶不住蜀军的攻击。刘备也不着急，指挥蜀军步步为营，稳扎稳打。战争进行到章武二年（222）夏天时，刘备已经夺去了宜都郡的大部分地盘。眼看刘备只要拿下猇亭，就能进入江汉平原，那时刘备军队的骑兵优势将帮助他迅速突进到江陵城下。

刘备是一个成名已久的战将，眼看部队稳步推进，战事顺利，更加不可能把陆逊放在眼里。

严格来说，正面对战，陆逊确实不一定打得过刘备。但是陆逊在战略上却考虑得比刘备长远。他在写给孙权的一封信中就曾经透露过战略布局：“臣初嫌之，水陆俱进，今反舍船就步，处处结营，察其布置，必无他变。”（《三国志·陆逊传》）意思就是说，陆逊方面比较害怕刘备水陆并进，直接由水路攻入江陵，这样推进速度会很快。东吴拿下江陵、公安时间不长，难保刘备不会策反几个内应。这样一来，东吴留在秭归一线的主力部队就完蛋了。所以，陆逊宁可在陆地上和刘备消耗一段时间。

这样做的好处是，把刘备的注意力吸引到他熟悉的山地战上来。刘备在四川打了三年这样步步为营的山地战，又和曹操在汉中打了一阵。他当然认为，自己可以在鄂西山区打败东吴。况且刘备心中东吴水军的战斗力是不错的，所以他对黄权水陆并进的建议没听进去，他不想走出自己的舒适区——他最拿手的山地战。

但是此时刘备最重要的谋士法正已经不在了，他的阵中始终没有一个可以洞察对方弱点的参谋长，为他提供出奇制胜的方案。只能展开兵力，一味地平推。经历了七八个月的战斗后，刘备在整个战线上结成了七百里长的连营，据守各个要点，一面包围夷陵城的孙桓部，另一面只要能够突破陆逊在猇亭的最后防线，就可以走出鄂西山区，打到江陵。眼看荆州就要被夺回，刘备得意地笑了。

陆逊也笑了，眼见对手分兵七百里，刘备的战斗力正在达到“攻击的顶点”，而不断收缩的吴军则在猇亭集结了剩下的全部主力。同时陆逊把原本留在江陵的总预备队朱然部也抽调上来，准备对刘备进行反击。

火烧夷陵

如果说赤壁之战那把火是曹操放的还是周瑜放的尚有疑问的话，那么夷陵这把火就肯定是陆逊放的。那么，他是怎么打赢这一仗的呢？

大举进攻之前，陆逊发起了一场试探性的进攻。在《三国志》和《三国演义》里难得都对这场试探性进攻有相对一致的描述——吴军惨败。吴军其他将领纷纷抱怨，陆逊这是“空杀兵耳”（《三国志·陆逊传》），但就在这次战斗后，陆逊有了破敌之策。

怎么被人打了一顿反而有办法了呢？其实，陆逊通过这次试探性进攻发现了蜀军敢于分散兵力的原因——由于七个月的经营，刘备实际控制了整个战场的要点，特别是制高点。这样带来的好处是，刘备军对战场的掌控能力超过东吴，所以可以利用地势优势迅速调集兵力从各个方面支援被攻击的蜀军。

那么这样一来蜀军优势就在于指挥中枢。因为陆逊的部队还有 4 万多人，刘备能拿得出手的部队大概也就这么多。而且一旦多个方向遭到攻击，这个指挥系统一定会出现问题。

所以，陆逊计划的核心是全军出动，多路攻击，直扑蜀军指挥中枢，打乱蜀军的指挥体系，然后将分散的刘备军各个击破。为了达到这个目的，必须让分散的蜀军自顾不暇。这种情况下放火无疑是最好的办法之一——当你在山林中扎营时，同时面对失火的营地和需要救援的友军时，几乎所有指挥官都会出现选择困难症。而且计划好的火势可以很好地起到阻隔蜀军的作用。

那么蜀军大本营在哪里呢？其实当时蜀军指挥部应该有两个：一个是刘备的总指挥部，位于秭归以东的佷山，兵力大概有 2 万左右；另一个是刘备任命

的统兵大将冯习、张南的前进指挥部，应该更靠近猇亭前线，兵力大概在 1 万左右。还有围困夷陵的黄权部，大约 1 万人，处于独立状态。陆逊决定击败冯习、张南后再攻刘备。于是陆逊先集中兵力攻冯习、张南部，用火攻阻断刘备增援的道路。至于黄权，陆逊决定暂时不管。只要陆逊击破刘备主力，黄权将会被隔断，不用担心。

这样做的好处是，第一仗陆逊在兵力上拥有 4∶1 的绝对优势，之后面对刘备也将有 2∶1 的优势。

决战中，陆逊亮出了东吴王牌部队潘璋部。潘璋是孙权的亲信。早在孙权当阳羡县长的时候，他就跟随左右。后来甘宁（没错，就是那个百骑劫魏营的甘宁）死后，他的精锐部队全部被孙权放到了潘璋麾下。在潘璋的指挥下，这支虎狼之师猛扑冯习、张南的大营。为了掩护潘璋的突击队，陆逊指派另一位猛将徐盛率军首先攻击蜀军外围阵地，吸引蜀军注意力。徐盛是东吴名将，此时已经是建武将军、都亭侯，领庐江太守。他的大旗一打出来，冯习、张南马上判断，这和上次一样是东吴攻击的主要方向。他们把前线部队集结起来迎击徐盛。结果没料到真正要命的是潘璋从另一个方向的突袭，结果冯习、张南当场阵亡。蜀军前线部队顿时失去了统一指挥，加上吴军火攻，全线崩溃。前来助战的蛮王沙摩柯也死于阵中。刘备手下的杜路、刘宁眼见退路被火阻断，正面又被徐盛、潘璋堵住，只得投降。吴军第一阶段的作战计划完成。

但此时刘备还没有完全输掉。他在佷山大营收集残兵。刘备亲自在佷山大营旁的马鞍山升起自己的帅旗，围绕马鞍山把 2 万精锐摆开，依山列阵，准备迎击陆逊的进攻。陆逊以徐盛、潘璋两部从东面发起攻击，陆逊本部兵马从北部攻击，韩当部从南部发起猛攻，这三路每路 1 万人马，以 3∶2 的优势兵力和刘备展开决战。

刘备的布置有些问题。他把自己困在了战役的中心位置，却没有给自己留下机动的空间和时间。陆逊从容地指挥吴军从三个方向围攻对手。但天下枭雄刘备毕竟久经征战，绝不是那么容易被打败的。徐盛、潘璋部经历了前面的战斗有些乏力，陆逊的部队很多是新兵，韩当又是孙坚时代的老将，年纪大了，结果三个方面的攻势，竟然一时陷入僵局。

双方从早晨打到中午，都已十分疲惫。就在这时，陆逊投入了东吴最后的预备队——朱然部。长期养精蓄锐的朱然从西面攻了上来，这个攻势彻底打破了僵局，史称“别攻破备前锋，断其后道，备遂破走”（《三国志·朱然传》）。眼见再不跑就要被吴军彻底“包饺子”的刘备，只能捡起自己最擅长的技能包——逃命——向西逃向秭归。此时蜀军已经“土崩瓦解，死者万数”（《三国志·陆逊传》）。陆逊取得了战役第二阶段的决定性胜利。紧接着，陆逊以本部李异等人紧追刘备，攻向秭归。

刘备败回秭归，已经不敢再战。他把囤积在秭归的舟船器械、水步军资全部烧毁，连夜突围，走陆路经鱼腹浦，直奔白帝城而去。蜀将傅肜率领本部 2000 余人及其余 1000 余残兵为全军断后。陆逊毫不留情，持续猛攻。傅肜战死，三四千名断后的蜀军全军覆没。蜀军“尸骸漂流，塞江而下”（《三国志·陆逊传》）。吴军在江北包围夷陵，黄权部的退路被彻底截断。眼见陆逊逼近，黄权只好北上，投降了曹丕。陆逊在战役的第三阶段夺回了全部失地，将蜀军打回了巫县。被围困在夷道城中的孙桓也最终得救。

这场战役从开始到结束时间历时七八个月，陆逊的反攻时间也在半个月左右。这是赤壁之战后东吴取得的最大规模的战役胜利。陆逊也一举奠定了自己三国名将的地位。

回顾整场战役，陆逊在战役初期和刘备屡次战斗都不利，一步一步地被刘备赶到猇亭。但也就是在这个地方，陆逊堵住了刘备，让他没有再前进一步。

刘备方面的作战思想还是较为落后，停留在自己过往胜利的经验中。面对陆逊对蜀军的一次次战斗消耗，刘备不敢出奇制胜，反而步步为营，这可以说正中陆逊下怀，刘备未战已经落入下风。在整个战役布局中，刘备的兵力展开

过度，贪占每个战役要点，将部队分得过散，难以相互支援，甚至不好集结。刘备将部队分为三支大部队和无数的小股部队，实际上把指挥系统弄得特别复杂，而复杂的东西最容易出问题。

相反，陆逊的思路很明确，通过战略消耗，让对手达到攻击顶点，同时依托江陵、公安、夷道等坚城进行重点防御。陆逊的撤退也是在缩短自己的补给线，利于长期消耗战。陆逊最终的反击更是组织得极为精确，三个战役阶段几乎全歼了刘备军。

这是刘备一生中败得最惨的一仗，至少从伤亡上来看是这样的。刘备任命的几个主要将领冯习、张南、傅肜全部阵亡。除了留在江州的赵云以外，刘备几十年积攒下来的精锐部队几乎丢了个精光，出发时的部队已经十不存一。

夷陵之战让陆逊一战成名，跻身顶级名将之列。这位出身吴郡士族，和孙氏家族有仇的江东名士，却没有成为孙吴政权真正意义上的执刀人。

夷陵战后，孙权实际上并没有心甘情愿地把军事权力全部交给陆逊，而是用朱然和他共同取代了吕蒙的地位。孙权任命陆逊为辅国将军、荆州牧，封江陵侯，同时任命朱然为征北将军，封永安侯。但是两个人的驻地却反了过来。陆逊驻防西陵，也就是秭归、夷陵一带，成为防御刘备的第一线。朱然驻防江陵，长时间驻扎在荆州最核心的地方。朱然是孙权最亲信的兄弟，他在江陵就意味着陆逊这个上游统帅并不能完全统领荆州。

但在表面上，孙权也给了陆逊授权。当初和刘备对抗的时候，孙权就任命陆逊为大都督，假节，但陆逊却不敢用假节的权力去处罚孙家诸位名将。孙权对此感到奇怪，问他："君何以初不启诸将违节度者邪？"（《三国志·陆逊传》）陆逊的回答很值得玩味："受恩深重，任过其才。又此诸将或任腹心，或堪爪牙，或是功臣，皆国家所当与共克定大事者。臣虽驽懦，窃慕相如、寇恂相下之义，以济国事。"（《三国志·陆逊传》）首先第一句话是，摆正位置，他被越级提拔是孙权对他的恩情。意思是，他的权力源自孙权的授权。第二句

话是表明，他不处罚诸将，而是站在国家大义的角度考虑，也是在为孙权考虑。最后一句话的关键是两个人：相如、寇恂。相如就是蔺相如，战国时代赵国人，他和廉颇之间有著名的“将相和”的故事。寇恂是光武帝刘秀麾下名将，位列“云台二十八将”之一，他也和刘秀麾下的另一位名将贾复上演过一幕“将相和”。陆逊的意思是说，他也要像两位先贤那样，努力缓和关系。这是表面上的意思。陆逊的话还有更深层次的含义，蔺相如和寇恂都不是各个集团的核心人物，而且一辈子兢兢业业，不给老大惹麻烦。孙权对陆逊的回答十分满意。两个人达成了默契的平衡。这不仅是君臣二人合唱的一曲“将相和”，更重要的是代表原来一直处于对抗状态的江东士族集团与东吴孙氏集团达成了和解：孙权给予江东士族近似执刀人的权力，江东士族不给孙权称帝制造麻烦，并愿意为其提供帮助。在战略上，孙权和以陆逊为代表的江东士族也有了共同利益，孙权称帝也就有了底气。这是孙策想做而没有做到的事，孙权做到了。他比他哥厉害。

有了战略上的共同利益双方也就有了默契。夷陵之战后，陆逊没有继续向西进攻白帝城，就是孙权意志的体现：一来是因为地势险峻，蜀军老将赵云等人依然健在，双方打起来，吴军未必还能占优势。二来孙权、陆逊都十分担心曹丕效仿卞庄刺虎，向东吴发起攻势。果然，曹丕已经集结兵力，但他的攻势姗姗来迟，朱然凭借坚城江陵一举扛住了曹魏的攻势。

对于东吴来说，陆逊、朱然在荆州连续两战解救了面临曹魏、刘备夹击的孙权。由于曹刘双方势不两立，不能相互配合，导致双方攻势被分散成两次打击，虽然打在东吴身上依然很疼，但已经没有那么致命了。夷陵一战以及之后曹魏攻吴的江陵攻防战，奠定了魏、蜀、吴三方谁也没有力量单独吞下另一方的基础。

但曹魏方面依然不死心，眼见曹真统率的雍凉精锐打不下江陵城，曹休统率的扬州军又开始策划一场可以直捣黄龙的攻坚战。

孙权称帝

曹魏方面和孙权较量几十年，一直都没敢从长江下游渡江攻击东吴的心腹之地，究其根本，是长江的制江权没有掌握在曹魏手里。这种情况下，曹魏大兵团过江，面对人口还不是特别稠密的江南地区，一旦后方通路被截断，必然全军断绝补给。那么，曹休为什么从下游攻击东吴呢？因为他手上握有东吴叛徒——周鲂。

周鲂，吴郡阳羡人（正是孙权当县长的地方），时任东吴鄱阳郡守。他很善于揣摩孙权的心思，决定假意投降，引诱曹休南下，再聚而歼之，同时断绝曹魏一再在孙吴集团内部搞特务、埋钉子的企图。

孙权的心病为什么是曹休呢？因为孙权当时已经非常想称帝了。眼见曹丕、刘备都成了皇帝，自己又跟两边都翻了脸，再不称帝名不正，言不顺。可是孙权要想称帝，一边蜀汉虎视眈眈，另一边曹魏咄咄逼人，怎么敢呢？更重要的是东吴内部不稳，连韩当的儿子韩综都在父亲死后，率领部曲投靠了曹魏。加上东吴内部的山越、豪帅等问题，所以孙权没有称帝。但是，孙权一直没有放弃称帝的想法。孙权借刘备去世和诸葛亮秉政的机会，在确保荆州的前提下，和蜀汉积极修复关系，两家约好共同讨伐曹魏，平分其地。于是蜀国开始了第一次北伐，而东吴决定发动石亭之战。

东吴王国黄武七年（228），急需用一场胜仗稳固江山，并进一步称帝的孙权决定采用周鲂的计谋，引诱曹休进入圈套。这一仗的主要目的是削弱甚至全歼曹魏在东线合淝、寿春的主力部队。这支部队正是当年夏侯惇所督 26 军，后又有曹仁移防，总兵力已经接近 20 万人，长时间屯在淮上，现归曹休指挥。孙权只有消灭曹休，才敢称帝。

计划实施起来很简单，比黄盖容易多了：周鲂只写了一封信，阐述了七条背叛孙权的理由，然后割了一束头发，曹休就上钩了。他立马“帅步骑十万，辎重满道，径来入皖”（《三国志·周鲂传》）。曹休一出动，孙权立马来了精神。

孙权集结陆逊、朱桓、全琮等部，准备在夹石以南全歼曹休，借以掠夺大量人口。东吴打仗很多时候就是为了掠夺人口。三国时代，人口较东汉已减少了接近九成，用曹操的话说就是：“生民百遗一，念之断人肠。”东汉鼎盛时期，中国人口接近 5000 万，仅仅一个南阳郡，因为是刘秀的老家，人口就超过 800 万。到了三国时代，曹魏人口不过 500 万，东吴 200 多万，蜀汉不过 100 多万，顶不了东汉的一个郡。这样的形势下，人口就是最重要的资源之一，所以东吴反复地打击山越，把山越编入户籍，收税服役，目的就是争夺人口资源。

为了这次作战，孙权进一步提升了陆逊的地位，效仿曹真给他“假黄钺，为大都督”（《三国志·陆逊传》），以此对抗曹休，陆逊也成了东吴历史上第一位正式大都督。上了周鲂圈套的曹休，果断地放弃夹石口这唯一退路，全军向长江南岸鄱阳急进，试图迅速跨过长江，凭借鄱阳郡资源供养大军，在江南一举打开局面。

不过曹魏那边也有看穿了东吴计划的人，比如贾逵。贾逵看出了其中的问题，但是因为和曹休关系不好，贾逵的劝谏反而激起了曹休的功利心。曹休大军过夹石门后根本没有留下部队防御。就这样在西北战场屡战屡胜，阵斩吴兰，挫败张飞的曹休把 10 万大军带入了侧水侧敌的险地——石亭。更重要的是他的对手陆逊此时已经打开了战场迷雾，左右展开朱桓、全琮两部各 3 万精锐兵马，加上陆逊的 5 万人马，从三个方面合围猛攻曹休。

此时，曹休面临问题：被困住了。困住曹休的东边、南边是长江，西面是大别山，只有北面夹石一条退路。陆逊几番猛攻下来，曹休损失惨重。史称陆

逊“斩获万余，牛马骡车乘万两，军资器械略尽”（《三国志·陆逊传》）。这次和刘备一样，陆逊依然没有封住口子，多亏贾逵和曹休不对付，导致曹休南下没带上他（其实是不想他分功劳），这才为自己在夹石留下了贾逵这一队人马，最终接应他撤回寿春。

那么，东吴为什么没有堵住夹石这个口子呢？其实在战役开始之前，朱桓就曾经建议孙权，派精锐部队隔断此地。这样“便可乘胜长驱，进取寿春，割有淮南，以规许、洛，此万世一时，不可失也”（《三国志·朱桓传》）。这个计划和后来历代强调守江必守淮是一个道理，趁曹魏西边被诸葛亮北伐牵制，东线主力被歼灭，趁机夺取淮河流域，这就是当年孙策想干而没有干成的事！

此时东吴已经取得了一系列大规模会战的胜利：219 年襄樊会战，221 年夷陵之战，223 年江陵之战以及 227 年石亭之战。原本被合淝打出阴影的“孙十万”，突然在吕蒙、陆逊、朱然等人的加持之下，加上曹操、刘备等老一辈名将去世的空窗期，成了“三国战神”。这一系列胜利的根本原因，其实是孙权终于得到了江东士族的支持。在连续接近 10 年的大规模战争中，江东士族陆氏、朱氏、全氏逐渐取代了孙策时代的淮泗班底“江东十三虎臣”执掌江东兵权。这些江东士族对于可以扩张地盘和掠夺人口的战争特别有兴趣，对于统一天下的战争却普遍没有兴趣。所以陆逊否决了全歼曹魏东线主力的这个动议。陆逊怕的就是战争无休止地扩大，损害江东士族的根本利益。

你可能会惊讶，为什么？难道陆逊就不想天下一统，开创新王朝吗？对，他就是不想争天下。证据呢？其实就在《三国志》里，只不过不是通过记录来说明，反而是通过不记录来证明。回想一下，周瑜跟孙权提出过二分天下之计，鲁肃更是凭借卓越的战略分析能力给孙权献上了东吴版的“榻上对”，就连吕蒙也在北上和西进的战略选择中做出过精准的分析。《三国志》里唯独陆逊从来没有跟孙权谈过任何一统天下的战略，孙权向他咨询如何开疆拓土的时候，陆逊的回答往往是官样套话。比如孙权问他关于夺取今天台湾以及福建一带的问题时，陆逊直接回怼："臣闻治乱讨逆，须兵为威，农桑衣食，民之本业，而干戈未戢，民有饥寒。臣愚以为宜育养士民，宽其租赋，众克在和，义以劝勇，则河渭可平，九有一统矣。"（《三国志·陆逊传》）

陆逊这话的核心意思和司马懿劝曹丕的话很像。但无论是孙权还是曹丕都不喜欢这种话，理由也差不多：年纪大了，不能再等了。我还要统一天下！因为孙权虽然换了班底，但他统一天下的雄心并没有变。这就导致江东士族和孙权的合作表面上珠联璧合，实际上是各怀鬼胎，因为彼此的根本追求不一样。

而且这一系列胜利也成了孙权称帝的资本。他终于实现了当年的雄心壮志，孙权改年号"黄武"（曹魏的"黄初"和蜀汉的"章武"各取一个字）为"黄龙"（229），在武昌登基称帝。这才是"三国鼎立"的真正开始。

孙权终于实现了当年的目标。登基之时，他还很得意地对群臣说；"昔鲁子敬尝道此，可谓明于事势矣。"（《三国志·鲁肃传》）

不过，正在得意的孙权还是要听陆逊的话。同时陆逊作为江东士族的领袖，也是东吴政权的重要执刀人之一。所以孙权给予他非常高的政治地位。黄龙元年（229）九月，孙权称帝后，立即将首都从武昌迁回建业，把陆逊和太子孙登留在了武昌。陆逊也被升为上大将军、右都护，董督军国，甚至孙权一度把自己的印绶重新刻了一个，送给陆逊，让他可以随意拆开孙权给蜀国的书信，并且随意涂改，重新盖印。这就是执刀人的高配版。

在活着的时候就给予臣下这样大的权力，孙权应该是第一个。

陆逊对于国家战略的说法和司马懿特别接近，那么，陆逊的想法为什么会和司马懿差不多呢？难道陆逊是不愿意天下一统？其实，这两个人都来自乱世，说他们不喜欢天下，是不可能的。但是他们都不认为能迅速统一，那么，既然不能打闪电战，就只能打持久战。于是两个人不约而同地选择练内功。

练内功实际上是以发展生产力的名义恢复士族自东汉以来几十年的乱世中被逐渐削弱的实力。当然除了和司马懿相同的士族背景让两人的回答比较接近以外，陆逊代表的江东士族还有这样一些特点。

第一就是胸襟格局比中原士族更小。陆逊为首的吴郡四大家族在经历了孙权20多年既对抗又合作的过程后，基本认同了东吴对长江中下游流域地区的统治地位。孙权是一个可以和曹操、刘备相提并论，“生子当如孙仲谋”的一代雄主。陆逊这些江东士族却反对和曹魏疯狂作战。这种矛盾将会贯穿东吴帝国整个历史。他们之所以会这样，是因为第二个原因：江东士族的能力实力比中原士族差。这很明显，从官职上说，所谓吴之四姓“陆、顾、张、朱”在东汉末年就是二流门阀，陆逊的先祖也就是郡守级别，和汝南袁绍、弘农杨修、太原王允、清河崔琰这样的豪门望族相比，他们只能当附庸；从实力上说，吴郡在那个时代基本等于边缘地区，即使整个扬州地区人口中心也是江北的寿春淮南一带，更不用提人口稠密的中原地区了；从时间上说，在219—229年这10年间，孙吴集团的一系列胜利有一个很重要的原因就是，江东地区在东汉末年混乱的时间和规模都比中原、河北要轻得多，大规模战争较少，也没有太多屠城的记录。所以这10年东吴实际上是享受到了较早恢复生产的时间红利。但是随着曹魏将曹操、曹丕时代的战略进攻改为战略防御，在此后10年中原的恢复速度要远远快过东吴方面。后面的战争，东吴再没有占到任何便宜。

也就是说，东吴士族对曹魏是不想打，也打不过，孙权却还要更进一步。双方讨论战略，简直是鸡同鸭讲。当东吴刚刚建国，大家分果子的时候，自然是相安无事。随着时间的推移，当年你侬我侬的兄弟情，最后也变成了相爱相杀的血泪史。

二宫之变

2015年，一部架空、仿历史宫斗剧《琅琊榜》热播，这其中的很多桥段在三国时代的东吴帝国二宫之变中看得到一些影子。比如，《琅琊榜》里的祁王是千古贤王，孙权的太子孙登也是一个特别不错的好太子；《琅琊榜》里的太子和豫王折腾了一圈儿，最后得意的是最不起眼的晋王，孙权的后任太子孙和、鲁王孙霸折腾一圈儿，最后得意的是小儿子孙亮；《琅琊榜》里有特务机关悬镜司，孙权手下有校事吕壹；最关键的是，梁帝最后跟梅长苏道了歉，孙权最后跟陆抗道了歉，这也是历史上唯一一次君主因夺嫡向臣下道歉。

事情还要从太子孙登去世说起。吴赤乌四年（241），东吴帝国太子孙登去世，年仅33岁。临死之前，孙登推荐弟弟孙和为太子，孙权同意了。赤乌五年（242），19岁的孙和成为第二任太子。他的母亲琅琊王氏的背后是北方流亡士族，他的老师是阚泽、薛琮。孙权一面立孙和为太子，一面又把鲁王孙霸的地位待遇提到和太子一样。鲁王登场成为太子的主要夺嫡威胁。孙霸的母亲出身会稽谢氏。谢氏死得比较早，支持孙霸的是出自吴郡钱塘全氏的全琮，全琮夫人是母亲出自临淮步氏的长公主孙鲁班。

一开始全琮是极力希望陆逊加入鲁王阵营，帮助孙霸夺嫡。但陆逊比较超然，不愿意卷入夺嫡之争，反而劝把儿子全寄放到鲁王门下的全琮不要插手。本来陆逊家族的实力和地位远在全琮家族之上，全琮让陆逊领头支持鲁王将会从北方流亡士族掌握的孙和手里攫取更多权力，但陆逊似乎没有兴趣。陆逊和亲戚顾雍，以及孙权的另一位女婿吴郡朱家朱据等一帮老士族，更愿意靠拢北方流亡士族的诸葛瑾、朱然等人。结果全琮由此对陆逊产生怨恨。他拉拢夫人

孙鲁班方面的步骘等人共同党附在鲁王麾下。

这样一来孙权的朝堂就分裂成两派。这两派不是以地域划线，而是以门第的大小来划分。以陆逊、顾雍、诸葛瑾、阚泽、朱据、薛琮等出身大士族的为名臣一派，按照士族的规矩支持名分已定的太子孙和；以全琮、步骘为首的寒门出身的将领为一派，按照地域的出身支持鲁王孙霸。

双方的第一次交锋是针对中书典校吕壹。中书典校的工作是负责考核，吕壹是孙权任用的一个特务，史称他“性苛惨，用法深刻”(《三国志·吴主传》)，搞得朝堂上人人自危，又不敢说。陆逊甚至只敢和潘睿一起痛苦却不敢反抗，但是传统的门阀士族特别讨厌君主掺和自己的具体事务，吕壹也就成了朝堂上的众矢之的。史称陆逊、顾雍都敢怒不敢言，具体原因没有说。表面上看，可能是因为吕壹和孙权更亲近，而陆逊远离京都，也就远离政治中心，不敢随便发言。实际上很可能是吕壹并没有干什么特别过分的事情，充其量就是反映了一下丞相顾雍在工作上存在的问题。

有人认为，吕壹是悬镜司那样的特务机构，有可能。但从他被抓到被杀的情况来看，比较像孙权私人的考核机构。

这个时候把吕壹推倒的却是步骘，史称他“前后荐达屈滞，救解患难，书数十上”(《三国志·步骘传》)。孙权当时虽然没有听他的话，但是后来幡然醒悟，杀了吕壹之后，他对步骘的好感无疑是增加了不少。

因为相比之下，孙权发现自己倚为心腹的陆逊等大士族原来跟自己并不是一条心，并不亲密。

于是孙权下诏书责怪陆逊等人，其中有一句特别重要：“人之举措，何能悉中，独当已有以伤拒众意，忽不自觉，故诸君有嫌难耳。不尔，何缘乃至于此乎？”(《三国志·吴主传》)这番话其实是诛心之论。孙权的意思是，你们早就对吕壹不满，为什么不主动跟我说？其实就是你们怕麻烦。这还是比较客气的理解，很有可能孙权的意思是指责陆逊这些大臣，你们对我够忠心，怕麻烦，不愿意惹祸上身。这正是魏晋门阀士族的特点——勤于谋家，而短于谋国。

这一次交锋过后，陆逊、顾雍等人在孙权心目中的地位大幅度下降。要知道孙权和刘备、曹操一样对于士族是反感的。孙权之所以对门阀士族做出让步，最重要的原因是他的政权必须得到他们的支持，来获得暂时合法性。孙权知道自己没有什么合法性，他最多只是东吴这个共同利益集团的代表。既然这样，孙权在世的时候自然无所谓，一旦孙权去世，后续者必然要被实力强大的士族控制，很可能导致江山易手。

不过孙权这番话说完之后，陆逊等人也意识到了孙权对他们的不满。这种不满来自孙权一统天下的志愿和陆逊等人拒绝大规模北伐之间的矛盾。孙权也是一代英豪，绝对不会满足于偏安一隅。他几次和辽东公孙渊联络，又和诸葛亮相约北伐。但是这些行动陆逊等人根本不支持。时间长了，孙权自然感觉到自己的权威受到了冒犯，加上陆逊长时间驻扎在武昌，彼此之间的距离就拉大了。不过由于顾雍担任丞相，从中调和，孙权与陆逊的关系还没有出现破裂的危险。

赤乌六年（243），顾雍病亡，孙权和陆逊之间的缓冲者不存在了。陆逊虽然被任命为丞相，但是彼此之间的问题不是更少而是更多了。既然坐上了丞相的位子，有些事情陆逊就不得不管，比如太子与鲁王的“二宫之争”。当时接替阚泽担任太子太傅的吾粲决定向鲁王党发起攻击，核心目标是让鲁王出京，就藩夏口。为此吾粲和驻地武昌的陆逊多次通信，力促此事。眼见吾粲和陆逊的计谋一旦成行，鲁王将被赶出京城，陷入陆逊监视之下，永无出头之日，鲁王党全寄、杨竺立即反击，攻击陆逊、吾粲内外勾结，图谋不轨。

鲁王党杨竺把夺嫡制胜的关键压在孙权的立场上。他当着孙权的面夸奖孙霸“文武英姿，宜立为嗣”（《三国志·陆凯传》），孙权竟然也当着他的面同意了。不过就在两个人讨论的时候，恰巧“有给使伏于床下”（《三国志·陆凯传》），当下秘密给太子孙和做了汇报。孙和急了，立即找来陆凯的弟弟陆胤。

孙和坐上陆胤的车，偷偷地把杨竺和孙权的谈话告诉了陆胤。两人商量要陆胤传话给陆逊，立即执行吾粲的计划，让刚刚当上丞相的陆逊上书，请鲁王外出夏口就藩。

要知道陆逊虽然当了丞相，但是他都督荆州驻地武昌并没有改变。也就是说他这个丞相只是头衔，本质上他还是一个边疆将领。而吾粲作为太子太傅，勾结边疆将领，无疑让孙权感到了实实在在的威胁。而全寄、杨竺只需要等一件事，那就是陆逊主动上书，提出他和吾粲所谋划的那个内容，就可以把罪名坐实。

于是当陆逊主动上书孙权，要求进一步明确太子地位，削弱鲁王权位，并将鲁王调至夏口时，正好证明了全寄、杨竺所言属实。一向标榜和陆逊亲如兄弟的孙权突然翻脸，立即采用雷霆手段处罚太子党羽，杀了吾粲，流放顾谭，又派人不断申饬、逼问陆逊。陆逊一时之间难以承受，发病忧愤而死，时年63岁。鲁王派的步骘接替陆逊成为东吴帝国丞相，“二宫之争”的第二阶段以鲁王党的全胜而告终。

站在陆逊的角度来看，他可能是领兵时间长，也可能是书生意气。他秉持传统儒家的观念，认为太子就是国本。作为一人之下万人之上的丞相，他对这种问题不能睁一只眼闭一只眼，必须表态，才对得起国家。要知道这样的话，一向谨慎装哑巴的顾雍是绝对不会说的。不知道陆逊是长期没有和孙权待在一起，生疏了，还是被吾粲、顾谭等晚辈给忽悠了，或者他对自己和孙权的关系以及自己的地位太过自信，总之，陆逊作为丞相，提出巩固太子地位的想法，应该不算太过分，至少他自己是这样想的。

反过头来看，可以发现，这次孙权借题发挥，就是要整江东士族。在孙权的认识中，这帮人越来越跟不上他的节奏，一次次北伐的良机被浪费，统一天下的希望，终究不属于他。而且这帮人还不满意，一定要把手伸向自己的儿子，干预自己立储，当然要加以惩罚，以儆效尤。但是陆逊的死却让孙权感到伤感，毕竟孙权对自己的军事指挥能力心里还是有数的。没有陆逊西抗刘备、东破曹休，孙权的皇位也不一定坐得稳。虽说孙权晚年多疑，但感情还有。

于是，当陆逊的小儿子、孙策的外孙陆抗扶灵归葬吴郡路过建业的时候，孙权召见了这个侄外孙。一番深谈之后，陆抗的回答不卑不亢，孙权也动了感情。回想起当年和陆逊一起成就大业的日子，这位三国时代最长寿的君主忍不住老泪纵横。孙权深感自己对不住陆逊，最终以九五之尊的身份向陆抗道歉。

此时，太子孙和的位置已经岌岌可危，他的老师阚泽、薛琮已死，朝廷上最大的靠山顾雍、陆逊又相继病亡，新人没有一个可以和步骘、全琮相提并论。除了远在江陵的朱然以外，孙和在朝堂上的支持者就只剩下孙权的小女婿左将军朱据了。

眼见天平倒向鲁王，可是谁也没想到，此后几年间，孙权并没有废除太子。反而是步骘、全琮、朱然相继去世，原本地位不高的太子党朱据成了朝廷内资历最老的人。另一边鲁王党的两大支柱倒下后，剩下的反而是全寄这样不入流的人物。两边斗争的天平似乎又一次走向平衡。

赤乌九年（246），朱据升任骠骑将军，赤乌十二年（249），朱据继步骘之后担任丞相一职。眼见太子党又要得势，鲁王党的幕后操纵者孙鲁班公主立即对太子党展开围攻。朱据原本是一个老实人，突然一下掌握大权，却没有相应的能力。眼见太子遭到鲁王党围攻，朱据又犯了和陆逊一样的错误，主动反击，上疏孙权，提出要孙权信任太子，避免犯汉武帝晚年造思子台的错误。这种话孙权根本就不爱听，结果中招的不是鲁王党，而是朱据自己。朱据被罢相流放，后来又被逼自杀。

此时，宫斗剧又变成了姐妹相杀。孙鲁班由于特别讨厌妹妹、朱据夫人孙鲁育，开始在孙权耳边吹风，让老爹废了孙和。本来应该是鲁王党的孙鲁班公主见杨竺诬陷陆逊、朱据的阴谋随时可能暴露，竟然决定放弃鲁王，改为支持孙权幼子孙亮。为什么她突然变了呢？因为全寄不是她的亲生儿子，而孙亮娶

了全氏家族全尚的女儿为妻。于是在孙鲁班的一番操作后，孙权突然发现了全寄、杨竺等鲁王党的一系列阴谋。

冷静下来的孙权，在女儿的提醒下开始怀疑他和杨竺的密谋是被杨竺故意泄露，才被陆逊知道的。本来就对陆逊有些愧疚的孙权于是开始怀疑杨竺。杨竺吓得不行，于是开始拼命调查事情真相。他发现，陆胤在那个时间段刚好外出前往武昌。于是杨竺回报孙权是陆胤泄密。孙权立即抓了陆胤拷问，结果陆胤只回一句：“杨竺向臣道之。”（《三国志·陆凯传》）而且，陆胤在酷刑之下依然不改口供。孙权本来就怀疑杨竺，于是将二人并案办理，把杨竺一起吊起来打。杨竺受不住酷刑招了。这可是搬起石头砸自己的脚，孙权暴怒。

两边的轮番折腾，让孙权谁都不敢相信。一时间失去理智的孙权做出了一个让所有人都无法理解的决定，废太子孙和，杀鲁王孙霸并全寄、杨竺等一干党羽，改立幼子孙亮为太子。谁都没有想到太子和鲁王折腾这么多年，结果竟然是同归于尽！历时 8 年的“二宫之变”终于以双方同归于尽画上了句号。

“二宫之变”是孙权一生当中最错误的决定。因为孙亮即使再聪明也没有成年，而孙权已经是风烛残年，不可能再扶植他很长时间。孙权必须为他选择辅政大臣，这样做无疑是把政权交给别人，哪怕这样做是暂时的。

神凤元年（252）四月，东吴帝国皇帝孙权驾崩，遗诏诸葛瑾之子大将军诸葛恪、孙权女婿太常滕胤、孙静曾孙侍中孙峻、吕范之子右部督吕据四人为辅政大臣。此后东吴帝国开始了无尽的杀戮。

无尽的杀戮

吴建兴元年（252），孙亮继位称帝。孙权留给他的四位辅臣中真正的执刀人是诸葛恪。说起诸葛瑾的这个大儿子、诸葛亮的大侄子，他真是一个天才。他年少的时候遇上孙权跟他老爹诸葛瑾开玩笑，弄来头驴，写上“诸葛子瑜”（诸葛瑾字子瑜）四个字，讽刺他爹长得像驴。结果诸葛恪拿过笔来，在下面加了“之驴”两个字，轻轻松松地就把孙权的驴子牵回家了。从此，这个聪明的孩子就被孙权另眼相看。孙权先是把他派给第一任太子孙登门下做幕僚。这是把他当下一代辅佐太子的官员来培养。

后来孙登去世，诸葛恪开始独立领兵。在攻打山越和一系列的对外战争中，诸葛恪的能力一再得到证明。等到陆逊去世后，诸葛恪正式接替了他的位置，“迁大将军，假节，驻武昌，代逊领荆州事”（《三国志·诸葛恪传》）。此时诸葛恪的地位就已经很高了。

等到孙权薨逝后，诸葛恪刚当上东吴帝国的执刀人，立即就刀锋出鞘，先杀了孙权的亲信——与他常年不和的孙弘。因为诸葛恪的能力在孙权时代就得到过认可，这次闪电般的宫廷杀戮，并没有引起其他辅政大臣的反感。孙峻甚至甘愿为他鞍前马后，既告密，又帮忙，忙得不亦乐乎。诸葛恪当政后，立即学习他的叔叔诸葛亮，在东吴搞改革，“息校官，原逋责，除关税，事崇恩泽，众莫不悦”（《三国志·诸葛恪传》）。

魏嘉平四年（252），掌握魏国大权的大将军司马师主动利用孙权丧期向东吴发起大规模进攻。可是诸葛恪、滕胤、孙峻、吕据齐心协力在东兴打败魏军，斩杀了让孙权切齿痛恨的叛将韩琮。一时之间东吴帝国内部稳定，对外胜利，国势超过了孙权时代。孙亮也比较满意这四位辅臣，于是他们全都获得了升迁。

这种表面上的一团和气，依靠军事胜利维持得不错。这时一辈子过得太顺遂的“官二代”诸葛恪开始膨胀。在东兴大捷之后的第二年，诸葛恪征调东吴全国的 20 万兵马，约上蜀汉姜维一同北伐。已经膨胀了的诸葛恪竟然没有给 20 万大军设计一个合理的进攻计划，反而主动把全部军队困在曹魏刚刚重新修

好的合淝城下，玩命攻了几个月，除了数万吴军伤亡之外，毫无成果。结果东吴内部的一团和气就变成了一团火气。

这次诸葛恪出征之前，几乎所有人都劝阻过他，特别是原本站在他一边的孙峻。但诸葛恪就是不听。他甚至不愿意走出大帐看一眼自己满营的伤兵。孙峻是孙坚弟弟孙静的曾孙，他便和弟弟孙綝向皇帝孙亮建议密谋诛杀诸葛恪。原本很聪明的孙亮也开始怀疑兵败后不肯回建业述职的东吴执刀人诸葛恪。

于是双方约好，过年请诸葛恪吃饭，就在宴席上击杀他，而后宣布诸葛恪谋反，灭三族。由于诸葛恪是违众出征，这次政变很快就摆平了。经过这轮屠杀，四辅臣之一的孙峻自然而然地成为继任的执刀人，另两位辅政大臣也都有收获：吕据升为骠骑将军，滕胤晋爵高密侯。

孙峻这个举动等于打开了东吴帝国内部的潘多拉魔盒，大家都看到了可以通过这种手段让自己晋升为执刀人。东吴孙亮五凤二年（255），魏国内部爆发内战，淮南毌丘俭、文钦反叛，东吴出兵不及时，没有抓住机会，仅仅接回文钦。也就在这一年，诸葛恪手下的将军孙仪、张怡、林恂密谋杀掉孙峻，结果被孙峻发现反杀。孙峻的情妇兼表姑孙鲁班也借机杀了自己一直想除掉的妹妹孙鲁育。

一连串的宫廷阴谋让本来就能力不强的孙峻精神崩溃，连连梦到诸葛恪索命。不久，孙峻一病不起，紧接着一命呜呼。他也学习司马师，临死前将权力传给弟弟孙綝。

如果说孙峻干掉诸葛恪，滕胤和吕据基本算是偏向孙峻，假装中立，拉个偏架，但孙峻一死把权力传给孙綝，让他有了都督中外诸军事的大权，那么滕胤和吕据绝对不干！因为孙峻当上辅政大臣就很勉强，当时孙綝地位就更低，皇帝孙权的四人辅政名单里就没这个人。于是孙綝一接班，双方又掐了起来。

刚开始，孙綝也比较自卑，决定提升滕胤为大司马，接替 90 岁高龄去世的吕岱，出建业驻扎武昌。这样一来，滕胤就离开了中枢，便于孙綝掌权；二来都督武昌，也算是东吴帝国第二高的实权位置，对滕胤有了交代。

但是吕据不同意，他和麾下诸将一起上表，要求滕胤出任丞相，并让孙綝滚蛋。为了显示上书的正当性，吕据带大军前往建业帮助做说服工作，同时和城内滕胤秘密联系，准备里应外合。孙綝刚上台，根基不稳，也害怕被搞掉。为了息事宁人，他一面派出使者，以孙亮的名义下达诏书给吕据麾下与他没有任何关系的文钦等曹魏降将，让他们带军返回，并派中书官员向吕据解释；一面派人劝告滕胤去武昌就任，并劝吕据收兵。曾任孙权秘书的滕胤在这紧急关头，突然想和孙綝打一打嘴巴官司，派人逼孙綝下台。孙綝虽然没什么大本事，但是临事说干就敢干，毫不犹豫。于是他决定先杀滕胤，再战吕据。孙綝出动手上掌握的东吴精锐禁卫军，猛攻城内滕胤府。双方在建业城内混战。

本来滕胤在中枢供职多年，身份地位得到所有人的普遍认同。手下也劝他亲自出马，禁卫军官兵肯定会倒戈相向，攻击孙綝。可就在生死关头，滕胤突然没了主意，一方面寄希望于吕据大军赶到，另一方面自己在府内继续镇定自若地指挥。可是他的手下毕竟人少。打了一晚上，滕胤手下全部被孙綝杀光，吕据的援军却始终没有出现。孙綝率禁卫军攻入府中，滕胤三族全被屠灭。

滕胤期盼了一晚上的吕据其实已经不可能来了。就在当天夜晚诏书传到吕据军中，文钦等降将奉诏率军撤走。吕据军权旁落，大军已经不可能听令调动。此时，手下劝吕据弃军逃走，投奔曹魏帝国，但吕范的儿子吕据拒绝当叛徒："耻为叛臣。"（《三国志·吕据传》）他选择了自杀，三族也被屠灭。

至此，孙权留下的四位辅臣全部已死，只有孙峻被吓死，算是善终。这轮屠杀后，皇帝孙亮对孙綝贸然连杀滕胤、吕据十分愤怒，决定亲自出手杀掉孙綝。已经亲政的孙亮年仅 15 岁，又深居宫中，只能靠小舅子、全尚的小儿子全纪与外面通消息，等待时机。

吴太平二年（257），诸葛诞在淮南第三次发动叛乱，向东吴称臣，把儿子

诸葛靓派到东吴做人质，请求对方出兵救援。孙亮和东吴朝廷上下都认为，这是一个千载难逢的好机会，决定让孙綝统领倾国之兵援救诸葛诞。

孙綝典型的“外斗外行，内斗内行”。面对司马昭的20多万大军，他根本不敢前进。他先派降将文钦等人率军进驻寿春，又指派朱桓之子朱异率领本部3万人马在外围策应。结果魏军大将王基将东吴军队一举击溃。寿春也被司马昭大军团团围住。孙綝眼见无法为诸葛诞解围，只能拿朱异当替罪羊，将他斩首，而后率领剩下的吴军撤回建业。

这一仗打得十分窝囊，不但损失了几万人马，而且朱异在当时也是“名镇天下”的悍将，这样一来所有怨恨又都集中到了孙綝头上。孙亮见时机成熟，决定联络忠于自己的将军刘丞起兵干掉孙綝。全纪再次奉命传诏，孙亮害怕他误事，特意嘱咐他，别让他母亲也就是全尚的夫人，孙綝的堂姐知道。可是全纪拿到诏书后告诉了他爹全尚，全尚又跟自己夫人说了，他夫人又转告给孙綝。结果孙亮瞬间被内斗专家孙綝反杀。

接到消息的孙綝兄弟五人，立即统领麾下禁军入宫，废孙亮为会稽王，杀太常全尚、将军刘丞。负责传话的全纪深感对不起孙亮，也自杀而亡。孙鲁班也因卷入政变被逼自杀。

孙綝准备自立为帝，但怕其他家族不服：之前杀吕据得罪的是流亡北方士族，杀滕胤得罪的是孙权提拔的寒族，杀朱异得罪的是江东门阀士族。孙綝其实内心也怕了，自立称帝再得罪宗室，他的统治难以巩固。于是他接受建议，立孙权的第四子琅琊王孙休继位，史称“吴景帝”。

孙休继位后不过几个月，总是害怕孙綝有一天要干掉他，于是秘密派亲信左将军张布联络老将丁奉。等到吴永安元年（258）腊月，孙休借口请孙綝吃饭，引他入宫。要说内斗专家孙綝也是真有经验。这种饭局一般不要钱，只要命。他当然不肯去。孙休很耿直，连续派了十几批使者，强行要求孙綝去——你不来，我就不吃饭。孙綝毕竟年轻，又在内斗中没有败过，决定去赴宴。但

是他也有准备，去之前跟自己的几个兄弟约好，一到时间就在自己家里放火，然后他借口救火，立即回家。

各怀鬼胎的酒会开始，孙綝的手下按时放火。眼见刚刚修建的丞相府邸起了火，孙綝兴奋异常，立即向孙休告辞，准备回家救火。谁知道孙休认为丞相不是消防员，救火不用亲自去，“外兵自多，不足烦丞相也”（《三国志・孙綝传》）。硬生生地把他给拦了下来——孙休需要争取时间，让张布、丁奉先解决孙綝的兄弟，否则在内廷击杀孙綝，孙綝的兄弟们在外统兵很有可能杀进宫来玩命。

很快，丁奉、张布杀完孙綝的兄弟后直入宴会厅，生擒孙綝。孙綝当场就吓坏了，磕头求孙休饶命。孙休咬牙切齿地责问他，为什么不饶恕吕据、滕胤？而后屠尽孙綝三族。

这一轮轮屠杀下来，东吴帝国元气大伤，几乎没有什么精力想对外扩张的事情。好在这一时期曹魏帝国也是内乱不断，所以双方的冲突逐渐缓和下来。

吴永安六年（263），曹魏帝国起兵攻灭蜀汉帝国。孙休见蜀国要完，决定派陆逊之子陆抗、步骘之子步协率军攻击蜀国巴东守将罗宪，结果没有得手。永安七年（264），孙休病亡，他遗诏亲信濮阳兴、张布为辅政大臣，辅佐还未成年的太子。

本来濮阳兴和张布算是孙休的铁杆亲信，可是人一走茶就凉。加上此时蜀汉已经灭亡，东吴交州又发生大规模叛乱，一时之间朝廷上下都希望能够有一个年长的君主。这时左典军万彧向濮阳兴、张布推荐孙和之子乌程侯孙皓，称赞其为“长沙桓王之俦也”（《三国志・三嗣主传》）。两位亲信一合计，就迎立孙皓为帝，把自己原来的主子给卖了。其实他们这么做还有一个重要原因，原来“二宫之变”中的太子党二代已经成长为东吴帝国的中坚力量：陆抗出任西陵督，掌握了他父亲手中的荆州兵权。朱然的儿子施绩也成为左大司马，掌握兵权。陆逊族侄陆凯、薛综之子薛珝、虞翻之子虞汜都在朝堂内占据高位。况

且，孙皓无论是正统性还是民间呼声都比孙休的幼儿们要高。如果不立他而立孙休的太子，那么新一轮屠杀的对象很有可能就是濮阳兴、张布，所以他们选择孙皓的理由就很清楚了——为了自保。

不过，孙皓也是真像孙策，特别是在杀人这一点上。刚刚继位的孙皓立即宰了濮阳兴、张布，将原属孙和太子党的官员提拔到高位，掌握了东吴政权。

然而，东吴帝国无尽的杀戮却没有停止，孙皓开始又一轮屠杀。他的目标首先选定了孙休的皇后和孩子。吴末帝甘露元年（265），孙皓派人杀了孙休皇后朱氏，又派人追杀了孙休两个快成年的儿子。这个暴君杀人基本不要理由，很多大臣被无缘无故地弄死，杀人的道具也是花样翻新。这种屠杀开始由执刀的掌权人变成了朝堂上的无辜者，陈寿称他“淫刑所滥，陨毙流黜者，盖不可胜数”（《三国志·三嗣主传》）。就连帮助孙皓登上帝位的万彧也被逼自杀，而后被孙皓屠灭三族。从孙皓他爹时代就开始辅助他的陆凯也在死后不久全家被流放，整个东吴帝国人人自危。

出现孙皓这么一个暴君，本来就不强大的东吴帝国，国运还能长久吗？

金陵王气黯然收

孙皓运气不错，当了十几年割据一方的土皇帝，刚开始几年甚至还取得了一系列胜利。

凤皇元年（272），“二宫之变”中原属鲁王派的步骘之子，西陵督步阐惧怕孙皓要杀自己，遂在西陵起兵叛吴降晋。孙皓派“二宫之变”中原属太子党的陆逊之子陆抗领兵攻击步阐。另一边，在 266 年代魏称帝的晋武帝司马炎派出驻守襄阳的车骑将军羊祜统领各路军马为步阐解围。陆抗和羊祜这对三国末期

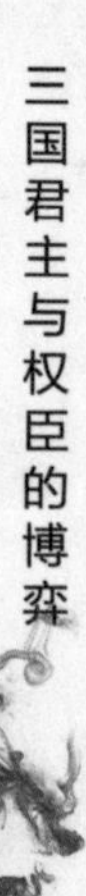

的一时瑜亮，在荆州大地上展开了一场大规模较量。

东吴方面陆抗一接到孙皓的命令立即起兵。吴军分兵两路，陆抗亲自与左奕、吾彦、蔡贡等将领率 4 万人马攻向西陵，留下江陵督张咸率 1 万人马防守江陵。

晋军方面总兵力接近 8 万。其中步阐所部近 2 万人困守西陵要塞。羊祜率主力 3 万人从襄阳出发，准备攻击江陵。巴东监徐胤率领水师 1 万余人从水路向建平方向进攻，援助西陵要塞。荆州刺史杨肇率军 2 万余人试图从陆路解西陵之围。

晋军方面虽然兵力占优，但是羊祜对步阐一家的生死并不太感兴趣。他最关心的是能不能借这个机会夺回东吴在荆州的重镇江陵。这样一来，晋军实际上是在西陵、江陵两个战场上平均使用兵力，导致兵力优势并不明显。东吴方面，陆抗从父亲陆逊起在这里驻防了几十年，对地理环境和晋军的企图相当明白。他让张咸在通往江陵的几条河上作堰塘拦阻河水。一旦羊祜南下攻击江陵，陆抗必然复制当年白起水淹楚国都城的经典战法，在江陵城下上演一把“水淹七军”。

江陵是东吴在西线最坚固的城市。要想拿下来必须做好 3 万大军的后勤准备。眼见陆抗控制了几条重要水道，出自山阳郡名门的羊祜立即明白，陆抗准备水淹晋军。羊祜率军刚刚攻到当阳，就察觉了对手的意图，遂决定将计就计，一方面对外佯装要攻击堰塘，另一方面暗自准备战船用来运粮。

但陆抗棋高一着，听说羊祜要攻击堰塘，立即下令张咸破坏堰塘，让几条河流的水位降下来，不让羊祜的后勤船队行进。攻击江陵的羊祜虽然免除了部队被水淹的麻烦，但被迫由襄阳通过陆路向江陵运粮。加之道路刚刚被淹没，泥泞不堪，一时之间，有大量的晋军参与运粮，晋军对江陵城的攻势立即衰减。

与此同时，陆抗统领 4 万吴军主力翻山越岭攻到西陵要塞之下，第一件事

就是在西陵城外构筑营垒防御工事，断绝西陵与外部的联系。陆抗的这套战法和之前司马昭围攻寿春的战法类似，对手据守的城市坚固，粮食充足，兵力充沛，又有相当规模的救援力量，不可能迅速攻下，因此必要的工事营垒是他可以抵御晋军援军和守军内外夹攻的必需品。

不过眼见对手羊祜已经打到了江陵城下，巴东监徐胤的水师1万余人和荆州刺史杨肇的2万多陆军这两路援军也在向西陵靠近。此时陆抗的后方基地被围攻。前方敌人的援兵一旦到齐，陆抗的兵力将不占优势。但他利用外在战场的地理中心位置积极应对。他审时度势，坚决围住西陵，不管江陵。和关羽一样，陆抗也认为坚固的江陵城不是那么容易被攻下来的。当然陆抗也留了后手，派驻扎在江陵对岸的公安督孙遵率领水军巡视江面，一面保障江陵的补给供应，一面为张咸提供补充力量。

针对晋军刚刚在巴东组建的徐胤水师，陆抗紧急调来东吴水军主力留虑会同指挥荆州水军的镇西将军朱宛在水陆缠住对手。东吴水军战斗力远超益州水军，双方你来我往，在长江江面展开厮杀。一时之间，徐胤水军虽然兵力占优势但仍被缠住，无法从水路支援西陵。

真正给陆逊带来大麻烦的是荆州刺史杨肇的2万多陆军。杨肇是当时有名的书法家，当过司马昭的参军。他应该是做过秘密工作的，一到西陵要塞外就发动技能，招降了陆抗麾下的将军朱乔、营都督俞赞。一时之间东吴军心动摇，眼看就要崩盘。

陆抗冷静地分析了情况后，将部队里不太听指挥的夷人换成了亲兵精锐。果然杨肇第二天根据叛徒提供的情报猛攻原来夷人部队驻守的地方，企图攻破吴郡营垒与步阐会师。结果正中陆抗埋伏，被吴军打得大败，再也不敢主动出击，而是向羊祜求援。

坐困江陵城下的羊祜这才发现，自己兵力分在四处，处处兵力不足，前后制约，难以相互支援。就这样对峙了一个多月，杨肇眼见援军没指望，自己的兵力已不足以为步阐解围，于是决定撤走。陆抗早就等着这一天，但他的兵力使用也到了极限，除了分出人马支援水军和监视步阐外，可用于追击杨肇的兵力都是轻装部队。当时晋军重步兵、重骑兵的战斗力颇让陆抗顾忌。所以眼见杨肇撤退，陆抗仅是擂鼓装作要追，吓一吓杨肇。没想到杨肇立马吓破胆，命令全军放弃重装备，轻装逃走。

陆抗大喜，率军追上杨肇一阵猛攻。杨肇大败，辎重全失，伤亡数千人，一时之间溃不成军。羊祜一见杨肇败了，加上攻击江陵无果，怕陆抗顺势切断自己的退路，拿下当阳，只得焚毁攻城器械，率军北撤襄阳，并传令徐胤撤回巴东。这样一来，西陵城内步阐的希望彻底破灭。不久城破，陆抗屠灭步阐全族，收编其部下人口数万。

西陵之战是东吴帝国最后的辉煌，战后陆抗因功拜大司马，领荆州牧，战功不逊于父亲陆逊。此后，交州叛乱也被平定，一时之间孙皓志得意满，颇有中兴的样子。

可惜只是回光返照而已。

吴凤皇三年（274）秋，陆抗病亡。他死后所属5万人马被五个儿子分别率领，兵力不但没有集中，反而分散了。晋军这边羊祜也病死了。羊祜死前推荐杜预接替了自己的位子。徐胤也被撤职换成了老将王濬。司马炎又用了6年磨刀准备。吴天纪三年（279）冬，晋军开始集结，准备大举攻向东吴。此次进攻成为日后北方攻灭江南的模板：以安东将军王浑率晋军淮南方面军攻击牛渚，这一路的攻击目标直指建业；建威将军王戎攻击武昌，平南将军胡奋攻击夏口，这一路是佯动，目的是牵制吴军在长江中游部属的部队；镇南将军杜预统领晋军襄阳方面军直下江陵，这一路是主攻方向，目的是攻下江陵。因为其他几路都要依靠水军支援，只有杜预部可以独立完成攻击任务；龙骧将军王濬统领水军沿长江从东向西夺取长江制江权，击穿东吴的整个防御体系，掩护各路军马渡过长江，是晋军成功的关键。

天纪四年（280），王濬水军经过整训，大量装备了当时的“航空母舰”——楼船——大的可以装载千人，甚至可在上面骑马。东吴这边吾彦倒是早早就在建平给王濬备下了横江铁锁，企图阻断江面。结果孙皓没有及时听信他的报告，建平空有横江铁锁，但是缺少部队支持。王濬用计烧断铁锁，直接从水路攻向江陵。另一边杜预率8万人马完成集结，跨界从陆路攻向江陵。经过羊祜多年的怀柔政策和孙皓的连年杀戮，东吴军队毫无战意，军队瞬间崩溃。陆抗之子西陵督陆晏、江陵督伍延均被杀，其余人马被杜预围在江陵城内。杜预兵力强大，借助王濬部击溃东吴荆州军主力后，留下一部兵力围攻江陵，其余人马南下攻击荆州长江以南诸郡，并安抚交州、广州。

东吴这边也不是毫无抵抗能力，江陵城还在东吴手中。从广州平叛撤回的陶濬部在武昌集结，一面抵御王戎、胡奋的攻势，一面重新集结水军，准备抵挡王濬的楼船。此时东吴方面在长江下游集结3万精锐，由丞相张悌、护军孙震、丹阳太守沈莹、军师诸葛靓统率准备迎击王浑的淮南方面军。东吴帝国的史官也是很奇怪，第一任丞相孙邵和最后一任丞相张悌在《三国志》里面竟然都没有传。要不是裴松之在注释里记录了《襄阳记》中张悌的事迹，可能东吴帝国悲壮的最后一战将会被一笔带过。

当时情况很危急，但东吴还有机会翻盘。江陵、武昌两座坚城其实还都在东吴手上，王浑的淮南军还不可能渡江攻击牛渚。此时如果张悌可以屯兵牛渚一带，等待与武昌的陶濬部队会师，集结7万人左右的兵力，即可临江据守，又可和王浑、王濬决战。东吴方面最有实战经验的丹阳太守沈莹建议张悌：“宜蓄众力，待来一战。”（《三国志·三嗣主传》）

但张悌拒绝了，理由让人很绝望：“吴之将亡，贤愚所知，非今日也。”（《三国志·三嗣主传》）还没开打，主帅就说自己要亡国，为啥？张悌作为丞相，应该非常清楚东吴内部的状况，经历了一轮轮无休止的杀戮之后，各个方面本就不宽裕的东吴帝国已经油尽灯枯。原本蜀国灭亡之时，邓艾就曾经计划趁胜灭吴。几年前羊祜南征、步阐叛变之时，好几次东吴都已经命悬一线，被陆抗西陵一战又强行续命了几年。如今内无良将，外无强援，即使勉强挡住晋军这一波攻势，也不可能长期存在下去。

于是，看破也说破的张悌决定渡江和王浑的淮南军拼命。

刚刚在牛渚渡江后，怀着必死之心的吴军初战告捷，一举歼灭晋军先锋，俘获敌将张乔麾下7000多人。这时候诸葛靓就向张悌建议把这些人都杀了，因为东吴兵力不足，不可能留下太多兵力看守这么多俘虏。张悌拒绝了，吴军将俘虏安排在后军继续北进。

吴军很快与晋军第二梯队征吴护军张翰、扬州刺史周浚部遭遇。两军列阵，吴军整队率先发起进攻，丹阳太守沈莹麾下5000名重装青巾丹阳兵是汉末三国时代最精锐的步兵部队。此番进攻，沈莹自认为必胜，因为当面之敌严格来说不算是晋军精锐。但是出乎意料，丹阳青巾连冲三次竟然拿晋军毫无办法！

正在此时，晋军第三梯队薛胜、蒋班赶到，晋军反攻，沈莹当场阵亡，东吴军阵形大乱。此时原先被俘虏的张乔部7000多人又从背后杀来，这致命的一击让东吴全军崩溃。诸葛靓眼见大势已去，召集了几百亲兵，劝张悌和他一起逃走。张悌对他说："今以身徇社稷，复何遁邪？"（《三国志·三嗣主传》）随后诸葛靓逃走，张悌被杀。东吴精锐全军覆没。蜀汉有姜维、东吴有张悌，两国灭亡前各有一位丞相级高官殉国，也算是对得起各自的国家。而张悌全军覆没的牛渚就是当年孙策渡江平定江东的地方。东吴从此地兴起，又从此地灭亡，冥冥之中必有天意。

此后陶濬所部从武昌驰援建业，王濬率水师紧随而至。陶濬向孙皓夸口，决战必胜，结果陶濬军一夜之间逃散殆尽。孙皓最后一张牌也没有了，只得出城投降，被押送到洛阳，封归命侯，三国统晋。

东吴政权凭借流亡北士、南下寒族和江南士族立国，前有周瑜、鲁肃、吕

蒙、陆逊四大英将开疆拓土，奠定基业，后有“二宫之变”内斗不断，诸葛恪、孙峻、孙綝、孙皓等人轮番执刀登场，无一不是杀得血流成河，最后被晋军一击灭亡。

唐人刘禹锡有诗赞曰：

王濬楼船下益州，金陵王气黯然收。
千寻铁锁沉江底，一片降幡出石头。
人世几回伤往事，山形依旧枕寒流。
今逢四海为家日，故垒萧萧芦荻秋。